정치(비리)검사 수괴 · 중대범죄자 · 검찰개혁
반역자 · 공정과 상식 파괴자

정치(비리)검사
대통령 탄핵론

정치(비리)검사 **대통령 탄핵론**

초판 1쇄 인쇄 2023년 12월 10일
초판 1쇄 발행 2023년 12월 15일

지은이 임찬용
펴낸이 홍준용
펴낸곳 (주)홍주 KMS 한국인터넷신문방송사
신고번호 제2016-238호

주소 06140 서울특별시 강남구 논현로94길 13, 4층
전화 010-8706-2358

값 18,000원
ISBN 979-11-960502-2-1 (03300)

* 잘못 만들어진 책은 구입하신 서점에서 친절하게 바꿔드립니다.

제22대 총선 결정판(제3판)

정치(비리)검사 수괴 · 중대 범죄자 · 검찰개혁
반역자 · 공정과 상식 파괴자

정치(비리)검사
대통령 탄핵론

임찬용 지음
(前 대전지검서산지청 수사과장)

다가오는 총선은 공정과 정의, 검찰개혁을 바라는 모든 국민들에 의해 주도되어야 한다.

▶ 탄핵 사유 6가지 ◀

★ 금 150억 원 검사비리사건을 은폐한 중대 범죄자 ★
★ 제20대 대통령 당선은 원천 무효 ★
★ 전 검찰총장 김진태에 대한 대통령 인사권 남용 ★
★ 수도권 검찰 및 경찰에 대한 범죄조직화 ★
★ 수도권 경찰 범죄조직화를 통한 '이태원 참사' 야기 ★
★ 탄핵의 필요성 · 시급성 · 정당성 확보 ★

KMS 한국인터넷신문사
방송

| 제3판 발간사 |

존경하는 독자 여러분!

이 책자는 제3판에 해당합니다.

제1판은 2017. 4. 15.경 '정의로운 세상' 출판사가 총 851면 분량으로 출간한 '제19대 대선 결정판, 사법정의 실현을 위한 새 대통령 당선조건'이라는 책자이고, 제2판은 2021. 9. 30.경 '(주)홍주 LPN로컬파워뉴스' 출판사가 총 320면 분량으로 출간한 '제20대 대선 결정판, 문재인 정부의 헌법 파괴, 정권교체 확실하다'라는 책자입니다.

제1판 책자 내용에는 박근혜 정부 소속 검찰총장 김진태 등 정치(비리)검사들이 범죄수익금 약 150억 원을 착복하기 위하여 검찰 수사권 및 각종 강제 처분권을 남용해 온 범죄 사실이 기재되어 있습니다. 필자는 이를 '검사비리사건'이라고 명명해 왔습니다.

제1판 책자는 '새 대통령 당선조건'이라는 책자 이름에서 보여주듯이 최순실 국정농단으로 촉발된 촛불 혁명과 더불어 민주당 문재인 대통령 후보가 당선되도록 꾸몄습니다.

제2판 책자 내용 역시 위 검사비리사건의 실체적 진실은 물론 이를 은폐하는 데 주도적 역할을 수행한 문재인 정부 인사들인 김부겸 국무총리, 전해철 행안부장관, 민갑룡 경찰청장 등의 범죄 사실이 고스란히 기재되어 있습니다.

특히 문재인 정부에서 탄생한 공수처장 김진욱도 위 검사비리사건을 은폐해 왔다는 점에서 당초 검찰개혁 일환으로 설치된 공수처가 제 기능을 하지 못하고, 국민 혈세만 낭비하는 수사기관으로 전락하고 말았다는 사실만이 확인되고 있습니다.

또 제2판 책자는 '정권교체'라는 책자 이름에서 보여주듯이 문재인 정부의 문로남불 검찰권 행사, 가짜 검찰개혁 추진 및 가짜 공수처 설립, 조국 사태를 통한 국민 갈라치기 통치행위 등 거듭된 부패 및 실정으로 인해 끝내 공정과 상식의 가치를 내세운 국민의 힘 윤석열 대통령 후보로 정권교체가 이루어지도록 꾸몄습니다.

제3판 책자 내용에는 위 검사비리사건과 더불어 '관피모사건'에 대한 실체적 진실 및 이의 은폐와 관련된 범죄 사실이 담겨 있습니다.

특히, 국민의힘 윤석열 후보는 공정과 상식이라는 캐치프레이즈로 대통령에 당선된 후 오히려 이를 뿌리째 뽑아버리고, 수도권 경찰 및 검찰의 범죄조직화를 통하여 '이태원 참사'는 물론 '오송참사'까지 야기하였고, 필자는 이를 근거로 대통령 탄핵 사유 6가지를 제시하였으며, 여기에서 한걸음 더 나아가 윤 대통령이 정치(비리)검사 출신답게 윤로남불 검찰권 행사를 통하여 정적들을 제거하고 대한민국 사법부까지 손아귀에 넣음으로써 절대군주로 등극하였다는 충격적인 사실까지 다뤘습니다.

우리 선조들의 피와 땀으로 일궈낸 대한민국이 위와 같이 하루아침에 파국의 지경까지 와버린 현실에서 그 책임을 누구의 탓으로 돌리기에는 너무나도 시간이 촉박합니다.

우선 이 시대를 함께 더불어 살아가고 있는 모든 유권자들은 한 사람

한 사람이 구국의 일념으로 똘똘 뭉쳐 다가오는 제22대 총선에서만큼은 정파나 좌우 이념을 떠나 윤 대통령 탄핵에 찬성하는 선량 후보자들을 대거 국회에 입성시키는 일 이외에 어떠한 다른 방도가 없습니다.

더군다나, 이 책자에서는 필자가 위 검사비리사건 및 '관피모사건'에 대한 수사과정을 파헤치는 과정에서 검사들의 선택적 수사기법을 통한 사건은폐 및 조작수사 결과를 상세하게 다루고 있으며, 이에 터 잡아 정치(비리)검사들의 개념을 정리한 후 그들의 모든 업무 처리가 우리 사회의 공정과 정의를 마지막까지 지키려는 파수꾼으로서의 역할을 수행하고 있는 것이 아니라, 오히려 중대 범죄들이 그들의 손에 의해 은폐·조작됨으로써 모든 사건 처리 결과는 그들의 개인적인 이득만이 추구될 뿐 정의사회 구현이라는 공공의 이익은 철저하게 외면당하고 마는 냉혹한 현실을 적나라하게 확인시켜 주고 있습니다.

이는 필자가 위 검사비리사건을 일으킨 김진태 검찰총장을 비롯한 정치(비리)검사들에게 여적죄를 적용해서라도 반드시 총살시켜야 한다고 주장하고 있는 이유이기도 합니다.

즉, 이 책자 속에는 위 검사비리사건 발생 당시 연 매출 3,000억 원 이상이 넘는 ㈜에스코넥을 강탈하기 위해 형사소송법상 부여된 모든 검사 권한을 남용하여 왔던 김진태 검찰총장 등 정치(비리)검사들을 반드시 총살시켜 달라고 강력하게 요구하고 있는 필자의 주장 근거와 이유는 무엇인지 그리고 이를 통하여 사법정의 실현 및 검찰개혁 차원에서 얻고자 하는 내용은 무엇인지, 또 이러한 모든 사항들이 실현되기 위한 전제조건은 윤 대통령 탄핵밖에 없다는 사실이 고스란히 담겨 있습니다.

새로 구성되는 제22대 국회에서는 윤 대통령이 탄핵되고 윤 대통령과 그의 처갓집을 둘러싼 모든 의혹들을 낱낱이 파헤쳐 실체적 진실에 입각하여 깔끔하게 정리된 후 검찰개혁과 관련된 '검수완박법', 정치(비리)검사들의 선택적 수사기법을 사전에 차단하기 위한 일명 '사건은폐·조작 방지법' 등이 반드시 통과되어야 합니다. 이는 정치(비리)검사들의 발호를 막고, 대한민국 영속성을 유지하며 공정하고 정의로운 사회를 보장하기 위해서라도 반드시 필요합니다.

마지막으로 약 28년간 젊음을 바쳐 검찰조직에 충성해 온 필자로서는 한 치의 오차가 없는 증거자료와 신문기사를 근거로 출간된 이 책자가 대한민국 사법부에 의해 전제 군주까지 등극한 윤 대통령에 대한 탄핵은 물론, 정직하고 깨끗한 정치의 터전을 마련해야 하고, 동시에 사법정의를 말살하고 사건조작을 일삼아 왔던 정치(비리)검사들을 제도권 밖으로 축출할 수 있게끔 검찰개혁의 중요한 역사적인 자료로 평가받기를 기대합니다.

더더욱 이 책자가 정치(비리) 판·검사들의 사건조작에 의해 평생을 억울하게 살아가고 계시는 사법피해자에게는 필독서로서의 역할을, 사건조작을 일삼고 있는 전국 사법경찰관 및 판·검사들에게는 업무지침서로서의 역할을 각각 수행함으로써 앞으로는 법 집행 기관 구성원들의 사건조작은 물론 법조인들만의 특권인 법조카르텔이 일거에 무너져버려 공정과 정의가 도도히 흐르고 살맛 나는 대한민국이 하루빨리 앞당겨지기를 간절히 바랍니다.

2023. 11. 필자 임찬용

| 목차 |

제3판 발간사 … 4

제1부: 윤석열 대통령은 공정과 상식을 뿌리째 뽑아버렸다.

검찰의 선택적 수사기법으로 '금 150억 원 검사비리사건' 및 '관피모사건'을 각각 은폐해 버렸다.

---

01 〔칼럼시리즈(제3판) ①〕 … 14
윤석열 정부의 검·경이 새 출발부터 뿌리째 썩어들어가고 있다!!
〔2022. 6. 5.〕
- 윤 대통령은 '관피모사건'을 은폐해 버린 한동훈 법무부장관을 즉각 해임하라.
- 윤 대통령은 '관피모사건' 은폐에 관여한 검사, 경찰관 전원을 즉각 파면하라.

02 〔칼럼시리즈(제3판) ②〕 … 29
범죄단체 조직으로 변해 버린 윤석열 정부의 검찰과 경찰!!
〔2022. 6. 17.〕
- '국민의힘'은 '관피모사건'을 은폐해 버린 한동훈 법무부장관을 즉각 탄핵하라.
- 윤 대통령은 '관피모사건'을 은폐해 버린 검사 윤동환, 검사 이주훈, 검사 이정호를 당장 구속하라.

03 〔칼럼시리즈(제3판) ③〕 … 37
현재 대통령 윤석열은 탄핵 일보 직전까지 내몰려 있다!!
〔2022. 7. 12.〕
- 김진태 전 검찰총장의 '검찰총장후보추천위원회 위원장' 자격을 박탈하라.

04 〔칼럼시리즈(제3판) ④〕 … 42
검찰을 범죄조직으로 만들어버린 윤석열 대통령은 탄핵밖에 답이 없다!! 〔2022. 8. 14.〕
- '금 150억 원 검사비리사건'을 은폐한 윤 대통령은 입이 열 개라도 할 말이 없다.

- 사법경찰관에게 사건조작을 강요하고 있는 윤석열 정부의 검찰
- 검찰수사 마지막 단계에서도 '관피모사건'을 은폐해 버린 서울고검 이준엽 검사
- '입법 사기' 행각까지 벌이고 있는 한동훈 법무부장관

〔첨부 1〕 2021. 10. 26.자 고소인 진술서 … **64**
〔첨부 2〕 2021. 10. 28.자 고소인 의견서 … **70**
〔첨부 3〕 2021. 10. 29.자 고소인 의견서 … **72**
〔첨부 4〕 2021. 10. 5.자 '관피모사건' 고소장 … **78**
〔첨부 5〕 2022. 3. 22.자 피의자 구수회에 대한 불송치결정서 … **105**
〔첨부 6〕 2022. 4. 4.자 피의자 구수회에 대한 불송치결정 이의신청서… **111**
〔첨부 7〕 2022. 5. 27.자 피의자 구수회에 대한 불기소결정서 … **139**
〔첨부 8〕 2022. 6. 13.자 피의자 구수회에 대한 항고장 … **141**
〔첨부 9〕 2022. 8. 1.자 피의자 구수회에 대한 항고기각 결정문 … **146**
〔첨부 10〕 2022. 4. 27.자 피의자 전상화에 대한 불송치결정서 … **149**
〔첨부 11〕 2022. 6. 3.자 피의자 전상화에 대한 불송치결정 이의신청서 … **155**
〔첨부 12〕 2022. 6. 13.자 피의자 전상화에 대한 불기소결정서 … **188**
〔첨부 13〕 2022. 6. 20.자 피의자 전상화에 대한 항고장 … **190**
〔첨부 14〕 2022. 8. 2.자 피의자 전상화에 대한 항고기각 결정문 … **198**
〔첨부 15〕 2022. 4. 20.자 사법경찰관 문경석, 신미영 등에 대한 고소장 … **201**
〔첨부 16〕 2022. 4. 20.자 전상화에 대한 무고죄 고소장 … **219**
〔첨부 17〕 2022. 5. 23.자 사법경찰관 유정민 등에 대한 고소장 … **230**
〔첨부 18〕 2022. 5. 6.자 고소인 의견서 및 (유정민) 추가 고소장 … **241**

05 〔칼럼시리즈(제3판) ⑤〕 … **246**
현재 대한민국은 대통령과 사건브로커가 상생관계에 있다!! 탄핵밖에 답이 없다!! 〔2022. 10. 10.〕
- '관피모사건'을 은폐하기 위해 수도권 검·경에 선택적 수사기법을 암묵적으로 지시한 윤석열 대통령

[첨부 1] 2022. 5. 23.자 사법경찰관 유정민 등 고소장 … 261
(생략 : 전회 칼럼 '첨부 17'과 동일)
[첨부 2] 2022. 7. 26.자 사법경찰관 유정민 등에 대한 불송치결정서
… 261 (생략 : 아래 '첨부 3'에 포함되어 있음)
[첨부 3] 2022. 8. 25.자 사법경찰관 유정민 등에 대한 불송치결정 이의
신청서 … 262
[첨부 4] 2022. 4. 20.자 '관피모사건'을 은폐 · 조작수사한 '경찰공무원
의 범죄' 고소장 … 272 (생략 : 전회 칼럼 '첨부 15'와 동일)
[첨부 5] 2022. 9. 27.자 피의자(사법경찰관) 문경석 등에 대한 불송치
결정서 … 273
[첨부 6] 2022. 10. 10.자 피의자 문경석 등에 대한 불송치결정 이의
신청서 … 279
[첨부 7] 2022. 9. 27.자 피의자 전상화 및 피의자 신미영 등에 대한
불송치결정서 … 297
[첨부 8] 2022. 10. 10.자 피의자 전상화 및 신미영 등에 대한 불송치
결정 이의신청서 … 301

제2부 : 대통령 윤석열을 파면한다.
대한민국 사법부는 대통령 윤석열을 절대군주로 옹립하였다.

06 [칼럼시리즈(제3판) ⑥] … 312
공정과 상식을 짓밟아버린 대통령 윤석열을 탄핵한다!!
[2022. 12. 20.]
● 국회는 검 · 경의 범죄 조직화를 통해 '이태원 참사'를 야기한 윤 대통령을
즉각 탄핵 소추하라.

[첨부 1] 2021. 1. 28.자 검찰총장 윤석열 등에 대한 고소장 : … 339
(생략 : '정권교체' 책자 제226~261쪽 참조)
[첨부 2] 2014. 7. 8.자 대구고검 검사 윤석열 서한문 … 339
(생략 : 위 책자 제155쪽 참조)

〔첨부 3〕 2022. 10. 13.자 피의자 유정민 등에 대한 불기소결정서 … 340

〔첨부 4〕 2022. 10. 24.자 피의자 유정민 등에 대한 항고장 … 341

〔첨부 5〕 2022. 11. 18.자 피의자 유정민 등에 대한 항고기각 결정문 … 346

〔첨부 6〕 2022. 11. 28.자 피의자 유정민 등에 대한 재정신청서 … 349

07 〔칼럼시리즈(제3판) ⑦〕 … 357

정치(비리)검사 수괴이자 검찰개혁의 반항아 윤석열을 대통령직에서 재차 파면한다!!〔2023. 5. 7.〕
- '관피모사건'을 감추기 위해 검사의 '보완수사요구권'을 남용한 성남검찰을 응징하라!!
- 중대범죄자 윤석열의 집권으로 대한민국의 공정과 상식은 뿌리째 뽑혀버렸다.
- 다가오는 총선은 '역사 바로 세우기' 차원에서 윤 대통령 탄핵 동조세력에 의해 주도되어야 한다.

〔첨부 1〕 2023. 3. 3.자 피의자 유정민 등에 대한 재정신청 기각결정문 … 378

〔첨부 2〕 2023. 1. 18.자 피의자 문경석 등에 대한 불기소결정서 … 380

〔첨부 3〕 2023. 1. 30.자 피의자 문경석 등에 대한 항고장 … 382

〔첨부 4〕 2023. 3. 2.자 피의자 문경석 등에 대한 항고기각 결정문 … 401

〔첨부 5〕 2023. 3. 10.자 피의자 문경석 등에 대한 재정신청서 … 404

〔첨부 6〕 2022. 12. 29.자 피의자 전상화 및 신미영 등에 대한 불기소결정서 … 412

〔첨부 7〕 2023. 1. 10.자 피의자 전상화 및 신미영 등에 대한 항고장 … 413

〔첨부 8〕 2023. 2. 15.자 피의자 전상화 및 신미영 등에 대한 항고기각 결정문 … 419

〔첨부 9〕 2023. 2. 22.자 피의자 전상화 및 신미영 등에 대한 재정신청서 … 422

〔첨부 10〕 2022. 9. 26.자 '구수회 고소장' … 432

〔첨부 11〕 2023. 1. 5.자 '임찬용 고소장' … 438

〔첨부 12〕 2023. 5. 1.자 정보공개청구신청서 및 비공개 결정통지서 … 473

08 〔칼럼시리즈(제3판) ⑧〕 … 476

제78주년 광복절, 민주공화제에서 절대군주제로 변질되어 버린 절체절명의 대한민국!! 〔2023. 8. 13.〕
- 대한민국 사법부마저도 허위 내용의 재정신청 기각결정문을 통해 윤 대통령을 절대군주로 옹립하였다.
- 윤 대통령 탄핵만이 썩은 검찰을 개혁하고 법조카르텔을 깨부술 수 있다.

〔첨부 1〕 2023. 8. 7.자 피의자 전상화 및 신미영 등에 대한 재정신청 기각결정문 … 486

〔첨부 2〕 2022. 12. 29.자 피의자 전상화 및 신미영 등에 대한 불기소 결정서 … 488 (생략 : 전회 칼럼 '첨부 6'과 동일)

〔첨부 3〕 2023. 1. 10.자 피의자 전상화 및 신미영 등에 대한 항고장 … 488 (생략 : 전회 칼럼 '첨부 7'과 동일)

09 〔칼럼시리즈(제3판) ⑨〕 … 489

대한민국 사법부는 대통령 윤석열을 절대 군주로 옹립하였다는 사실을 재차 확인시켜 주었다!! 〔2023. 9. 17.〕
- 사건을 조작하는 정치(비리) 판·검사들을 축출하기 위해서는 윤 대통령 탄핵밖에 답이 없다.
- 공수처장 김진욱은 정치(비리) 판·검사들을 두려워하는 졸보이자 공수처법도 이해하지 못한 무지·무능의 중대 범죄자
- 윤석열 정부는 중대 재범자에까지 치외법권을 인정해 주는 윤로남불의 부패 정권

〔첨부 1〕 ~ 〔첨부 7〕 … 510 (생략 : 기 제출)

〔첨부 8〕 2023. 9. 10.자 피의자 구수회, 전상화 불송치결정 관련 정보공개청구서 … 511

【제1부】

윤석열 대통령은 공정과 상식을 뿌리째 뽑아버렸다.

검찰의 선택적 수사기법으로 금 150억 원
검사비리사건 및 '관피모사건'을
각각 은폐해 버렸다.

〔칼럼시리즈(제3판) ①〕 〔2022. 6. 5.〕

윤석열 정부의 검·경이 새 출발부터 뿌리째 썩어들어가고 있다!!

- 윤 대통령은 '관피모사건'을 은폐해 버린 한동훈 법무부장관을 즉각 해임하라.
- 윤 대통령은 '관피모사건' 은폐수사에 관여한 검사, 경찰관 전원을 즉각 파면하라.

우리나라는 그동안 검찰의 선택적 수사를 통해 법치가 훼손되어 왔고, 국민들의 정부(대통령) 선택권마저도 검찰의 손에 휘둘려져 왔다.

검찰의 선택적 수사는 말 그대로 어떠한 사건이라고 하더라도 검찰의 기득권 유지 내지 강화를 위해, 또 검사들의 비리나 범죄를 감추기 위해 검찰 입맛대로 사건을 처리함을 의미한다.

이는 사건의 경중을 떠나 검찰의 입맛에 맞지 않으면 뭉개기식 수사 및 은폐수사를 통해 덮어버리고, 검찰의 입맛에 맞으면 과잉수사 및 보복수사로 나아간다.

즉, 검찰이 개혁을 거부하면서 기득권 유지에 필요하다고 판단되면 경미한 사건이라고 할지라도 확대 재생산하고, 그 반대의 경우에는 중대한 사건이라고 할지라도 과감하게 은폐해 버린다. 그 과정에서 검찰에 미운 털이 박힌 자에게는 여지없이 보복수사가 뒤따르게 마련이다.

또 검찰의 선택적 수사 대상자는 지위나 신분을 가리지 않는다.

검찰은 평소 국민들로부터 지지를 받고 있는 힘 있는 대통령이나 당선

가능성이 있는 대통령 후보 앞에서는 아부와 충성으로 받들어 모시다가도, 그 지지율이 떨어진 힘없는 대통령이나 퇴임 대통령에 대해서는 가차 없이 검찰의 칼날을 들이대는 배신행위와 이중적 태도를 취해 왔다.

이와 같은 검찰의 선택적 수사는 사건을 조작하거나 사건을 은폐하는 등 검사들의 비리를 감추면서도 오히려 검찰의 기득권을 강화하는데 선제적 역할을 해왔으며, 그 대상은 대통령 등 정치권력은 물론이거니와 일반 시민, 심지어 검찰조직에 몸담고 있는 검찰 구성원에 이르기까지 물불을 가리지 않고 이루어져 왔다.

검찰이 선택적 수사를 통해 수사를 개시하거나 그 반대로 범죄를 은폐할 경우의 기준은 사법정의 실현은 뒷전으로 물러나고 오로지 검찰 권력의 강화 내지 기득권 유지, 힘이 있는 검사들의 이권 개입 가능성 여부, '검찰 제 식구 감싸기'에 맞춰져 있다.

그 결과 검찰의 선택적 수사는 항상 사법 불신을 초래해 왔고, 보편적 정의와는 반대편에 서왔으며, 청탁수사·편파수사·표적수사·별건수사·과잉수사·보복수사·먼지털이식 수사·뭉개기식 수사·조작수사·봐주기 수사·사건 무마 수사·은폐수사 등 온갖 불법 유형의 수사 꼬리표가 따라다녔다.

더 나아가 검찰의 선택적 수사는 전관예우, 무전유죄·유전무죄, 무권유죄·유권무죄와도 직·간접적으로 연결되어 있다.

이렇듯 검찰의 선택적 수사 및 이를 통한 선택적 정의 실현은 국가 장래를 위해서나 국민의 기본권 보호를 위해서나 공정하고 정의로운 사회를 구현하기 위해서나 반드시 청산해야 할 제1의 검찰 적폐 중의 적폐이며, 동시에 제1순위의 검찰개혁 대상에 속한다.

그러나 불완전한 수준에서 '검수완박'이라는 검찰개혁법이 국회를 통과된 현재에 있어서도 검찰의 선택적 수사는 버젓이 횡행하고 있고, 앞으로도 이는 영원히 사라지지 않을 것이다.

그 이유는 검찰이 수사권보다 더 강력한 기소권을 보유하고 있고, 거기에 터 잡아 '경찰수사'를 통제하고 있으며, 특히 '경찰공무원이 범한 죄'에 대해서만큼은 앞으로도 계속 직접 수사가 가능하기 때문이다.

그렇다면, 검찰의 선택적 수사방식을 차단하는 방안은 없을까?

결론부터 말하자면 검찰의 선택적 수사를 영원히 없애버릴 수는 없으나 그 차단 방안은 있을 수 있다.

이제부터 그 방안을 제시하고자 한다.

우리나라 형사소송법 제196조(검사의 수사)에는 "검사는 범죄의 혐의가 있다고 사료하는 때에는 범인, 범죄 사실과 증거를 수사한다.[전문개정 2020. 2. 4.]"라고 규정되어 있다.

개정 이전 법률에서는 '수사하여야 한다'라고 규정되어 있었으나, 문재인 정부 당시 현행대로 '수사한다'라고 변경되었다.

지은 죄가 많은 문재인 정부로서는 가짜 공수처 설립 및 가짜 검찰개혁을 추진했던 것만으로는 성에 차지 않았던 탓인지 임기 만료 후 검찰로부터 조금이라도 수사를 덜 받도록 하는 안전장치를 마련하기 위해 위와 같이 문구를 변경했는지 모르겠으나, 그렇다고 해서 '범죄의 혐의가 있다고 사료하는 때에도 검사는 수사를 하지 않아도 된다'는 의미는 결코 아니다. 즉 검사는 범죄의 혐의가 있다고 사료되는 때에는 반드시 수사에 착수

해야 하며 이를 기피하면 직무유기의 죄책을 피할 수 없다.

따라서 우리나라 모든 검사는 형사소송법 제196조의 규정에 따라 자신에게 배당된 형사사건과 관련, 대통령 등 정치권력은 물론 어느 누구로부터도 압력이나 청탁을 배제한 채 독립적인 수사 원칙을 견지해 나갈 수 있도록 물적·제도적 장치를 마련해야 한다.

그러나 만에 하나 검사가 선택적 수사를 통해 사건을 뭉개거나, 그 반대로 강압수사 또는 과잉수사로 나아갈 경우에는 가차 없이 공직에서 퇴출시키고 구속수사로 엄히 다스려야 한다. 단 1%의 예외를 인정해서는 안 된다.

한 걸음 더 나아가, 선택적 수사방식에 의해 얻어지는 수사 결과는 경찰, 검찰, 공수처 등 권력기관에 근무하는 종사자들에 의해 발생한 권력형 범죄이므로 공소시효를 배제하여야 한다. 그래야만 검사, 사법경찰관의 선택적 수사방식을 원천적으로 차단할 수 있다.

이 길만이 공정한 사건처리를 통한 사법정의를 실현시킬 수 있고, 공정과 정의가 도도히 흐르는 사회로 나아갈 수 있다고 확신한다.

필자는 검찰 재직 당시 부장급 이상 검사들로부터 선택적 감찰수사를 받고 약 33년간 공직생활의 명예와 긍지를 한순간 통째로 날려 보낸 채 근무 도중 우울증에 걸려 자살을 시도하다가 이마저도 실패한 후 검찰 조직에서 강제 퇴출된 바 있다.

즉, 필자는 약 28년간 검찰에 재직하면서 2007. 6. 1.경 사법시험만큼 어렵다는 '검찰사무관 주관식 승진시험'을 전국 2등의 성적으로 최종합격하여 서울고등검찰청에 제1차 발령을 받은 이래 서울중앙지검 조사과 제2호 수사사무관, 대전지검서산지청 수사과장, 서울동부지검 수사과 제1호 수사사무관을 거치면서 범죄와의 전쟁에서 전국 검찰청 중 제1의 수사 실적을 거양해 왔다.

특히, 2012. 7.초경 당시 검사가 2회에 걸쳐 무혐의 처분한 바 있는 금 54억 원 소송사기 등 피의사건(이하, '주관용사건')을 수사하여 주범 격인 주관용에게 실형 4년을 선고받도록 한 수사성과를 올렸다.

그러나 이는 불행하게도 위 주관용사건의 무마를 통하여 당시 연 매출 3,000억 원 이상을 올리고 있던 ㈜에스코넥을 통째로 먹으려는 성영훈 일당(박근혜 정부 검사장 출신이자 주관용의 변호인 성영훈과 그의 부하 직원으로 근무한 적이 있는 대검찰청 감찰1과장 안병익, 서울고검 감찰 검사 김훈 및 백방준)으로부터 불법적인 감찰수사를 받는 계기가 되었고, 필자는 그들로부터 2회에 걸쳐 약 1년 7개월간 처절할 정도로 불법 감찰 수사를 받아오면서 자살을 시도하다가 이에 실패한 후 결국 검찰조직을 떠날 수밖에 없었다.(이하, '검사비리사건')

필자는 성영훈 일당에 의해 검찰조직에서 퇴출된 후 위 '검사비리사건'의 실체적 진실과 이를 정권 차원에서 은폐해 버린 '문재인 정권' 실세들의 범죄행위를 다룬 '정권교체'라는 책자를 발간하기에 이르렀으며, 그 결과 우리나라 사법정의 구현에 일익을 담당해 왔다고 자부하고 있다.

위 책자는 검찰의 선택적 수사 결과물인 위 '검사비리사건'은 물론 이를 은폐하려는 문재인 정권의 실세들(문재인 정부의 조국 등 모든 법무부장 관, 전해철 행안부장관, 김부겸 전 행안부장관 겸 국무총리, 경찰청장 민갑룡, 공수처장 김진욱)의 범죄 사실을 그대로 국민들에게 낱낱이 공개 함으로써 제20대 대통령선거에서 정권교체의 필요성을 역설하고 있다.

이렇듯 필자는 검찰의 선택적 수사로 인해 죽을 고비까지 맛본 사법피해자로서 어떠한 희생을 무릅쓰더라도 검찰 및 경찰의 선택적 수사로 인한 제2, 제3의 사법피해자만큼은 반드시 막아야겠다는 사명감으로 살아오고 있었다.

그러던 차 필자는 "다음카페인 '관청피해자모임' 운영과 관련된 불법행위사건"(이하, '관피모사건')을 고소인 자격으로 만나게 되었다.

필자가 대검찰청에 제출한 2021. 10. 5.자 '관피모사건' 고소장의 주요 요지는 다음과 같다.

피고소인 구수회, 피고소인 전상화는 2019. 12.경부터 '관청피해자모임'(이하, '이 카페')을 실질적으로 공동 운영해 오면서,

① 이 카페 운영의 문제점과 앞으로 이 카페가 나아가야 할 방향을 제시한 고소인의 충정 어린 비판 글과 관련, 이 카페 게시판을 통하여 허위사실에 의한 고소인의 명예를 훼손하고, 오히려 고소인을 고소(고발)하겠다며 협박하였다.

② 약 만 명가량의 수많은 이 카페 회원들에게 사법피해를 구제해 준다는 미명 하에 검찰 및 법원에 대한 적대적 관계를 형성하도록 조장해 오면서 수년간 불법적인 법률 영업에 종사해 왔다.

특히, 2008년경 이 카페를 설립한 행정사 구수회는 2020. 4. 14. 11:06.경 이 카페 자유게시판에 게시해 놓은 '핵심입증자료'에 의하면, "변호사가 해야 할 일 90%는 행정사가 가능", "행정사 20년 하면서 행정심판 1,900건 수임 진행하였고, 행정사 수수료 1억을 5번 받았다.", "무혐의 된 고소를 행정심판으로 살린다. 재개발 조합장을 징역 보내는

방법, 대법원 패소된 사건을 행정사가 살린다."며 자신의 과거 행적에서 민·형사사건브로커 역할을 해왔음을 그대로 드러내 보이고 있다.

또 변호사 신분인 전상화는 2019. 12. 25.경 이 카페 회원들에게 관사호화 리모델링 혐의를 받고 있는 대법원장을 상대로 대규모 시위를 조장하면서, 자신의 연락처는 물론 계좌번호까지 기재된 명함을 제시하는 등 노골적인 사건 수임 호객행위를 하고 있다. 즉 자신의 돈벌이용 법률영업을 위해서라면 사회적 불안 조성도 서슴지 않는 무서운 사람이었다.
〔고소장 첨부 자료 7〕

이에, 고소인은 구수회 및 전상화가 이 카페 변칙적 운영에 따른 법률영업 등 사건 수임의 규모를 파악하고, 그에 따른 변호사법위반 및 사기죄 등의 죄책, 더 나아가 피해자의 구제를 위한 피해 규모를 확정 짓고자, 이 카페 설립 시점인 2008. 1. 29.경부터 현재에 이르기까지 구수회 및 전상화의 계좌는 물론 구수회가 과거 변호사법위반 범행 시 사용하였던 그의 처 노재숙의 계좌까지 추적해 줄 것을 경찰에 강력하게 요구하였다.

즉, 필자는 구수회 및 전상화에 대해 이 카페를 동전의 양면과 같이 실질적으로 공동 운영해 오고 있다는 점, 약 만 명에 가까운 대규모 회원들을 모조리 사법피해자로 둔갑시켜 검찰 및 법원에 적대감을 형성시키고, 이에 터 잡아 법률 영업을 함께 해오고 있다는 점, 특히 전상화는 '변호사법 제24조'에 규정된 품위유지의무 등을 망각한 채 위 '핵심입증자료'에서 확인한 바와 같이 '교수'라는 자격을 사칭하면서 '사건브로커' 및 '사기꾼' 역할을 해오고 있던 구수회를 '교수님'이라고 호칭하면서 구수회의 변호사법 위반 등의 범죄행위에는 눈을 감고 그에 따른 이익을 공유하면서 자신도 이 카페 회원들을 상대로 법률 영업을 해오고 있다는 점 등을 근거로 삼아 공동정범에 의한 정보통신보호법상 명예훼손죄, 무고죄, 협박죄, 특정경제범죄법상 사기죄(또는 사기죄), 변호사법위반 등으로 대검찰청에 고소하였다.

문제는 여기서부터 시작됐다. 검찰과 경찰이 '관피모사건'을 '선택적 수사기법'을 통해 전혀 수사를 진행하지 아니하고 허위 내용의 불송치 결정서(경찰) 및 허위 내용의 불기소결정서(검찰)를 작성하여 이를 은폐하기로 마음먹었던 것이다.

'관피모사건'을 은폐하기 위한 검·경의 날짜별, 기관별 은폐수사 범죄행위를 요약 정리해 보면 다음과 같다.

① 필자(고소인)은 2021. 10. 5. '관피모사건' 고소장을 등기우편을 통해 대검찰청에 제출하였고, 대검찰청은 이를 고소인의 주거지 관할청인 수원지검성남지청에 이첩하였으며, 수원지검성남지청 윤동환 검사는 '관피모사건' 고소장을 직접 수사하지 아니하고, 같은 달 18.경 관할 경찰서인 성남수정경찰서에 이송결정하였다.

당시 필자는 문재인 정부에서 시행한 검·경수사권 조정에 따라 검찰청법 제4조 제1항에서 규정하고 있는 부패범죄, 경제범죄, 공직자범죄, 선거범죄, 방위사업범죄, 대형참사 등 6개 중요범죄에 대해서는 검찰의 직접 수사대상인 사실은 알고 있었으나, 거기에 관련된 대통령령을 숙지하지 못한 미숙함으로 인하여 '관피모사건' 중 변호사법위반 및 특경법(사기)위반 등 중요 범죄에 대해서는 검찰의 직접 수사 대상인 줄 모르고 있었다.

따라서 필자는 윤동환 검사가 '관피모사건' 중 변호사법위반 및 특경법(사기)위반 등 중요범죄에 대해서까지 직접 수사하지 아니하고 몽땅 경찰에 이송해 버린 결정에 대해 별다른 의심을 가지고 있지 않다가 후술하는 바와 같이 '관피모사건'을 은폐수사한 '경찰공무원이 범한 범죄' 고소장까지 경찰에 이송해 버리자, 그때서야 윤동환 검사가 당초 이송 결정한 '관피모사건'에 대해서도 경찰로 하여금 은폐수사할 수 있게끔 검사 권한을 남용한 사실을 알게 되었다.

② 성남수정경찰서 사법경찰관 류중일은 2021. 10. 26.경 필자로부터 '고소인보충진술조서'를 받은 후, 공범 관계에 있는 '관피모사건'을 두 개로 쪼갠 다음 피의자 구수회에 대해서는 구수회 주거지 관할 서울서대문경찰서에, 피의자 전상화에 대해서는 전상화 주거지 관할 서울성북경찰서에 각각 이송하였다.

이에 대한 문제점은 지면 관계상 다음 기사에 게재하겠다. 그러나 필자가 고소인보충진술을 받으면서 겪은 바로는 위 류중일 수사관이 '관피모사건'에 대한 수사 의지는 전혀 발견할 수 없었고, 누군가로부터 청탁을 받고 다른 경찰서로 이송하기에 급급한 느낌을 받았다는 점이다.

③ 서울서대문경찰서 사법경찰관 문경석 및 그의 결재권자는 2022. 3. 22.경 피의자 구수회에 대한 소환조사마저도 생략한 채 허위 내용의 불송치(각하)결정서를 작성하는 수법을 통해 구수회의 모든 범죄 사실을 은폐해 버렸다.

이는 선택적 수사기법을 통한 중대 범죄행위로써 직권남용권리행사방해죄, 허위공문서작성죄 및 동 행사죄, 직무유기죄의 죄책에 해당된다.

이에, 필자는 2022. 4. 4.경 피의자 구수회에 대한 불송치(각하)결정서가 허위 내용으로 작성되었다는 사실을 입증하기 위해 '구수회에 대한 불송치(각하)결정 이의신청서'를 작성하여 서울서대문경찰서장에게 등기우편으로 제출하였다.

④ 피의자 전상화는 2022. 3.경 서울성북경찰서 사법경찰관 신미영으로부터 자신의 범죄 사실에 대하여 조사를 받은 과정에서 수사를 방해함과 동시에 '관피모사건' 고소인 임찬용에게 형사처벌을 받게 할 목적으로 허위 내용의 고소장(이하, '전상화 고소장')을 작성하여 사법경찰관 신미영에게 제출하였다.

사법경찰관 신미영은 전상화로부터 '고소인 보충진술조서'를 받는 과정에서 '전상화 고소장'에 기재된 내용이 '관피모사건' 고소장에 첨부된 증거자료에 의해 허위 내용으로 작성되었다는 사실을 금방 확인할 수 있었다.

그럼에도 불구하고 사법경찰관 신미영은 '전상화 고소장'을 각하 처분과 동시에 전상화를 무고죄로 입건하여 형사처벌을 하지 아니하고, 전상화의 범죄 사실을 은폐할 목적으로 오히려 '전상화 고소장'을 피고소인 임찬용 거주지 관할 성남수정경찰서에 이송해 버렸다.

이는 선택적 수사기법을 통한 중대 범죄행위로써 전상화에 대해서는 무고죄, 사법경찰관 신미영과 그의 결재권자에 대해서는 직권남용죄, 직무유기죄의 죄책에 해당된다.

⑤ 성남수정경찰서 사법경찰관 유정민은 2022. 5. 6.경 자신의 사무실에서 서울성북경찰서 사법경찰관 신미영으로부터 이송받은 '전상화 고소장'이 허위 내용으로 작성된 사실을 금방 확인할 수 있었으므로 이를 각하 처분함과 동시에 고소인 전상화에 대해서는 무고죄로 입건하여 형사처벌을 하여야 함에도 불구하고, '전상화 고소장' 피고소인 임찬용이 극구 소환조사에 불응하자 소환장을 발부하겠다는 등 법적 절차를 취하겠다고 협박하여 임찬용으로 하여금 의무 없이 피의자신문조서를 받도록 하였다.

이는 선택적 수사기법을 통한 중대 범죄행위로써 강요죄 또는 직권남용죄 죄책에 해당된다.

⑥ 필자는 2022. 4. 20.경 허위 내용의 불송치결정서를 작성하는 수법을 통해 구수회의 범죄 사실을 은폐해 버린 서울서대문경찰서 사법경찰관 문경식 및 그의 결재권자, 허위 내용의 고소장을 작성하여 '관피모사건' 고소인을 무고한 전상화, '전상화 고소장'이 허위 내용으로 기재된 사실을 알면서 이를 각하 처분하지 아니하고 성남수정경찰서에 이송해 버린 서울성북경찰서 사법경찰관 신미영 및 그의 결재권자에 대한 고소장 (이하, '경찰공무원 및 전상화에 대한 고소장')을 한 묶음으로 작성하여 대검찰청에 등기우편으로 제출하였다.

대검찰청에서는 '경찰공무원 및 전상화에 대한 고소장'을 고소인 주거지 관할인 수원지방검찰청성남지청에 이첩하였고, 동 성남지청 윤동환 검사는 2022. 5. 4.경 '관피모사건'을 은폐 수사한 경찰공무원의 범죄에 대해서는 검찰청법 제4조 제1항의 규정에 따라 직접 수사하여야 함에도 불구하고, '관피모사건'의 은폐 범죄에 동조하고자, 경찰공무원의 범죄에 대해서도 몽땅 성남수정경찰서에 이송해 버렸다.

또 윤동환 검사는 2022. 5. 8.경 '관피모사건' 은폐 범죄에 동조하여 직권남용죄 등을 저지른 성남수정경찰서 사법경찰관 유정민에 대한 고소장에 대해서는 입건조차 하지 않은 채 성남수정경찰서에 그대로 내려 보냈다. 한마디로 말하면 증거관계가 확실한 고소장을 접수조차 하지 않고 범죄자에게 돌려보내 준 셈이다.

이로써 윤동환 검사는 선택적 수사기법을 통하여 (필자에 대한) 직권남용권리행사방해죄, 공무상 (수사)기밀누설죄, 직무유기죄의 죄책을 피할 수 없게 되었다.

⑦ 필자는 2022. 5. 19.경 및 같은 달 23.경 2차례에 걸쳐 법무부장관 한동훈에게 선택적 수사기법을 통하여 '관피모사건'는 물론 이를 은폐한 혐의를 받고 있는 '경찰공무원 범죄'에 대해서까지 직접 수사하지 아니하고, 경찰에 이송해 버린 윤동환 검사 및 그의 결재권자에 대해 감찰 및 징계 착수, 나아가 공수처에 형사고발 조치까지 요구하였으나, 법무부장관 한동훈은 2022. 5. 25.경 필자가 제출한 감찰 의뢰 서류 2건에 대해 전혀 들어맞지도 않는 근거를 내세워 몽땅 대검찰청 감찰부에 이첩해 버렸다. 한마디로 말하면 고양이에게 생선가게를 맡기는 격이다.

⑧ 서울성북경찰서 사법경찰관 신미영 및 그의 결재권자는 2022. 4. 27.경 피의자 전상화에 대해 면피용 소환조사를 단 한 차례 실시한 후 허위 내용의 불송치(혐의없음)결정서를 작성하는 수법을 통해 전상화의 모든 범죄 사실을 은폐해 버렸다.

이는 선택적 수사기법을 통한 중대 범죄행위로써, 서울서대문경찰서 사법경찰관 문경식 및 그의 결재권자와 마찬가지로 직권남용권리행사방해죄, 허위공문서작성죄 및 동 행사죄, 직무유기죄의 죄책에 해당된다.

이에, 필자는 2022. 6. 3.경 피의자 전상화에 대한 불송치(혐의없음) 결정서가 허위 내용으로 작성되었다는 사실을 입증하기 위해 '전상화에 대한 불송치(혐의없음)결정 이의신청서'를 작성하여 서울성북경찰서장에게 등기우편으로 제출하였다.

⑨ 서울서부지방검찰청 검사 이주훈은 필자가 제출한 2022. 4. 4.자 '구수회에 대한 불송치(각하)결정 이의신청서'에 대한 수사를 전혀 진행하지 않은 채 관련 사건기록을 약 50일가량 자신의 캐비닛에 처박아놓았다가, 2022. 5. 27.경에 이르러 서울서대문경찰서 사법경찰관 문경석이 100% 허위 내용으로 작성한 2022. 3. 22.자 '구수회에 대한 불송치(각하)

결정서'를 그대로 인용한 수법을 통해 구수회의 모든 범죄 사실을 은폐해 버렸다.

이는 선택적 수사기법을 통한 중대 범죄행위로써, 사법경찰관 문경식 및 그의 결재권자와 마찬가지로 직권남용권리행사방해죄, 허위공문서작성죄 및 동 행사죄, 직무유기죄의 죄책에 해당된다.

그런데 검·경의 '관피모사건' 은폐수사 과정에서 가장 핵심적으로 부상하고 있는 부분은 '관피모사건' 은폐수사가 검·경의 조직적인 수준을 훨씬 뛰어넘어 윤석열 정부조차도 이를 묵인하고 용인하는 ⑦항에 있다.

이전 문재인 정부 법무부장관 조국은 필자가 위 '검사비리사건'에 대한 고소장이나 진정서를 내용증명까지 동원해 가면서 제출할 때면, 그때마다 직접 처리하지 아니하고 대검찰청에 이첩하는 방식을 취해 위 '검사비리사건'을 은폐해 버렸다.

이로써 윤석열 정부의 한동훈 법무부장관과 문재인 정부의 조국 법무부장관은 완전 판박이임이 증명되었다.

이들은 겉으로는 검찰개혁을 외쳐오면서도 속으로는 검사들이 중대범죄자가 되든 말든, 선택적 수사기법을 동원하여 사건을 말아먹든 말든 오로지 검사 인사권과 감찰권을 무기로 삼아 말 잘 들은 검사들을 내 편 쪽으로 만들고, 정권에 충성하는 검사들에게만 승진 등 혜택을 부여하는 법무부장관임에는 틀림없다.

한동훈 법무부장관은 필자가 의뢰한 수원지검성남지청 감찰의뢰 문서 2건을 대검찰청에 이첩하는 방식으로 사실상 '관피모사건'을 은폐해 버림에 따라, '관피모사건'은 경찰이나 검찰의 차원을 넘어 윤석열 정부의 차원으로 은폐되고 있음이 확인되었다.

 이제는 윤 대통령이 나서야 할 때다. 필자는 1997년경 수원지방검찰청 성남시청 형사부에서 윤 대통령과 함께 근무한 인연을 갖고 있다.

 위 '정권교체' 책자에서도 밝힌 바와 같이, 윤 대통령은 2014. 7. 8.경 '검사비리사건'으로 검찰조직을 떠나는 필자에게 "임 사무관님!! 존경합니다!!"라는 서신까지 보내주셨던 분이다. (위 책자 155쪽 참조)

 윤 대통령의 평소 말처럼 상식과 정의가 통하는 국가 및 사회를 건설하기 위해서는 뿌리째 썩어빠진 검·경의 쇄신이 반드시 뒤따라야 한다. 이는 정부가 국민을 위해 존재하는 첫 번째 이유이기도 하다.

 '관피모사건'의 주범격인 구수회의 배후에는 전·현직 경찰간부는 물론 고위 검사 출신 변호사에 이르기까지 다양하다. 모 검사 출신 변호사는 사건 수임을 받기 위해 '형님, 잘 부탁합니다'라고 구수회에게 깍듯이 인사하는 장면까지 버젓이 이 카페 게시판에 올라와 있다.

 이는 검찰과 경찰이 구수회 및 전상화의 계좌를 추적하지 못하고, 그들에게 면죄부를 주기 위해 허위 내용의 불송치결정서나 허위 내용의 불기소결정서를 작성하는 수법을 통해 '관피모사건'을 은폐해 버리는 이유가 아닌지 곰곰이 생각해 볼 필요가 있다.

 다음 기사부터는 '관피모사건'에 대한 실체적 진실 및 이를 은폐하려는 검찰과 경찰의 수사 내용을 정확하게 국민들에게 알리기 위해 위 ①항부터 ⑨항까지 필자 명의의 고소장 등 수사서류와 검·경의 수사결과 통지서에 해당하는 불송치결정서(경찰) 또는 불기소결정서(검찰)를 원본 그대로 공개해 나갈 예정이다. 물론 그 이후의 수사 진행상황도 마찬가지다.

이를 통하여 '관피모사건'을 은폐해 버린 사법경찰관 및 검사들에 대해서는 그 배후세력까지 색출하여 형사처벌과 함께 공직에서 영원히 퇴출시켜야 한다.

윤석열 정부가 이를 이행치 않을 경우 이전 문재인 대통령과 마찬가지로 윤 대통령 탄핵 운동을 전개하고, 다음 총선 및 대선에서도 제2, 제3의 책자 발간을 통하여 정권교체를 또다시 부르짖어야 하지 않겠는가?

[칼럼시리즈(제3판) ②] [2022. 6. 17.]

범죄단체 조직으로 변해 버린 윤석열 정부의 검찰과 경찰!!

- '국민의힘'은 '관피모사건'을 은폐해 버린 한동훈 법무부장관을 즉각 탄핵하라.
- 윤 대통령은 '관피모사건'을 은폐해 버린 검사 윤동환, 검사 이주훈, 검사 이정호를 당장 구속하라.

필자는 본지 2022. 6. 5.자 "윤석열 정부의 검·경이 새 출발부터 뿌리째 썩어들어가고 있다!!"라는 제하의 기사에서, 검찰청법 제4조 제1항에 규정되어 있는 검사 직접 수사대상인 '관피모사건'의 요지를 설명하였고, 동 사건은 검찰의 선택적 수사방식에 의해 검찰과 경찰이 합동하여 은폐·조작수사를 진행하고 있으며, 그 진행과정을 ①항부터 ⑨항까지 나눠 각 항목별로 수사담당 경찰관과 검사들의 범죄 사실 죄책까지 살펴보았다.

여기서 더 나아가, 그동안 '관피모사건' 수사와 관련된 추가 진행상황을 더 살펴보면, ⑩ 2022. 6. 2.경 성남수정경찰서 사법경찰관 백승화는 수원지방검찰청성남지청 윤동환 검사가 불법으로 이송한 '경찰공무원 및 전상화에 대한 고소장'을 2개로 쪼갠 다음 서울서대문경찰서 사법경찰관 문경석 및 그의 결재권자의 범죄 사실에 대해서는 그 인근 경찰서인 서울서부경찰서에 이송하였고, 서울성북경찰서 사법경찰관 신미영 및 그의 결재권자의 범죄 사실 그리고 '전상화에 대한 고소장'에 대해서는 그 인근 경찰서인 서울도봉경찰서에 이송하였다.

필자는 사법경찰관 백승화에게 '경찰공무원 및 전상화에 대한 고소장' 중 '경찰공무원에 대한 고소장'에 대해서는 검찰청법 제4조 제1항에 규정된 검사 직접수사 사건이므로 성남검찰에 다시 이송해 줄 것을 수차례 요청하였으나, 사법경찰관 백승화는 필자의 요청을 상부에서 거부했다며 '경찰공무원 및 전상화에 대한 고소장'을 두 개로 쪼개 위와 같이 인근 경찰서에 각각 이송해 버렸다.

⑪ 서울북부지방검찰청 검사 이정호는 필자가 제출한 2022. 6. 3.자 '전상화에 대한 불송치(혐의없음)결정 이의신청서'를 전혀 수사하지 않은 채 해당 사건기록을 자신의 캐비닛에 처박아놓았다가, 2022. 6. 13.경에 이르러 서울성북경찰서 사법경찰관 신혜선이 허위 내용으로 작성한 2022. 4. 27.자 '전상화에 대한 불송치(혐의없음)결정서'를 그대로 인용한 수법을 통해 전상화에 대한 모든 범죄 사실을 은폐해 버렸다.

이는 선택적 수사기법을 통한 중대 범죄행위로써, 사법경찰관 신미영, 신혜선 및 그의 결재권자와 마찬가지로 (고소인에 대한) 직권남용권리행사방해죄, 허위공문서작성죄 및 동 행사죄, 직무유기죄의 죄책에 해당된다.

그런데 문제는 검찰청법상 중대범죄로 분류되고 있는 '관피모사건'의 은폐·조작수사를 윤석열 정부 차원으로 끌어올린 당사자가 다름 아닌 윤석열 정부 실세로 통하는 한동훈 법무부장관이었다.

즉, 우리나라 검찰을 지휘하고 있는 한동훈 장관은 '관피모사건 고소장' 및 이를 은폐수사한 '경찰공무원에 대한 고소장'을 경찰로 하여금 은폐수사하도록 불법적인 이송 결정을 내려버린 성남검찰에 대해 어떠한 조치를 취하지 않은 채 필자의 2회에 걸친 감찰요청 서류를 묵살해 버렸다.

그 결과 '관피모사건 고소장' 및 이를 은폐수사한 '경찰공무원들에 대한 고소장'이 검찰청법 제4조 제1항의 규정 취지대로 검찰에서 직접 수사가 이루어지지 않은 채 수도권 경찰조직에 의해 은폐·조작수사가 더욱 더 활기를 띠면서 정점을 치닫고 있다.

좀 더 자세하게 들어가 보면, '관피모사건' 수사와 관련하여 대검찰청의 묵인 아래 성남검찰의 불법적인 이송 결정이 이루어졌고 성남수정경찰서를 비롯한 서울서대문경찰서('관피모사건' 주범 구수회) 및 서울성북경찰서('관피모사건' 공범 전상화)에서는 은폐·조작 수사가 이미 마무리되었고, 이를 송치받은 서울서부지방검찰청(주임검사 이주훈) 및 서울북부지방검찰청(주임검사 이정호)에서는 전혀 수사를 진행하지 않은 채 사법경찰관들이 허위 내용으로 작성해 놓은 '불송치결정서'를 그대로 인용한 수법을 통해 '관피모사건'을 몽땅 은폐해 버렸다.

그동안 우리나라 검찰은 명백한 증거로 인해 해당 사건을 은폐하기 힘들다 싶으면 '관피모사건'의 경우처럼 사전에 경찰에 사건 은폐수사를 지시하고, 그 지시를 따른 경찰로부터 해당 사건기록을 송치 받아 캐비닛에 처박아 놓았다가, 적당한 기회를 틈타 직접 불기소결정서의 내용을 작성하지 아니하고, 허위 내용으로 작성된 사법경찰관 명의의 불송치결정서를 그대로 인용하는 방식을 취해 왔다. 사법경찰관 뒤에 숨어서 사건 조작이나 해대는 우리나라 검사들의 모습이 예전이나 지금이나 전혀 변함이 없다. 참으로 비겁하고도 추접스럽기 그지없다.

이러한 검찰의 사건은폐 방식은 2014. 4.경 국정원 댓글 수사와 관련하여 대검 감찰부로부터 징계를 받고 대구고검으로 좌천되어 주말마다 서울에서 출퇴근하였던 윤 대통령으로부터 직접 들은 내용으로써, 필자가 나중에 사표를 내고 '금 150억 원 검사비리사건'을 경찰에 고소하면서 경험한 바로는 소름이 돋을 정도로 진리에 가깝다는 사실을 알게 되었다.

검찰의 위와 같은 사건은폐 방식을 어느 누구보다도 더 잘 알고 있는 윤 대통령으로서는 수사 한 번 하지 않고 경찰에서 작성한 허위 내용의 불송치결정서를 인용하는 수법을 통해 '관피모사건'을 몽땅 은폐해 버린 검사들 단 한 명도 예외 없이 구속수사로 엄히 다스려 줄 것이라 믿는다.

이는 '검찰 제 식구 감싸기' 차원의 적폐가 아니라 상식과 공정이 통하는 윤 대통령의 정치 철학을 구현하기에 필요하기 때문이다.

그렇지 않을 경우 윤 대통령은 이전 문재인 대통령과 전혀 다를 바 없으며 본지에 의해 탄핵대상으로 몰리게 될 것임은 물론, 결국 다가오는 총선 및 대선에서 참패의 기폭제로 변하지 않을 것이라는 보장이 없다.

필자는 2015. 12. 29.자 본지 '전관예우변호사 출신 성영훈에 대한 국민권익위원회 위원장 박탈과 구속수사를 촉구하면서' 제하의 기사에서, 당시 박근혜 대통령에게 "박근혜 대통령님! 아무리 대통령의 인사권이 통치행위라고 하더라도, 그 행사에 있어서는 국민의 암묵적인 동의가 필요함이 당연하고, 중대범죄를 저질러 놓고도 현재까지 경찰 및 검찰 수사를 자신의 의지대로 깔아뭉개버리는 인간 말종 성영훈에 대해 대한민국 모든 공직자의 청렴성을 대변하고 국민의 억울함을 아우르는 장관급인 국민권익위원장으로 임명하였다는 그 자체만으로도 감히 탄핵 사유라고 말씀드리고 싶다."라며 충언하였다. 〔2017. 4. 15. 발행, 출판사 : 정의로운 세상, '제19대 대선 결정판(제1판), 새 대통령 당선조건' 책자 제277쪽 참조〕

그러나 당시 박근혜 대통령은 필자의 충언을 휴지조각처럼 무시해 버리더니, 그로부터 약 1년 후인 2017. 3. 10. 헌법재판소에 의해 탄핵되고 말았다. 실로 필자의 예감 적중은 역사가 증명하고 있다.

또 최근에 이르러서는 제20대 대선 결정판인 '정권교체'라는 책자를 출간하였고, 그 결과 '문재인 정부의 헌법 파괴'라는 명분을 내세워 정권교체 예감을 적중시켰음은 물론이다.

그렇다면, 검찰이 자신들의 미래 밥그릇을 빼앗는 '관피모사건'의 주범인 구수회의 변호사법위반 범죄행위에 대해 왜 그토록 비호하고, 이를 은폐하려고만 할까? 특히, 구수회로부터 사건처리 명목으로 돈을 떼이는 피해자가 속출하고 있는데 말이다.

필자가 검찰 재직 당시 변호사법위반과 관련된 아주 경미한 사건일지라도 압수수색 영장을 신청할 경우 검사는 100% 법원에 청구해 주었고, 판사는 100% 압수수색영장을 발부해 주었다. 그 이유는 미래 판·검사들의 밥그릇을 빼앗는 범죄이었기 때문이었다.

필자가 제출한 위 '핵심입증자료' 기재 내용만 대충 훑어보더라도 구수회는 이 카페를 수십 년간 운영해 오면서 "변호사가 해야 할 일 90%는 행정사가 가능하다"며 어마어마한 사건 수임과 건당 1억 원의 거금까지 수수료 명목으로 받아왔다. 이를 확인하기 위해서라도 검찰은 발 벗고 계좌 추적을 해야 할 업무상 의무가 있지 않겠는가?

'관피모사건'의 핵심 내용은 구수회는 물론 동업자 전상화, 구수회가 과거 수차례 변호사법위반 범행 시 사용해 왔던 구수회의 처 노재숙의 계좌를 각각 추적하는 것이다.

그 결과에 따라 구수회 및 전상화의 변호사법위반 또는 특경법(사기) 위반의 횟수 및 규모, 부당 편취 이익 또는 피해자의 피해금액을 확정 짓는 것이 수사의 기본 원칙이자 필수이다.

그럼에도 불구하고 검찰은 왜 사법경찰관이 작성한 허위 내용의 불송치결정서를 인용하면서까지 계좌 추적만큼은 회피한 것일까? 이는 결국 구수회의 배후 세력이 있음을 의미한다.

구수회나 그의 동업자 전상화의 배후 세력을 밝히는 것은 아주 간단하다. '관피모사건' 수사와 관련, 허위 내용의 불송치결정서를 작성한 사법경찰관이나, 허위 내용의 불기소결정서를 작성한 검사를 상대로 구수회나 동업자 전상화의 배후세력을 추궁하고 찾아내면 그만이다.

건전한 법률시장을 양성하고, 국민들에게 사법 불신을 해소해야 함은 물론 양질의 사법 서비스를 바라는 일반 국민들의 권익을 보호하기 위해, 구수회와 같은 사건브로커로부터 제2, 제3의 사법피해자가 발생하지 않도록 하기 위해, 나아가 변호사법 또는 법무사법의 실효성을 확보하기 위해서라도 구수회 및 그의 동업자 전상화, 구수회가 과거 변호사법위반 범행 시 사용해 왔던 구수회의 처 노재숙에 대한 계좌 추적은 반드시 필요하다.

지금까지 살펴본 '관피모사건' 은폐수사와 관련, 필자가 한동훈 장관에게 2차례 걸쳐 성남검찰에 대해 감찰착수 및 징계의뢰, 공수처 고발까지 요청한 문서 2건을 별첨과 같이 원문 그대로 공개한다.

이는 한동훈 장관이 검찰로 하여금 '관피모사건'은 물론, 이를 은폐수사한 '경찰관의 범죄'까지 은폐하도록 묵인·방조함으로써 이전 문재인 정부 법무부장관과 마찬가지로 검찰개혁의 부적격자임을 확인하고자 함에 있다.

즉, 아무리 범죄를 저지른 비리검사라고 하더라도 내 편이면 괜찮고, 그렇지 않으면 아무리 수사를 잘한 검사라고 할지라도 한직에 쫓아버려서는 안 된다는 것을 의미한다. 이는 국가가 망할 징조다.

다만, 아래 첨부 문서들은 당시 필자가 '관피모사건' 중 중요범죄인 '변호사법위반' 및 '특경법(사기)위반' 범죄가 검찰청법 제4조 제1항에 해당된 사실을 몰랐다는 점을 밝힌다. 이들 범죄는 사건을 은폐하도록 경찰에 이송할 것이 아니라, 검찰에서 직접 수사했어야 했다.

한동훈 법무부장관이 사퇴하지 않는 상황에서 그의 지휘 아래 놓여 있는 윤석열 정부 소속 검찰 및 경찰이 어떠한 수사를 하더라도, 이는 내로남불 수사일 수밖에 없고, 선택적 수사로 인해 정치보복성 수사로 비쳐질 수밖에 없으며, 그에 따른 수사결과의 적법성과 정당성을 확보할 수 없다는 사실을 분명하게 밝히고자 한다.

마지막으로 집권여당인 '국민의힘'에게 요구한다.

현재 대한민국 검찰과 경찰은 자신들의 치부가 드러날 것이 두려워 한통속이 되어 범죄자들과 손잡고 사건조작 및 은폐수사에 몰두하고 있다. 정권 차원이 아닌 나라가 망할 징조다. '관피모사건' 수사에서 검·경 간 견제와 균형이라는 수사시스템은 어느 한구석도 찾아볼 수 없다. 국회는 왜 '검수완박'이라는 검찰개혁 법안을 통과시켰나?

부패범죄 사건이자 권력형 비리사건인 '관피모사건'을 선택적 수사 기법을 통하여 조작·은폐수사로 나아가고 있는 검찰과 경찰을 개혁하지 않고서는 앞으로 대한민국은 단 한 발짝도 나갈 수 없다. 법조카르텔이라는 큰 테두리 안에서 썩은 냄새가 온 나라에 진동하고 있다.

그 책임은 오롯이 검찰을 지휘하고 있는 법무부장관 한동훈에게 있다.

'국민의힘'은 당장 국회에서 법무부장관 한동훈을 탄핵하라!!

그래야만 과거 보수 야당 시절 이미지인 '차떼기당'이라는 오명을 벗을 수 있고 깨끗하고 보수·진보를 모두 아우르는 개혁적인 집권 여당으로 탈바꿈할 수 있지 않겠는가?

집권 여당인 '국민의힘'은 왜 이전 문재인 정권에서 보여준 내로남불 적폐청산, 가짜 검찰개혁 및 가짜 공수처 설립 정책을 그대로 승계하려고만 하는가?

별첨 : 법무부 한동훈 장관에게 감찰 의뢰한 문서 2건 (지면상 생략)

〔칼럼시리즈(제3판) ③〕 〔2022. 7. 12.〕

현재 대통령 윤석열은 탄핵 일보 직전까지 내몰려 있다!!

● 김진태 전 검찰총장의 '검찰총장후보추천위원회 위원장' 자격을 박탈하라.

김진태 전 검찰총장은 재직 당시 금 150억 원 '검사비리사건'에 대한 공범자이었을 뿐만 아니라, (① 2017. 4. 15. 발행 '제19대 대선 결정판', '새 대통령 당선 조건' 책자 제461~465쪽, 펴낸 곳 : 정의로운 세상, ② 2021. 9. 30. 발행 '제20대 대선 결정판', '정권교체' 책자 제208쪽, 펴낸 곳 : ㈜LPN로컬파워뉴스), 위 '검사비리사건'이 2014. 10. 23.경 실시된 대검찰청 국정감사에서 당시 야당 소속 국회의원 전해철 감사위원으로부터 발각되자, 전해철 감사위원에게 무형의 이익을 뇌물로 제공하고 전해철 감사위원과 공모하여 이를 은폐해 버렸다. (위 ② 책자 제245~248쪽)

김 전 검찰총장이 공범으로 가담하고 이를 은폐까지 해버린 위 검사비리사건의 요지 및 성격(특성)은 다음과 같다.

필자는 2012. 7.경 서울동부지방검찰청 수사과 제1호 수사사무관 재직 당시, 박근혜 정부 검사장 출신이자 태평양 법무법인 고문변호사 성영훈과 그의 부하직원으로 근무한 적이 있는 대검찰청 감찰 제1과장 안병익, 서울고검 감찰검사 김훈 및 백방준으로부터 금 54억 원 소송사기 등 피의사건(이하, '주관용사건')을 열심히 수사하였다는 이유 하나만으로 주관용이 조작한 통화목록을 근거로 삼아 위 주관용사건 고소인 홍성춘, 참고인 박재근, 상피의자(상피고인) 이차남과 함께 2차례에 걸쳐 약 1년 7개월간 통화추적, 위치추적, 계좌 추적 등 모든 강제처분을 처절하리만큼 받았다.

위 검사비리사건 피의자들(이하, '성영훈 일당')이 필자를 포함한 사건 관계자들에 대해 위와 같이 불법 감찰수사를 실시하였던 이유는 위 주관용 사건 관련 민사소송 항소심에서 이미 54억 원 승소판결을 받아놓은 상황에서, 대법원 판결문상 이자 포함 약 150억 원의 소송사기 범죄수익금을 착복하고자 함에 있었고 (당시 연 매출 3,000억 원이 넘는 ㈜에스코넥을 통째로 먹고자 함에 있었고), 실제로 위 주관용사건 공판과정에서 위 150억 원의 범죄수익금을 착복하려는 순간 필자의 목숨을 건 자살시도 사건으로 인해 ㈜에스코넥 소유권을 성영훈 일당으로부터 구해 낼 수 있었다. (이를 입증하는 근거자료로는 위 ② 책자 제230쪽 주석 30 참조, 윤석열 대통령마저도 2014. 7. 8.경 필자에게 보낸 자신의 서한문에서 이를 인정하고 있음, 위 ② 책자 제155쪽)

위 검사비리사건은 성격상 정치군인들이 정권을 탈취할 목적으로 적과 싸우고 있는 국군 장병들을 향해 등 뒤에서 총을 겨누는 사건과 전혀 다를 바 없다.

즉, 당시 김진태 검찰총장 등 정치(비리)검사들은 위 주관용사건 무마를 통하여 자신들의 더러운 뱃속을 챙기기 위해 범죄자 주관용과 통모한 후 범죄자 주관용과 싸우고 있는 수사사무관인 필자에 대해 등 뒤에서 검찰의 칼날을 꽂아 버렸다.

이는 우리나라 형법상 가장 무거운 죄책인 여적죄를 정치군인들에게만 적용할 것이 아니라, 정치(비리)검사들에게도 적용해야 하지 않을까 생각하게 한다.

그 이유는 국민의 생명과 재산을 지키기 위한 적 군대와의 전쟁이나, 범죄자와의 전쟁이나 국가가 존재하는 관점에서 바라볼 때 일맥상통하기 때문이다.

또한, 위 검사비리사건은 전형적인 전관예우사건이자 권력형 비리사건, 대형 부정부패사건, 검찰조직을 악용한 국기문란사범의 성격까지 갖고 있다.

따라서 이를 해결하지 않고서는 공정과 상식이 통하는 정의사회 구현은 단 한 발짝도 나갈 수 없고, 검찰 부패는 정치 부패를 더욱 심화시킬 뿐이며 공적 업무가 존재하는 어떠한 분야에 있어서도 특권과 반칙만이 판치는 세상이 될 수밖에 없다.

상황이 위와 같이 매우 엄중하고 심각함에도 불구하고, 한동훈 법무부장관은 금번 '검찰총장후보추천위원회 위원장'으로 위 검사비리사건의 몸통격인 전 검찰총장 김진태를 위촉하였다.

특히, 한동훈 법무부장관은 현재 본지에서 보도하고 있는 '관피모사건' 은폐자로 지목받고 있다. 따라서 필자는 한동훈 장관에 대해 임명권자인 윤석열 대통령에게는 해임을 촉구하고 있고, '국민의힘'에는 국회 탄핵을 촉구하고 있는 실정에 있다.

한 법무부장관은 금 150억 원 검사비리사건 공범이자 은폐자 신분에 있는 중대 범죄자 김 전 검찰총장에게 교도소에서 장기간 콩밥을 먹도록 하지는 못할망정 윤석열 정부 초대 검찰총장 추천 권한을 부여한다는 것이 도대체 어떻게 있을 수 있다는 말인가?

한 법무부장관은 왜 중대 범죄자 김 전 총장으로 하여금 윤석열 정부 검찰을 또다시 범죄 집단으로 만들 생각을 갖게 되었는지 사법정의를 갈구하는 모든 국민들에게 명쾌한 답변을 해야 할 의무가 있다.

그 이유는 모든 국민들이 중대 범죄자 김 전 총장으로 하여금 윤석열 정부 초대 검찰총장을 추천해 주도록 윤석열을 제20대 대통령으로 선출해 준 것은 아니기 때문이다.

마지막으로 탄핵 위기에 몰린 윤 대통령에게 충언하고자 한다.

필자는 검찰에서 약 28년간 검사 윤석열과 한솥밥을 먹으면서 사건 처리와 관련 함께 근무한 인연도 있고, 검사 윤석열에게 퇴직하는 그날까지 신상 고민까지 털어놓으며 존경하고 선망해 왔다.

그러나 선망의 대상이었던 검사 윤석열이 검찰총장이 되는 순간 분노의 대상이 되어버렸고, 더 나아가 국가 최고 통치자인 대통령이 되고부터는 더 많은 분노의 대상이 되어버렸다.

그렇다면, 필자가 검찰 재직 28년간을 통틀어 선망과 존경의 대상이었던 검사 윤석열이 분노의 대상인 검찰총장 윤석열, 더 많은 분노의 대상인 대통령 윤석열로 변해 버린 이유는 뭘까?

그 이유는 검찰총장 윤석열은 사법정의 및 정의사회 구현을 위해서는 검사들의 사건 무마 및 조작 불법행위에 대해 추상같은 검찰권을 행사해야 함에도 불구하고, 이를 '검찰 제 식구 감싸기' 차원에서 온정으로 덮어버렸고,

대통령 윤석열은 정의사회 구현 및 부정부패사범 처리와 관련하여 진영 논리를 내세우면 아니 됨에도 불구하고 네 편·내 편으로 나눠 여전히 검찰의 선택적 수사기법을 통하여 이전 문재인 정권에서 지겹도록 고초를 겪은 바 있는 '내로남불' 정책을 그대로 승계하고 있다는 점이다.

윤 대통령이 검사가 아닌 정치가로서, 또 제20대 대한민국 대통령으로서

각 정파에 얽매이지 아니하고 역사에 남을 업적을 이루기 위한 조건은 다음과 같다.

대통령 선거 당시 공정과 상식이 통하는 사회를 만들겠다는 약속을 지켜달라는 것이다. 이는 막대한 예산이 들어가는 것도 아니며, 단지 결단의 문제일 뿐이다.

이를 위해서는,

① 중대 범죄자 김진태 전 검찰총장의 '검찰총장후보추천위원회 위원장' 자격을 박탈하고, '금 150억 원 검사비리사건'을 재수사하여 역사 앞에 그 진실을 밝혀달라!!

② 현재 서울고검에서 수사 진행 중인 '관피모사건'을 은폐해 버린 한동훈 법무부장관을 해임하라!!

③ 현재 서울고검에서 수사 진행 중인 '관피모사건'을 은폐수사한 관련 경찰관 및 검사들을 모조리 형사처벌하고, 그 배후자를 색출하여 엄단하라!!

④ 위 ①항부터 ③항의 조치를 통하여, 최소한 윤석열 정부에서부터는 검찰의 선택적 수사기법을 원천적으로 방지하고, 검사들의 사건 무마 및 조작수사가 불가능하도록 함으로써, 다시는 이 땅에 전관예우, 유전무죄·무전유죄, 유권무죄·무권유죄가 존재하지 않는 공정하고 정의로는 국가를 만들어달라!!

〔칼럼시리즈(제3판) ④〕 〔2022. 8. 14.〕

검찰을 범죄조직으로 만들어버린 윤석열 대통령은 탄핵밖에 답이 없다!!

- '금 150억 원 검사비리사건'을 은폐한 윤 대통령은 입이 열 개라도 할 말이 없다.
- 사법경찰관에게 사건조작을 강요하고 있는 윤석열 정부의 검찰
- 검찰수사 마지막 단계에서도 '관피모사건'을 은폐해 버린 서울고검 이준엽 검사
- '입법 사기' 행각까지 벌이고 있는 한동훈 법무부장관

만일 필자가 죽고 난 다음 저승에 올라 하느님께서 "너는 대한민국에 살면서 가지고 있었던 소망이 무엇이었느냐?"라고 물어보신다면,

"저는 2012. 7.경 서울동부지방검찰청 수사과 제1호 수사사무관으로 재직할 당시 검찰총장 김진태를 비롯한 정치(비리)검사들로부터 범죄수익금 약 150억 원의 착복 기회를 박탈시킨 성공적인 수사를 실시하였다는 이유 하나만으로 2차례 걸쳐 약 1년 7개월간 선택적 수사기법에 의한 불법적인 감찰수사를 받은 바 있으며, 그로 인해 비리혐의자로 낙인 찍혀 약 33년간 젊음을 바쳐 공직생활에서 쌓아온 명예를 송두리째 잃어버리고 검찰조직에서 쫓겨나고 말았습니다.

특히, 정치(비리)검사들에 의해 검찰조직에서 쫓겨날 시점에는 장기간 불법적인 감찰수사를 받아왔던 후유증으로 인해 우울증까지 앓던 중 자살까지 시도하였으나 하느님께 큰 죄를 지을까 봐 차마 이를 실행에 옮기지 못하고 죽는 날까지 사건조작을 일삼는 정치(비리)검사들과 맞서 싸워왔으며, 거기에 터 잡아 대한민국의 썩은 검찰조직을 개혁하여 공정하고 정의로운 세상을 만들고 싶었습니다."라고 주저 없이 답변드릴

것이다.

그렇다!!

필자가 본지를 통하여 수없이 강조해 온 바와 같이, 검찰의 선택적 수사 및 선택적 정의 실현은 형사소송법상 원칙과 기준을 훨씬 뛰어넘어 자신들의 기득권을 강화하거나 정치(비리)검사들의 사적 이익을 추구할 목적으로 수사 착수 단계에서부터 수사 전 과정은 물론 기소, 공판 과정, 형 집행에 이르기까지 검사에게 부여된 모든 권한을 남용한 불법적인 형사사법 활동을 의미한다.

여기에는 청탁수사·편파수사·표적수사·별건수사·과잉수사·보복수사·먼지털이 수사, 뭉개기 수사·조작수사·봐주기 수사·사건 무마 수사·은폐수사 등 온갖 불법 유형의 수사 꼬리표가 따라다니고 있으며, 전관예우, 무전유죄·유전무죄, 무권유죄·유권무죄와도 직·간접적으로 연결되어 있다고 강조해 왔다.

또 검찰의 선택적 수사기법은 대통령 등 정치권력과 결탁할 경우에는 부패정치, 보복정치, 공작정치 등 모든 유형의 불법적인 정치 행태를 띠게 된다.

특히, 검찰에 고운 털이 박힐 경우에는 아무리 큰 죄를 지은 사람이라고 할지라도 죄 없는 사람으로 사건을 무마해 버리고, 검찰에 미운 털이 박힐 경우에는 아무리 작은 죄를 지은 사람이라고 할지라도 더 큰 죄를 지은 사람으로 만들기 위해 과잉 수사를 실시하거나 중형을 때려 버리기도 한다. 심지어 죄 없는 사람에 대해서까지 무리하게 기소하여 죄 지은 사람으로 만들어 버린다.

그런데 검찰의 선택적 수사기법 중 정치(비리)검사들이 가장 선호하는 수사 유형으로는 대체적으로 사건 무마를 위한 뭉개기 수사·은폐수사가 있다. 이는 피의자 측 변호사를 통하여 큰 뒷돈을 챙길 수 있기 때문이다.

이 수사기법 중 외부에 쉽게 드러나지 않는 고소, 고발이 아닌 인지수사에 있어서는 정치(비리)검사들 중 가장 먼저 보는 사람이 떡고물을 독차지할 수 있다.

필자가 본지를 통하여 수년에 걸쳐 보도하고 두 차례에 걸쳐 책까지 발간한 바 있는 '금 150억 원 검사비리사건'은 물론 최근 보도하고 있는 '관피모사건'은 눈에 쉽게 띄는 고소·고발 사건임에도 불구하고, 사건 무마를 위한 뭉개기 수사 및 은폐수사로 일관해 왔으며, 결국 경찰에서는 허위 내용의 불송치결정서를 작성하고, 검찰에서는 이를 그대로 인용하는 수법으로 허위 내용의 불기소결정서를 작성해 왔다.

더더욱 사회적 이목이 집중된 사건 중 피해금액이 천문학적에 이르고 그 피해자만도 수천 명에 달하는 대형 금융사건이나 법조인들이 낀 각종 권력형 비리사건 역시 검찰의 위와 같은 선택적 수사기법에 의해 그 몸통이나 배후세력은 어디론지 사라져버리고 소위 잡범 수준인 바람잡이들만 형사처벌되는 수준에서 용두사미로 끝나버린다.

경찰의 선택적 수사를 통한 사건 무마 또는 사건 은폐수사는 사전에 검찰로부터 암묵적 지시나 묵인 없이는 불가능하다.

이는 과거 형사소송법상 경찰이 검찰로부터 종속적 보조기관에 머물러 있었던 시대는 물론 형식상 대등한 관계로 변경된 현행 형사소송법에 있어서도 변함이 없다.

만에 하나, 경찰이 사전에 검찰로부터 암묵적 지시나 묵인 없이 선택적 수사기법에 의해 사건 무마를 위한 은폐수사를 실시하였다면, 이는 고소인, 고발인, 진정인 등 사건 관계자들의 이의 제기로 검찰에서 들통이 날 수밖에 없고, 그 결과 당초 은폐수사를 실시한 사법경찰관들은 검찰에서 형사처벌을 피할 수 없다.

경찰이 검찰로부터 100%의 '검수완박'이라는 수사권독립(수사는 경찰, 기소는 검찰)을 이루어냈다고 하더라도, 수사권을 가진 경찰이 영장청구권과 기소권을 동시에 쥐고 있는 검찰에게 무릎을 꿇고 복종해야 하는 이유가 바로 여기에 있다.

검찰이 사건을 조작하는 비리경찰관에 대해서는 관련 수사기록을 송치받아 적발이 가능하고 처벌할 수 있으나, 경찰은 사건을 조작하는 비리검사들을 적발할 수도 없거니와 설사 적발한다고 하더라도 이를 처벌할 수 있는 법적 장치도 없다. 공수처가 비리검사를 수사하고 기소하도록 되어 있기 때문이다.

경찰과 검찰이 서로 '견제와 균형'이라는 진정한 형사사법시스템을 작동하도록 하기 위해서는 '문재인 정권 보호처'로 출발한 데다, 국민의 혈세나 낭비하면서 식충이 역할을 하고 있는 공수처를 즉각 폐지하고, 경찰에게도 정치(비리)검사들을 수사할 수 있는 수사권과 각종 영장청구권을 부여하여야 한다. 그렇지 않고서는 우리나라에서만큼은 부패 검찰 및 이와 연결된 부패 정치를 영원히 해결할 수 없다.

정치(비리)검사들이 사건을 무마(은폐)하기 위하여 허위 내용의 불기소 결정서를 작성하는 방법은 다양하다. 이를테면, 해당 사건의 핵심 쟁점과 직접 관련이 없는 여러 사실들을 기재해 놓거나(동문서답 또는 물타기 수법을 이용하거나), 허위사실을 아무도 눈치채지 못하게끔 슬그머니

집어넣거나, 그렇지 않으면 마지막 단계에서는 해당 사건과 딱 들어맞지 않는 대법원 판례를 동원하기도 한다.

정치(비리)검사들이 작성한 위와 같은 허위 내용의 불기소결정서는 법조 경력이 있는 법조인들마저도 해당 사건의 수사기록을 제대로 읽어 보지 않는 한 발견하기가 여간 쉽지 않다.

즉, 검찰이 정치(비리)검사들의 사건조작과 관련, '검찰 제 식구 감싸기' 차원에서 허위 내용의 불기소결정문이 첨부된 해당 수사기록 열람을 허가해 주지 않는다면 해당 사건을 직접 수사한 수사관이나 검사 이외에 어느 누구도 정치(비리)검사들의 사건조작 사실을 전혀 알지 못한다.

실제로 검찰은 '금 150억 원 검사비리사건'과 관련, 수사 종사자에 의해 명백히 사건조작이 이루어지고 은폐수사가 확정적으로 확인되고 있음에도 불구하고, 해당 불기소사건 기록 중 고소인의 진술 이외에 어떠한 수사기록도 열람·등사를 해주지 않고 있다. 법원의 자료제출 명령이 있더라도 마찬가지다. (2017. 4. 15. 발행 '새 대통령 당선조건' 책자 제584~611쪽 참조, 출판사 : 정의로운 세상, 저자 임찬용)

더더욱, 정치(비리)검사들은 사건 은폐수사를 실시한 후 피의자 측 변호사로부터 거액의 뒷돈을 챙기더라도 수사 미진을 이유로 설치된 항고나 재항고, 재정신청이라는 형사사법제도가 있기 때문에 뇌물수수 라는 형사책임에서 쉽게 빠져나갈 수 있다.

즉, 정치(비리)검사들이 피의자 측 전관 변호사들로부터 거액의 뒷돈을 챙기고 의도적으로 사건 무마를 위한 은폐수사를 실시하였다고 하더 라도, 검찰은 이를 수사하여 형사처벌하는 것이 아니라, 항고나 재항고, 재정신청 등의 제도를 통하여 수사 미진 사항으로 미화시켜 버린다.

더군다나, 수사미진 사항을 적발하거나 이를 시정하기 위해 설치한 형사사법제도인 항고나 재항고는 검사들의 의도적인 사건 무마 비리를 찾아내 처벌하는 것이 아니라, 정치(비리)검사들끼리 사건을 서로 봐주기 위한 내부적 통제장치에 불과하고, 법원에 대한 재정신청제도 역시 '법조 카르텔'에 묶여 있어 인용률이 채 1%도 되지 않아 실효성이 전혀 없다.

한마디로 말하면, 위와 같은 형사사법 제도들은 '검찰 제 식구 감싸기' 및 '법조 카르텔'이라는 우리나라 썩은 사법 현실만을 더 강화하고 더 정당화시켜 주고 있을 뿐이다.

사건 무마(은폐)를 일삼는 정치(비리)검사들을 색출하여 형사처벌하고, '법조카르텔'을 깨기 위해서는 고소·고발사건 수사에 있어서 전혀 실효성이 없는 항고, 재항고, 재정신청 제도를 당장 폐지하고, 엄격한 외부통제에 바탕을 둔 근본적인 대책이 필요한 이유가 바로 여기에 있다.

정치(비리)검사들은 자신들의 더러운 뱃속을 채우거나, 또는 정치권력으로부터 사건무마 청탁이나 각종 비리와 관련된 제보를 받을 경우에는 자신들의 출세 길에 도움이 되는 인맥을 쌓기 위해 선택적 수사기법에 의한 사건조작을 용이하게 하게끔 검찰청 직제표까지 바꾸는 사례가 있었다. (2021. 9. 30.자 발행, 제20대 대선결정판(제2판), 정권교체 책자 제56쪽 이하 참조)

검찰의 선택적 수사 대상은 국민의 지지율이 빈약한 현직 대통령에서부터 평범한 시민, 심지어 검찰 구성원에 이르기까지 다양하게 이루어져 왔다.

특히, 우리나라 검사들은 선택적 수사에 익숙해져 있다. 이는 우리나라 검찰이 어느 누구로부터도 감독이나 통제를 받지 않은 채 독점적 형사

사법권력을 행사해 왔음을 의미한다.

아무리 정의감이 투철하고 청렴한 검사라고 하더라도 선택적 수사에 익숙한 검찰총장 등 수뇌부의 지시를 거부할 때면 당장 감찰이 들어온다.

검사 생활을 계속하려면 상사의 지시대로 선택적 수사에 순응하여야 하고, 이를 어길 시 당장 옷을 벗어야 한다.

검찰의 선택적 수사와 선택적 정의실현은 우리나라 민주주의를 그만큼 퇴행시켰고, 선량한 국민들을 사법 피해자로 양산시켜 왔으며, 정치적으로는 국민의 선택이 아닌 검찰의 선택에 의해 대통령을 선출하거나, 힘없는 퇴임 대통령을 구속시켜 왔다.

이와 같은 사정에 비추어볼 때, 검찰의 선택적 수사만큼은 달인에 가깝다고 자부(?)할 수 있는 문재인 정부 검찰총장 출신 윤석열이 자신을 서울중앙지검장 및 검찰총장까지 발탁해 준 문재인 전 대통령을 배신하고, (그렇다고 하더라도 가짜 검찰개혁 및 가짜 공수처를 설립한 문재인 전 대통령을 절대 찬양한 것은 아님) 대한민국 대통령의 자리까지 올랐으니,

여든 야든 제20대 대통령 후보 및 본선 선거 과정에서 보여준 우리나라의 부패하고 기득권에 찌든 정당정치의 문제점에 대해서는 논외로 하더라도,

대한민국은 오늘날 검찰의, 검찰에 의한, 검찰을 위한 정치로 변해 있음은 분명하고, 거기에 터 잡아 검찰의 선택적 수사 및 선택적 정의실현은 과거 역대 어느 정부보다 훨씬 더 활기를 띠고 있지 않는가?

이는 공정한 경쟁을 통한 국가 발전을 기대할 수 없고, 오로지 부패하고 패거리 정치가 득세할 수밖에 없다.

지금 이 순간에도 본지에서 다뤄왔던 권력형 비리사건인 '금 150억 원 검사비리사건'이나 불특정 다수를 상대로 사기행각을 벌이고 있는 '관피모사건'의 경우처럼 중대한 사건이 수년에 걸쳐 언론에 대서특필되고, 그 실체적 진실이 책까지 발간되어 역사 앞에 헌정되더라도, 정치(비리)검사들은 이를 선택적 수사를 통하여 조작해 버리거나 은폐해 버린다. 그러고는 아무도 책임을 지지 않는다.

하루하루의 끼니를 해결할 수 없어 라면 봉지 몇 개를 훔치기 위해 자물쇠를 부수고 슈퍼에 몰래 들어가다가 들킨 절도범에 대해서는 당장 구속수사를 하면서도, '관피모사건'의 경우처럼 불특정 국민 다수를 상대로 사건처리를 100% 해결해 주겠다는 거짓말로 억대의 돈을 편취해 가는 고도의 지능 사기범에 대해서는 아무리 증거를 제시해도 수사조차 착수하지 않는 해괴한 나라 대한민국에서 무엇을 더 바라겠는가?

이처럼 선택적 수사와 선택적 정의실현의 방법으로 형사사건을 조작하거나 은폐해 왔던 정치(비리)검사들은 부패정치와 연결고리를 통하여 국정 전반에 걸쳐 법치의 근간인 공정과 상식의 토양마저도 삼켜 버릴 것이며, 그 결과 정치(비리)검사들과 부패 정치꾼들만이 패거리로 모여 자신들의 기득권을 유지하고 더 좋은 자리로 출세하기 위해 유일하게 정치(비리)검사들을 통제할 수 있는 대통령의 눈치만 바라보며 아부를 해대고 있는 것이 눈에 선하지 않는가?

그 대표적인 사례를 들어본다.

최근 본지를 통하여 보도한 바와 같이, 윤 대통령 대리인 격인 법무부 장관 한동훈은 '금 150억 원 검사비리사건'의 공범이자 이를 은폐한 중대 범죄자 김진태 전 검찰총장을 '검찰총장후보추천위원회 위원장'으로 위촉하였다.

한마디로 말하면, 윤석열 정부에서 실세 장관으로 통하는 한동훈은 중대 범죄자 김진태 전 검찰총장에게 윤석열 정부 초대 검찰총장의 자리를 맡긴 셈이다.

지금까지 살펴본 바에 의하면, 검찰의 선택적 수사 및 선택적 정의 실현은 국민의 기본권을 박탈하고, 공정과 정의사회 구현을 부정하며, 사법 불신을 초래했고, 우리나라 민주주의 발전과 법치주의에 역행하며, 선의의 경쟁을 통한 국가 발전에 크나큰 장애가 되어왔다는 사실은 어느 누구도 부정할 수 없다.

그렇다면, 검찰의 선택적 수사를 통한 사건조작을 방지하고 사법정의가 실현됨으로써 윤 대통령이 늘 말로만 강조해 오고 있는 공정과 상식이 지배하는 사회가 실제로 이루어지도록 하기 위해서는 모든 검사들을 직접 지휘·감독하는 검찰총장만큼은 대통령의 지배에서 벗어날 수 있게끔 임명제가 아닌 국민의 직접 선거로 선출하는 정치개혁이 선행되었으면 한다.

궁극적으로 정치(비리)검사들의 발호를 막기 위한 근본적인 대책으로는 전국 검찰청을 없애버리고, 기소권과 공소 유지만을 담당하는 기소청을 신설한 다음 이를 사법부에 배속시켜야 할 것이다.

(검찰총장 출신 윤석열이 일정한 시차도 없이 곧바로 대통령이 되어서는 안 되는 이유와 대통령으로 당선된 이후에도 탄핵하여야 할 사유에 대해서는 마지막 횟수인 '대통령 윤석열을 탄핵한다'라는 기사에서 자세하게 다룰 예정이다.)

필자는 2022. 7. 12.자 본지 기사에서, 윤 대통령에게 검사가 아닌 정치가로서, 또 제20대 대한민국 대통령으로서 각 정파에 얽매이지 아니하고 역사에 남을 업적을 이루기 위한 아래 4가지 사항을 충언하였다.

① 중대 범죄자 김진태 전 검찰총장의 '검찰총장후보추천위원회 위원장' 자격을 박탈하고, '금 150억 원 검사비리사건'을 재수사하여 역사 앞에 그 진실을 밝혀달라!!

② 현재 서울고검에서 수사 진행 중인 '관피모사건'을 은폐해 버린 한동훈 법무부장관을 해임하라!!

③ 현재 서울고검에서 수사 진행 중인 '관피모사건'을 은폐수사한 관련 경찰관 및 검사들을 모조리 형사처벌하고, 그 배후자를 색출하여 엄단하라!!

④ 위 ①항부터 ③항까지 조치를 통하여, 최소한 윤석열 정부에서부터는 검찰의 선택적 수사기법을 원천적으로 방지하고, 검사들의 사건 무마 및 조작수사가 불가능하도록 함으로써, 다시는 이 땅에 전관예우, 유전무죄·무전유죄, 유권무죄·무권유죄가 존재하지 않는 공정하고 정의로운 국가를 만들어달라!!

그러나 위 4개항의 충언 사항 중 현재까지 실행에 옮겨진 사항은 단 한 개도 없다. 이에 터 잡아 윤 대통령의 탄핵은 거의 확정적이다.

위 ①항에 대해서는 윤 대통령 자신이 '금 150억 원 검사비리사건' 은폐행위에 공동정범으로 가담하고 있으나 (이는 필자가 윤 대통령 탄핵을 선포하는 날에 맞춰 이미 공수처에 제출한 피의자 윤석열 등에 대한 고소장을 본지를 통하여 공개할 예정임), 현직 대통령의 신분이니 어찌할 방도가 없다.

다만, 범죄피해자인 필자의 입장에서는 윤 대통령이 탄핵되고 새로운 정부가 들어서게 되면 그때 가서 '금 150억 원 검사비리사건'을 은폐수사한 윤 대통령을 포함한 다른 범법자들에 대해서도 형사처벌을 바랄 수밖에 없는 실정에 있다.

특히, '금 150억 원 검사비리사건'에 공범으로 가담하고 이를 은폐까지 해버린 중대 범죄자 김진태 전 검찰총장은 윤 대통령에 의해 '검찰총장후보추천위원회 위원장' 자격이 박탈당하지 아니하고 윤석열 정부 초대 검찰총장 후보자를 추천한다면, 그의 추천에 의해 임명된 초대 검찰총장은 중대 범죄자 김진태의 계승자라는 멍에를 안고 윤석열 정부 검찰을 이끌 것이며, 그 결과 윤석열 정부 검찰조직을 사건 조작이나 일삼는 범죄집단으로 만들어버리지 않을까 하는 우려가 앞선다. 이 또한 윤 대통령은 인사권 남용에 따른 탄핵 사유가 됨은 물론이다.

위 ②항과 관련, 본지 2022. 6. 5.자 및 2022. 6. 17.자 기사에 게재된 바와 같이, 한동훈 장관은 성남검찰이 검찰청법 제4조 제1항에 규정된 검사수사 직접 대상인 '관피모사건'은 물론, 이를 은폐수사한 '경찰공무원의 범죄'마저도 몽땅 관할 성남수정경찰서에 이송해 버린 사실에 대하여 감찰 및 형사고발을 실시하지 아니한 채 눈감아버렸다.

문제는 한 장관이 성남검찰로 하여금 '관피모사건' 등을 경찰에 이송하여 은폐해 버리도록 한 범죄행위는 물론, 이를 훨씬 뛰어넘어 국정의 기본 틀을 다지는 입법 문제까지 끼어들어 '입법 사기' 행각을 하고 있다는 점이다.

2022. 6. 26.자 "한동훈, '검수완박' 법안 헌재에 헌법소원 제기" 제하의 뉴시스 (김현철 기자) 보도기사에 따르면, 한 장관은 헌법소송을 제기한 이유에 대해 "잘못된 절차를 통해 (검찰의 범죄 수사의 범위를 한정하는) 잘못된 내용의 법률이 만들어져 국민에 피해가 생기는 것을 막기 위한 불가피한 조치"라는 취지로 주장하고 나섰다는 점이다.

생각해 보라!

한 장관은 현재 검찰청법 제4조 제1항의 규정에 의해 검사가 직접 수사하여야 할 대상 범죄인 '관피모사건' 및 '경찰공무원의 범죄'를 성남검찰로 하여금 경찰에서 직접 수사하여 은폐해 버리도록 지시 또는 묵인·방조하고 있는 상황에서, 검찰수사를 한정하는 '검수완박' 법률안이 헌법에 위반되고 있다며 헌법소원을 제기하는 행위가 국회의 입법권을 침해하는 '입법 사기'가 아니고 무엇이란 말인가?

이는 또 한 장관이 '금 150억 원 검사비리사건'이나 '관피모사건'처럼 자신에게 고운 털이 박힌 범죄자들에게는 은폐수사로 대응하고, 자신에게 미운 털이 박힌 자들에 대해서는 검찰의 선택적 수사를 통하여 형사처벌을 하겠다는 의미가 아니고 또 무엇이란 말인가?

겉 다르고 속 다른 한 장관의 이중적 태도의 발현인 헌법소원 행위가 '입법 사기'가 아니라면, 한 장관은 무슨 이유로 검사 직접 수사대상인 '관피모사건' 및 이를 은폐해 버린 '경찰공무원의 범죄'에 대해 성남검찰로 하여금 경찰에 이송해 버리도록 암묵적 지시 또는 묵인·방조하여 왔는가?

한 장관의 위와 같은 이율배반적인 이중적 태도로 인해 윤석열 정부 소속 수도권 경찰 및 검찰에서는 '관피모사건'에 대해 선택적 수사기법에 따라 소위 뭉개기 수사 및 봐주기 수사를 거쳐 허위 내용의 불송치결정서(경찰) 또는 허위 내용의 불기소결정서(검찰)를 각각 작성하는 수법을 통해 모든 범죄 사실을 예외 없이 은폐해 버렸다.

다만, 고소·고발 사건과 관련된 사법경찰관의 은폐수사는 사전에 검찰의 암묵적 지시나 묵인 없이는 사실상 불가능하다는 점에서, 그에 대한 모든 책임은 검찰로 돌아갈 수밖에 없다. 그렇다고 경찰의 은폐수사 범죄행위에 대한 법적 책임까지 면책되는 것은 아니다.

이처럼 윤석열 정부 소속 검·경의 수도권 조직에 의거 '관피모사건' 고소장에 기재된 모든 범죄 사실들은 예외 없이 모두 은폐되어 버렸고, '경찰공무원의 범죄' 고소장에 기재된 범죄 사실들은 검찰에서 직접 수사하지 아니하고 경찰에 이송해 버림에 따라 현재 경찰에서 은폐·조작 수사가 한창 진행 중이다.

필자는 위와 같은 윤석열 정부 검·경의 사건조작·은폐 사실을 입증하기 위해 필자가 제출한 고소장 및 검·경의 수사결과 자료들인 사법경찰관 명의의 불송치결정서 그리고 검사 명의의 불기소결정서를 이 기사에 첨부하여 각각 공개하기로 마음먹었다.

이를 공개한 이유는 윤석열 정부의 수도권 경찰조직과 검찰조직이 모두 범죄조직으로 변해 버렸다는 사실을 만천하에 드러냄과 동시에, 조만간 윤석열 정부가 탄핵되거나 다음 대선에서 정권교체가 이뤄져 새로운 정부가 들어설 경우 '관피모사건' 및 이를 은폐수사한 사법경찰관 및 검사들은 물론 한동훈 법무부장관에 대해서까지 구속수사의 필요성과 정당성을 갖추는데 필요한 자료들을 사전에 보전하려는 이유 때문이다.

여기서, 한 가지 짚고 넘어가야 할 부분이 있다.

필자는 2022. 6. 5.자 본지 "윤석열 정부의 검·경이 새 출발부터 뿌리째 썩어들어가고 있다!!" 제하의 기사에서, '관피모사건'을 은폐하기 위한 검·경의 날짜별, 기관별 은폐수사 범죄행위를 요약 정리한 바 있다.

이 요약 정리 부분 중에서 "② 성남수정경찰서 사법경찰관 류중일은 2021. 10. 26.경 필자로부터 '고소인보충진술조서'를 받은 후, 공범 관계에 있는 '관피모사건'을 의도적으로 두 개로 쪼갠 다음 피의자 구수회에 대해서는 구수회 주거지 관할 서울서대문경찰서에, 피의자 전상화에 대해서는 전상화 주거지 관할 서울성북경찰서에 각각 이송하였다."며 그에 대한 문제점은 지면 관계상 다음 기사에 게재하겠다고 하였다.

이를 부연 설명하면, 필자는 사법경찰관 류중일에게 2021. 10. 26.자 '고소인 진술서'(첨부 1) 및 2021. 10. 28.자 '고소인 의견서'(첨부 2)를 제출하면서 피의자 구수회 및 전상화는 물론 구수회의 처 노재숙 명의의 포괄계좌 등에 대한 (계좌 추적용) 압수수색영장을 신청해 줄 것을 강력하게 요구하였고, 2021. 10. 29.자 '제2차 고소인 의견서'(첨부 3)에서는 피의자 구수회의 증거인멸 발생 및 사건의 중대성 등을 이유로 사전구속영장을 신청해 달라고 요구하였다.

그러나 사법경찰관 류중일은 고소인이 거주하는 (성남수정)경찰서에서는 피의자들에 대한 관할권이 없다며 단독범행이 아닌 공범사건인 '관피모사건'을 의도적으로 두 개로 쪼갠 다음 이를 각 피의자 거주지 관할 경찰서로 이송해 버렸다.

결론부터 말하자면, 사법경찰관 류중일은 공동정범으로 이루어진 '관피모사건'을 의도적으로 두개의 사건으로 쪼개 별건으로 만들면 안 된다.

'관피모사건' 고소장에는 각 범죄 사실이 피의자 구수회와 피의자 전상화가 공동으로 실행하는 것으로 기재해 놓았는데, 사법경찰관 류중일이 임의대로 각 피의자 별건처럼 두개의 사건으로 쪼개버리면 어떻게 하겠다는 것인가?

공범 관계에 있는 수사는 하지 않겠다는 말이 아닌가? 또 다른 각도에서 살펴보면 각 사건 수사 주체 및 수사결과는 달라지더라도 개의치 않겠다는 말이 아닌가?

사법경찰관 류중일의 이와 같은 별건 쪼개기 처리방식은 피의자별로 이송받은 경찰서로 하여금 은폐 및 조작수사를 하도록 방조한 행위와 전혀 다를 바 없다.

또 의도적인 별건 쪼개기 수사방식은 성남검찰이 '관피모사건'(변호사법 및 특경법(사기) 위반 등 중요 범죄 사실에 대해서는 검찰청법 제4조 제1항의 규정에 의한 검사 직접수사 대상임)을 직접 수사하지 아니하고 경찰로 하여금 은폐 및 조작 수사를 하도록 성남수정경찰서에 이송결정을 해버리는 경우와 맥락을 같이 한다.

실제로 서울서대문경찰서에서는 피의자 구수회에 대하여 단 한차례 소환조사마저도 실시하지 않은 채 허위 내용의 불송치결정서를 작성하는 수법으로 모든 범죄 사실을 각하 처분해 버렸고, 서울성북경찰서 역시 피의자 전상화에 대하여 면피용 소환조사를 단 한차례 실시한 다음 허위 내용의 불송치결정서를 작성하는 수법으로 모든 범죄 사실을 혐의없음으로 처분해 버렸으며, 더 나아가 피의자 전상화가 '관피모사건' 수사를 방해할 목적으로 필자를 상대로 허위 내용의 고소장을 제출한 범죄행위에 대해서도 무고죄로 입건하여 형사처벌하지 아니하고 사실상 이를 은폐해 버렸다.

이와 같은 사정에 비추어볼 때, 사법경찰관 류중일은 필자의 요구대로 피의자 구수회에 대해서는 범죄의 중대성 및 증거인멸 등을 이유로 사전구속영장을 신청하여 구속한 다음, 그 구속 장소를 관할하는 성남수정경찰서에 관할권이 발생하므로 고소장에 기재된 범죄 사실에 대한 실체적 진실 발견을 위하여 계좌 추적 등 수사를 계속 진행해 나갔어야 했고, 만일 사전구속영장이 기각된다면 '관피모사건'을 별건처럼 두 개로 쪼개지 아니하고, 각 피의자를 관할하는 경찰서별로 순차적인 이송 결정을 했어야 옳았다.

사법경찰관 류중일에 의해 별건처럼 두 개로 쪼개진 피의자 구수회 및 피의자 전상화는 서울서대문경찰서 및 서울성북경찰서에서 별건처럼 수사 및 처분을 받았고, 서울서부지방검찰청 및 서울북부지방검찰청에서도 마찬가지 방법으로 진행되었으며, 결국 항고청인 서울고등검찰청에서 한 개의 사건처럼 합쳐진 사실을 확인할 수 있다.

그러나 서울고등검찰청 항고검사 이준엽은 한 개로 합쳐진 '관피모사건' 처리와 관련, 별건처럼 하루 시차를 두고 허위 내용의 항고기각 결정문을 작성하는 수법을 통해 따로따로 항고기각 결정을 내렸다.

즉, 공범 관계에 있는 '관피모사건'이 결국 피의자 구수회 및 피의자 전상화의 단독범행으로 변질되어 버렸다.

이는 결과적으로 경찰과 검찰이 애당초 선택적 수사기법에 의한 뭉개기 수사 및 조작수사, 은폐수사를 실시하기 위하여 편법적으로 별건처럼 사건 쪼개기 방식을 사용해 왔음을 역설적으로 증명하고 있다

㉮ '관피모사건' 중 피의자 구수회에 대한 은폐수사 입증자료로써 2021. 10. 5.자 '관피모사건' 고소장 (첨부 4), 2022. 3. 22.자 피의자

구수회에 대한 불송치결정서 (첨부 5), 2022. 4. 4.자 피의자 구수회에 대한 불송치 결정 이의신청서 (첨부 6), 2022. 5. 27.자 피의자 구수회에 대한 불기소결정서 (첨부 7), 2022. 6. 13.자 피의자 구수회에 대한 항고장 (첨부 8), 2022. 8. 1.자 피의자 구수회에 대한 항고기각 결정문 (첨부 9)을 각각 제출한다.

㉯ '관피모사건' 중 피의자 전상화에 대한 은폐수사 입증자료로써 2021. 10. 5.자 '관피모사건' 고소장 (첨부 4), 2022. 4. 27.자 피의자 전상화에 대한 불송치결정서 (첨부 10), 2022. 6. 3.자 피의자 전상화에 대한 불송치 결정 이의신청서 (첨부 11), 2022. 6. 13.자 피의자 전상화에 대한 불기소결정서 (첨부 12), 2022. 6. 20.자 피의자 전상화에 대한 항고장 (첨부 13), 2022. 8. 2.자 피의자 전상화에 대한 항고기각 결정문 (첨부 14)을 각각 제출한다.

㉰ 필자는 '관피모사건'을 은폐수사한 사법경찰관들에 대한 고소장 (피의자 전상화에 대한 무고죄 고소장 포함)을 검찰에 제출하였으나, 검찰에서는 검찰청법 제4조 제1항의 규정에 따라 직접 수사하지 아니하고, 이를 경찰로 하여금 은폐·조작 수사하도록 할 의도로 성남수정경찰서로 몽땅 이송해 버렸다.

성남수정경찰서에서는 위 고소장이 성남검찰청에서 불법으로 이송되어 왔기 때문에 필자의 요구대로 성남검찰청에 재이송하여야 함에도 불구하고, 성남검찰청이 두려워 차마 이를 실행하지 못하고 위 고소장에 기재되어 있는 피의자 소속 경찰서별로 사건을 쪼갠 다음 이를 인근 경찰서인 성남중원경찰서, 서울서부경찰서, 서울도봉경찰서로 각각 이송해 버렸다.

각 사건을 이송 받은 경찰서에서는 검찰의 암묵적 지시와 묵인에 따라 은폐·조작 수사하느라고 바쁜 실정이다. 쉽게 말하면, 윤석열 정부의 검찰과 경찰이 '경찰관이 범한 범죄' 고소장을 조작하고 은폐하기 위해 서로 짜고 치는 고스톱 판을 벌이고 있는 것이다.

이를 입증하기 위한 고소장으로서, 2022. 4. 20.자 사법경찰관 문경석 및 그의 결재권자, 사법경찰관 신미영 및 그의 결재권자에 대한 고소장 (첨부 15), 2022. 4. 20.자 전상화에 대한 무고죄 고소장 (첨부 16), 2022. 5. 23.자 사법경찰관 유정민과 그의 결재권자에 대한 고소장 (첨부 17)을 각각 제출한다.

위 ㉮항부터 ㉰항을 통하여 관심을 둘 부분은 정치(비리)검사들의 사건 은폐 수법이 인간이기를 포기할 정도로 정의롭지 못하고 극도로 비겁함이 표출되어 있다는 점이다.

정치(비리)검사들의 사건 은폐 수법은 현재 지적하고 있는 '관피모사건'의 수사뿐만 아니라, '금 150억 원 검사비리사건'의 수사에서도 그랬었고, 증거 관계가 명백한 어떠한 사건에 있어서도 그랬었다.

그 내용인 즉, 정치(비리)검사들은 '관피모사건'이나 '금 150억 원 검사비리사건'의 경우처럼 증거관계가 명백한 사건을 은폐하여야 할 경우 직접 수사를 하지 않고, 항상 경찰에 이송(검·경 간 수사권 조정이 이루어지기 이전에는 사건지휘)절차를 거쳐 경찰로 하여금 뭉개기 수사 및 봐주기 수사를 거쳐 허위 내용의 불송치결정서를 작성하도록 한다.

그 이후 정치(비리)검사들은 불송치결정서 및 해당 수사기록을 송치받아 이를 캐비닛에 처박아 놓았다가 적당한 시점에 맞춰 사법경찰관이 작성한 허위 내용의 불송치결정서를 그대로 인용한 수법을 통해 해당 사건을 은폐해 버린다.

'관피모사건'에서는 서울서부검찰청 이주훈 검사 및 그의 결재권자 검사, 서울북부검찰청 이정호 검사 및 그의 결재권자 검사가 위와 같은 사건은폐 수법을 사용했다.

고소인이나 고발인이 검사의 사건은폐 수법에 불만을 품고 해당 고등검찰청에 항고장을 제출할 경우에도 항고 검사는 항고장과 해당 수사기록을 캐비닛에 처박아 놓았다가, 적당한 때에 맞춰 항고사건 결정문을 작성하는데, 그 작성문에는 구체적으로 항고장이나 사건기록 검토 내용을 단 한마디도 적시하지 아니하고 판에 박은 '항고기각 결정문'을 그대로 인용하는 수법으로 해당 사건을 은폐해 버린다.

'관피모사건'에서는 서울고검 이준엽 항고검사 및 그의 결재권자 검사가 위와 같은 사건 은폐 수법을 사용했다.

국가에서는 손 하나 까닥하지 않고 위와 같이 허위 내용의 불기소결정서 또는 허위 내용의 항고기각 결정문을 작성하는 수법을 통해 사건 조작이나 해대는 이런 썩어빠진 정치(비리)검사들에게 국민의 혈세로 일반직 공무원보다 무려 2~3배나 높은 봉급과 모든 형사사법 권한을 부여하고, 그에 상응하는 대우까지 해주고 있다.

윤석열 대통령에게 묻고 싶다. 이게 당신이 대선과정에서 그토록 외쳐왔던 공정과 상식이 지배하는 대한민국이 맞느냐고??

더더욱, 윤석열 정부의 검찰이 '경찰관의 범죄' 수사와 관련하여 사법경찰관에게 사건조작을 강요하는 정황이 확인되고 있다.

그 경위는 다음과 같다.

필자는 위 ㉰항의 범죄와 관련하여 2022. 5. 6.경 수원지방검찰청성남지청(주임 검사 윤동환)에 2022. 4. 20.자 사법경찰관들에 대한 고소장(첨부 15)을 성남수정경찰서에 불법으로 이송결정을 해버린 사실을 항의하기 위해 "고소인 의견서 및 추가 고소장 제출"(첨부 18)이라는 문서를 작성하여 이를 제출하면서, 그 문서에 동 일자 성남수정경찰서 소속 사법경찰관 유정민에 대한 고소장을 첨부시켜 놓았다.

그런데 윤동환 검사는 위 '사법경찰관 유정민에 대한 고소장'을 은폐할 목적으로 접수(입건)조차 하지 않은 채 자신이 이미 성남수정경찰서에 이송해 버린 위 2022. 4. 20.자 사법경찰관들에 대한 고소장(첨부 15) 수사에 참고하라며 이송해 버렸다.

즉, 윤동환 검사는 자신이 직접 수사하여야 할 고소장을 사건번호도 부여하지 아니하고, 수사대상인 사법경찰관 유정민이 근무하고 있는 성남수정경찰서에 그대로 내려 보내고 말았던 것이다.

이에 필자는 2022. 5. 23.경 법무부장관 한동훈에게 윤동환 검사에 대한 감찰 착수와 더불어 직권남용권리행사방해죄, 직무유기죄, 수사기밀누설죄 등으로 공수처에 고발 조치해 달라는 민원을 제기하였으나 묵살당하고 말았다.

필자는 어쩔 수 없이 2022. 5. 23.경 윤동환 검사에 의해 은폐되어 버린 '사법경찰관 유정민에 대한 고소장'(첨부 17)을 재작성하여 대검찰청에 접수시켰고, 대검찰청은 이를 수원지방검찰청성남지청에 이첩하자, 동 성남지청은 또다시 이를 직접 수사하지 아니하고 성남수정경찰서에 이송결정을 하고 말았다.

성남수정경찰서(담당:경사 백승화)에서는 필자로부터 "위 고소장은 검사 직접 수사 대상으로써 성남검찰청이 불법으로 귀 경찰서에 이송해 버렸으므로 이를 성남검찰청에 재차 이송해 달라"고 요구를 받았음에도 불구하고, 성남검찰이 무서워 필자의 요구를 거절한 채 같은 경찰서 소속 직원인 사법경찰관 유정민을 직접 수사할 수 없다며 2022. 7. 20.경 인근 경찰서인 성남중원경찰서로 이송해 버렸다.

성남중원경찰서(담당:경사 고형민)에서는 위 고소장에 기재된 범죄 사실이 명백하여 동료 경찰관인 유정민을 소환조사하여 형사처벌할 수도 없고, 그렇다고 위 고소장을 재차 성남 검찰청에 이송을 할 수도 없는 상황에서 깊은 고민에 빠지다가, 아예 사건을 은폐(조작)하기로 마음먹고 2022. 7. 26.경 허위 내용의 불송치결정서를 작성하고 말았다.

이에 필자는 2022. 8. 2. 14:00경 고형민 수사관에게 전화를 걸어 약 10분에 걸친 긴 통화에서 "수사를 전혀 실시하지도 아니하고, 사건을 종결해 버리는 이유는 뭔가? 특히, 사건을 종결하려면 실제 수사를 진행한 결과가 있던지, 그렇지 않으면 당초 성남 검찰청에서 이 사건이 불법으로 경찰에 이송해 버렸으므로 성남 검찰청으로 재이송 절차를 취해야 한다. 그런데 고형민 수사관은 어떤 이유로 허위 내용의 불송치결정서를 작성하는 수법을 통해 이 사건을 은폐해 버렸느냐?

이는 검찰 등 상부지시에 의하지 않고는 설명이 불가능하다. 스스로 허위공문서작성죄 등 범죄자가 되기 위한 무덤을 팔 필요가 없지 않는가? 형사고소를 하지 않을 테니 진실대로 말해 달라"는 취지로 허위 내용의 불송치결정서를 작성한 경위에 대해 항의 겸 설득을 반복하였다.

그랬더니, 고형민 수사관은 "당초 내가 모든 책임을 지기로 하고 위 고소장에 대한 불송치결정서를 작성하였으며, 그 내용은 (수사결과)통지서에 기재되어 있다"며 사건 은폐와 관련된 검찰 등 상부 개입을 극구 부인하다가, 필자가 이에 대해 "신문 및 책자까지 발행할 계획에 있으니 사실대로 얘기해 달라"고 계속 설득하였더니, 나중에 가서는 "지금껏 고소인(임찬용)이 결론을 내어주었다"며 검찰의 암묵적 지시가 있었다는 사실을 털어놓고 말았다.

이와 같은 고형민 수사관의 고백은 진리이자 명백한 사실이다.

그 이유는 고형민 수사관이 위 고소장을 은폐(무마)하기 위한 허위 내용의 불송치결정서를 작성하기 위해서는 사전에 검찰의 암묵적 지시 내지 승인이 반드시 필요하다는 점 (고형민 수사관이 독단적으로 사건을 은폐할 경우 검찰에서 100% 적발되기 때문), 이에 터 잡아 위 고소장을 은폐(무마)하더라도 그에 대한 형사책임은 검찰에서 면제해 주겠다는 약속이 전제되고 있다는 점에 있다.

그러나 고형민 수사관은 아직까지 위 고소장에 대한 불송치결정서를 통보해 주지 않고 있고, 필자는 그 불송치결정서에 기재된 내용을 알 수가 없어 현재 공개정보청구를 신청 중에 있다.

참으로 대한민국 미래가 암울하다.

검찰총장 출신 윤석열이 대통령으로 눌러 앉아 있는 한 사건 조작에 맛 들린 검찰은 독자적으로 또는 경찰을 통하여 선택적 수사기법을 마음껏 발휘하여 고운 털이 박힌 자에게는 사건을 은폐해 버리고, 미운 털이 박힌 자에게는 가혹하리만큼 과잉수사를 해대기 때문이다.

【첨부 1】 2021. 10. 26.자 고소인 진술서

고소인 진술서(추가 고소 포함)

1. 피고소인 구수회, 피고소인 전상화는 이 사건 공동정범 관계

　피고소인들은 이 카페를 실질적으로 이끌어오면서 자신들의 경제적 이익을 취하기 위해 서로의 불법행위(법무사법 또는 변호사법 위반)를 용인하고, 이를 토대로 이 카페 회원들에게 법률서비스 영업활동을 해왔다는 사실은 이미 제출된 이 사건 고소장 및 거기에 첨부된 증거자료에 의해 입증된 바 있습니다.1)

　한편, 고소인은 피고소인들이 이 카페를 실질적으로 이끌어왔다는 입증자료로써, 이 사건 고소장 및 거기에 첨부되어 있는 자료와는 별도로 "현수막을 구수회 교수와 전상화 변호사가 잡다"라는 사진 1장을 별첨과 같이 제출합니다. 이 사진은 이 카페 홈페이지에 게재되어 있는 여러 사진 중에서 1장을 발췌하였습니다.(첨부 1)

　즉, 피고소인들은 검찰 및 법원을 상대로 적대적 관계를 유지하면서 사법피해자를 구제해 준다는 명목하에 약 9,500명이나 되는 이 카페

---

1) 피고소인 전상화는 이 카페 게시판 및 간부회의 등을 통하여 구수회가 법무사 또는 변호사가 아님에도 불구하고, 법무사법 제2조에 규정된 법무사 업무나 변호사법 제109조 제1호에 해당하는 변호사 직무를 취급해 왔다는 사실을 넉넉하고도 충분하게 인식할 수 있었다.

한걸음 더 나아가, 피고소인 전상화 자신도 이 카페 카페지기인 구수회의 도움을 받아 이 카페 회원들을 상대로 법률서비스 영업활동을 해온 사실이 이 사건 고소장에 첨부된 증거자료에 의해 확인되고 있다.(이 사건 고소장 첨부 7, 8 각 참조)

회원들에게 법률상담 등 영업활동을 해왔음이 이 카페에 게재된 모든 글을 통해 명명백백하게 드러나고 있습니다.

따라서 이 카페 운영과 관련된 모든 불법행위에 대해서는 이 카페를 실질적으로 운영해 온 피고소인들이 공동으로 책임을 질 수밖에 없고, 피고소인 구수회의 이 사건 범죄행위는 피고소인 전상화에게도 그대로 적용되는 공범 (공동정범) 관계에 있다고 봄이 상당합니다.

2. 피고소인 구수회의 변호사법 위반 판결문 제출

피고소인 구수회가 2020. 6. 24. 변호사법 제109조 제1호 다목(비변호사의 법률사무 취급의 점), 변호사법 제112조 제3호(비변호사의 법률사무 취급표시의 점)을 각각 위반하여 징역 6월에 집행유예 2년, 추징 15만 원을 선고받은 사실이 확인된 판결문을 별첨과 같이 제출합니다. (첨부 2)

여기서 주목할 부분은 피고소인 구수회가 위와 같이 변호사법 위반으로 형사처벌을 받은 전력이 있고, 특히 집행유예 기간임에도 불구하고 동 범죄 행위를 자제하고 반성하기는커녕 위 판결문에 게재된 같은 죄명, 같은 적용법조를 비웃기라도 하듯 해당 불법행위를 자기 자신은 물론 이 카페 간부들에게까지 장려하고 조장하고 있습니다.

피고소인 구수회가 변호사법 처벌규정이 얼마나 우습게 보였으면 이런 짓을 반복적이고 계속적으로 할 수 있는 것인지, 변호사법의 입법 취지를 몰각시키는 위와 같은 불법행위를 이 카페 간부들에게 자랑삼아 장려하고 조장할 수 있는 것인지 참으로 개탄스럽고 의아심이 들 정도입니다.

이를 입증하는 증거자료로써 2021. 10. 22.자 피고소인 구수회 명의의 "부산, 전주 우리 간부 회원들은 다른 회원들에게 고소장, 소장을 작성해 주어라" 제하의 이 카페 자유게시판 게재 글을 별첨과 같이 제출합니다. (첨부 3)2)

피고소인 구수회의 위와 같은 범법행위 조장행위는 후술하는 바와 같이 구수회 자신에 대한 포괄계좌는 물론 위 판결문에 등장한 자신의 처 노재숙에 대한 포괄계좌를 대상으로 이 카페 설립 당시부터 현재에 이르기까지 계좌 추적용 압수수색영장 발부를 통하여 철저하게 추적해야 한다는 필요성과 당위성을 그대로 입증시켜 주고 있습니다.

3. 이 사건 수사와 관련, 피고소인 구수회 및 구수회 처 노재숙의 포괄계좌 그리고 피고소인 전상화의 포괄계좌에 대한 추적은 반드시 이루어져야 하고, 그 바탕 위에서 각 거래금액별로 이 사건 고소장에 게재된 범죄인 법무사법 또는 변호사법 위반 여부, 사기죄 또는 특정 경제범죄(사기) 성립여부에 대해 철저한 조사가 이루어져야 합니다.

위와 같은 계좌 추적을 거치지 않는 경찰수사는 피고소인들로부터 청탁을 받고 이 사건을 무마하였다는 의구심을 받을 수밖에 없고, 이는 결국 경찰 수사가 실체적 진실을 밝히려는 의지는 상실된 채 오로지 이 사건을 은폐하기 위한 청탁 무마용 수사결과에 이르게 될 것입니다.

---

2) 구수회는 자신이 임명한 이 카페 간부들에게 다른 회원들의 고소장 및 소장을 대신 작성해 주라고 조장하면서도 그 법망을 피하기 위해 '실비 이상의 돈을 받지 말라'고 당부하고 있으나, 이는 이 사건과 관련된 자신에게 들이닥칠 수사기관의 수사를 피하기 위한 연막작전에 불과하고, 이 카페 회원들 간 영업활동과 관련하여 실비 이내의 돈을 받았는지 그렇지 않으면 실비 이상의 돈을 받았는지 확인을 하기 위해서라도 구수회의 포괄계좌는 물론 위 판결문에 등장하는 차명계좌인 구수회의 처 노재숙의 포괄계좌에 대한 추적이 한층 더 필요하게 되었다. 특히, 구수회가 처벌받은 바 있는 위 판결문에 의하면 법원은 실비를 산정하고 판단함에 있어서 가혹하리만큼 엄격한 잣대를 들이대고 있다.

- 피고소인들 계좌 및 그들의 차명계좌에 대한 계좌 추적을 반드시 실시하여야 하는 이유 및 필요성

이 사건 고소장에 첨부되어 있는 '핵심입증자료'에 의하면 피고소인 구수회는 '변호사가 해야 할 일 90% 행정사가 가능하다'며 변호사 직무를 광범위하게 취급해 온 사실을 적나라하게 확인시켜 주고 있습니다.

특히, "행정사 20년 하면서 행정심판 1,900건 수임 진행하였고, 행정사 수수료 1억을 5번 받았다"라는 기재 내용은 피고소인이 전문적인 지식이나 자격요건을 갖추지 않은 채 행정사의 탈을 쓰고 법무사 업무나 변호사 직무 영역을 광범위하고 지속적으로 침해해 왔고, 이를 통해 5억 원 이상의 부당 이익을 챙겨왔다는 사실까지 그대로 입증해 주고 있습니다.

더더욱 "무혐의 된 고소를 행정심판으로 살린다. 재개발 조합장을 징역 보내는 방법, 대법원 패소된 사건을 행정사가 살린다."며 이 카페 회원을 비롯한 불특정 다수인들에게 광고를 하고 있는 것을 보면 사기 행각까지 벌이고 있다는 의구심을 강하게 품게 합니다.

결국, 피고소인 구수회 자신이 실토한 위와 같은 범죄행위를 확인하고 특정하기 위해서는 그리고 공모관계에 있는 피고소인 전상화가 이를 묵인하고 구수회와 함께 이 카페 회원을 상대로 법률서비스 영업활동을 해왔는지 확인하기 위해서는 피고소인들 계좌 및 그들의 차명계좌에 대한 계좌 추적을 철저하게 실시하는 방법밖에 없습니다.

· 더 나아가 앞서 살펴본 바와 같이, 피고소인 구수회는 변호사법 위반으로 형사처벌을 받은 전력이 있음에도 불구하고, 이를 자제하고 반성하기는커녕 자신은 물론 자신이 임명한 이 카페 간부들에 대해서까지

불법행위를 장려하고 조장해 오고 있습니다.

따라서 피고소인 구수회의 변호사법 위반 재범을 방지하고, 변호사법뿐만 아니라, 법무사법 등 관련 법규의 실효성을 확보함으로써 우리나라 법치주의를 지키고, 피고소인들로부터 선의의 피해자가 발생하지 않도록 하기 위해서라도 반드시 피고소인들에 대한 계좌 추적은 필요하다고 할 것입니다.

- 고소인이 이 사건 경찰수사팀에게 보내는 충언

· 그동안 피고소인 구수회가 이 카페 자유게시판에 게재한 글을 대충 한번 훑어보면 자신의 행정사 강의를 들은 경찰 고위간부들이 꽤 많다는 사실을 내비치면서 전국에 걸쳐 경찰 인맥을 은연중 자랑해 오고 있습니다.

· 이와 같은 사정에 비추어볼 때, 만에 하나 이 사건 수사 담당자 및 그의 결재라인에 있는 경찰간부들이 구수회 측의 청탁을 받고 피고소인들에 대한 계좌 추적 없이 그들의 동문서답식 일방적인 변명과 핵심 쟁점을 비껴간 자료 등을 근거로 이 사건을 무마하려 한다면, 이는 직무유기, 직권남용권리행사방해죄, 허위공문서작성 및 동 행사죄, 뇌물수수죄 등 여러 중대 범죄행위가 성립될 수 있다는 점을 미리 강조해 두고자 합니다.

4. 피고소인들의 협박죄 추가 고소

이 사건 고소장 첨부 4 "2021. 9. 30.자 피고소인 구수회 명의의 이 카페 자유게시판 게재 글 및 댓글 1부"에 기재된 내용에 의하면,

"1. 임찬용의 글 대충의 요지" 및 "2. 혐의 내용"에서는 피고소인 구수회가 전상화와 공모하여, 고소인에 대한 협박내용을 기재하고 있으며,

바로 아래에서는 "3. 고소도 병행합니다"라고 기재하여, 실제 피고소인들이 고소권을 오·남용하여 고소인을 협박하고 있습니다.

이에 피고소인들이 고소인에게 위와 같이 고소하겠다며 해악을 고지한 행위는 형법 제283조에 규정된 협박죄 구성요건에 해당되므로 이를 추가 고소하오니 엄중히 처벌해 주시기 바랍니다.

첨부(입증)자료

1. "현수막을 구수회 교수와 전상화 변호가 잡다"라는 제목의 사진 1장.
2. 2020. 6. 24.자 피고인 구수회에 대한 변호사법위반 판결문 1부.
3. 2021. 10. 22.자 피고소인 구수회 명의의 "부산, 전주 우리 간부 회원들은 다른 회원들에게 고소장, 소장을 작성해 주어라" 제하의 이 카페 자유게시판 게재 글 1부. 끝.

2021. 10. 26.
고소인 임찬용 (인)

성남수정경찰서 귀중

【첨부 2】 2021. 10. 28.자 고소인 의견서

고소인 의견서

고소인은 2021. 10. 26. 성남수정경찰서 사이버팀 류중일 수사관으로부터 고소인 보충진술조서를 받은 과정에서, 그 조서 마지막 부분 '더 할 말이 있는가요?'라는 질의에 '없습니다'라고 답변한 바 있으나, 이와 관련된 추가 의견을 다음과 같이 제출합니다.

- 다 음 -

① 이 사건의 경우에 있어서는 이미 제출된 2021. 10. 5.자 고소장 및 2021. 10. 26.자 고소인 진술서(추가 고소 포함), 거기에 첨부된 관련 증거자료들에 의해 확인된 바와 같이, 피고소인들이 약 9,500명에 달하는 이 카페 회원들에게 검찰 및 법원에 대한 적대적 불신을 조장하고, 이에 터 잡아 법률상담, 고소장 및 소장 대리 작성 등 법률서비스 영업활동을 지속적, 반복적으로 종사해 옴으로써 변호사법 위반 또는 사기행각 등 범법행위를 자행해 오고 있습니다.

② 이는 사법 불신을 초래하고, 사법거래질서를 문란케 하여 선의의 사법피해자를 발생하도록 하는 등 불법행위임이 분명한 사실인 바, 피고소인들에 대한 소환조사가 이루어지기 이전에 피고소인들 및 그들의 차명계좌에 대한 신속하고도 엄격한 계좌 추적을 통하여 피고소인들의 위와 같은 범법행위를 특정해야 함을 요구받고 있습니다.

③ 따라서 이 사건을 수사 중에 있는 류중일 수사관 및 그의 지휘계통에 있는 경찰간부께서는 피고소인들이 증거인멸을 하지 못하게끔

피고소인들의 포괄계좌는 물론 사무실, 승용차, 자택 등에 대한 신속한 압수수색을 실시하여 주시기 바랍니다.

⑷ 위 3항에 대한 압수물 분석이 이루어지고 난 다음, 피고소인들을 소환하여 위와 같은 법률서비스 영업활동과 관련된 범법행위뿐만 아니라, 이미 고소장 및 고소인 진술서에 적시되어 있는 정보통신망법상 명예훼손죄(허위사실), 무고죄, 협박죄 등도 함께 조사한 후 신속하고도 적법절차에 의한 신병처리가 이루어지기를 기대합니다.

2021. 10. 28.
고소인   임 찬 용   (인)

성남수정경찰서장 귀하

【첨부 3】 2021. 10. 29.자 제2차 고소인 의견서

제2차 고소인 의견서

다음(www.daum.net) 인터넷 카페 '관청피해자모임'(이하, '이 카페')을 실질적으로 이끌고 있는 피고소인 구수회 및 전상화에 대하여 즉시 소환조사를 실시한 후 증거인멸 우려 등의 이유로 사전구속영장을 신청해 주시기 바랍니다.

1. 피고소인들에 대한 사전구속영장신청을 요구하게 된 경위

가. 피고소인들의 범법행위

피고소인 구수회는 법무사나 변호사 자격이 없음에도 불구하고 이 카페 자유게시판에서 사법피해자를 구제한다는 명목 하에 피고소인 전상화와 공모하여, 민·형사 사건 관계자들을 상대로 검찰 및 법원에 적대감을 고취하고, 사법피해자라는 프레임을 씌워 회원들을 끌어모은 다음, 그들을 상대로 돈을 받고 법률상담, 고소장 및 소장 작성 등 법률사무를 대행해 주는 등 소위 법률서비스 영업활동을 불법적으로 해오고 있습니다.

특히, 피고소인들은 이 카페 회원들 중 일부 양심 있는 회원들이 피고소인들의 이 카페 운영과 관련된 비판적인 글을 게재할 경우, 회원자격을 정지하거나 영구 제명 등을 통하여 자신들의 불법행위를 은폐하여 왔습니다.

피고소인들의 이 카페 불법 운영은 검찰 및 법원 등 국가 사법기관의 신뢰성에 먹칠을 가하고 있을 뿐만 아니라, 나아가 국민들에게는 사법

불신의 원인을 제공하고 있으며, 고품질의 법률서비스를 받지 못하고 피고소인들로부터 피해를 입는 피해자가 속출하고 있음은 불을 보듯 뻔한 일입니다.

특히, 피고소인들의 위와 같은 불법 영업행위는 비리 판·검사들의 사건조작에 의해 평생을 바쳐 공직에 봉사해 오다가 검찰조직에서 퇴출당한 고소인과 같은 실제 사법피해자에는 오히려 역효과가 나타나는 결과에 이르게 합니다.

나. 이 사건 수사 진행 상황

고소인은 피고소인들의 위 가항 범행이 적시된 2021. 10. 5.자 고소장을 대검찰청에 등기우편으로 접수시켰고, 그 고소장은 고소인의 주거지 관할지역인 수원지방검찰청성남지청에 이송되어 2021. 10. 18.경 동 지청 소속 윤동환 검사로부터 최근 검·경수사권 조정에 따른 관련법 규정에 따라 성남수정경찰서에 타관이송 결정이 내려졌습니다.(그러나 이는 위 고소장 범죄 사실 중 변호사법위반 및 특경법상 사기죄에 대해서는 추후 검사의 직접 수사대상으로 밝혀짐)

그 이후 고소인은 같은 달 26.경 성남수정경찰서 수사과 사이버수사팀 소속 류중일 수사관(직급 : 경위)으로부터 고소인보충진술조서를 받았습니다.

한편, 피고소인들은 고소인의 고소장 및 고소인 보충진술에 따라 위 류중일 수사관으로부터 정보통신망법상 허위사실에 의한 명예훼손죄, 무고죄, 협박죄, 법무사법위반, 변호사법위반, 사기죄, 특정경제법상 사기죄 등의 혐의로 경찰수사를 받고 있는 상태에 있습니다.

다. 고소인의 (제1차) 진술서 및 의견서 제출

고소인은 위 나항 기재 보충진술조서 마지막 부분인 '더 할 말이 있는 가요?'라는 답변과 관련하여 2021. 10. 26.자 '고소인 진술서'를 류중일 수사관에게 제출한 바 있습니다.

그 내용인 즉, 이 사건 수사 진행과 관련, "피고소인들에 대한 소환조사가 이루어지기 이전에 피고소인들 및 그들의 차명계좌에 대한 신속하고도 엄격한 계좌 추적을 통하여 피고소인들의 법무사법위반 및 변호사법위반, 사기죄 및 특정경제법상 사기죄를 특정해 달라"는 취지로 작성되어 있습니다.(첨부 1)

라. 고소인의 (제1차) 진술서 및 의견서에 대한 사정변경이 발생함

고소인이 이 사건을 수사 중인 류중일 수사관에게 (제1차) 의견서를 직접 제출하고 난 다음, 즉시 집에 귀가하여 이 카페 자유게시판에 들어가 보니 놀라운 사실을 발견하였습니다.

이 사건의 발단이 되었고, 피고소인들의 불법행위(최소한 정보통신망법상 허위사실 명예훼손, 무고죄, 협박죄에 대해서는 가장 중요한 입증자료라고 할 수 있음)를 입증시켜 줄 근거자료로써, 이 사건 고소장 '첨부(입증)자료' 중에서 "1. 2021. 9. 29.자 고소인 임찬용 명의의 이 카페 자유게시판 게재 글 및 댓글 1부 (이하, '삭제 자료')"라는 고소인의 게재 글이 누군가에 의해 몽땅 삭제되어 버렸습니다.

위 '삭제 자료'는 피고소인들의 정보통신망법상 허위사실 명예훼손, 무고죄, 협박죄에 대한 혐의사실을 입증하는 데 가장 근본이 되는 증거자료가 될 뿐만 아니라, 피고소인들이 고소인에 대해 이 카페 특별 회원

의 자격을 박탈하는 정당성을 판단하는 데 있어서도 가장 근본이 되는 증거자료일 수밖에 없습니다.

이는 피고소인들이 자신들의 범죄혐의를 숨기기 위한 증거인멸 행위로 볼 수밖에 없으며, 비록 피고소인 자신들은 증거인멸죄로 처벌을 받지 않는다고 하더라도, 누군가에 의해 위 '삭제 자료'가 삭제되었다면 그 행위자를 처벌할 필요성이 제기됩니다.

결국, 피고소인들에 대해서는 '증거인멸 염려'라는 구속사유 조건이 충분하게 갖춰졌다고 판단됩니다.

더군다나, 피고소인들에 대한 사전구속영장 발부요건 사항 중 재범의 위험성은 2021. 10. 28.자 '고소인 의견서'에 첨부된 구수회의 판결문에 의해 이미 입증된 바 있고, 범죄의 중대성 또한 고소장 기재 내용 및 거기에 첨부된 증거자료, 고소인 보충진술 및 이와 관련된 증거자료에 의해 이미 입증된 바 있습니다. 〔피고소인들이 고소인을 상대로 정보통신망법상 허위사실 명예훼손, 무고죄, 협박죄 등을 저지른 법익침해가 심각한 지경에 이르렀고, 나아가 이 카페 회원들을 비롯한 불특정 다수를 상대로 변호사법 위반 및 사기죄 혐의 역시 그 피해 규모가 수억 원 이상에 이르고 있을 뿐만 아니라 (고소장에 게재된 핵심입증자료는 물론 최근에 이 카페 자유게시판에 게재된 구수회 명의의 글에서도 확인이 가능함), 이 카페 설립 당시부터 현재에 이르기까지 수십 년간 광범위하고도 지속적으로 이루어지고 있음〕

2. 제2차 고소인 의견서 제출

위 1항에서 살펴본 바와 같이 피고소인들은 자신들이 운영한 이 카페 게시판에서 가장 중요한 증거자료를 삭제하는 등 증거인멸을 시도 중에 있고, 범죄의 중대성에 비추어볼 때 도망의 염려까지 우려되는 상황에 있습니다.

특히, 피고소인들의 위와 같은 증거자료 삭제 행위는 피고소인들의 증거인멸 차원은 물론 위 '삭제 자료'에 나타난 자신들의 범죄혐의를 스스로 인정하는 꼴이 되고 말았습니다.

그 결과 피고소인들의 고소인에 대한 법익침해 범죄로써의 정보통신망법상 명예훼손, 무고, 협박죄에 대한 범의가 만천하에 드러나 버린 것입니다.

이상과 같은 사정에 비추어 2021. 10. 26.자 고소인 진술서에 제시된 당초 의견을 다음과 같이 수정하여 이를 제2차 고소인 의견서로 제출코자 합니다.

- 다 음 -

피고소인들에 대해서는 즉시 소환조사를 실시한 후 자백을 하든, 부인을 하든 개의치 아니하고(부인할 경우 그만큼 구속사유 필요성이 증대될 것임), 이미 고소인이 제출한 증거자료에 의해 피고소인들의 범죄 사실을 소명함과 동시에, 앞서 살펴본 바와 같이 증거인멸 우려, 범죄의 중대성 및 재범가능성 등을 이유로 사전구속영장을 신청하여 피고소인들의 신병을 확보한 다음, 이에 터 잡아 피고소인들 포괄계좌 및 그들의 차명계좌에 대한 계좌 추적을 실시하여 각 거래금액별로 법무사법 및 변호사법, 사기 또는 특정경제법상 사기죄 위반 여부를 각각 특정하여 주시기 바랍니다.

첨부 : 2021. 10. 26.자 '고소인 진술서' 1부. 끝.

2021. 10. 29.
고소인   임 찬 용   (인)

성남수정경찰서장 귀하

【첨부 4】 2021. 10. 5.자 '관피모사건' 고소장

고소장

(고소장 기재사항 중 * 표시된 항목은 반드시 기재하여야 합니다.)

1. 고소인*

성 명 (상호·대표자)	임 찬 용	주민등록번호 (법인등록번호)	590410-0000000
주 소 (주사무소 소재지)	경기도 성남시 수정구 복정로96번길 20, 000호 (복정동)			
직 업	LPN로컬파워뉴스 법조팀장 (前 검찰수사과장)	사무실 주소	서울시 강남구 노현로94길 13(역삼동) 예일패트빌딩 4층
전 화	(휴대폰) 010-5313-0000	(자택)	(사무실)
이메일			
대리인에 의한 고소	☐ 법정대리인 (성명 : , 연락처) ☐ 고소대리인 (성명 : 변호사 , 연락처)			

※ 고소인이 법인 또는 단체인 경우에는 상호 또는 단체명, 대표자, 법인등록번호(또는 사업자 등록번호), 주된 사무소의 소재지, 전화 등 연락처를 기재해야 하며, 법인의 경우에는 법인등기부 등본이 첨부되어야 합니다.
※ 미성년자의 친권자 등 법정대리인이 고소하는 경우 및 변호사에 의한 고소대리의 경우 법정대리인 관계, 변호사 선임을 증명할 수 있는 서류를 첨부하시기 바랍니다.

2. 피고소인*

성 명	(1) 구수회	주민등록 번호	(1) 불상
	(2) 전상화		(2) 불상
주 소	각 불상		(현 거주지)
직 업	(1) 행정사 (관청피해자모임 카페지기)	사무실 주소	-
	(2) 변호사 (관청피해자모임 공동대표)		
전 화	(휴대폰) (1) 010-8369-0000 (2) 010-8717-0000 (자택) - (사무실) -		
이메일			
기타사항			

※ 기타사항에는 고소인과의 관계 및 피고소인의 인적사항과 연락처를 정확히 알 수 없을 경우 피고소인의 성별, 특징적 외모, 인상착의 등을 구체적으로 기재하시기 바랍니다.

3. 고소취지*

*(죄명 및 피고소인에 대한 처벌의사 기재)

고소인은 피고소인들을 정보통신보호법상 명예훼손죄, 무고죄, 특정경제범죄법상 사기죄 (또는 사기죄), 변호사법위반 등으로 고소하오니 엄히 처벌하여 주시기 바랍니다.

4. 범죄 사실*

《사건 전개 및 배경》

고소인은 2021. 9. 29. 13:28.경 인터넷 다음 카페인 '관청피해자모임'(이하, '이 카페') 자유게시판에 '진정한 사법피해자를 위하여 이 카페가 폐쇄되어야 하는 이유'라는 제하의 장문에서 '관청피해자모임' 운영의 문제점 및 앞으로 나아가야 할 방향에 대한 의견을 다음과 같이 게재하였다.3)

- 다 음 -

이 글이 사법피해자들에게 드리는 마지막 글이 될 겁니다.

그 이유는 이 카페 임원진들의 행동거지나 이 카페에 올라오는 글들을 훑어보면, 진정 이 카페가 존재해야 할 정당성을 찾을 수 없기 때문입니다.

그 이유를 제시하기에 앞서, 먼저 사법피해자의 정의부터 제시하고자 합니다.

사법피해자란 우리나라 민·형사 사법절차상 검사 및 판사들의 사건 조작, 이를테면 허위 내용의 검사 결정문이나 허위 내용의 판사 판결문에

---

3) 이를 입증하는 증거자료로는 (첨부 1)
(이 증거자료에는 피고소인 구수회 및 전상화를 따르는 이 카페 임원들이 벌떼처럼 달려들어 고소인을 비하하는 댓글까지 포함하였음. 그런데 주목해야 할 부분은 이 카페를 실질적으로 이끌고 있는 피고소인 구수회 및 전상화에 대한 문제 제기만 하여도 임원 대부분 및 피고소인들의 추종자들이 벌떼처럼 들고 일어나 아무런 근거 없이 이 카페 운영개선을 요구하는 고소인 등 회원에 대해 인격비하조로 공격하는 것을 보면 이 카페 내에서 피고소인 구수회 및 전상화의 위상이 어느 정도 되는지 가히 짐작해 볼 수 있을 것임. 이와 같은 현상들은 이 카페 다른 글에서도 마찬가지임)

의해 억울하게 피해를 입은 당사자를 의미한다고 정의할 수 있습니다.

검사 결정문이나 판사 판결문이 허위 내용으로 작성되었는지의 여부는 수사를 의뢰한 고소인이나 재판을 의뢰한 원고가 너무나도 해당 사건을 잘 알고 있기에, 여기서는 이를 생략하기로 하고 검사나 판사가 상식선을 훨씬 뛰어넘어 일반 국민의 수준에서 판검사의 권한을 남용한 사건이라고 판단된다면, 이는 판검사에 의해 조작된 사건이라고 봄이 상당합니다.

판검사의 권한을 남용한 검사의 결정문이나 판사의 판결문이 허위 내용으로 작성하였다고 확정적으로 제시한 사례는 본 필자가 최근 발간한 '정권교체'(문재인 정부의 헌법파괴)라는 책자를 참고하십시오. (절대 책을 팔아먹기 위한 것은 아닙니다. 현재 저에게는 단 1원의 이득도 없으며, 우리나라의 사법정의 실현을 위한 애국애족을 실현하기 위한 충정에서 말씀드리는 것입니다.)

위 책자에 터 잡아 사법피해자들에게 검찰 수사과장 출신인 필자가 조언해 드리고 싶다면,

1. 자신의 사법피해와 관련, 이를 해결하고 싶다면 우리나라 최고의 수사기관이자 기소기관인 문재인 대통령이 썩어서 사법정의를 실현할 수 없기 때문이므로 정권교체를 실현하고, 이를 토대로 다음 대통령으로 하여금 가칭 판검사 권한남용 사건조작에 따른 비리 판검사들에 대한 사법처리와 '사법피해자 구제를 위한 특별법'을 제정토록 하여 억울하게 살아가고 계신 사법피해자를 구제토록 해야 합니다.

2. 이 카페지기님 구수회 교수나 변호사 전상화를 이 카페 임원에서 탈퇴시켜야 합니다. 그들은 이 카페에서 활동하면서 사법피해자를

구제한다는 명분을 삼아 자신들의 영업활동을 하고 있다는 의구심을 강하게 들게 하고 있습니다.

이를 테면, 구수회 님은 그동안 이 카페 게시판에 기재된 내용으로 보아 변호사나 법무사가 아닌 행정사 신분으로서 공수처 등 수사기관에 수수료를 받고 법률상담을 해왔거나 해오고 있다는 의심을 강하게 품고 있으며(필자가 현직에 있을 때 이 범죄로 행정사를 단속한 사례가 있음), 실제로 관련법에 의하더라도 변호사나 법무사가 아니면 고소장을 작성할 수 없습니다.

그리고 전상화 변호사는 마치 자신이 사법정의 실현을 위한 수호신이 되는 것처럼 검찰개혁을 위해 국회의원에 출마한 경찰 출신 황운하의 선거운동 찬조연설자로 참여하는 등 민주당의 제1당 확보를 위해 기여했던 사람입니다. 황운하는 국회의원에 당선된 이후 전 경찰청장 민갑룡과 함께 필자의 사법정의 애국운동에 배신한 인물입니다. (위 책자 참조)

필자가 위 책자에서 밝힌 바와 같이, 민주당은 가짜 검찰개혁 및 가짜 공수처 설립을 추진한 썩은 정당으로 확인되었기에 전상화 변호사는 스스로 자책하고 이 카페 임원에서 탈퇴하십시오.

3. 이 카페가 진정으로 사법피해자를 위한 공익 단체로 성장하려면 위 2항과 같이 이 카페 임원진들이 자신의 영리목적을 위한 방편으로 운영될 것이 아니라, 검사나 판사들로부터 피해를 입은 사법피해자들이 주체가 될 수 있도록 운영되어야 하며, 진짜 사법피해자로부터 회비도 받고, 거기에 덧붙여 국가로부터 공익단체로 인정받으면서 정부 보조금으로 운영되는 명실상부한 공익법인으로 승화 발전되어야 합니다.

허구한 날 진짜 사법피해자인 줄 확인도 안 된 상태에서 그의 수사나 재판과정에 팻말을 들고 다니며 검찰청이나 법원 앞에서 시위를 해본 들 선량한 국민들로부터 비웃음거리밖에 뭐가 남겠습니까?

먼저 위 카페가 새롭게 태어나기 위해서는 판검사들의 사건조작에 진절머리를 느낀 전문가를 초빙하여 이 카페회원 중 사법피해자를 가려내고 그들로 하여금 이 카페를 운영하도록 하여야 합니다.

사법피해를 근본적으로 해결하기 위해서는 우리나라 사법개혁을 제대로 이끌 수 있는, 우리나라 최고의 수사기관인 대통령을 정직하고 깨끗한 사람으로 선출하여 그로 하여금 판검사들의 사건조작을 미연에 방지하도록 하여야 하고, 우리나라 경찰, 검찰, 공수처, 법원 등 사법절차에 관여한 국가기관이 공정과 정의로운 세상을 만들 수 있도록 하여야 합니다.

현 문재인 대통령을 범죄단체조직 두목으로, 국무총리 김부겸을 부두목으로, 행안부장관 전해철 및 전 법무부장관 조국을 행동대장으로 각각 명명하면서 그들을 감옥에 넣어야 한다고 주장한 제 책자 의미를 되새겨주시길 바랍니다.

2021. 9. 29.
진정한 사법피해자이자 전직 검찰수사과장 임찬용 드림.[4]

고소인의 위 게재 글과 관련하여, 피고소인 전상화(닉네임 : 무아지존)는 2021. 10. 1. 11:27경 고소인이 자신에게 지적한 부분과 관련된 2가지 해명 취지의 글과 고소인이 구수회에게 지적한 부분을 옹호하는 취지의

---

[4] 별권 첨부 : 고소인이 저술한 "정권교체 (문재인 정부의 헌법파괴)" 책자 1권.

글5)을 댓글 방식으로 이 카페 자유게시판에 올려놓았다.(이하, '피고소인 전상화의 댓글'이라고 함, 첨부 3)

한편, 피고소인 구수회는 2021. 9. 30. 20:10.경 고소인의 위 게재 글과 관련하여, "관청피해자모임 특별회원 임찬용, 이도원, 커피(닉네임) 3명에 대한 활동정치 조치(1차 수정)"이라는 글을 이 카페 자유게시판에 올려놓았다.(이하, '피고소인 구수회의 게시 글'이라고 함, 첨부 4)

또 피고소인 전상화는 2021. 10. 1. 11:29.경 '첨부 3'의 게재 글을 구수회 명의의 '첨부 4'의 글에 댓글 방식으로 이 카페 자유게시판에 올려놓았다.(이하, '피고소인 전상화의 제2차 댓글'이라고 함, 첨부 5)

【피고소인 구수회, 피고소인 전상화의 공동범행】

피고소인 구수회는 현재 회원 수가 약 9,500여 명에 이르고 전국적인 조직을 갖춘 이 카페6) 카페지기이자 행정사이고, 피고소인 전상화는

---

5) 피고소인 전상화는 고소인의 게재 글에 대한 댓글 내용 중 "그리고 구수회 교수님에 대한 비난에 대하여"라는 항목에서 "교수님께서 전국의 사법피해자들을 이곳 카페에 모으신 것만 해도 존경받고 존중받아야 할 분입니다."라고 기재하고 있는 바, 이를 좀 더 들어가 분석해 보면, ① 구수회에 대한 호칭 사용과 관련, 구수회는 실제 교수 직책을 수행한 사실이 없고, 교수라는 직책을 사용해 오다가 공직선거법 위반으로 형사처벌까지 받은 사실이 있음에도 불구하고(입증자료 : 첨부 2) 피고소인 전상화는 구수회를 '교수님'이라고 극진하게 존칭을 사용하고 있는 점으로 보아, 이 카페를 공동으로 운영해 오면서 구수회의 변호사법 위반이나 사기행각을 사전에 인식하고 이에 동조해 왔다고 봄이 상당함, ② 피고소인 전상화는 구수회에 대해 "전국의 사법피해자들을 이곳 카페에 모으신 것만 해도 존경받고 존중받아야 할 분"으로 묘사하고 있는 바, 이는 피고소인 전상화 역시 구수회와 마찬가지로 전국 조직을 갖춘 이 카페 회원 9,500여 명 중 극히 극소수만이 실제 사법피해자임에도 불구하고, 이 카페 회원 전체를 몽땅 사법피해자로 둔갑시켜 그들을 상대로 검찰 수사 결과나 법원의 재판결과를 못 믿게 하고, 변호사영업 잇속이나 챙기는 사실을 은연중 내비치고 있음.

6) 설립년도가 2008. 1. 29.임

2019. 12.경 구수회에 의해 이 카페 공동대표 직책으로 영입된 후 구수회와 함께 이 카페를 실질적으로 이끌어오고 있는 변호사이다.[7]

피고소인들은 회원들이 범죄피해자의 실질적인 구제를 위하여 이 카페 운영방식이나 개선방안에 대한 의견을 개진하더라도 자신들의 퇴출 압박이나 신상에 관련된 경우에는 해당 글을 그 즉시 삭제해 버리거나, 임원 등 추종자들을 동원하여 해당 회원에 대해 모욕적 댓글을 무차별적으로 가하도록 분위기를 조성한 다음 가차 없이 이 카페 활동 정지 처분을 내려버리거나 퇴출 조치를 취하여 왔다.

한편, 고소인은 이 카페 카페지기이자 피고소인 구수회에 의해 이 카페 특별회원으로 가입된 이후 사법피해자 구제 및 사법정의 실현을 위해

---

[7] 피고소인 구수회 및 전상화가 공동하여 이 카페를 실질적으로 이끌고 있다는 입증자료로는,

'첨부 3'(피고소인 전상화 명의의 댓글 내용 중에서 "그리고 구수회 교수님에 대한 비난에 대하여"라는 항목 기재부분, 즉 전상화는 ① 고소인이 구수회에 대해 비난한 사실이 전혀 없고, 단지 이 카페에서 탈퇴해야 하는 이유를 설명한 것인데 이를 비난한 사실로 왜곡하고 있다는 점, ② 구수회가 교수라는 자격을 사칭하고 있음에도 '교수님'이라고 정중히 예를 갖추고 있다는 점, ③ 구수회와 마찬가지로 이 카페 전국 회원 약 9,500명을 사법피해자로 둔갑시켜 검찰이나 법원을 적대시하도록 하고, 이에 터 잡아 법률서비스를 구수회 또는 자신에게 받도록 조장하고 있다는 점에 있음)

'첨부 5' 전상화의 댓글에 구수회가 작성한 댓글에는 "판사·검사들이 우리 사피자들을 보면서, 특히 사피자들의 무수한 문서를 보면서…. 저러한 문서를 제출하니 이길 재판도 진다는 생각을 했을 것이 분명합니다. 그러한 고민을 일소하기 위해서 저는 온갖 노력을 다했습니다. 어느 날 국가가 인정하고, 공인된 전상화 변호사님이 사법개혁을 함께하겠다고 동의하셨을 때, 저는 너무나 기뻤고 눈물이 나도록 고마웠습니다. 그런 상징적인 분의 얼굴에 거짓 내용으로 명예를 실추시키니 참으로 슬펐습니다."라고 기재되어 있음. '첨부 5' 전상화의 댓글에 회장 김세중이 작성한 댓글에는 "구수회 교수님, 전상화 변호사님, 최대연 수석회장님이 우리 모임의 기둥이십니다. 세 기둥에 의지하여 회원들은 본인 사건의 해결과 사법개혁에 열중하고 있습니다."라고 기재되어 있음.

검찰 재직 당시 직접 겪은 바 있는 검사들의 비리내용을 이 카페 게시판에서 회원들과 공유함과 동시에 이 카페 운영과 관련된 문제점 및 개선방향에 대해 의견을 개진해 오다가 위 게재 글(첨부 1)로 인하여 피고소인들로부터 이 카페 활동정치처분을 받았다.(첨부4, 5)

1. 정보통신망법위반(허위 내용의 명예훼손)

피고소인들은 고소인이 이 카페에 게재해 놓은 위 글의 내용과 관련하여 사법피해자의 구제를 목적사업으로 하는 이 카페 운영에 대한 문제점을 제기하고, 이에 터 잡아 앞으로 나아가야 할 방향을 제시하고 있다는 점, 피고소인들에 대한 퇴출요구 등 신상과 관련된 문제 제기는 허위사실이 기재되지 않았을 뿐만 아니라, 피고소인들의 명예를 훼손할 의사가 전혀 없이 이 카페가 목적사업에 충실하게 운영될 수 있는 터전을 마련하기 위해 부득이 게재해 놓았다는 점을 너무나 잘 알고 있었다.(첨부 1)

그럼에도 불구하고, 피고소인들은 고소인이 자신들에게 이 카페를 탈퇴하도록 압박하고 듣기 싫은 쓴소리를 하였다는 이유로 공연성이 확보된 이 카페 인터넷상에서 허위사실을 적시하여 고소인의 명예를 훼손하기로 마음먹었다.

이에 따라, 피고소인 전상화는 2021. 10. 1. 11:27.경 소재 불상 자신의 집에 있는 컴퓨터를 이용하여 이 카페 홈페이지 자유게시판에 들어가 고소인의 위 게재 글에 대한 댓글을 다는 과정에서, 구수회에 대해서는 사실은 구수회가 교수라는 직함을 사용할 수 없고, 이 카페 회원들이 거의 대부분 사법피해자가 아님에도 불구하고, "교수님께서 전국의 사법피해자들을 이곳 카페에 모으신 것만 해도 존경받고 존중받아야 할 분입니다."8)라고 허위사실로 미화한 반면, 고소인에 대해서는 이 카페 운영의 문제점을 극복하고 이 카페가 나아가야 할 길을 제시해 주고 있는 "정권교체(문재인 정부의 헌법파괴)"라는 책자의 저자이자 전직 수사과장 출신이라는 사실을 분명하게 확인하였음에도 불구하고, "2. 제가 마치 범법행위를 하고 있는 것처럼 언급"이라는 항목에서 **"검찰공무원 출신이라면서 법을 그렇게 모릅니까?"**9)라고 악의적인 의도로 명예훼손에 해당하는 인격적 폄훼사실의 글을 허위로 게재해 놓았다.(첨부 3)

또한 피고소인 구수회는 2021. 9. 30. 20:10.경 소재 불상 자신의 집에 있는 컴퓨터를 이용하여 이 카페 홈페이지 자유게시판에 들어가 고소인의 위 게재 글을 반박하기 위해 "관청피해자모임 특별회원 임찬용, 이도원, 커피 3명에 대한 활동정치 조치(1차 수정)"라는 제목의 글을 작성하는 과정에서, '고소인을 허위사실에 의한 명예훼손 범죄자(형법 제307조 제2항)로 확정 짓고 고소도 병행한다'는 취지의 명예훼손에 해당하는 글을 허위로 게재해 놓았다.(첨부 4)

---

8) 피고소인 전상화는 구수회가 교수 직함을 사칭하여 형사처벌까지 받은 사실이 있음에도 계속 구수회를 '교수님'이라고 존경심을 표해 오고 있다는 점, 구수회와 마찬가지로 이 카페 회원 9,500여 명을 사법피해자로 둔갑시켜 검찰이나 법원에 대해 불만을 야기하고 그들로 하여금 피고소인들에게 법률서비스를 받도록 조장하고 있다는 사실을 이미 살펴본 바 있음.

9) 피고소인 전상화는 자신의 범법행위와 관련된 법률지식과 관련하여 자신은 법률 전문가인 변호사라는 점을 은연중 내비치면서 검찰 수사과장 출신인 고소인에게는 "검찰공무원 출신이라면서 법을 그렇게 모릅니까?"라고 캐묻는 듯 검찰 9급 공무원 법률지식 보다 낮은 사람으로 취급하며 악의적인 태도로 인격모독을 가해 오고 있는 진짜 이유는 뭘까?

이는 역설적으로 피고소인 자신이 이 카페에서 범법행위(구수회와 함께 이 카페 회원들을 상대로 사건 수임 등 영업행위를 해온 사실)를 해온 사실을 숨기려는 선제적 의도가 있었기 때문임. 피고소인 전상화가 이 카페 회원들을 상대로 법률 상담 등 영업행위를 해왔다는 증거자료로는 후술하는 첨부 7, 첨부 8 각 참조.

이로써 피고소인들은 고소인을 비방할 목적으로 이 카페 인터넷상 자유게시판에서 공공연하게 거짓 사실을 드러내어 고소인의 명예를 훼손하였다.(정보통신망법 제70조 제2항)

2. 무고죄

'첨부 4' 게재 글에 대한 댓글 내용 중에서 맨 마지막 부분에는 피고소인 구수회가 "피해자가 아닌 제3자가 조금 전에 고발장 접수했습니다." 라고 말한 사실이 확인되고 있다.

성명불상자인 제3자가 "고소인이 이 카페 인터넷상에서 허위사실을 적시하여 이 카페를 실질적으로 이끌고 있는 구수회 및 전상화의 명예를 훼손하였다며 수사기관에 고발장을 접수시켰다"는 의미는 피고소인들이 고소인에 대한 명예훼손 고소장을 수사기관에 접수시켰다는 의미와 동일하다.

그 이유는 제3자의 신분을 확인해 보면, 피고소인들의 추종자가 분명하기 때문이다. 이는 제3자의 고소인에 대한 명예훼손죄 고발이 피고소인들의 사전 승낙이나 묵시적 동의하에 이루어졌다는 것을 의미한다.

특히, 피고소인 구수회가 이 카페 자유게시판에 게재한 '첨부 4'의 글을 보더라도, '고소인을 허위사실에 의한 명예훼손(형법 제307조 제2항) 범죄자로 확정 짓고 고소도 병행합니다'라고 분명히 밝히고 있다.

따라서 피고소인들에 대해서는 위 고발장을 접수한 위 성명불상 제3자와 함께 무고죄 공동정범으로 처벌해 주시기 바랍니다.

3. 법무사법위반, 변호사법위반, 사기죄 또는 특정경제범죄(사기) 위반

피고소인들은 이 카페를 실질적으로 이끌어오면서 사법피해자들을 구제해 준다는 명목하에 검찰 및 법원의 비방을 통하여10) 이 카페 회원들을 끌어모은 다음11) 민·형사사건 관계자들에게 법률서비스를 제공하고 그 대가를 지급받아 이를 공유하기로 마음먹었다.12)

---

10) 피고소인 구수회는 '교수 구수회, 판사장군7명날림, 무죄5개'라는 닉네임으로, 피고소인 전상화는 '무아지존, 바위 깨는 계란'이라는 닉네임으로 이 카페에서 검찰 및 사법부를 비방해 오면서 자신들은 범죄피해자를 구제하는 데 최선을 다하고 있는 것처럼 미화하고 있음.

특히, 구수회는 이 카페 공지사항 및 자유게시판을 통하여 교수 직함을 사칭해 가면서 실체도 없는 사법피해자를 구제한다는 명목하에 '대법원에서 패소된 사건도 행정심판으로 살린다'는 등 말로 표현할 수 없을 정도로 자신에 대한 찬양을 해대고 있음.

11) '첨부 1'의 글에 첨부된 댓글 내용 중 "교수 구수회, 판사장군7명날림, 무죄5개"라는 닉네임을 가진 구수회의 게재내용에 의하면, "하루 1개 사건이 카페 때문에 기막히게 해결되고 있습니다. 사피자(사법피해자) 전부가 우리 카페에 있다는데 대해 정치인, 검사, 판사가 모두 놀라고 있습니다."라고 허위사실을 기재하여 호객행위를 하는가 하면, 구수회 자신은 교수라는 직책까지 불법으로 사용하고 있어 사기행각의 전형을 보는 것 같음.

'첨부 5'의 글에 첨부된 댓글 내용 중 피고소인 구수회가 게재한 내용에는 "판사·검사들이 우리 사피자들을 보면서, 특히 사피자들의 무수한 문서를 보면서… 저러한 문서를 제출하니 이길 재판도 진다는 생각을 했을 것이 분명합니다. 그러한 고민을 일소하기 위해서 저는 온갖 노력을 다했습니다."라고 기재되어 있음.

이 카페 회원을 끌어모으기 위한 위와 같은 호객행위는 빙산의 일각에 불과할 뿐이며, 피고소인들이 전국적 규모를 갖추고 약 9,500명에 이르는 회원 전체를 사법피해자로 둔갑시켜 검찰 및 법원을 상대로 적대적 관계를 유지하도록 조장함으로써 자신들로부터 법률서비스를 받도록 유도하는 행위는 피고소인들의 닉네임은 물론 이 카페 공지사항을 비롯한 피고소인들이 써온 게재 글을 대충 훑어보더라도 확연히 피고소인들의 호객행위는 계속적이고 지나치다고 할 정도로 명백하게 확인할 수 있음.

가. 피고소인 구수회[13]

(1) 피고소인에 대한 처벌 근거 법률 검토

● 법무사법

- 제2조(업무) ① 법무사의 업무는 다른 사람이 위임한 다음 각 호의 사무로 한다. 〈개정 2016. 2. 3., 2020. 2. 4.〉
  1. 법원과 검찰청에 제출하는 서류의 작성
  2. 법원과 검찰청의 업무에 관련된 서류의 작성
  3. 등기나 그 밖에 등록신청에 필요한 서류의 작성
  4. 등기ㆍ공탁사건(供託事件) 신청의 대리(代理)
  5. 「민사집행법」에 따른 경매사건과 「국세징수법」이나 그 밖의 법령에

---

12) 이 카페 홈페이지에서 구수회가 작성한 게재 글을 한번 훑어봐도(이 카페 자유게시판 검색란 글쓴이 항목에서 구수회를 입력하면 됨), 구수회가 이 카페 초창기부터 사법부와 대립각을 세우며 이 카페 회원들을 상대로 교수 직함을 사칭하면서 법률서비스 영업을 해온 과거 행적을 훤히 알 수 있음에도 불구하고, 피고소인 전상화는 구수회의 위와 같은 불법행위에는 눈을 감고, 오히려 자신도 이 카페에서 구수회의 불법 영업행위에 편승해 판사들의 면책특권을 없애야 한다며 '바위 깨는 계란 변호사'라는 호칭을 사용해 가면서 사법부에 대한 투쟁 이미지로 이 카페 회원들을 끌어모으는 데 앞장서고 있음.

이는 피고소인 구수회, 전상화가 검찰이나 법원에 대한 투사 이미지로 탈을 쓴 채 민ㆍ형사 피해자들이나 법률서비스를 바라고 있는 일반 국민들을 이 카페 회원들로 끌어모은 다음 사법피해자로 둔갑시켜 법률 장사를 해보겠다는 속셈을 여지없이 드러내고 있다고 보아야 할 것임.

13) 피고소인 구수회가 교수 직함을 사용하다가 형사처벌까지 받은 전력이 있음에도 불구하고, 사회에서 평가가 높지 않은 행정사라는 직함을 사용하지 아니하고, 지적인 수준이 가장 높게 평가되는 교수 직함을 계속 사용한 이유는 자신이 법률지식이 많다는 점을 은연중 이 카페 회원들을 비롯한 불특정 다수인들에게 보여주기 위함이고, 이를 통하여 변호사법위반 범죄행위 및 사기행각을 용이하게 하고자 함에 있기 때문이라고 보임.

또한, 피고소인이 형사처벌을 받은 판결문 내용에는 교수 자격 사칭 이외에도 다중을 상대로 사법피해자를 위한 고객 유치 행위가 확인되고 있음.

따른 공매사건(公賣事件)에서의 재산취득에 관한 상담, 매수신청 또는 입찰신청의 대리
6. 「채무자 회생 및 파산에 관한 법률」에 따른 개인의 파산사건 및 개인회생사건 신청의 대리. 다만, 각종 기일에서의 진술의 대리는 제외한다.
7. 제1호부터 제3호까지의 규정에 따라 작성된 서류의 제출 대행(代行)
8. 제1호부터 제7호까지의 사무를 처리하기 위하여 필요한 상담·자문 등 부수되는 사무

　　② 법무사는 제1항제1호부터 제3호까지의 서류라고 하더라도 다른 법률에 따라 제한되어 있는 것은 작성할 수 없다.

- 제3조(법무사가 아닌 자에 대한 금지)
　　① 법무사가 아닌 자는 제2조에 따른 사무를 업(業)으로 하지 못한다.
　　② 법무사가 아닌 자는 법무사 또는 이와 비슷한 명칭을 사용하지 못한다.

- 제74조(법무사가 아닌 자의 행위)
　　① 법무사가 아닌 자가 다음 각 호의 어느 하나에 해당하면 3년 이하의 징역 또는 500만 원 이하의 벌금에 처한다.
1. 제3조를 위반하여 제2조에 규정된 사무를 업으로 하거나 법무사 또는 이와 비슷한 명칭을 사용한 경우
2. 이익을 얻을 목적으로 문서, 도화(圖畵), 시설물 등에 법무사 업무를 취급한다는 뜻을 표시하거나 기재한 경우
　　② 상습적으로 제1항의 죄를 범한 자는 5년 이하의 징역에 처한다.

● 변호사법
- 제3조(변호사의 직무) 변호사는 당사자와 그 밖의 관계인의 위임이나 국가·지방자치단체와 그 밖의 공공기관(이하 "공공기관"이라 한다)의 위촉 등에 의하여 소송에 관한 행위 및 행정처분의 청구에 관한 대리행위와 일반 법률 사무를 하는 것을 그 직무로 한다.

- 제109조(벌칙) 다음 각 호의 어느 하나에 해당하는 자는 7년 이하의 징역 또는 5천만 원 이하의 벌금에 처한다. 이 경우 벌금과 징역은 병과(倂科)할 수 있다.
1. 변호사가 아니면서 금품·향응 또는 그 밖의 이익을 받거나 받을 것을 약속하고 또는 제3자에게 이를 공여하게 하거나 공여하게 할 것을 약속하고 다음 각 목의 사건에 관하여 감정·대리·중재·화해·청탁·법률상담 또는 법률관계 문서작성, 그 밖의 법률사무를 취급하거나 이러한 행위를 알선한 자
   가. 소송 사건, 비송 사건, 가사 조정 또는 심판 사건
   나. 행정심판 또는 심사의 청구나 이의신청, 그 밖에 행정기관에 대한 불복신청 사건
   다. 수사기관에서 취급 중인 수사 사건
   라. 법령에 따라 설치된 조사기관에서 취급 중인 조사 사건
   마. 그 밖에 일반의 법률사건
2. 제33조 또는 제34조(제57조, 제58조의16 또는 제58조의30에 따라 준용되는 경우를 포함한다)를 위반한 자

● 사기죄(형법)
제347조(사기) ① 사람을 기망하여 재물의 교부를 받거나 재산상의 이익을 취득한 자는 10년 이하의 징역 또는 2천만 원 이하의 벌금에 처한다. 〈개정 1995. 12. 29.〉

② 전항의 방법으로 제3자로 하여금 재물의 교부를 받게 하거나 재산상의 이익을 취득하게 한 때에도 전항의 형과 같다.

● 특정경제범죄(사기)
- 제3조(특정재산범죄의 가중처벌) ①「형법」제347조(사기), 제347조의2 (컴퓨터 등 사용사기), 제350조(공갈), 제350조의2(특수공갈), 제351조(제347조, 제347조의2, 제350조 및 제350조의2의 상습범만 해당한다), 제355조(횡령·배임) 또는 제356조(업무상의 횡령과 배임)의 죄를 범한 사람은 그 범죄행위로 인하여 취득하거나 제3자로 하여금 취득하게 한 재물 또는 재산상 이익의 가액(이하 이 조에서 "이득액"이라 한다)이 5억 원 이상일 때에는 다음 각 호의 구분에 따라 가중처벌한다. 〈개정 2016. 1. 6., 2017. 12. 19.〉
1. 이득액이 50억 원 이상일 때 : 무기 또는 5년 이상의 징역
2. 이득액이 5억 원 이상 50억 원 미만일 때 : 3년 이상의 유기징역

② 제1항의 경우 이득액 이하에 상당하는 벌금을 병과(倂科)할 수 있다.

(2) 피고소인이 법무사법 또는 변호사법, 사기죄(특정경제범죄 포함)를 위반하였다는 '핵심입증자료'를 제시함.

- 2020. 4. 14. 11:06.경 이 카페 자유게시판에 피고소인 명의로 게재해 놓은 "교수 구수회 토요강좌 (7.18일 오후 1시 30분), 공수처 고소장 작성법, 실패한 고소를 행정심판으로 살림, 기각된 민사소송 행정으로 회복"이라는 제하의 글 도중에 아래 자료가 발견된다. (이하, '핵심입증자료')

- 아 래 -

위 '핵심입증자료'에 의하면 피고소인이 '변호사가 해야 할 일 90% 행정사가 가능하다'며 변호사 직무를 취급해 온 사실을 적나라하게 확인시켜 주고 있다.

특히, "행정사 20년 하면서 행정심판 1,900건 수임 진행하였고, 행정사 수수료 1억을 5번 받았다."라는 기재 내용은 피고소인이 전문적인 지식이나 자격요건을 갖추지 않은 채 행정사의 탈을 쓰고 법무사 업무나 변호사 직무 영역을 광범위하고 지속적으로 침해해 왔고, 이를 통해 5억 원 이상의 부당 이익을 챙겨왔다는 사실을 그대로 입증해 주고 있다.

더더욱 "무혐의 된 고소를 행정심판으로 살린다. 재개발 조합장을 징역 보내는 방법, 대법원 패소된 사건을 행정사가 살린다."며 이 카페 회원을 비롯한 불특정 다수인들에게 광고를 하고 있는 것을 보면 사기 행각까지 벌이고 있다는 의구심을 강하게 품게 한다.

- 위 '핵심입증자료' 이외에도 이 카페에서 피고소인이 최근에 작성한 게재 글을 보면, 위 '핵심입증자료' 기재 내용처럼 이 카페 회원들을 상대로 모든 민·형사 사건을 해결해 줄 것처럼 능력을 계속 과시해 오고 있음은 물론, 자신은 그동안 이 카페 회원들에게 고소장을 대신 작성해 주었으나 실비만을 받아왔으므로 대법원 판례상 처벌될 수 없다고 하면서 이를 이 카페 임원들에게까지 독려하고 있다. 피고소인의 이와 같은 행위는 고소인의 고소를 눈치채고 교묘히 법망을 피해 나가기 위한 위장전술로 보인다.

(3) 결론

전항과 같은 위 '핵심입증자료' 그리고 피고소인이 이 카페를 설립한 이래 이 카페 게시판에 게재해 놓은 내용과 사진들, 그동안 이 카페 회원들을 약 10,000명에 이르도록 끌어모아 전국적으로 이를 조직화하고, 그들을 예외 없이 사법피해자로 둔갑시켜 피고소인이 행정심판으로 모든 민·형사 사건을 해결할 수 있다고 능력을 과시하고, 그로 인해 많은 돈을 벌었다고 자랑해 온 사정에 비추어보면, 피고소인의 사법질서 문란 야기 문제점은 논외로 하더라도, 앞서 검토한 법무사법 또는 변호사법 위반은 물론, 사기죄 또는 특정경제법상 사기죄를 범했음은 두말할 여지가 없다.

따라서 피고소인의 범행 수법이 연속적이고 반복적으로 이루어져 왔던 점에 비추어보면 이 카페 창립일인 2008. 1.경부터 현재에 이르기까지 피고소인 명의로 개설된 전체 계좌에 대한 계좌 추적은 물론, 동시에 범행 증거를 발견할 만한 피고소인 사무실 등에 대한 압수수색을 통하여 각 수입 및 지출 사안별로 위 검토 법률에 저촉되는지 철저히 수사해 주시기 바랍니다.

나. 피고소인 전상화

(1) 피고소인에 대한 처벌 근거 법률 검토

- 변호사법
- 제23조(광고)

① 변호사·법무법인·법무법인(유한) 또는 법무조합(이하, 이 조에서 "변호사 등"이라 한다)은 자기 또는 그 구성원의 학력, 경력, 주요 취급 업무, 업무 실적, 그 밖에 그 업무의 홍보에 필요한 사항을 신문·잡지·방송·컴퓨터통신 등의 매체를 이용하여 광고할 수 있다.

② 변호사 등은 다음 각 호의 어느 하나에 해당하는 광고를 하여서는 아니 된다.

1. 변호사의 업무에 관하여 거짓된 내용을 표시하는 광고
2. 국제변호사를 표방하거나 그 밖에 법적 근거가 없는 자격이나 명칭을 표방하는 내용의 광고
3. 객관적 사실을 과장하거나 사실의 일부를 누락하는 등 소비자를 오도(誤導)하거나 소비자에게 오해를 불러일으킬 우려가 있는 내용의 광고
4. 소비자에게 업무수행 결과에 대하여 부당한 기대를 가지도록 하는 내용의 광고
5. 다른 변호사 등을 비방하거나 자신의 입장에서 비교하는 내용의 광고
6. 부정한 방법을 제시하는 등 변호사의 품위를 훼손할 우려가 있는 광고
7. 그 밖에 광고의 방법 또는 내용이 변호사의 공공성이나 공정한 수임(受任) 질서를 해치거나 소비자에게 피해를 줄 우려가 있는 것으로서 대한변호사협회가 정하는 광고

- 제24조(품위유지의무 등)
① **변호사는 그 품위를 손상하는 행위를 하여서는 아니 된다.**
② **변호사는 그 직무를 수행할 때에 진실을 은폐하거나 거짓 진술을 하여서는 아니 된다.**

- 제34조(변호사가 아닌 자와의 동업 금지 등)
① **누구든지 법률사건이나 법률사무의 수임에 관하여 다음 각 호의 행위를 하여서는 아니 된다.**
1. 사전에 금품·향응 또는 그 밖의 이익을 받거나 받기로 약속하고 당사자 또는 그 밖의 관계인을 특정한 변호사나 그 사무직원에게 소개·알선 또는 유인하는 행위
2. 당사자 또는 그 밖의 관계인을 특정한 변호사나 그 사무직원에게

소개·알선 또는 유인한 후 그 대가로 금품·향응 또는 그 밖의 이익을 받거나 요구하는 행위
② 변호사나 그 사무직원은 법률사건이나 법률사무의 수임에 관하여 소개·알선 또는 유인의 대가로 금품·향응 또는 그 밖의 이익을 제공하거나 제공하기로 약속하여서는 아니 된다.
③ 변호사나 그 사무직원은 제109조제1호(피고소인 구수회의 범죄사실), 제111조 또는 제112조제1호에 규정된 자로부터 법률사건이나 법률사무의 수임을 알선받거나 이러한 자에게 자기의 명의를 이용하게 하여서는 아니 된다.
④ 변호사가 아닌 자는 변호사를 고용하여 법률사무소를 개설·운영하여서는 아니 된다.
⑤ 변호사가 아닌 자는 변호사가 아니면 할 수 없는 업무를 통하여 보수나 그 밖의 이익을 분배받아서는 아니 된다.

- 제109조(벌칙) 다음 각 호의 어느 하나에 해당하는 자는 7년 이하의 징역 또는 5천만 원 이하의 벌금에 처한다. 이 경우 벌금과 징역은 병과(倂科)할 수 있다.
1. 변호사가 아니면서 금품·향응 또는 그 밖의 이익을 받거나 받을 것을 약속하고 또는 제3자에게 이를 공여하게 하거나 공여하게 할 것을 약속하고 다음 각 목의 사건에 관하여 감정·대리·중재·화해·청탁·법률상담 또는 법률관계 문서 작성, 그 밖의 법률사무를 취급하거나 이러한 행위를 알선한 자
가. 소송 사건, 비송 사건, 가사 조정 또는 심판 사건
나. 행정심판 또는 심사의 청구나 이의신청, 그 밖에 행정기관에 대한 불복신청 사건
다. 수사기관에서 취급 중인 수사 사건
라. 법령에 따라 설치된 조사기관에서 취급 중인 조사 사건
마. 그 밖에 일반의 법률사건

2. 제33조 또는 제34조(제57조, 제58조의16 또는 제58조의30에 따라 준용되는 경우를 포함한다)를 위반한 자

- 제91조(징계 사유) ① (생략)
② 제90조제2호부터 제5호까지의 규정에 해당하는 징계사유는 다음 각 호와 같다.
1. 이 법을 위반한 경우
2. 소속 지방변호사회나 대한변호사협회의 회칙을 위반한 경우
3. 직무의 내외를 막론하고 변호사로서의 품위를 손상하는 행위를 한 경우

(2) 피고소인이 직접 변호사법을 위반하였거나, 구수회의 범행과 공모관계에 있다는 입증자료를 제시함

피고소인은 카페지기 구수회와 함께 이 카페를 실질적으로 이끌어 오면서[14] 구수회 범행수법과 마찬가지로 사법부와의 적대적 대립관계를 통하여 검찰 및 법원으로부터 사건 처리와 관련된 법률서비스를 원하거나 불만을 품고 있는 사건관계자를 이 카페 회원으로 끌어모아 사법 피해자로 둔갑시킨 다음 그들을 상대로 속칭 법률장사를 해온 사실이 입증되고 있다.[15]

---

14) 이를 입증하는 증거자료로는 이 사건 중 피고소인들에 대한 정보통신망법상 명예훼손 및 무고죄 각 게재내용 및 첨부 자료 참조. 이외에도 구수회가 최근 이 카페 자유게시판에 게재해 놓은 2021. 10. 3. 08:28.경 작성된 "카페지기 직권으로 간부제도를 해체하고, 운용방안을 수렴코자 합니다." 제하의 게시글(첨부 6)

15) 이를 입증하는 증거자료로는 피고소인 전상화가 2019. 12. 25. 07:37.경 이 카페 자유게시판에 게재한 "대법원장 고발장 향후 대규모 시위 제안합니다.!!" 제하의 글(첨부 7), 피고소인 전상화가 2021. 9. 15. 10:48.경 이 카페 자유게시판에 게재한 "판사와 싸우는 종로5가 전상화 변호사를 아십니까 / ♡공동대표 전상화

― 특히, '첨부 7'에 기재된 내용을 살펴보면, 피고소인이 이 카페 회원들에게 관사 호화 리모델링 혐의를 받고 있는 대법원장을 상대로 대규모 시위를 조장하고, 그들을 상대로 자신의 계좌번호까지 기재된 명함을 제시하면서 노골적인 사건 수임 의뢰 등 호객행위를 하고 있다.

이는 피고소인이 이 카페에서 실체도 없는 사법피해자를 구제한다는 명목 하에 변호사로서의 품위유지라는 의무를 망각한 채 카페지기 구수회와 합심하여 불법적인 이익을 공유하기 위해 법률서비스 영업을 해온 사정이 명백하게 입증되고 있다.

(3) 결론

피고소인은 구수회와 함께 이 카페를 실질적으로 이끌어오면서 이 카페 회원들을 상대로 법률서비스 영업을 해온 사실이 명백하게 확인된 이상 구수회와 마찬가지로 피고소인 명의의 전체 계좌에 대해 압수수색영장을 발부받아 돈의 흐름을 추적함으로써 위 (1)항 및 (2)항에서 살펴본 바와 같이 피고소인이 직접 변호사법을 위반한 사실이 있는지, 구수회의 범행에 가담 또는 동조하여 공모관계가 성립하는지, 그 실체적 진실관계를 밝혀 주시기 바랍니다.

※ 범죄 사실은 형법 등 처벌법규에 해당하는 사실에 대하여 일시, 장소, 범행 방법, 결과 등을 구체적으로 특정하여 기재해야 하며, 고소인이 알고 있는 지식과 경험, 증거에 의해 사실로 인정되는 내용을 기재하여야 합니다.

(변호사)" 제하의 글(첨부 8). 이외에도 이와 관련된 입증자료들이 이 카페 공지사항이나 자유게시판에 피고소인 전상화 명의의 문서 또는 사진 형태로 등재되어 있으니 참고 바람.

5. 고소 이유

　피고소인들은 이 카페 게시 글에서 확연히 드러나듯이 약 9,500명에 가까운 회원들은 사법피해자로 둔갑시켜 그들로 하여금 형사사건에서의 고소인이나 피고소인, 민사사건에서의 원고나 피고 가릴 것 없이 검찰의 수사 결과나 법원의 재판 결과에 대해 불신을 조장하게 하고, 나아가 검찰 및 사법부의 신뢰에 타격을 가함으로써 오히려 사법정의 실현에 장애요인이 되고 있습니다.

　피고소인들의 위와 같은 행위들은 역설적으로 고소인의 경우처럼 진짜 사법피해자들에게 공공의 적으로 다가서고 있을 뿐만 아니라, 허위 내용의 결정문이나 판결문을 작성해 오고 있는 비리 판·검사들에게는 면죄부를 주는 기회를 제공하고 있습니다.

　이 사건 범죄 사실에서 알 수 있듯이 고소인은 이 카페의 목적사업인 진정한 의미의 사법피해자를 구제하도록 하는 사업을 추진하기 위해, 또 양질의 법률서비스를 지원받고자 하는 선량한 국민들이 피고소인들로부터 피해를 입지 않도록 하기 위해, 이 카페 운영상 문제점과 향후 진로방향을 이 카페 자유게시판에 게재하였습니다.

　그럼에도 불구하고, 피고소인들은 자신들에게 퇴진을 요구함은 물론 듣기 싫은 소리를 하였다는 이유로 고소인을 그 즉시 이 카페 특별회원에서 강퇴시키고, 아무런 근거 없이 명예훼손 범죄자라며 제3자로 하여금 수사기관에 고발까지 해버렸습니다.

　이는 피고소인들이 이 카페를 자신들의 돈벌이로 이용하고 있다는 반증이며, 진짜 사법피해자인 고소인의 충언은 자신들의 돈벌이에 장애가 될 뿐입니다.

이와 같은 사정에 비추어볼 때, 2008. 1. 29.경 설립된 이 카페 시점부터 현재에 이르기까지 이 카페를 실질적으로 운영해 오고 있는 피고소인 구수회 명의의 전 계좌는 물론, 피고소인 전상화 명의의 전 계좌까지 압수수색영장 집행을 통하여 이 카페가 얼마나 불법으로 운영되고 있는지 낱낱이 조사하여 주시기 바랍니다.

차제에 피고소인들의 범죄행위뿐만 아니라, 이 카페 운영자금의 조달 및 사용내역까지 철저히 수사하여 피고소인들의 범죄행위와 연관성이 있는지 밝혀주시기 바랍니다.

결국, 피고소인들의 이 카페 변칙적 운영행태 및 그들의 이 카페 회원들에 대한 불법적인 법률서비스 영업행위가 진정한 의미의 사법피해자를 구제한 것이 아니라 또 다른 의미의 가짜 사법피해자를 양산하고 있으며, 선량한 국민들에게 검찰 및 법원에 대한 불신을 초래하고, 나아가 사법정의 실현에 전혀 도움이 되지 않는 점을 감안하여 피고소인들을 일정 기간 사회에서 격리될 수 있게끔 구속수사 등 강력한 법집행을 실시하여 주시기 바랍니다.

※ 고소 이유에는 피고소인의 범행 경위 및 정황, 고소를 하게 된 동기와 사유 등 범죄 사실을 뒷받침하는 내용을 간략, 명료하게 기재해야 합니다.

6. 증거자료

(✓ 해당란에 체크하여 주시기 바랍니다)

☐ 고소인은 고소인의 진술 외에 제출할 증거가 없습니다.
☐ 고소인은 고소인의 진술 외에 제출할 증거가 있습니다.
☞ 제출할 증거의 세부내역은 별지를 작성하여 첨부합니다.

7. 관련사건의 수사 및 재판 여부*

(✓ 해당란에 체크하여 주시기 바랍니다)

① 중복 고소 여부	본 고소장과 같은 내용의 고소장을 다른 검찰청 또는 경찰서에 제출하거나 제출하였던 사실이 있습니다 ☐ / 없습니다 ☐
② 관련 형사 수사 유무	본 고소장에 기재된 범죄 사실과 관련된 사건 또는 공범에 대하여 검찰청이나 경찰서에서 수사 중에 있습니다 ☐ / 수사 중에 있지 않습니다 ☐
③ 관련 민사소송 유무	본 고소장에 기재된 범죄 사실과 관련된 사건에 대하여 법원에서 민사소송 중에 있습니다 ☐ / 민사소송 중에 있지 않습니다 ☐

기타사항

※ ①, ②항은 반드시 표시하여야 하며, 만일 본 고소 내용과 동일한 사건 또는 관련 형사사건이 수사 · 재판 중이라면 어느 검찰청, 경찰서에서 수사 중인지, 어느 법원에서 재판 중인지 아는 범위에서 기타사항 난에 기재하여야 합니다.

8. 기타

(고소 내용에 대한 진실확약)

본 고소장에 기재한 내용은 고소인이 알고 있는 지식과 경험을 바탕으로 모두 사실대로 작성하였으며, 만일 허위사실을 고소하였을 때에는 형법 제156조 무고죄로 처벌받을 것임을 서약합니다.

2021년　10월　5일*

고소인　　임 찬 용　　　(인)*

제출인　　＿＿＿＿＿＿＿(인)

※ 고소장 제출일을 기재하여야 하며, 고소인 난에는 고소인이 직접 자필로 서명 날(무)인 해야 합니다. 또한 법정대리인이나 변호사에 의한 고소대리의 경우에는 제출인을 기재하여야 합니다.

첨부(입증)자료

1. 2021. 9. 29.자 고소인 임찬용 명의의 이 카페 자유게시판 게재 글 및 댓글 1부.
2. 2019. 2. 13.자 피고소인 구수회에 대한 공직선거법위반 판결문 1부.
3. 2021. 10. 1.자 피고소인 전상화 명의의 '위 1항' 글에 대한 댓글 1부.
4. 2021. 9. 30.자 피고소인 구수회 명의의 이 카페 자유게시판 게재 글 및 댓글 1부.
5. 2021. 10. 1.자 피고소인 전상화 명의의 '위 4항' 글에 대한 댓글 및 그 댓글 1부.
6. 2021. 10. 3.자 피고소인 구수회 명의의 이 카페 자유게시판 게재 글 및 댓글 1부.
7. 2019. 12. 25.자 피고소인 전상화 명의의 이 카페 자유게시판 게재 글 및 댓글 1부.
8. 2021. 9. 15.자 피고소인 전상화 명의의 이 카페 자유게시판 게재 글 및 댓글 1부. 끝.

별권책자 1권 :
(제20대 대선 결정판, 제2판) 정권교체(문재인 정부의 헌법파괴),
(2021. 9. 30. 발행, 출판사 : LPN로컬파워뉴스, 총 320면)

대검찰청 귀중

【첨부 5】 2022. 3. 22.자 피의자 구수회에 대한 불송치결정서

서울 서대문구 통일로 113-0 서대문경찰서
서울서대문경찰서장 (문의 문경석)
03738

반송
불요

1073083300093 2022년03월24일 제작 [접수국 : 광화문]
보통등기
B5 461 05 00
성남M 성남

성남시 수정구 복정로96번길 20
203호 (복정동)
임찬용 귀하
13112

서울서대문경찰서

제 2022-00420 호   2022. 3. 22.

수 신 : 임찬용 귀하

제 목 : 수사결과 통지서(고소인등·불송치)

귀하와 관련된 사건에 대하여 다음과 같이 결정하였음을 알려드립니다.

접수일시	2021. 11. 4.	사건번호	2021-007731
죄 명	정보통신망이용촉진및정보보호등에관한법률위반(명예훼손)		
결 정 일	2022. 3. 22.		
결정종류	불송치 (각하)		
이 유	별지와 같음		
담당팀장	경제범죄수사1팀 경위 문경석		☎ 010-3571-9086

※ 범죄피해자 권리 보호를 위한 각종 제도

- ○ 범죄피해자 구조 신청제도(범죄피해자보호법)
   - 관할지방검찰청 범죄피해자지원센터에 신청
- ○ 의사상자예우 등에 관한 제도(의사상자예우에관한법률)
   - 보건복지부 및 관할 자치단체 사회복지과에 신청
- ○ 범죄행위의 피해에 대한 손해배상명령(소송촉진등에관한특례법)
   - 각급법원에 신청, 형사재판과정에서 민사손해배상까지 청구 가능
- ○ 가정폭력·성폭력 피해자 보호 및 구조
   - 여성 긴급전화(국번없이 1366), 아동보호 전문기관(1577-1391) 등
- ○ 무보험 차량 교통사고 뺑소니 피해자 구조제도(자동차손해배상보장법)
   - 자동차 보험회사에 청구
- ○ 국민건강보험제도를 이용한 피해자 구조제도
   - 국민건강보험공단 급여관리실, 지역별 공단지부에 문의
- ○ 법률구조공단의 법률구조제도(국번없이 132 또는 공단 지부·출장소)
   - 범죄피해자에 대한 무료법률구조(손해배상청구, 배상명령신청 소송대리 등)
- ○ 범죄피해자지원센터(국번없이 1577-1295)
   - 피해자나 가족, 유족등에 대한 전화상담 및 면접상담 등
- ○ 국민권익위원회의 고충민원 접수제도
   - 국민신문고 www.epeople.go.kr, 정부민원안내콜센터 국번없이 110
- ○ 국가인권위원회의 진정 접수제도
   - www.humanrights.go.kr, 국번없이 1331

서 울 서 대 문 경 찰 서 장

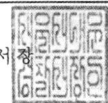

【별지】

【죄 명】

정보통신망이용촉진및정보보호등에관한법률위반(명예훼손), 협박, 무고, 범무사법위반, 사기

【결정종류】

불송치(각하)

【피의사실의 요지와 불송치 이유】

1. 피의자는 2021. 9. 30.경 인터넷 카페에 고소인이 작성한 글에 대하여 '자신에 대한 명예훼손 행위 및 그에 동조행위', '형법 제307조 제2항의 범죄임'이라는 내용의 게시글을 작성하여 고소인의 명예를 훼손함으로써 정보통신망이용촉진및정보보호등에관한법률위반(명예훼손)

2. 피의자는 위 게시글 내용 중 '혐의 내용', '고소도 병행합니다'라는 내용을 작성하여 협박

○ 고소인의 주장

- 고소인은 다음 카페 '관청피해자모임(cafe.daum.net/gusuhoi)'에 '진정한 사법 피해자를 위하여 이 카페가 폐쇄되어야 하는 이유...'라는 글(33쪽)을 게시하였는데, 피의자가 이에 대해 악감정을 갖고 '관청피해자모임 특별회원 입찬용(고소인), 이도원, 커피 3명에 대한 활동정지 조치(1차 수정)'라는 글(52쪽)을 게시하였고,

- 내용 중 '변호사 전상화 공동대표, 카페지기 구수회 위 2명에 대하여 명예훼손 행위 및 그에 동조행위', '위 글은 형법 제307조 제2항의 범죄임'이라는 내용이 허위의 내용으로 자신의 명예를 훼손하였다고 주장하고,

- 위 내용 및 '고소도 병행합니다'라는 내용이 자신을 협박한 것이라고 주장한다(82쪽, 추가 고소장).
○ 검토
- 피의자가 작성한 내용은 고소인의 글이 명예훼손에 해당한다는 피의자의 주관적 의견에 불과하고 사실의 적시라고 보기 어렵다.
- 또한 게시글의 어조 등으로 보아 '고소도 병행합니다'라는 내용이 고소인에게 일반적으로 공포심을 생기게 할 만한 해악을 고지하였다고 보기 어렵다.
- 따라서 고소장 및 고소인의 진술에 따라 혐의없음(범죄인정안됨)이 명백하므로 각하한다.

3. 피의자는 성명불상자와 공모하여, 불상 수사기관에 고소인이 인터넷 카페에 허위사실을 적시하여 명예를 훼손하였다는 내용의 고발장을 제출함으로써 무고
○ 고소인은 게시글(52쪽)의 댓글 중 피의자가 작성한 '피해자가 아닌 제3자가 조금전에 고발장 접수했습니다(66쪽)'는 내용으로 보아 피의자의 추종자가 고발을 한 것이기 때문에 피의자의 승낙이나 묵시적 동의 하에 고발이 이루어진 것으로 피의자가 무고하였다고 주장한다(15쪽, 고소장).
○ 피의자는 실제 고발이 이루어졌는지 모르겠다고 진술하고(122쪽), 수사대상 자검색한 바 현재까지 피의자에 대한 고발은 접수된 것이 없다.
○ 따라서 혐의없음(범죄인정안됨)이 명백하므로 각하한다.

4. 피의자는 인터넷 카페 회원들을 대상으로 고소장, 소송 서류 등을 작성해주거나 법률상담을 하여 법무사법위반
○ 고소인의 주장
- 고소인은 피의자가 카페에서 회원들을 상대로 자격 없이 고소장, 소송서류를 대행해서 작성하고 법률상담 등을 하여 법무사법위반, 변호사법위반에 해당한다고 주장하고,

피의자가 피닝힌 게시물(91쪽) 내용 중 '우리 회원들은 다른 회원들에게 고소
장, 소장을 작성해 주어라 단 실비 이상의 돈을 받지 말라'는 내용으로 입증
이 가능다고 주장한다(122~123쪽 고소인 진술조서).

○ 검토
- 변호사법위반으로 처벌하기 위해서는 법률사무와 관련한 실비를 변상받은
  것만으로는 부족하고, 실비변상을 빙자한 경제적 이익을 취득하여야 하나(대
  법원 2015. 7. 9. 선고 2014도16204 판결),
- 고소인의 진술(123쪽 고소인 진술조서)과 같이 법률상담을 받은 회원이나 피
  의자가 경제적 이익을 취득하였다는 직접적인 증거는 확인되지 않는다. 마찬
  가지로 피의자가 법무사의 사무를 업으로 하였다는 증거도 존재하지 않는다.
- 따라서 고소(고발)이 고소인의 추측만을 근거로 한 경우로서 수사를 개시할
  만한 구체적인 사유나 정황이 충분하지 않아 각하한다.

5. 피의자는 인터넷 카페 회원들에게 '많은 민·형사 사건을 처리하였고 변호사
   업무를 자신이 할 수 있다'고 기망하여 수임료를 받아 사기
○ 고소인은 피의자가 위와 같이 법무사법, 변호사법을 위반해서 카페 회원들
  에게 광고를 하고 사건을 수임한 것이 사기라고 주장한다(22쪽 고소장, 124
  쪽 피의자신문조서).
○ 법무사법, 변호사법을 위반한 것만으로는 기망행위라고 볼 수 없고 피의자
  의 구체적인 기망 내용이나 재산상 이익을 확인하여야 하나, 고소인의 진술
  (123쪽 고소인 진술조서)과 같이 법률상담을 받은 회원이나 피의자가 경제
  적 이익을 취득하였다는 직접적인 증거는 확인되지 않는다
○ 따라서 고소(고발)이 고소인의 추측만을 근거로 한 경우로서 수사를 개시할
  만한 구체적인 사유나 정황이 충분하지 않아 각하한다.

※ 결정 종류 안내 및 이의·심의신청 방법

<결정 종류 안내>
○ 혐의없음 결정은 증거 부족 또는 법률상 범죄가 성립되지 않아 처벌할 수 없다는 결정입니다.
○ 죄가안됨 결정은 피의자가 14세 미만이거나 심신상실자의 범행 또는 정당방위 등에 해당되어 처벌할 수 없는 경우에 하는 결정입니다.
○ 공소권없음 결정은 처벌할 수 있는 시효가 경과되었거나 친고죄에 있어서 고소를 취소한 경우 등 법률에 정한 처벌요건을 갖추지 못하여 처벌할 수 없다는 결정입니다.
○ 각하 결정은 위 세 결정의 사유에 해당함이 명백하거나, 고소인 또는 고발인으로부터 고소·고발 사실에 대한 진술을 청취할 수 없는 경우 등에 하는 결정입니다.

<이의·심의신청 방법>
○ 위 결정에 대하여 통지를 받은 자는 「형사소송법」 제245조의7제1항에 따라 해당 사법경찰관의 소속 관서의 장에게 이의를 신청할 수 있습니다. 이의신청이 있는 때 해당 사법경찰관은 「형사소송법」 제245조의7제2항에 따라 사건을 검사에게 송치하게 됩니다.
○ 수사 심의신청 제도(경찰민원콜센터 국번없이 182)
 - 수사과정 및 결과에 이의가 있는 경우, 관할 시·도경찰청 「수사심의계」에 심의신청

【첨부 6】 2022. 4. 4.자 피의자 구수회에 대한 불송치 결정 이의신청서

불송치 결정 이의신청서

1. 신청인
- 성명 : 임찬용(주민등록번호 : 590410-0000000)
  주소 : 경기도 성남시 수정구 복정로96번길 20, 000호(복정동)
  직업 : LPN로컬파워뉴스 법조팀장(서울시 강남구 노현로 94길 13(역삼동) 예일패트빌딩 4층
  전화 : (휴대폰) 010 5313 0000

2. 경찰 결정 내용
- 사건번호 : 2021-007731
  죄명 : 정보통신망법위반(명예훼손) 등
  결정내용 : 불송치(각하)

Ⅰ. 문제 제기

이 사건 고소장은 "피의자 1 구수회"와 "피의자 2 전상화"가 다음 카페인 '관청피해자모임'(이하, '이 카페')을 공동으로 운영하고, 거기에 터 잡아 그곳에서 법률영업을 함께 종사해 오는 공동정범에 의한 범죄 사실로 구성되어 있습니다.

그러나 이 사건의 신속한 수사를 통한 실체적 진실을 발견하기 위해서는 수사주체 기관이 동일할 필요가 있고, 수사 진행 과정이나 방법 역시 함께 이루어져야 할 필요성이 제기됨에도 불구하고, 경찰에서는 위 두 명의 피의자 주거지가 각각 다르다는 이유로 '피의자 1'에 대해서는 서대문경찰서에서, '피의자 2'에 대해서는 성북경찰서에서 수사가 따로 진행되어 왔고, 그에 따른 수사결과 통지서도 별도로 작성되고 있습니다.

본 수사결과 통지서는 서대문경찰서 소속 문경석 경위가 '피의자 1'에 대한 수사결과 보고서인 '불송치 이유'를 작성하였고, 고소인은 그로부터 이를 통보받았습니다.(첨부 1)

공범 관계에 있는 위 두 피의자에 대해 서로 다른 수사기관에서 각각 수사를 진행해 옴에 따라 실체적 진실을 밝히는 데 장애요소가 나타날 수 있고, 각 피의자별로 수사미진 사항이 발생하거나, 각 피의자 측으로부터 로비의 대상이 되어 봐주기 수사 또는 은폐·축소 수사 우려가 그대로 노출될 수밖에 없다고 할 수 있습니다.

II. 이 사건의 성격 및 사법경찰관 문경석의 은폐수사 등

이 사건 범죄 사실을 형식적 관점에서 살펴보면, 최근 검·경수사권 조정에 따른 경찰수사 전속관할 대상에 속함은 물론 죄명에 있어서도 무고죄를 제외한 정보통신망법상 명예훼손, 특정경제법상 사기죄, 변호사법위반 등 개인적인 법익 침해 사건이라고 볼 수 있습니다. (추후 고소인은 특정경제법상 사기죄, 변호사법위반 등 중요 범죄는 검찰청법 제4조 제1항에 의거 검사 직접 수사대상이라는 사실을 확인한 바 있음)

그러나 이 사건의 큰 물줄기는 피의자 구수회가 자신이 설립한 이 카페에서 약 만 명가량의 수많은 회원들에게 사법피해를 구제해 준다는 미명하에 검찰 및 법원에 대한 적대적 관계를 형성하도록 조장해 오면서 불법적인 법률영업을 수십 년간 종사해 왔다는 점에 있습니다. 여기에는 변호사 신분인 '피의자 2'가 '피의자 1'의 위와 같은 불법행위에 동조하면서 법률영업을 함께 해오고 있는 실정입니다.

따라서 이 사건을 실질적 관점에서 살펴보자면, '피의자1 구수회 및 피의자2 전상화'가 이 카페를 공동으로 운영해 오면서 모든 회원들에게 '사법피해자'라고 호칭해 가며 검찰 및 법원에 대한 적대적 관계를 형성시키고 불법적인 법률영업을 장기간 종사해 온 정황이 확인되고 있는 상황에서, 이 나라 민·형사 사법질서 훼손을 회복함은 물론 양질의 법률서비스를 받고자 하는 이 카페 회원들에게 추가 피해자가 발생하지 않도록 수사기관의 적극적인 수사 의지가 필요하다고 하겠습니다.[16]

---

16) 이 사건은 사회적 파급효과가 클 뿐만 아니라, 민주적 사법질서를 회복하기 위한 신속하고도 적극적인 수사가 필요한 사건임을 감안해 볼 때 당초 수사 의지나 수사 능력이 부족하거나 피의자 구수회와의 밀착관계가 드러나고 있는 일선 경찰서 소속 사법경찰관에게 맡길 것이 아니라, 검찰에서 직접 수사했어야 함이 후술하는 경찰의 사건 처리과정에서 확실하게 드러나고 있음.

그러나 이 사건 수사를 맡고 있는 서대문경찰서 소속 경위 문경석(이하, '사법경찰관')은 '피의자1'과 밀착 관계를 아주 심각할 정도로 의심17)받고 있을 뿐만 아니라, 후술하는 수사결과 통지서인 불송치 이유

---

17) 사법경찰관이 피의자 구수회와 밀착관계에 있다고 보고 있는 근거로는

① 2021. 10. 1.자 고소인과 피의자 구수회 간 핸드폰 문자메시지 중간쯤 내용을 살펴보면, 동일자 오후 9:31.경 고소인이 구수회에게 "더 이상 얘기 않겠습니다. 법을 저보다 안다고 하였으니 관청피해자 카페 운영과 관련 모든 비리에 대해 제대로 수사를 해보도록 고소장을 제출하겠습니다. 구 교수님의 건승을 빕니다.^^" 라고 문자 메시지를 보냈더니, 구수회는 "판사와 싸우는 선두에 있고, 현금 2억이 있는 놈이 장난으로 사무실을 운영 안 하지."라고 답변해 왔음. 고소인은 당시 구수회의 답변에서 고소인이 고소장을 제출할 경우 현금 2억 원을 항상 보유하고 있는 구수회가 경찰 사건처리에 이를 로비자금으로 쓰겠다는 뜻으로 이해하였음. (첨부 2)

② 피의자 구수회는 이 사건 발생 이전부터 이 카페 게시판에서 자신의 행정사 강의를 들을 제자들이 현직 경찰서장, 시청 국장들이라며 평소 경찰간부 인맥을 자랑해 왔음(첨부 3 : 2021. 10. 9.자 구수회 명의의 "구수회가 구속될 뻔했어요. 그리고 행정심판…" 제목의 이 카페 자유게시판 게시 글과 그 게시 글에 첨부된 사진 2매)

③ 담당 사법경찰관의 고소인에 대한 전화 응대태도 (고소인은 사법경찰관 문경석이 작성한 이 사건 수사결과 통지서인 '불송치 이유'를 등기우편을 받아 본 결과 피의자 구수회의 모든 범죄 사실에 대한 수사결과가 허위 내용으로 작성되어 있음은 물론 의도적으로 불송치 이유 중에서 가장 낮은 단계인 '각하'로 기재된 사실을 확인하고, 너무나도 기가 차고 화가 나 그 즉시 문경석이 기재해 놓은 연락처(010-0000-0000)로 전화를 걸어, 고소인의 신분을 밝히고 법적절차를 취하겠다며 위 '불송치 이유' 기재 내용을 따지려 하자, 문경석은 갑자기 "제 전화번호를 어떻게 알았느냐"며 당황한 태도를 보였고, 특히 고소인이 '불송치 이유' 기재 내용의 문제점을 따지려 하자, 문경석은 '불만이 있으면 법적절차를 밟으라'며 고소인의 말 도중에 3차례에 걸쳐 전화를 일방적으로 끊어버렸음. 당시 고소인은 문경석이 고소인의 불만을 해소하고 설득시키지 못한 채 "당신 마음대로 하라"는 식의 배짱부터 부리고 범죄피해자인 고소인에게 적대적 태도를 보였던 바, 그 이면에는 피의자 구수회의 부탁을 받은 경찰 간부가 뒷배경에 있는 것이 아닌가 하는 느낌을 받았음.(고소인과 사법경찰관 문경석 간 이와 같은 통화 사실은 고스란히 고소인의 핸드폰에 저장되어 있음)

④ 모 신문사 이 모 기자와 고소인 간 2022. 3. 28.(월) 오후 1:44부터 동일 오후 6:43까지 사이에 서로 주고받은 핸드폰 문자메시지 6건 (첨부 4, 동 메시지 내용은 고소인과 모 신문사 이 모 기자와의 사이에 경찰의 구수회와의 밀착관계 및 이 사건

(각하)의 기재 내용을 살펴보더라도 수사 의지를 전혀 찾아볼 수 없고, 오로지 뭉개기식 수사 및 은폐·축소수사로 일관하고 있습니다.

한설음 더 나아가, 사법경찰관은 위와 같은 수사방식을 훨씬 뛰어넘어 '피의자 1'에 대한 소환조사마저도 생략한 채 고소장에 첨부된 증거관계를

은폐수사 의혹에 관한 의견 교환임. 고소인이 이 모 기자의 신분을 밝히지 않은 이유는 이 모 기자가 구수회를 변호사법 위반으로 고발하여 형사처벌을 받게 한 자로서, 그로 인해 구수회로부터 보복성 고소를 당해 수사기관으로부터 수차례 조사를 받는 등 엄청 고생을 한 사실이 있어 고소인에게 자신의 신분을 밝히지 말아줄 것을 부탁하였기 때문임.)

⑤ 모 신문사 이 모 기자가 2022. 3. 30.(수) 오전 3:42부터 동일 오전 4:48경까지 고소인 핸드폰에 보낸 문자메시지 5건(첨부 5, 동 문자메시지 5건 중에는 이 모 기자가 피의자 구수회에 대한 경찰수사와 관련, "그 무거운 사안을 피의자 조사도 없이 그냥 각하했다고 하네요."라며 그에 대한 입증자료까지 제시하고 있는 바, 만일 이 같은 일이 사실이라면, 사법경찰관 문경석은 구수회와 밀착관계가 더욱 명백하게 입증된 셈이다.)

⑥ 피의자 구수회에 대한 소환조사 미실시 확인 (고소인은 위 ⑤항에 기재된 '피의자 구수회에 대한 소환조사' 여부를 확인하기 위하여, 2022. 4. 1. 08:30경부터 08:37경까지 '이 사건 수사결과 통지서'에 기재된 사법경찰관 문경석(010-0000-0000)에게 전화를 걸었으나, '전화를 받을 수 없다'는 음성메시지가 떨어졌다. 그러던 중 문경석으로부터 조금 지난 시간인 08:55.경 핸드폰이 아닌 일반 전화(02-335-0000)로 고소인에게 전화가 걸려왔다. 문경석이 고소인에게 "왜 전화를 하셨어요?"라고 묻기에, 고소인은 "구수회 사건과 관련하여 궁금한 점이 있어서 전화를 드렸습니다. 구수회에 대해 소환조사를 하셨나요?"라고 재차 물어보자, 문경석은 고소인에게 "소환조사를 할 필요가 없었습니다."라고 답변하고는, 고소인이 말을 마무리하기도 무섭게 일방적으로 전화를 끊어버렸다. 이 또한 고소인의 핸드폰에 그대로 녹음 저장되어 있다.)

문제는 정식으로 입건되어 고소인 조사까지 마치고 고소장 및 추가 제출된 고소인 의견서에는 피의자 구수회의 혐의사실을 입증할 만한 수많은 증거자료가 첨부된 이 사건에 대해 (특히, 구수회는 증거인멸까지 한 사실이 있음. 제2차 고소인 의견서 참조) '소환조사가 필요 없어 각하결정을 했다.'는 사법경찰관 문경석의 답변내용이었다.

이는 사법경찰관 문경석이 고소인에게 대놓고 "구수회와 밀착하여 구수회의 부탁을 받고 그의 형사처벌을 면해 주기 위해 편파수사 및 은폐수사를 해왔다."는 사실을 입증시켜 주는 것과 전혀 다를 바 없다.

축소하거나 왜곡함은 물론 편협하게 법리를 적용함으로써, 의도적으로 불송치 이유 중 가장 낮은 단계인 각하결정을 해버렸습니다.

더욱이 기막힌 현실은 사법경찰관이 범죄를 수사하여 사회악을 뿌리 뽑아야 하겠다는 사명감을 망각한 채 '피의자 1'에게 계좌 추적을 면해 주기 위하여 고소장에 첨부된 계좌 추적 필요성과 관련된 모든 입증자료를 깡그리 휴지통에 던져버리거나 일부 입증자료 또는 고소인의 일부 진술 내용을 왜곡 해석하는 수법을 사용하여 자신 명의로 작성된 '불송치 이유'라는 공문서에는 **"고소(고발)이 고소인의 추측만을 근거로 한 경우로써** 수사를 개시할 만한 구체적인 사유나 정황이 충분하지 않아 각하한다."는 허위 내용을 작성하여 행사하는 등 대담하고도 서슴없이 사건 은폐 범죄행위를 저지르고 있습니다.

이는 결국 검찰이 나설 수밖에 없는 지경에 이르고 말았음을 의미합니다.

III. 사법경찰관 작성 '불송치(각하) 이유'에 대한 구체적 고찰

1. 범죄 사실 중 '허위사실 적시에 의한 명예훼손 및 협박 부분'에 대하여,

〔사법경찰관 불송치 이유 중 제1항 및 제2항〕

가. 사법경찰관 작성 불송치 이유 기재 내용

(1) 피의자가 작성한 내용은 고소인의 글이 명예훼손에 해당한다는 피의자의 주관적 의견에 불과하고, 사실의 적시라고 보기 어렵다.

(2) 또한 게시 글의 어조 등으로 보아 '고소도 병행합니다'라는 내용이 고소인에게 일반적으로 공포심을 생기게 할 만한 해악을 고지하였다고 보기 어렵다.

(3) 따라서 고소장 및 고소인의 진술에 따라 혐의없음(범죄인정 안 됨)이 명백하므로 각하한다.

나. 고소인의 위 가항 기재 내용에 대한 반박

(1) 위 가,(1)항에 대하여

o '사실의 적시'와 관련된 형법 책자 기재 내용(저자 : 이재상 교수)

【사실】
적시의 객체는 사실이다. 여기서 사실이란 현실적으로 발생하고 증명할 수 있는 과거와 현재의 상태를 말한다. 외적 사실인가 내적 사실인가는 묻지 아니한다. 그러나 장래의 사실의 적시는 의견진술은 될 수 있어도 사실은 되지 않는다. 다만 그것이 현재의 사실에 대한 주장을 포함할 때에는 사실에 해당할 수 있다. 사실은 가치판단과 구별되어야 한다. 사실은 그것이 진실임을 증명할 수 있지만 가치판단은 그 정당성이 주관적 확신에 의하여 좌우된다는 점에 차이가 있다. 그러나 양자의 한계가 언제나 명백한 것은 아니다. 이는 결국 구체적인 경우에 따라 판단해야 할 문제이다. 또한 가치판단에도 사실의 주장이 포함될 수 있다.

* 예컨대 타인에게 "도둑놈" 또는 "사기꾼"이라고 하는 것은 가치판단이지만 동시에 그것은 사실의 주장이 될 수 있다. 공지의 사실인가는 문제되지 않는다.

【사실의 적시】

사실의 적시란 사람의 사회적 가치 내지 평가를 저하시키는 데 충분한 사실을 지적하는 것을 말한다.

적시된 사실은 사람의 사회적 가치 내지 평가를 저하시키는 데 적합한 것이어야 한다. 반드시 惡事・醜行을 지적할 것을 요하지 않고, 널리 사회적 가치를 해할 만한 사실이면 족하다. 여기의 사회적 가치에는 인격・기술・지능・학력・경력은 물론 건강・신분・가문 등 사회생활에서 존중되어야 할 모든 가치가 포함된다. 다만 경제적 가치를 저하시키는 것은 별도로 신용훼손죄를 구성하므로 여기의 가치에는 포함되지 않는다.

사실의 적시는 특정인의 가치가 침해될 수 있을 정도로 구체적일 것을 요한다. 따라서 구체적인 사실을 적시하지 않고 단순히 모욕적인 추상적 판단을 표시한 것은 본죄를 구성하지 않는다. 다만 사실이 그 시간・

장소·수단까지 상세하게 특정될 것을 요하는 것은 아니다. 사실의 적시라고 하기 위하여는 피해자가 특정될 것을 요한다. 그러나 피해자의 특정을 위하여 반드시 그 사람의 성명을 명시할 것을 요하는 것은 아니다. 표현의 내용을 주위 사정과 종합 판단하여 그것이 어느 특정인을 지목하는 것인가를 알 수 있는 경우에는 그 특정인에 대한 명예훼손죄가 성립한다. 또한 적시된 사실은 피해자에 대한 사항이어야 한다.

적시된 사실이 사실인가 또는 허위의 사실인가는 본죄의 성립에 영향이 없다. 다만 허위의 사실이면 불법이 가중된 경우라고 하겠다.

○ 관련 판례 검토

- 대법원 1989. 3. 14. 선고 88도1397 판결

【판시사항】
가. 명예훼손죄와 모욕죄의 구별기준

나. 명예훼손죄에 있어서의 사실의 적시에 해당되지 않는다고 한 사례

【판결요지】
가. 명예훼손죄에 있어서의 사실의 적시는 사람의 사회적 가치 내지 평가를 저하시키는 구체적 사실의 적시를 요하며 단지 모욕적 언사를 사용하는 것은 모욕죄에 해당할 뿐 명예훼손죄에 해당하지는 않는다.

나. "아무것도 아닌 똥꼬다리 같은 놈"이라는 구절은 모욕적인 언사일 뿐 구체적인 사실의 적시라고 할 수 없고 "잘 운영되어 가는 어촌계를 파괴하려 한다."는 구절도 구체적인 사실의 적시라고 할 수 없으므로

명예훼손죄에 있어서의 사실의 적시에 해당한다고 볼 수 없다.

- 대법원 1999. 2. 9. 선고 98다31356 판결

【판시사항】

[1] 사실을 적시하는 표현행위로 인한 명예훼손의 위법성 조각 사유

[2] 의견 또는 논평을 표명하는 표현행위로 인한 명예훼손의 위법성 조각 사유

[3] 표현행위가 명예훼손과 관련하여 문제가 되는 경우, 사실 적시와 의견 또는 논평 표명의 구별 필요성과 구별 기준

【판결요지】

[1] 사실을 적시하는 표현행위로 인한 명예훼손의 불법행위에 있어서는 그 행위가 공공의 이해에 관한 사항에 관계되고, 그 목적이 오로지 공익을 도모하기 위한 것일 때에는 적시된 사실이 진실이라는 증명이 있거나, 적시된 사실이 진실이라는 증명이 없더라도 표현행위를 한 사람이 적시된 사실이 진실이라고 믿을 만한 상당한 이유가 있는 경우에는 위법성이 없다.

[2] 민사상 타인에 대한 명예훼손, 즉 사람의 품성, 덕행, 명성, 신용 등의 인격적 가치에 관하여 사회로부터 받는 객관적인 평가를 저하시키는 것은 사실을 적시하는 표현행위뿐만 아니라 의견 또는 논평을 표명하는 표현행위에 의하여도 성립할 수 있을 것인바, 어떤 사실을 기초로 하여 의견 또는 논평을 표명함으로써 타인의 명예를 훼손하는 경우에는 그 행위가 공공의 이해에 관한 사항에 관계되고, 그 목적이 공익을 도모하기 위한 것일 때에는 그와 같은 의견 또는 논평의 전제가

되는 사실이 중요한 부분에 있어서 진실이라는 증명이 있거나 그 전제가 되는 사실이 중요한 부분에 있어서 진실이라는 증명이 없더라도 표현행위를 한 사람이 그 전제가 되는 사실이 중요한 부분에 있어서 진실이라고 믿을 만한 상당한 이유가 있는 경우에는 위법성이 없다.

[3] 의견 또는 논평을 표명하는 표현행위로 인한 명예훼손에 있어서는 그 의견 또는 논평 자체가 진실인가 혹은 객관적으로 정당한 것인가 하는 것은 위법성 판단의 기준이 될 수 없고, 그 의견 또는 논평의 전제가 되는 사실이 중요한 부분에 있어서 진실이라는 증명이 있는가, 혹은 그러한 증명이 없다면 표현행위를 한 사람이 그 전제가 되는 사실이 중요한 부분에 있어서 진실이라고 믿을 만한 상당한 이유가 있는가 하는 것이 위법성 판단의 기준이 되는 것이므로, 어떠한 표현행위가 명예훼손과 관련하여 문제가 되는 경우 그 표현이 사실을 적시하는 것인가 아니면 의견 또는 논평을 표명하는 것인가, 또 의견 또는 논평을 표명하는 것이라면 그와 동시에 묵시적으로라도 그 전제가 되는 사실을 적시하고 있는 것인가 그렇지 아니한가를 구별할 필요가 있고, 신문 등 언론매체가 특정인에 대한 기사를 게재한 경우 그 기사가 특정인의 명예를 훼손하는 내용인지 여부는 당해 기사의 객관적인 내용과 아울러 일반의 독자가 보통의 주의로 기사를 접하는 방법을 전제로 기사에 사용된 어휘의 통상적인 의미, 기사의 전체적인 흐름, 문구의 연결 방법 등을 기준으로 하여 판단하여야 할 것인데, 이는 사실 적시와 의견 또는 논평 표명의 구별, 의견 또는 논평 표명의 경우에 전제되는 사실을 적시하고 있는 것인지 여부의 판별에 있어서도 타당한 기준이 될 것이고, 아울러 사실 적시와 의견 또는 논평 표명의 구별, 의견 또는 논평 표명의 경우에 전제되는 사실을 적시하고 있는 것인지 여부의 판별에 있어서는 당해 기사가 게재된 보다 넓은 문맥이나 배경이 되는 사회적 흐름 등도 함께 고려하여야 할 것이므로, 신문기사 가운데 그로 인한 명예훼손의 불법행위책임 인정

여부가 문제로 된 부분에 대하여 거기서 사용된 어휘만을 통상의 의미에 좇아 이해하는 경우에는 그것이 증거에 의하여 그 진위를 결정하는 것이 가능한 타인에 관한 특정의 사항을 주장하고 있는 것이라고 바로 해석되지 아니하는 경우라도 당해 부분 전후의 문맥과 기사가 게재될 당시에 일반의 독자가 가지고 있는 지식 내지 경험 등을 고려하여 볼 때에 그 부분이 간접적으로 증거에 의하여 그 진위를 결정하는 것이 가능한 타인에 관한 특정의 사항을 주장하는 것이라고 이해된다면 그 부분은 사실을 적시하는 것으로 보아야 할 것이고, 이를 묵시적으로 주장하는 것이라고 이해된다면 의견 또는 논평의 표명과 함께 그 전제되는 사실을 적시하는 것으로 보아야 한다.

o **이 사건 고소장 및 그 첨부(증거) 서류에 적시된 피의자의 고소인에 대한 명예훼손 게시 글**

- 피의자 구수회가 작성한 '고소장 첨부 4'[18])에 기재되어 있는 각 명예훼손 범죄 사실

① 〔임찬용은 '고소장 첨부 1'(2021. 9. 29.자 '진정한 사법피해자를 위하여 이 카페가 폐쇄되어야 하는 이유…')의 글을 작성하여 이 카페 자유게시판에 게시함으로써〕 변호사 공동대표, 카페지기 구수회 등 2명에 대하여 명예훼손 행위를 하였고, (이도원, 커피는) 그에 동조 행위를 함.

---

18) 피의자 구수회가 2021. 9. 30. 20:10:52. 이 카페 자유게시판에 '교수 구수회, 판사장군7명날림,무죄5개'라는 닉네임으로 "고소단계에 제3의 불씨 등장, 관청 피해자모임 임찬용, 이도원, 커피 3명 회원 활동 정지" 제목으로 작성된 게시 글을 말함

② 위 (임찬용이 작성하여 이 카페 자유게시판에 게시한 '고소장 첨부 1'의) 글은 형법 제307조 2항의 범죄임

③ (임찬용, 이도원, 커피 등 3명은) 범죄행위까지 하면서 카페활동을 할 필요 없음

④ (임찬용에 대해서는 범죄행위를 하였으므로) 고소도 병행합니다.

⑤ (임찬용 회원은 범죄행위를 하였으나) 다른 회원들은 범죄행위는 안 하고 할 말을 하는 공부가 필요

⑥ (임찬용, 이도원, 커피 등 3명은 범죄행위 및 그에 동조하였으므로) 카페 정관 제12조 2항, 2항8호 등으로 간부 일부가 직권으로 활동 정지를 시켰습니다.

(피의자 구수회가 작성한 '고소장 첨부 4'의 댓글에 기재되어 있는 명예훼손 범죄 사실)

⑦ 듣기 싫은 소리는 조직을 발전시킵니다. 하지만 (임찬용이) 범죄행위의 소리, 법을 위반하는 말의 조언은 조직 발전을 위해서 제재가 불가피하다는 생각으로 정관에 근거하여 활동 정지가 이루어졌습니다. 질문을 할까 합니다. (임찬용에 대해) 활동 정지는 말고, 경찰 고소 1개만 먼저 하는 것이 좋을까요?

○ 사법경찰관이 작성한 불송치 이유 기재 내용을 살펴보면,

사법경찰관은 '○ 고소인의 주장' 항목에서, '고소장 첨부 4 (댓글 포함)'에 기재되어 있는 피의자의 범죄 사실 7개 중에서 위 ①, ②항의 내용인 '변호사 전상화 공동대표, 카페지기 구수회 등 2명에 대하여 명예훼손 행위 및 그에 동조행위', '윗글은 형법 제307조 제2항의 범죄임'이라는 내용만을 적시하고,

거기에 터 잡아 '○ 검토' 항목에서, "피의자가 작성한 내용은 고소인의 글이 명예훼손에 해당한다는 피의자의 주관적 의견에 불과하고, 사실의 적시라고 보기 어렵다."라고 판단함으로써 혐의없음(범죄인정 안 됨)이 명백하다는 이유로 각하결정을 내리고 있음.

○ 고소인의 사법경찰관 불송치 이유에 대한 반박

- 사건(사안)의 진상

고소인은 피의자가 이 카페 자유게시판에 게시한 위 7개의 범죄 사실 (①부터 ⑦까지)에 대하여 고소인 및 피의자에 대한 경찰조사가 이루어지도록 하기 위하여 고소장에 증거자료로써 '첨부 4' 및 그 댓글을 첨부해 놓았다.

그러나 사법경찰관은 피의자에게 형사처벌을 면해 주기 위해 피의자의 소환조사마저도 실시하지 않은 채 위 7개의 범죄 사실 중 명예훼손 성립에 다툼의 여지가 있는 위 ②항 범죄 사실만을 꼭 집어낸 후 구체적인 경위 설명이나 법리적 근거를 전혀 제시하지 않은 채 '피의자의 주관적 의견에 불과하고 사실의 적시라고 보기 어렵다'는 이유를 들어 각하결정을 내렸다.

우선 위 ②항의 범죄 사실이 사법경찰관의 의견대로 피의자의 주관적 의견에 불과한 것인지, 그렇지 않으면 사실의 적시에 해당하는 것인지 명확하게 구별하기가 여간 쉽지 않다.

고소인의 입장에서 위 ②항의 범죄 사실을 살펴보면, 앞서 소개한 책자 기재 내용이나 대법원 판례의 취지 그리고 피의자가 위 ②항을 이 카페 게시판에 게시할 당시 그 전제가 되는 사실(첨부 1, 고소인의 게시 글)을 적시하고 있었다는 점, 피의자가 위 ②항을 근거로 고소인을 명예훼손으로 형사고소 하겠다고 엄포를 놓았고, 이 카페 특별회원에서 활동 정지까지 취해진 일련의 과정으로 미루어 볼 때 사법경찰관의 의견과 달리 오히려 '사실의 적시'가 아닌가 하는 생각마저 든다.

사정이 이와 같음에도, 사법경찰관은 불송치 이유 중 가장 낮은 단계인 혐의없음(범죄인정 안 됨)이 명백하다고 단정해 버리고는 이를 근거로 각하결정을 내렸다. 이는 역설적으로 피의자 측과 밀착관계가 있었다는 의심을 강하게 풍기게 한다.

- 결론

사법경찰관은 지금이라도 각하결정한 이 사건을 재기하여 고소장 '첨부 4' 기재 내용인 위 7개 범죄 사실에 대하여 피의자를 즉시 소환하여 그 작성 경위 등을 낱낱이 확인한 다음 이를 근거로 기소의견 여부를 결정하여야 한다.

(2) 위 가, (2)항에 대하여

○ 피의자가 고소인을 고소(고발)하겠다고 언급한 부분과 관련,

① 피의자는 (고소장 '첨부 1'의 게재 글과 관련) "고소도 병행합니다." 라고 이 카페 자유게시판에 적시 (고소장 첨부 4)

② 피의자는 (고소인의 위 ①항의 범죄행위에 대하여) "피해자가 아닌 제3자가 조금 전에 고발장 접수했습니다."라고 이 카페 자유게시판에 적시 ('고소장 첨부 4'의 댓글)

○ 사법경찰관이 작성한 불송치 이유 기재 내용을 살펴보면,

"게시 글의 어조 등으로 보아 '고소도 병행합니다'라는 내용이 고소인에게 일반적으로 공포심을 생기게 할 만한 해악을 고지하였다고 보기 어렵다."고 판단함으로써 혐의없음(범죄인정 안 됨)이 명백하다는 이유로 각하결정을 내리고 있음.

○ 고소인의 사법경찰관 불송치 이유에 대한 반박 의견

- 사건(사안)의 진상

피의자는 이 카페 게시판에서 2021. 9. 30.자 "관청피해자모임 임찬용, 이도원, 커피 3명 회원 활동 정지"라는 제목의 게시 글 중 제1항 "임찬용의 글 대충의 요지"라는 항목에서

'6)개의 소항목' 중 '3) 구수회와 전상화는 카페를 영업장으로 한다(형법 제307조 2항)', '4) 구수회는 변호사도 아니면서 돈 받고 고소장 작성, 법 상담을 한다(형법 제307조2항)', '5) 막연하게 구수회를 고소하겠다(형법 제283조 위반, 댓글로 설명)', '6) 구수회 사업장에는 부정이 많다 식의 글 (형법 제314조2항-위계의 업무방해죄)' 등을 기재해 놓고,

위 게시 글 제3항에서는 "고소도 병행합니다."라고 협박하고 있다. (고소장 첨부 4)

또한, 위 게시 글의 댓글에서는 고소인의 위와 같은 범행에 대하여 '피해자가 아닌 제3자가 조금 전에 고발장을 접수시켰다.'라고 기재해 놓았다.

한편, 피의자는 이 카페 자유게시판을 통하여 이 카페를 창시한 카페지기로서 '교수 구수회, 판사장군7명날림, 무죄5개'라는 닉네임을 사용해 왔고, 법서적을 13권이나 저술하였고(고소장 첨부 4), 썩은 판사 옷 벗긴 단계별 행정사 문건 4종을 보유하고 있으며, 변호사가 해야 할 일 90%를 행정사가 가능하도록 할 수 있는 능력을 가지고 있는 등 민·형사 사건 처리에 있어서는 타의 추종을 불허한다는 취지로 공개적인 자랑을 해 오고 있다.

특히, 위 게시 글의 댓글에서는 "저는 사피자 20여 명으로부터 218번 고소를 당했으나 99% 승리했고, 제가 고소한 사람 8명 정도 100% 기소됐습니다. 그런데 제 고소를 당하여 맞고소한 사람은 거의 없었어요. 그리고 저는 0.00001%도 범죄행위를 안 하고 살기 때문에 어느 경찰서에서 조사받으러 오라고 하면 웃어버립니다."라고 기재해 놓고 있다. (고소장 '첨부 4'의 댓글)

- 사법경찰관의 이 사건 은폐수사

앞서 살펴본 '사건(사안)의 진상'으로 미루어 볼 때, 피의자로부터 고소나 고발을 당하는 경우에 어느 누구라도 뼈를 못 추릴 만큼 오싹한 공포심을 갖기에 충분하다.

그럼에도 불구하고, 사법경찰관은 피의자가 협박한 이 사건의 경우에 있어서 '일반적으로 공포심을 생기게 할 만한 해악을 고지하였다고 보기 어렵다'는 이유를 들어 각하결정을 해버렸다.

더욱이 사법경관찰관은 위와 같이 각하결정을 하기 이전에 고소인에게 실제 피의자의 협박으로 인하여 공포심을 느꼈는지, 또 피의자를 소환하여 그와 같은 협박을 하게 된 경위와 이유는 무엇인지 전혀 소환조사조차 하지 않았다.

더더욱 사법경찰관의 각하결정 이유가 납득하기 어려운 점은 "게시글의 어조 등으로 보아 '고소도 병행합니다'라는 내용이 고소인에게 공포심을 일으키지 않았다."라고 단정적으로 판단해 버렸다는 데 있다.

그렇다면, 어떠한 어조로 해야만 공포심을 유발하는지 밝혀야 할 것이 아닌가?

설사 백번 양보하여 '고소도 병행합니다.'라는 어조가 사법경찰관 의견대로 고소인에게 공포심을 야기하지 않았다면 협박 미수죄라도 적용해야지 피의자에 대한 소환조사 없이 불송치 이유 중 가장 낮은 단계인 혐의없음(범죄인정 안 됨)이라는 각하로 결정해 버린 처사는 직무유기와 전혀 다를 바 없다.

- 결론

사법경찰관은 지금이라도 각하 결정한 이 사건을 재기하여 고소장 '첨부 4' 기재 내용인 위 협박죄 범죄 사실에 대하여 피의자를 즉시 소환하여 그 작성 경위 등을 낱낱이 확인한 다음 이를 근거로 기소 의견 여부를 결정하여야 한다.

2. 범죄 사실 중 '무고죄 부분'에 대하여, 〔사법경찰관 불송치 이유 중 제3항〕

- 고소인에 대한 고발장이 당초 피의자의 댓글 내용과 달리 수사기관인 경찰에 접수된 사실이 발견되지 않는다는 사법경찰관의 검색결과가 사실이라면 사법경찰관의 불송치 이유 결정에 대해 이의가 없다.

- 다만, '고소장 첨부 4' 댓글에서, 피의자가 "피해자가 아닌 제3자가 조금 전에 (고소인) 고발장 접수했습니다."라고 기재하고 있음에도 피의자를 소환하여 그와 같이 기재한 자세한 경위 등을 조사하지 않았다는 점, 경찰 전산검색 과정에서의 실수나 오류가 발생할 수 있다는 점 등을 감안해 볼 때, 혐의없음(범죄인정 안 됨) 정도의 결정이 상당함에도, 굳이 혐의없음(범죄인정 안 됨)이 명백하다는 이유로 각하결정을 한 의도가 의심스럽다.

3. 범죄 사실 중 '법무사법위반, 변호사법위반, 사기죄 또는 특정경제범죄(사기)위반 부분'에 대하여, 〔사법경찰관 불송치 이유 중 제4항 및 제5항〕

가. 사법경찰관 작성 불송치 이유 기재 내용

【제4항】

(1) 변호사법위반으로 처벌하기 위해서는 법률사무와 관련된 실비를 변상받은 것만으로는 부족하고, 실비변상을 빙자한 경제적 이익을 취득하여야 하나, (대법원 2015. 7. 9. 선고 2014도16204 판결),

(2) 고소인의 진술(123쪽 고소인 진술조서)과 같이 법률상담을 받은 회원이나 피의자가 경제적 이익을 취득하였다는 직접적인 증거는 확인되지 않는다. 마찬가지로 피의자가 법무사의 사무를 업으로 하였다는 증거도 존재하지 않는다.

(3) 따라서 고소(고발)이 고소인의 추측만을 근거로 한 경우로써 수사를 개시할 만한 구체적인 사유나 정황이 충분하지 않아 각하한다.

【제5항】

(1) 법무사법, 변호사법을 위반한 것만으로는 기망행위라고 볼 수 없고, 피의자의 구체적인 기망 내용이나 재산상 이익을 확인하여야 하나, 고소인의 진술(123쪽 고소인 진술조서)과 같이 법률상담을 받은 회원이나, 피의자가 경제적 이익을 취득하였다는 직접적인 증거는 확인되지 않는다.

(2) 따라서 고소(고발)이 고소인의 추측만을 근거로 한 경우로써 수사를 개시할 만한 구체적인 사유나 정황이 충분하지 않아 각하한다.

나. 고소인의 위 【제4항】 및 【제5항】에 기재된 불송치 이유에 대한 반박

(1) 사법경찰관은 유체이탈, 동문서답형 불송치 이유를 기재하여 【제4항】 및 【제5항】의 범죄 사실을 각하해 버렸다.

고소인이 제출한 고소장 중에서 위 3항의 범죄 사실 〔피의자의 법무사법위반, 변호사법위반, 사기죄 또는 특정경제범죄위반 ☞ 사법경찰관 불송치 이유 【제4항】 및 【제5항】〕에 대해서는 비록 고소장 양식을 빌어

작성해 놓았으나, 그 전체적인 취지를 살펴보면 수사기관에 동 범죄에 대한 실체적 진실을 밝혀주고 이를 확정하기 위해 수사 착수는 물론 피의자 등에 대한 계좌 추적을 요망하는 진정서의 성격을 띠고 있다.

즉, 고소인이 제출한 여러 정황증거들로 보아 피의자는 이 카페를 운영해 오면서 과거는 물론 현재에 이르기까지 위와 같은 범행을 저지르고 있는 혐의사실이 인정되므로 피의자 계좌는 물론 과거 변호사법 위반 범행 시 사용하였던 피의자 처 노재숙에 대한 계좌 추적을 통하여 위와 같은 범죄 사실을 확정해 달라는 것이었다.

그럼에도 불구하고, 사법경찰관은 피의자에게 계좌 추적을 통한 형사처벌을 면해 주기 위해 불송치 이유 【제4항】(1), (2)항 및 【제5항】 (1)항과 같이 2021. 10. 5.자 고소장 및 2021. 10. 26.자 고소인 진술서에 기재된 핵심 취지를 벗어나, 유체이탈·동문서답형 불송치 이유를 작성해 놓고 있다.

특히, 불송치 이유 【제4항】"ㅇ 고소인의 주장" 항목 중 "피의자가 작성한 게시 글 (97쪽) 내용 중 '우리 회원들은 다른 회원들에게 고소장, 소장을 작성해 주어라. 단 실비 이상의 돈을 받지 말라.'는 내용으로 입증이 가능하다고 주장한다. (122~123쪽 고소인 진술조서)"라고 기재된 부분과 관련,

고소인이 피의자가 작성한 위와 같은 게시 글(2021. 10. 26.자 고소인 진술서 '첨부 3' 참조)를 경찰에 제출한 이유에 대해서는 위 고소인 진술서 제2~3쪽[19] 본문의 글과 '주석2'란에 자세히 기재되어 있다.

---

19) 고소인은 사법경찰관과 달리 수사기록의 쪽수를 알 수 없으므로 고소인이 제출한 자료인 2021. 10. 26.자 고소인 진술서에 기재된 쪽수를 기재하였음

즉, 고소인은 피의자가 작성한 위 게시 글을 피의자 및 그의 처 노재숙에 대한 계좌 추적 필요성과 정당성을 확보하기 위한 차원에서 경찰에 제출하였는데, 사법경찰관은 고소인의 제출 이유를 숨긴 채 오히려 피의자에 대한 계좌 추적을 피하고 형사처벌을 면해 주기 위해 이 사건 각하결정의 근거로 악용해 버렸다.

결론적으로, 사법경찰관은 불송치 이유 【제4항】 및 【제5항】과 관련하여, 죄의 성립 유무를 따질 것이 아니라, 피의자의 변호사법위반 등에 대한 범죄혐의가 고소인이 제출한 자료만으로도 충분하고도 넉넉하게 인정되고 있기 때문에 고소인이 요구하고 있는 취지를 벗어나지 않도록 '왜 수사에 착수하지 않았는지', 그리고 '왜 계좌 추적을 실시하지 않았는지' 그 이유를 자세하게 기재했어야 했다.

(2) 피의자 구수회, 그의 처 노재숙, 상피의자 전상화의 계좌에 대한 압수수색영장 신청이 필요한 이유

- 입증자료를 통한 계좌 추적 필요성 요약

2021. 10. 5.자 고소장 범죄 사실 "3. 법무사법위반, 변호사법위반, 사기죄 또는 특정경제범죄(사기)위반"이라는 항목에서,

피의자가 2020. 4. 14. 11:06.경 이 카페 자유게시판에 게시해 놓은 '핵심입증자료'에 의하면, 피의자는 "변호사가 해야 할 일 90% 행정사가 가능하다.", "행정사 20년 하면서 행정심판 1,900건 수임 진행하였고, 행정사 수수료 1억을 5번 받았다.", "무혐의 된 고소를 행정심판으로 살린다. 재개발 조합장을 징역 보내는 방법, 대법원 패소된 사건을 행정사가 살린다."며 자신의 과거 행적에서 민·형사 사건브로커 역할을 해왔음을 그대로 드러내 보이고 있다.

상피의자 전상화는 2019. 12. 25.경 이 카페 회원들에게 관사 호화 리모델링 혐의를 받고 있는 대법원장을 상대로 대규모 시위를 조장하면서, 그들을 상대로 자신의 계좌번호까지 기재된 명함을 제시하는 등 노골석인 사건 수임 호객행위를 하고 있다. 즉 자신의 법률서비스 영업을 위해서라면 사회적 불안 조성도 서슴지 않는 무서운 사람이었다. 〔고소장 첨부(입증)자료 7〕

또 2021. 10. 26.자 고소인 진술서 "2. 피고소인 구수회의 변호사법위반 판결문 제출" 항목에서, 고소인은 피의자가 2020. 6. 24. 변호사법위반으로 징역 6월에 집행유예 2년, 추징 15만 원을 선고받은 판결문을 제출하였다. 위 판결문에서 피의자는 변호사법위반 범행 시 자신의 처 노재숙 명의 계좌를 사용한 사실이 확인되었다.

그런데 놀라운 사실은 피의자 자신이 위 판결문으로 집행유예 기간임에도 불구하고, 해당 불법행위를 자신의 돈벌이는 물론 이 카페 간부들에게까지 장려하고 조장하고 있다는 점이다. 이는 피의자의 변호사법위반 재범 가능성을 그대로 말해 주고 있다.

고소인은 피의자의 변호사법위반 재범 가능성을 한층 더 높이기 위해 피의자가 2018. 6. 13.경 실시되었던 서대문 구청장선거에 출마할 당시 제출한 서류인 피의자의 전과기록 사본을 이 사건 불송치 결정 이의신청서 서류에 첨부하여 추가로 제출한다.(첨부 6)

이 전과기록에는 2018. 6. 기준 피의자의 변호사법위반 전력이 3개 있는 것으로 확인되고 있고, 이미 고소인이 제출한 2020. 6. 24.자 판결문까지 합치면 피의자는 변호사법위반죄로 4번의 전과가 확인된 셈이다.

그러나 이와 같은 전과 이력은 2020. 4. 14.경 이 카페 게시판에 게시해 놓은 "행정사 20년 하면서 행정심판 1,900건 수임 진행하였고, 행정사 수수료 1억을 5번 받았다."는 피의자의 고백에 비추어볼 때 새 발의 피에 불과하다.

즉 피의자는 형사처벌을 교묘히 피하면서 변호사업무로 거액을 돈을 벌어왔고, 앞으로도 그만큼 벌 가능성이 크므로 계좌 추적을 통하여 이를 확인할 필요가 절실하다.

- 그 외에도 피의자들이 불법 법률영업 장소인 이 카페를 공동 운영해 옴에 따라 사회불안 조성 및 대국민 사법불신 조장을 미연에 방지할 필요성은 절대적이다.

(3) 피의자들에 대한 수사 착수 및 계좌 추적에 대한 법적 근거

수사의 단서에는 수사기관 자신의 체험에 의한 경우와 타인의 체험의 청취에 의한 경우가 있다. 현행범인의 체포, 변사자의 검시, 불심검문·타사건 수사 중 범죄 발견, 기사·풍설·세평이 전자에 속하며, 후자에는 고소·고발·자수·진정·범죄신고 등이 포함된다. [네이버 지식백과]

형사소송법 제197조(사법경찰관리) ① 경무관, 총경, 경정, 경감, 경위는 사법경찰관으로서 범죄의 혐의가 있다고 사료하는 때에는 범인, 범죄 사실과 증거를 수사한다. 〈개정 2020. 2. 4.〉[20]

---

[20] 개정 이전의 법률에서는 '수사하여야 한다'로 규정되어 있었으나, 현행 법률에서는 '수사한다'로 변경되었다. 그렇다고 해서, '범죄의 혐의가 있다고 사료하는 때에도 수사를 하지 않아도 된다'는 의미는 결코 아니다. 즉 사법경찰관이 범죄의 혐의가 있다고 사료됨에도 수사를 기피하면 직무유기의 죄책을 피할 수 없다.

형사소송법 제215조(압수, 수색, 검증) ② 사법경찰관이 범죄수사에 필요한 때에는 피의자가 죄를 범하였다고 의심할 만한 정황이 있고 해당 사건과 관계가 있다고 인정할 수 있는 것에 한정하여 검사에게 신청하여 검사의 청구로 지방법원판사가 발부한 영장에 의하여 압수, 수색 또는 검증을 할 수 있다. [전문개정 2011. 7. 18.]

(4) 결론

- 이 사건 범죄 사실 중 '3. 법무사법위반, 변호사법위반, 사기죄 또는 특정경제범죄(사기)위반 부분' 〔사법경찰관 불송치 이유 중 제4항 및 제5항〕와 관련하여 앞서 살펴본 바와 같이 수사 착수는 물론 계좌 추적의 필요성까지 충분하게 갖추었다고 본다.

- 경찰이 사회적 파급효과가 지대하고, 범죄가 중대하며 재범의 가능성이 상존하고 있는 이 사건에 대해 수사 착수는 물론 피의자들에 대한 계좌 추적을 하지 않는다면, 이는 명백한 직무유기이자 경찰 스스로 수사기관임을 포기하는 것으로밖에 인정할 수 없다.

경찰이 사법질서까지 훼손할 염려가 있는 이 사건을 수사하지 않으면서 이 사건보다 경미한 사건에 대해 수사 이전의 내사까지 실시한다면 이 또한 명백한 수사권 남용이자 보복수사라는 오명을 뒤집어쓰지 않겠는가?

특히, 사법경찰관 문경석은 앞서 살펴본 바와 같이 고소인이 제출한 증거자료에 의해 피의자의 변호사법위반 등에 대한 혐의사실이 충분하고도 넉넉하게 인정됨에도 불구하고, 불송치 이유【제4항】및【제5항】의 마지막 결론 부분에서 **"따라서 고소(고발)이 고소인의 추측만을 근거로 한 경우로써 수사를 개시할 만한 구체적인 사유나 정황이 충분**

하지 않아 각하한다."는 허위 내용의 공문서를 작성하는 수법으로 고소인의 사건수사 착수 및 계좌 추적 압수수색영장 신청 요구사항을 은폐해 버렸다.

- 경찰은 '변호사가 해야 할 일 90%를 행정사도 할 수 있다.'며 전·현직 경찰간부들을 상대로 행정사 자격시험 강의를 해오고 있는 피의자 구수회에 대해 "왜 그리 무서워하는지?" 스스로 반문해 볼 필요가 있다. 피의자가 행정사 자격시험 강의를 하면서 쌓아온 경찰 인맥은 공공연한 비밀로 밝혀지고 있고, 시중에 떠도는 구수회가 주축이 되어 "행정사도 법률사무를 취급할 수 있도록 국회에 청원을 했다"는 뜬소문이 피의자 구수회가 경찰수사로부터 자유로운 것은 아닌지 궁금할 따름이다.

- 결국 이 항목의 범죄 사실 역시 앞서 다른 항목에서 살펴본 바와 같이, **사법경찰관은 지금이라도 각하 결정한 이 사건을 재기하여 이 항목 범죄 사실에 대한 수사 착수 및 피의자에 대한 계좌 추적을 실시하여 이미 드러나고 있는 범죄 사실의 규모를 확정 짓고, 피해자를 구제하며 재범의 위험성을 미연에 방지함과 동시에 피의자가 이 카페 활동을 통하여 법률영업을 하지 못하게끔 엄격한 법집행에 임해야 한다.**

Ⅳ. 맺는 말

검찰에서는 이 사건의 중대성과 재범의 위험성, 사회적 파급효과, 피의자와 경찰과의 유착관계 의혹 등을 고려하여 변호사법 위반 등에 대한 범죄 사실에 대해서는 직접 수사에 착수하여 주시고, 증거관계가 명백하고 고소인이 처벌을 원하고 있는 7개의 명예훼손 범죄 사실 및 협박죄에 대해서도 철저한 조사가 이루어질 수 있도록 보완수사명령을 내려주기 바람.

첨부(입증)자료

1. 이 사건 수사 결과 통지서(불송치, 각하) 1부.
2. 2021. 10. 1.자 고소인과 구수회 간 핸드폰 문자메시지 교신내역 1부.
3. 2021. 10. 9.자 구수회 명의 게시 글과 그 첨부사진 2매.
4. 2022. 3. 28.자 고소인과 이 모 기자 간 핸드폰 문자메시지 교신내역 1부.
5. 2022. 3. 30.자 이 모 기자가 고소인에게 보낸 핸드폰 문자메시지 1부.
6. 2018. 6.경 구수회의 변호사법위반 전과조회 내역 1부. 끝.

2022. 4. 4.

고소인   임 찬 용 (인)

서울서대문경찰서장 귀하

【첨부 7】 2022. 5. 27.자 피의자 구수회에 대한 불기소결정서

[별첨첨부]

죄 명

가. 정보통신망이용촉진및정보보호등에관한법률위반(명예훼손)
나. 협박
다. 무고
라. 법무사법위반
마. 사기

【첨부 8】 2022. 6. 13.자 피의자 구수회에 대한 항고장

항 고 장

항고인〔고소인·(고발인)〕: 임찬용
- 주 소 : 경기도 성남시 수정구 복정로96번길 20, 000호
- 전화번호 : 010-5313-0000

피항고인〔피의자·피고소인·(피고발인)〕: 구수회

서울서부지방검찰청 검사 이주훈은 2022. 5. 27. 피의자 구수회에 대한 서울서부지방검찰청 2022년 형제 7553호 변호사법위반 등 피의사건(이하, '이 사건')을 의도적으로 은폐하기 위해, 100% 허위 내용으로 작성된 사법경찰관 문경석 명의의 불송치(각하) 결정서(불송치 이유)를 그대로 인용한 수법을 통해 불기소처분(각하)을 결정하였던 바, 그 결정은 범죄행위에 해당된다고 판단되므로 이에 불복하여 항고를 제기합니다.

- 항고 이유 -

1. 사법경찰관들의 이 사건 은폐·조작 수사

서울서대문경찰서 사법경찰관 문경석과 그의 결재권자는 피의자 구수회에게 형사처벌을 면해 줄 목적으로 오로지 뭉개기식 수사 및 은폐·조작 수사로 일관해 오면서 단 한 차례 피의자 소환조사마저도 생략한 채 이 사건 고소장에 첨부된 증거관계를 축소하거나 왜곡함은 물론 편협하게 법리를 적용함으로써, 의도적으로 불송치 이유 중 가장 낮은 단계인 각하결정을 해버렸습니다.

더욱이 기막힌 현실은 사법경찰관들이 범죄를 수사하여 사회악을 뿌리 뽑아야 하겠다는 사명감을 망각한 채 피의자에게 계좌 추적을 면해 주기 위해 이 사건 고소장에 첨부된 계좌 추적 필요성과 관련된 모든 입증자료들을 깡그리 무시해 버리거나, 일부 입증자료 또는 고소인의 일부 진술 내용을 왜곡 해석하는 수법을 사용하여 자신들의 명의로 작성된 '불송치 이유'라는 공문서에는 **"고소(고발)이 고소인의 추측만을 근거로 한 경우로써 수사를 개시할 만한 구체적인 사유나 정황이 충분하지 않아 각하한다."** 는 허위 내용을 작성하여 행사하는 등 대담하고도 서슴 없이 사건 은폐 범죄행위를 저지르고 있습니다.[21]

  더더욱 가소로운 점은 이 사건 고소장에서 가장 핵심적인 적용 죄명이 '변호사법위반'임에도 사법경찰관들이 불송치(각하) 결정서를 허위 내용으로 작성함은 물론이거니와 '변호사법위반'이라는 죄명을 의도적으로 누락시켰고, 후술하는 바와 같이 이 사건 주임검사 이주훈 역시 구수회의 '변호사법 위반' 자체를 판단조차 하지 않았습니다.[22]

  그렇다면, 사법경찰관들과 주임검사 이주훈이 이 사건 중 가장 중요하고도 핵심적인 '변호사법위반' 죄명을 의도적으로 누락시킨 이유를 살펴볼 필요가 있습니다.

---

21) 이를 입증하는 자료로는 고소인이 이미 제출한 2022. 4. 4.자 '피의자 구수회에 대한 불송치 결정 이의신청서' 참조.

22) 검사 이주훈의 위와 같은 사건 처리는 이 사건 기록을 단 한 번도 읽어보지 않았음을 증명하고 있음은 물론, 사법경찰관들과 사전 공모하여 이 사건에 대해 은폐수사를 하였다는 사실을 스스로 증명하고 있다고 보아야 할 것입니다.

  더 나아가, 구수회의 비호세력이 구수회의 행정사 강의 등을 통하여 전·현직 경찰간부 등을 중심으로 경찰 인맥으로까지 형성되어 온 것처럼, 검사 이주훈의 고의적이고도 일방적인 엉터리 사건 처리로 비추어볼 때 검찰 내부에서도 구수회의 비호세력이 존재하고 있음이 분명하다고 할 것입니다.

이 사건 고소장에 기재된 '핵심입증자료'에서 살펴본 바와 같이 피의자가 2008년경 이 카페를 설립한 이래 약 만 명에 가까운 대규모 회원들을 끌어모아 검찰 및 법원에 대한 적대감을 고취시키고 이에 터 잡아 이 카페 회원들을 상대로 행정사 수수료 명목으로 건당 1억 원씩 5회에 걸쳐 5억 원의 불법 이득을 취해 왔다는 점, 이는 변호사 자격이 없는 피의자가 사건브로커 및 사기행각을 해왔던 사실을 스스로 인정하고 있다는 점, 피의자의 '변호사법위반' 처벌 전력이 밝혀진 것만도 3회에 이르고, 그때마다 피의자의 처 노재숙 명의의 계좌를 사용해 왔다는 점, 피의자가 변호사라는 자격 대신 교수라는 자격을 사칭하여 형사처벌 전력이 있다는 점 등으로 비추어볼 때, '변호사법위반' 죄명이 이 사건의 가장 중요한 범죄로 부각될 수밖에 없습니다.

따라서 이 사건의 가장 핵심적인 수사사항은 피의자가 그동안 변호사법위반에 따른 불법 이익금 취득규모, 변호사법위반 횟수, 피해자들의 피해규모를 확정 짓기 위해서는 필히 피의자 및 동업자 전상화, 피의자가 변호사법위반 범행 시 사용하였던 피의자의 처 노재숙 명의의 계좌를 추적해야 함은 당연하고도 기본적인 수사 원칙이라 할 수 있습니다.

그런데 아쉽게도 사법경찰관들과 주임검사 이주훈이 피의자의 죄명 중에서 유독 '변호사법위반'만을 누락시킨 이유는 피의자에게 계좌 추적을 통한 형사처벌을 면해 줄 목적 이외에는 달리 설명할 방법이 없습니다.

결국 고소인은 사법경찰관들이 구수회에 대한 불송치 결정서에서 의도적으로 누락시킨 '변호사법위반'을 포함한 이 사건 모든 범죄 사실에 대한 은폐수사가 범죄행위에 해당됨에 따라 대검찰청에 고소하기에 이르렀습니다. 〔2022. 4. 20.자 이 사건 사법경찰관 문경석 등을 포함한 고소장 1부. (이 사건 항고장 첨부 1)〕

2. 주임검사 이주훈의 이 사건 은폐수사

주임검사 이주훈은 위 1항에서 살펴본 바와 같이, 사법경찰관들의 이 사건 은폐수사에 동조하는 처분을 하고 말았습니다.

즉, 검사 이주훈은 고소인이 제출한 2022. 4. 4.자 '구수회에 대한 불송치(각하) 결정 이의신청서'에 대한 수사를 전혀 진행하지 않은 채 관련 사건기록을 약 50일가량 자신의 캐비닛에 처박아놓았다가, 2022. 5. 27.경에 이르러 서울서대문경찰서 사법경찰관 문경석이 100% 허위 내용으로 작성한 2022. 3. 22.자 '구수회에 대한 불송치(각하) 결정서'를 그대로 인용한 수법을 통해 구수회에 대한 모든 범죄 사실을 은폐해 버렸습니다. 〔입증자료 : 2022. 5. 27.자 검사 이주훈 명의의 '구수회에 대한 불기소결정서' 1부. (첨부 2)〕

이는 선택적 수사기법을 통한 중대 범죄로써, 사법경찰관 문경식 및 그의 결재권자와 마찬가지로 (고소인에 대한) 직권남용권리행사방해죄, 허위공문서작성죄 및 동 행사죄, 직무유기죄의 죄책에 해당되고 있습니다.[23]

한편, 서울성북경찰서 사법경찰관 신혜선, 신미영은 이 사건 피의자 구수회와 공범 관계에 있는 전상화의 범죄 사실에 대하여 이 사건 사법경찰관 문경석과 똑같은 방법으로 허위 내용의 불송치 결정서를 작성하는 수법을 통해 전상화의 모든 범죄 사실을 은폐해 버렸습니다. 이를 입증하는 자료로써 2022. 6. 3.자 '전상화에 대한 불송치 결정 이의신청서'를 이 사건 수사에 참고하도록 하기 위해 제출합니다. (첨부 4)

---

[23] 이와 관련된 신문기사로는 2022. 6. 5.자 "윤석열 정부의 검·경이 새 출발부터 뿌리째 썩어들어가고 있다!!" 제하의 LPN로컬파워뉴스 신문기사 1부.(첨부 3)

3. 항고청인 서울고등검찰청 검사장에 대한 요구사항

이미 제출한 2022. 4. 4.자 '구수회에 대한 불송치 결정 이의신청서'에 기재된 바와 같이, 항고청에서는 이 사건의 중대성과 재범의 위험성, 사회적 파급효과, 피의자와 경찰과의 유착관계 의혹 등을 고려하여 변호사법위반 등에 대한 범죄 사실에 대해서는 직접 수사에 착수하여 피의자 및 공범 관계에 있는 전상화는 물론, 피의자의 변호사법위반 시 사용하였던 피의자의 처 노재숙에 대한 계좌를 철저하게 추적하여 변호사법위반은 물론 특경법상 사기죄 또는 사기죄의 죄책 부분을 확정해 주시고, 증거관계가 명백하고 고소인이 처벌을 원하고 있는 7개의 명예훼손 범죄 사실 및 협박죄에 대해서도 기소가 이루어질 수 있도록 서울서부지방검찰청에 재수사 명령 또는 기소명령을 내려주기 바랍니다.

첨부 1. 2022. 4. 20.자 이 사건 사법경찰관 문경석을 포함한 고소장 1부.
2. 2022. 5. 27.자 피의자 구수회에 대한 불기소결정서 1부.
3. 2022. 6. 5.자 LPN로컬파워뉴스 인터넷신문기사 1부.
4. 2022. 6. 3.자 상피의자 전상화에 대한 불송치 결정 이의신청서 1부. 끝.

2022. 6. 13.

위 항고인 (고소인(고발인))   임 찬 용 (인)

서울고등검찰청 검사장 귀하

【첨부 9】 2022. 8. 1.자 피의자 구수회에 대한 항고기각 결정문

서울고등검찰청
주 소: 서울특별시 서초구 반포대로 172
전화번호: 1301

받는사람
경기도 성남시 수정구 복정로96번길 20-0 (복정동)

임찬용 귀하
13112

서울고등검찰청
(1301)

2022. 8. 1.

수 신   임찬용   귀하   발 신   서울고등검찰청

제 목 **항고사건 결정통지**   검사   이준엽

구수회에 대한 항고사건에 관하여 아래와 같이 결정하였으므로 통지합니다.

결정	사건번호	2022 고불항 제 2636호 <서울서부지방검찰청 2022 형제 7553호>
	년 월 일	2022. 8. 1.
	결 과	결정주문: 별첨참조 이 유: 별첨참조
	비 고	항고기각 결정에 대하여 이의가 있을 경우에는 ① 고소인 및 「형법」 제123조부터 제126조까지의 죄, 「공직선거법」 제273조에 정한 죄 등에 대한 일부 고발인은 이 통지서를 받은 날부터 10일 이내에 관할 고등법원에 재정신청을 ② 그 밖의 고발인은 이 통지서를 받은 날부터 30일 이내에 대검찰청에 재항고(「검찰청법」 제 10조제3항)를 각각 할 수 있으며, 위 기간 안에 재정신청서는 불기소결정청(지방검찰청 또는 지청)에, 재항고장은 우리청에 각각 제출하면 됩니다.

[별첨첨부]

결정주문
　항고기각

이 유
　이 항고사건의 피의사실 및 불기소 이유의 요지는 불기소처분 검사의 불기소 결정서 기재와 같아 이를 원용하고, 항고청 담당검사가 새로이 기록을 살펴보아도 원 불기소처분이 부당하다고 인정할 자료를 발견할 수 없으므로 주문과 같이 결정한다.

안 내 문

▣ 재정신청

1. 의의
고소권자로서 고소를 한자(형법 제123조부터 제126조까지의 죄에 대하여는 고발을 한 자 포함)는 검사로부터 공소를 제기하지 아니한다는 통지를 받은 때에는 그 검사 소속의 지방검찰청 소재지를 관할하는 **고등법원**에 그 당부에 관한 재정을 신청할 수 있는 제도입니다.

2. 신청 및 절차
가. 신청권자
- 범죄피해자 등 형사소송법상 고소권자로서 고소한 자
  ※ 형소법상 고소권자 : ① 피해자(제223조), ② 피해자의 법정대리인(제225조 제1항), ③ 피해자의 법정대리인이 피의자이거나, 법정대리인의 친족이 피의자인 때에는 피해자의 친족(제226조), ④ 피해자가 사망한 때에는 그 배우자·직계친족 또는 형제자매등(제225조 제2항), ⑤ 사자의 명예를 훼손한 범죄에 대하여는 그 친족 또는 자손(제227조), ⑥ 친고죄에 관하여 고소할 자가 없는 경우에 이해관계인의 신청이 있으면 검사는 10일 이내에 고소할 수 있는 자를 지정하여 고소권자가 된 자(제228조)
- 형법 제123조(직권남용권리행사방해), 제124조(직권남용체포, 직권남용감금), 제125조(독직폭행, 독직가혹행위), 제126조(피의사실공표), 「공직선거법」제273조(재정신청)에 정한 죄 등에 대한 고발인

※ 재정신청권자는 재항고를 할 수 없습니다.

나. 처리절차
- 항고기각 결정을 통지받은 날로부터 10일 이내에 불기소처분을 한 지방검찰청의 검사장 또는 지청장에게 재정신청서를 제출하여야 합니다. 재정신청서에는 재정신청을 이유있게 하는 사유를 기재하여야 함을 유의하십시오.
- 지방검찰청 또는 지청에서는 재정신청서 및 수사관계서류 등을 고등검찰청을 경유하여 관할 고등법원에 송부하며, 송부받은 고등법원은 3개월 이내에 결정을 하게 됩니다.

(통지서 수령 → 수령일로부터 10일 이내 불기소처분 검찰청에 재정신청서 제출 → 고등검찰청 경유 → 고등법원)

3. 비용부담
재정신청의 기각결정 등 일정한 경우, 재정신청인에게 비용을 부담하게 할 수 있고(형사소송법 제262조의3, 형사소송규칙 제122조의2, 제122조의4), 그 내용은 다음과 같습니다.
- 증인·감정인·통역인·번역인에게 지급되는 일당·여비·숙박료·감정료·통역료·번역료
- 현장검증 등을 위한 법관, 법원사무관 등의 출장경비
- 그 밖에 재정신청 사건의 심리를 위하여 법원이 지출한 송달료 등 절차진행에 필요한 비용
- 피의자 또는 변호인이 출석함에 필요한 일당·여비·숙박료
- 피의자가 변호인에게 부담하였거나 부담하여야 할 선임료
- 기타 재정신청 사건의 절차에서 피의자가 지출한 비용으로 법원이 피의자 방어권행사에 필요하다고 인정하는 비용

▣ 재항고

1. 의의
항고를 한 고발인(재정신청 가능한 고발인 제외)이 검사의 항고기각 처분에 불복하는 경우에 그 검사가 속한 고등검찰청을 거쳐 서면으로 **검찰총장**에게 다시 항고할 수 있는 제도입니다.

2. 신청 및 절차
가. 신청권자
- 고발인(예: 뇌물공여 등 고발인과 같이 범죄의 피해자가 아닌 자)

나. 처리절차
- 항고기각 결정을 통지받은 날로부터 30일 이내에 관할고등검찰청에 재항고장을 제출할 수 있으며, 재항고장을 접수받은 관할고등검찰청은 대검찰청에 송부하고, 대검찰청은 이에 대한 최종 결정을 하게 됩니다.

(통지서 수령 → 수령일로부터 30일 이내 관할고등검찰청에 재항고장 제출 → 대검찰청)

【첨부 10】 2022. 4. 27.자 피의자 전상화에 대한 불송치 결정서

204299868_0000468_01_07 / 1_1914

서울 성북구 보문로 170-0 서울성북경찰서
서울성북경찰서장 (문의 신미영)
02848

반송
불요

1073083364410   2022년04월29일 제작   [접수국 : 광화문]

B5 461 05 40
성남M 성남

보통등기

성남시 수정구 복정로96번길 20
(복정동)
임찬용 귀하
13112

서울성북경찰서

제 2022-00340 호   2022. 4. 27.

수 신 : 임찬용 귀하

제 목 : 수사결과 통지서(고소인등·불송치)

귀하와 관련된 사건에 대하여 다음과 같이 결정하였음을 알려드립니다.

접 수 일 시	2021. 11. 5.	사 건 번 호	2021-004251
죄 명	정보통신망이용촉진및정보보호등에관한법률위반(명예훼손)			
결 정 일	2022. 4. 27.			
결 정 종 류	불송치 (혐의없음)			
이 유	별지와 같음			
담 당 팀 장	경제범죄수사2팀 경감 신혜선		☎	02-920-1490

※ 범죄피해자 권리 보호를 위한 각종 제도

- ○ 범죄피해자 구조 신청제도(범죄피해자보호법)
  - 관할지방검찰청 범죄피해자지원센터에 신청
- ○ 의사상자예우 등에 관한 제도(의사상자예우에관한법률)
  - 보건복지부 및 관할 자치단체 사회복지과에 신청
- ○ 범죄행위의 피해에 대한 손해배상명령(소송촉진등에관한특례법)
  - 각급법원에 신청, 형사재판과정에서 민사손해배상까지 청구 가능
- ○ 가정폭력·성폭력 피해자 보호 및 구조
  - 여성 긴급전화(국번없이 1366), 아동보호 전문기관(1577-1391) 등
- ○ 무보험 차량 교통사고 뺑소니 피해자 구조제도(자동차손해배상보장법)
  - 자동차 보험회사에 청구
- ○ 국민건강보험제도를 이용한 피해자 구조제도
  - 국민건강보험공단 급여관리실, 지역별 공단지부에 문의
- ○ 법률구조공단의 법률구조제도(국번없이 132 또는 공단 지부·출장소)
  - 범죄피해자에 대한 무료법률구조(손해배상청구, 배상명령신청 소송대리 등)
- ○ 범죄피해자지원센터(국번없이 1577-1295)
  - 피해자나 가족, 유족등에 대한 전화상담 및 면접상담 등
- ○ 국민권익위원회의 고충민원 접수제도
  - 국민신문고 www.epeople.go.kr, 정부민원안내콜센터 국번없이 110
- ○ 국가인권위원회의 진정 접수제도
  - www.humanrights.go.kr, 국번없이 1331

서울성북경찰서장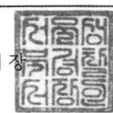

【별지】

【죄 명】
가. 정보통신망이용촉진및정보보호등에관한법률위반(명예훼손)교사
나. 무고, 협박
다. 법무사법위반, 변호사법위반
라. 특정경제범죄가중처벌등에관한법률위반(사기), 사기

【결정종류】
피의자는 증거 불충분하여 혐의 없다.

【피의사실의 요지와 불송치 이유】
1. 피의자는 구수회와 공모하여 2021. 9. 30. 구수회가 다음카페에 허위 내용의 글을 게시하여 고소인의 명예를 훼손하도록 하였고, 피의자가 2021. 10. 1. 다음 카페에 허위 내용의 글을 게시하여 고소인의 명예를 훼손하여 정보통신망이용촉진및정보보호등에관한법률위반(명예훼손)

o 고소인은 구수회가 허위 내용의 글을 게시한 것과 관련하여 카페의 공동대표인 피의자도 공범이라고 주장하고, 피의자가 "검찰 공무원 출신이라면서 법을 그렇게 모릅니까? 참 답답합니다."라고 언급하여 고소인의 명예를 훼손하고 모욕감을 느꼈다고 주장한다.

o 피의자는 구수회가 글을 게시함에 있어 관여하거나 공모한 사실이 전혀 없고, 2021. 10. 1. 피의자가 글을 게시한 것은 맞으나 고소인이 게시한 글에 대하여 간략하게 피의자의 생각을 적어 반박하는 글을 게시한 것 뿐이라고 주장한다.

o 고소인의 주장 외 구수회가 글을 게시함에 있어 피의자와 공모하였음을 입증

할 자료가 전혀 없고, 피의자가 게시한 글의 제목이 "Re : 진정한 사법피해
자를 위하여 이 카페가 폐쇄되어야 하는 이유"인 것을 볼 때 고소인이 게시
한 글에 대한 답글로 보여지고, 피의자의 언급이 허위 사실의 적시라기보다
는 사람의 사회적 평가를 저하시킬 만한 추상적 판단이나 경멸적 감정 표현
에 가까워 보이고, 피의자가 고소인이 게시한 글에 대한 반박글을 올리는 과
정에 다소 모욕적인 표현을 담고 있다고 하나 사회통념에 비추어 살펴보아
그 표현이 사회상규에 위배되지 않는 행위로 보여지는 등 고소인의 주장만으
로 피의사실을 인정하기 어렵고 달리 이를 인정할 증거가 없다.
o 증거 불충분하여 혐의 없다.

2. 피의자는 구수회와 공모하여 게시글 내지 댓글에 고소 내지 고발 등의 언급
을 하여 고소인을 협박함과 동시에 무고
o 고소인은 구수회가 "고소도 병행합니다."라는 내용의 글을 게시하고, "피해자
가 아닌 제3자가 조금전에 고발장 접수했습니다."라는 내용의 댓글을 달아
고소인을 협박 및 무고하였고, 피의자는 구수회와 카페의 공동대표로서 공범
이라고 주장한다.
o 피의자는 구수회가 카페지기로 있는 다음카페의 공동대표는 맞지만 구수회
가 글을 게시하거나 댓글을 다는 행위에 대하여 전혀 관여한 바가 없으며,
구수회가 고소 내지 고발을 하였는지 전혀 알지 못한다고 진술한다.
o 고소인의 주장 외 피의자와 구수회가 공모하였음을 입증할 자료가 전혀 없
고, 실제 구수회가 수사기관에 고소 내지 고발한 사실이 전혀 확인되지 않고,
구수회가 고소 내지 고발에 대한 언급이 공포심을 생기게 할 만한 해악을 고
지하였다고 보기 어렵고 달리 피의사실을 인정할 만한 증거가 없다.
o 증거 불충분하여 혐의 없다.

3. 피의자는 구수회와 공모하여 자격없는 구수회가 카페 회원들에게 고소장 등

이 서류를 작성해주거나 법률상담 및 수임의 알선으로 사건을 수입하여 법무사법위반 및 변호사법위반
o 고소인은 구수회가 카페 회원들을 상대로 자격 없이 고소장 등을 작성해주거나 법률상담을 하는 등 다음카페를 영리 목적으로 운영하였고, 이와같은 사실을 피의자도 알면서 공동으로 영업 활동을 하였다고 주장한다.
o 피의자는 변호사이고, 구수회는 행정사이며, 본 건 카페는 구수회가 2009년경부터 운영해 왔고 피의자는 2019. 12.부터 공동대표를 하고 있는 것은 맞으나 피의자 외 공동대표가 20여명에 이른다고 진술한다.
그러나 피의자는 카페 회원들을 상대로 영업활동을 한 적이 전혀 없고, 이 부분은 고소인의 명백한 무고 행위라고 진술한다.
o 고소인의 주장 외 피의자와 구수회가 공모하여 카페 회원들을 상대로 법률사무를 수행하고 비용을 지불받는 등의 영업 행위를 하였음을 입증할 자료가 전혀 없고, 구수회가 변호사법위반으로 처벌받은 전력이나 구수회가 작성한 자료집 4호 내지 관련 게시글 만으로 구수회가 법무사의 사무를 업으로 하였다거나 변호사인 피의자에게 사건 수임을 알선하였다고 볼 만한 증거가 부족하다.
o 증거 불충분하여 혐의 없다.

4. 피의자는 구수회와 공모하여 불상경 불상의 카페 회원으로부터 불상의 사건을 수임하여 불상의 방법으로 5억 원 이상의 금원을 편취하여 사기 및 특정경제범죄가중처벌등에관한법률위반(사기)
o 고소인은 구수회가 불특정 카페 회원들에게 "무혐의 된 고소를 행정심판으로 살린다.....중략..... 행정사 20년 하면서 행정심판 1,900건 수임 진행"이라고 기망하여 사기 행각을 하였고, 구수회가 1회 1억원을 5번 수수한 것으로 보아 1년의 기간 동안 5억 원 이상의 금액을 받았을 것으로 보여져 특경법(사기) 위반이라고 주장한다.
이와 관련, 고소인은 구수회와 피의자가 공모하여 공동으로 금원을 수수한

증거나 실제 수임한 사건이 무엇인지 입증할 자료는 없으나 정황 증거가 있
　　　으니 계좌 추적을 하여야 한다고 주장한다.
　　o 피의자는 단톡방에서 구수회가 자료집 4호에 기재되어 있는 내용을 링크를
　　　걸어 놓아 읽어 본 적이 있지만 구수회에게 사실여부를 확인한 적이 없고,
　　　피의자가 카페 회원들을 상대로 사건을 수임하거나 돈을 받은 적이 전혀 없
　　　다며 고소인이 이와 같이 주장하는 근거를 제시해달라는 주장이다.
　　o 고소인의 주장 외 구수회가 법무사법위반 및 변호사법위반 행위를 하였는지에
　　　대한 입증 자료가 전혀 없고, 이에 대해 피의자가 구수회가 공모를 하였는지
　　　에 대한 입증 자료 또한 없으며, 구수회 내지 피의자가 카페 회원들을 상대로
　　　법률상담이나 법률사무를 처리하고 돈을 받았음을 입증할 자료가 전혀 없어
　　　구수회 내지 피의자의 계좌 추적을 위한 압수수색검증영장이 발부될 가능성이
　　　매우 희박해 보이고, 피의자에 대한 피의사실을 인정할 만한 증거가 없다.
　　o 증거 불충분하여 혐의 없다.

【첨부 11】 2022. 6. 3.자 피의자 전상화에 대한 불송치 결정
이의신청서

불송치 결정 이의신청서

1. 신청인
   - 성명 : 임찬용(주민등록번호 : 590410-0000000)
     주소 : 경기도 성남시 수정구 복정로96번길 20, 000호(복정동)
     직업 : LPN로컬파워뉴스 법조팀장(서울시 강남구 노현로 94길 13(역삼동) 예일패트빌딩 4층
     전화 : (휴대폰) 010 5313 0000

2. 경찰 결정 내용
   - 사건번호 : 2021-004251
     죄명 : 정보통신망법위반(명예훼손) 등
     결정내용 : 불송치(혐의없음)

Ⅰ. 이 사건 은폐수사 배경

고소인은 2021. 10. 5. 인터넷 다음카페인 '관청피해자모임'(이하, '이 카페') 카페지기 구수회 및 공동대표 전상화를 피고소인으로 하는 고소장(이하, '임찬용 고소장' 또는 '이 사건 고소장')을 작성하여 이를 대검찰청에 제출하였다.24)

- '임찬용 고소장'(이 사건 고소장) 범죄 사실 요지 -

피고소인 구수회, 같은 전상화는 이 카페를 실질적으로 공동 운영해 오면서,

① 이 카페 운영의 문제점과 앞으로 이 카페가 나아가야 할 방향을 제시한 고소인의 충정 어린 비판 글과 관련, 이 카페 게시판을 통하여 허위사실에 의한 고소인의 명예를 훼손하고, 오히려 고소인을 고소(고발)하겠다며

---

24) 고소인이 최근 검·경수사권 조정에 따라 경찰 전속 수사 대상에 속하는 '임찬용 고소장'을 거주지 관할 성남수정경찰서에 제출하지 아니하고, 굳이 대검찰청에 제출하였던 이유로는 ① '임찬용 고소장' 범죄 사실 중 '3. 법무사법위반, 변호사법위반, 사기죄 또는 특정경제범죄위반' 항목에서 살펴본 바와 같이,(그런데 나중에 알아본 결과 이 항목 범죄는 검찰청법 제4조 제1항에 따라 검사 직접 수사 대상범죄로 확인되었다.) 구수회 및 전상화가 이 카페를 실질적으로 이끌어 오면서 약 만 명에 가까운 이 카페 회원들을 예외 없이 사법피해자로 둔갑시켜 검찰 및 법원에 대한 적대감을 형성시키고, 이에 터 잡아 불법적인 법률영업을 해왔던 정황이 명백하게 입증되고 있는 상황에 비추어볼 때, 이는 형식적으로 개인적 법익을 침해하는 범죄라기보다는 실질적으로 사법 불신을 조장하고, 사회안정을 해치는 사회적 법익을 침해하는 범죄로써 경찰보다는 검찰에서 수사함이 상당하다고 판단했다는 점, ② 구수회는 수년 전부터 전·현직 경찰 간부들을 상대로 행정사 강의를 해오면서 경찰 인맥을 쌓아왔던 관계로 자신에 대한 경찰수사를 은폐해 버리는 우려가 상존하였다는 점에 있었다. 〔이 ②항에 대해서는 후술하는 '2022. 4. 4.자 구수회에 대한 불송치 결정 이의신청서 주석 2' 및 2022. 4.초경 모 신문사 이 모 기자로부터 입수한 구수회 카톡내용 1부 〔이 사건 불송치 결정 이의신청서 첨부(증거) 1〕 각 참조〕
그런데 불행하게도 위 ②항의 우려대로 후술하는 바와 같이 2022. 3. 22. 서울 서대문경찰서 사법경찰관 문경석은 '피의자 구수회에 대한 불송치 결정서'를 허위 내용으로 작성하는 수법을 통해 구수회의 범죄 사실을 몽땅 은폐해 버렸다.

협박하였다.

② 약 만 명가량의 수많은 이 카페 회원들에게 사법 피해를 구제해 준다는 미명 하에 검찰 및 법원에 대한 적대적 관계를 형성하도록 조장해 오면서 수년간 불법적인 법률영업에 종사해 왔다.

특히, 구수회는 2020. 4. 14. 11:06.경 이 카페 자유게시판에 게시해 놓은 '핵심입증자료'에 의하면, "변호사가 해야 할 일 90%는 행정사가 가능", "행정사 20년 하면서 행정심판 1,900건 수임 진행하였고, 행정사 수수료 1억을 5번 받았다.", "무혐의 된 고소를 행정심판으로 살린다. 재개발 조합장을 징역 보내는 방법, 대법원 패소된 사건을 행정사가 살린다."며 자신의 과거 행적에서 민·형사 사건브로커 역할을 해왔음을 그대로 드러내 보이고 있다.

또 전상화는 2019. 12. 25.경 이 카페 회원들에게 관사 호화 리모델링 혐의를 받고 있는 대법원장을 상대로 대규모 시위를 조장하면서, 그들을 상대로 자신의 연락처는 물론 계좌번호까지 기재된 명함을 제시하는 등 노골적인 사건 수임 호객행위를 하고 있다. 즉 자신의 돈벌이용 법률 영업을 위해서라면 사회적 불안 조성도 서슴지 않는 무서운 사람이었다. 〔임찬용 고소장 첨부(입증)자료 7〕

이에, 고소인은 구수회 및 전상화가 이 카페 변칙적 운영에 따른 법률 영업 등 사건 수임의 규모를 파악하고, 그에 따른 변호사법위반 및 사기죄 등의 죄책, 더 나아가 피해자의 구제를 위한 피해 규모를 확정 짓고자, 이 카페 설립 시점인 2008. 1. 29.경부터 현재에 이르기까지 구수회 및 전상화의 계좌는 물론 구수회가 과거 변호사법위반 범행 시 사용하였던 그의 처 노재숙의 계좌까지 추적해 줄 것을 경찰에 강력하게 요구하였다.

【첨부(증거)자료 제출】 : 아래 첨부(증거) 자료들은 이미 제출되어 이 사건 수사기록에 편철되어 있으므로 그 제출을 생략함.
- 첨부(증거) 2 : 2021. 10. 5.자 '임찬용 고소장(이 사건 고소장)' 첨부(입증)자료 1~8.
- 첨부(증거) 3 : 2021. 10. 26.자 '고소인 진술서(추가고소 포함)'와 첨부(입증) 자료 1~3.
- 첨부(증거) 4 : 2021. 10. 28.자 '고소인 의견서' 1부.
- 첨부(증거) 5 : 2021. 10. 29.자 '제2차 고소인 의견서' 1부.

II. 피의자 구수회 및 전상화에게 면죄부를 주기 위한 사법경찰관들의 조직적이고도 끈질긴 사건 은폐에 대한 범죄 사실 : 이 부분은 지면 관계상 생략함

III. 이 사건의 성격 및 사법경찰관(경감 신혜선, 경위 신미영)의 은폐 수사 방식[25]

---

25) 이 사건 수사 담당자는 경위 직급을 가진 사법경찰관 신미영이었다. 그런데 신미영이 이 사건 수사 결과 통지서인 '전상화에 대한 불송치 결정서'를 작성함에 있어, 왜 자신의 상사인 경감 신혜선 명의로 작성해 놓았는지 고소인으로서는 그 이유를 잘 모르겠다. 아무튼 신미영과 그의 상사인 신혜선은 후술하는 바와 같이 피의자 전상화에게 면죄부를 주기 위해 이 사건 불송치 결정서를 허위 내용으로 작성하였으므로 그 책임을 면할 수 없게 되었다.

신미영은 당초 이 사건이 자신에게 배당되었다며 전상화에 대한 조사 예정 등 수사 진행상황 알림 문자를 고소인 핸드폰에 통보해 주었다. 그런 이유로 인해 고소인은 위 II항 범죄 사실에서 신미영을 피고소인으로 특정할 수 있었다.

한편, 고소인은 2022. 4. 4. 11:19.경 신미영이 고소인의 핸드폰에 미리 알려 준 이메일 주소(noran@police.go.kr)로 전상화와 공범 관계에 있는 '구수회에 대한 불송치 결정(각하) 이의신청서' 1부를 송부해 주면서 이를 이 사건 수사 기록에 첨부하여 수사에 참고하라고 요청한 사실이 있다.

고소인이 위와 같이 신미영에게 '구수회에 대한 불송치 결정 이의신청서'를

이 사건의 성격에 대해서는 피의자 전상화와 공범 관계에 있는

송부해 준 이유는 "서울서대문경찰서 사법경찰관 문경석이 구수회에게 면죄부를 주기 위해 구수회에 대한 불송치 결정서를 허위 내용으로 작성하는 수법을 통해 구수회의 범죄 사실을 몽땅 은폐해 버렸다. 서울성북경찰서 시법경찰관 신미영은 구수회와 공범 관계에 있는 전상화에 대해서만큼은 실체적 진실에 입각하여 사실대로 수사 결과 통지서 내용을 작성해 달라."는 취지로 경각심을 일깨워 주기 위함이었다.

그러나 사법경찰관 신미영은 자신의 명의가 아닌 자신의 상사인 '경감 신혜선'의 명의로 된 '전상화에 대한 불송치 결정서'를 작성함에 있어, 고소인의 의도와 달리 '상피의자 구수회에 대한 불송치 결정 이의신청서'에 기재되어 있는 '사법경찰관 문경석 명의의 구수회에 대한 불송치 결정서(피의사실의 요지와 불송치 이유)' 기재 내용과 방식을 그대로 모방하여 전상화의 범죄 사실에 대해서도 허위 내용의 불송치 결정서를 작성하는 수법을 통해 전상화의 모든 범죄 사실을 은폐해 버렸다.

다만, 서울서대문경찰서 사법경찰관 문경석은 구수회에 대해 한 차례의 소환조사도 실시하지 아니하고 구수회의 범죄 사실에 대해 가장 낮은 단계인 '각하' 의견으로 작성하고 있으므로 누가 보더라도 '허위' 내용임을 금방 확인할 수 있으나, 이 사건 수사를 담당하고 있는 사법경찰관 신미영은 전상화로부터 변명만을 듣는 한 차례 소환조사를 실시한 후 구수회의 범죄 사실에 대한 '각하' 의견보다 한 단계 높은 수준인 '혐의없음' 의견으로 작성하여 쉽게 눈에 띄지 않게끔 허위 내용을 감추고 있다는 점에서 서로 약간의 차이가 있을 뿐이다. 참으로 사건 은폐 범죄행위치고는 야살스럽고 악질 중에 악질에 해당함은 분명하다.

특히, 고소인이 사법경찰관 신미영의 전상화 범죄 사실 은폐수법이 야살스럽고 악질 중에 악질이라고 보는 이유는 다음과 같다.

고소인은 이 사건이 자신에게 배당되었다고 알려온 신미영에게 전화를 걸어 "이 사건 핵심은 구수회와 전상화가 이 카페를 공동으로 운영해 오면서, 그들이 불법적인 법률영업을 통해 얼마만큼의 부당이득을 취하고, 그로 인해 피해자의 피해 규모를 파악하는 데 있으므로, 당초 고소장에 기재된 내용대로 구수회의 계좌뿐만 아니라, 전상화의 계좌에 대해서도 반드시 계좌 추적이 필요하니 고소인의 요구대로 수사해 달라."는 취지로 얘기했더니, 신미영은 "고소인의 말이 맞기는 한 데, 요즘 법원에 (계좌 추적용 압수수색)영장을 신청해도 모두 반려해 버리기 때문에 어쩔 수 없다."며 고소인의 요구를 반대하였다.

이에, 고소인은 신미영에게 "그러면 빨리 사건이나 마무리 해달라."며 전화를 끊은 사실이 있다.

2022. 4. 4.자 구수회에 대한 불송치 결정 이의신청서 기재 내용을 그대로 적용될 수밖에 없습니다.

그 이유는 구수회 및 전상화가 동전의 앞면과 뒷면처럼 이 카페를 실질적으로 공동 운영해 오면서 이 카페 회원들을 대상으로 변호사법 위반 등 불법적인 법률영업을 통해 각자 또는 두 사람의 공동 이익을 추구해 온 공동정범의 관계에 있기 때문입니다.

생각해 보라!!

법원의 영장 기각이 두려워 전상화에 대한 (계좌 추적용) 압수수색영장을 신청할 수 없다는 신미영의 변명은 자신의 직무유기 죄책을 피하기 위한 궤변이자, 자신의 수사 능력이 제로라는 사실을 자인하는 꼴밖에 되지 않는다.

그 이유는 전상화가 구수회와 함께 이 카페를 실질적으로 공동 운영해 오면서 이에 터 잡아 구수회와 공동으로 법률영업에 종사해 오고 있다는 범죄 혐의가 인정되고 있고, 그에 대한 실체적 진실을 밝히기 위해서는 구수회 및 전상화에 대한 계좌 추적 이외에 다른 수사 방법이 없는 상황에 처해 있다면, 사법경찰관 신미영은 당연히 전상화에 대한 계좌 추적용 압수수색영장을 검찰을 통하여 법원에 신청해야 한다. 법원의 압수수색영장 기각이 두렵다는 이유로 압수수색영장 신청 자체를 기피하는 행위는 명백한 직무유기에 해당함은 물론이다. 이는 사법경찰관 신미영의 압수수색영장 신청과 법원의 압수수색영장 기각과는 전혀 다른 별개의 문제이기 때문이다. 설사 추후 법원에 의해 압수수색영장이 기각되었다고 하더라도 이는 신미영 자신의 수사 능력이 없다는 것을 탓해야지, 왜 법원의 정당한 업무영역인 압수수색영장 기각을 탓하는가?

그런데 문제는 여기에 그치지 않았다. 사법경찰관 신미영은 전상화에 대한 계좌 추적을 실시하지 않은 채 피의자 전상화의 변명만 듣는 소환조사를 단 한 차례 실시한 후 2021. 10. 5.자 이 사건 고소장에 대한 수사 기간을 약 6개월 이상 질질 끌더니, 2022. 4. 27.경에 이르러 이미 앞에서 설명한 바와 같이 전상화의 변호사법위반 등 범죄 사실과 관련하여 서울서대문경찰서 사법경찰관 문경석이 작성한 상피의자 구수회에 대한 불송치 결정서 기재 내용과 방식 중 '유체이탈·동문서답형 불송치 이유 작성방법'을 그대로 모방하여 전상화에 대한 허위 내용의 불송치 결정서를 작성함으로써 고소인의 전상화에 대한 계좌 추적 실시 요구를 묵살해 버렸다.(이 점에 대해서는 다음 항목에서 자세히 설명함) 신미영의 이와 같은 사건 은폐 방식은 참으로 비열하고도 가소롭기 그지없다.

이를 다시 정리하면 다음과 같습니다.

이 사건 범죄 사실을 형식적 관점에서 살펴보면, 최근 검·경수사권 조정에 따른 경찰수사 전속관할 대상에 속함은 물론26) 죄명에 있어서도 무고죄를 제외한 정보통신망법상 명예훼손, 특정경제범법상 사기죄, 변호사법위반 등 개인적인 법익 침해 사건이라고 볼 수 있습니다.

그러나 이 사건의 전체적인 큰 물줄기는 구수회가 자신이 설립한 이 카페 약 만 명가량의 수많은 회원들에게 사법 피해를 구제해 준다는 미명 하에 검찰 및 법원에 대한 적대적 관계를 형성하도록 조장해 오면서 불법적인 법률영업을 수십 년 동안 종사해 왔다는 점에 있습니다. 여기에는 변호사 신분인 전상화가 구수회의 위와 같은 불법행위를 용인하고 묵인해 가면서 이 카페에서 법률영업을 함께 해오고 있는 실정입니다.

따라서 이 사건을 실질적 관점에서 살펴보면, 구수회 및 전상화가 이 카페를 실질적으로 공동 운영해 오면서 모든 회원들을 '사법피해자'로 둔갑시켜 검찰 및 법원에 대한 적대적 관계를 형성시키고, 불법적인 법률영업을 장기간 종사해 온 정황이 확인되고 있는 상황에서, 우리나라

---

26) 고소인은 "변호사법 제109조부터 제111조까지 및 제114조에 해당하는 죄"는 검찰청법 제4조 제1항에서 규정한 '부패범죄'이고, 또 "특정경제범죄 가중처벌 등에 관한 법률 제3조 ['형법 제347조, 제347조의2, 제351조 (같은 법 제347조 또는 제347조의2의 상습범으로 한정한다), 제355조 또는 제356조의 죄를 범한 경우로 한정한다]에 해당하는 죄"는 검찰청법 제4조 제1항에서 규정한 '경제범죄'로써 각각 검찰의 직접 수사 대상이 된다는 사실을 최근 해당 법령 검토 과정에서 알게 되었다.

이와 같은 사실은 당초 대검찰청에 제출된 2021. 10. 5.자 고소장이 고소인의 주거지를 관할하는 수원지방검찰청성남지청을 거쳐 성남수정경찰서에 이송되는 과정에서, 수원지방검찰청성남지청 윤동환 검사가 직접 수사하여야 함에도 불구하고, 동 고소장을 경찰로 하여금 은폐수사하도록 성남수정경찰서에 이송 결정을 내려버린 原罪가 있었음을 의미한다.

민·형사 사법질서 훼손을 회복하고, 양질의 법률서비스를 받고자 하는 이 카페 회원들에게 추가 피해자가 발생하지 않도록 하기 위해서는 수사기관의 적극적인 수사 의지가 필요하다고 하겠습니다.[27]

그러나 이 사건 수사를 맡아왔던 서울성북경찰서 사법경찰관 신미영은 피의자 전상화와 밀착관계를 아주 심각할 정도로 의심받고 있을 뿐만 아니라[28] 후술하는 수사 결과 통지서인 '불송치 이유(혐의없음)'의 기재 내용을 살펴보더라도 수사 의지를 전혀 찾아볼 수 없고, 오로지 뭉개기식 수사 및 은폐·축소 수사로 일관하고 있습니다.

더 나아가, 사법경찰관 신미영은 위와 같은 수사방식을 훨씬 뛰어넘어 피의자 전상화의 변명만을 사실인 것처럼 정당화시켜 주는 단 한 차례의 소환조사만을 실시한 채 고소장에 첨부된 증거관계를 왜곡하거나 편협하게 해석·적용함으로써 이 사건은 증거가 불충분하다는 이유를 들어 모두 불송치 결정을 하여 버렸습니다.

더욱이 기막힌 현실은 사법경찰관 신미영은 범죄를 수사하여 사회악을 뿌리 뽑아야 하겠다는 사명감을 망각한 채 '주석 25'에서 이미 살펴본 바와 같이 피의자 전상화의 계좌는 물론 이 카페 법률영업 동업

---

27) 이 사건은 사회적 파급효과가 클 뿐만 아니라, 민주적 사법질서를 회복하기 위한 신속하고도 적극적인 수사가 필요한 사건임을 감안해 볼 때 당초 수사 의지나 수사능력이 부족하거나 구수회와 밀착관계가 드러나고 있는 일선 경찰서 소속 사법경찰관에게 맡길 것이 아니라, 검찰에서 직접 수사했어야 함이 후술하는 경찰의 사건 처리 과정에서 확실하게 드러나고 있음.

28) 이는 피의자 전상화와 공범 관계에 있는 구수회가 경찰 인맥을 형성하고 있다는 점('2022. 4. 4.자 구수회에 대한 불송치 결정 이의신청서 주석 2' 및 2022. 4.초경 모 신문사 모 기자로부터 입수한 구수회 카톡 내용 1부(이 사건 불송치 결정 이의신청서 첨부(증거) 1), 위 'Ⅱ-나'항에서 살펴보듯이 사법경찰관 신미영이 전상화를 무고죄로 입건하여 처벌하지 않는 범죄행위에서도 그대로 나타나 있다.

자인 구수회 및 그의 처 노재숙의 계좌에 이르기까지 각 계좌 추적을 면해 주기 위해 이 사건 '불송치 이유' 제3항과 제4항의 작성과 관련하여, 서울서대문경찰서 사법경찰관 문경석이 사용한 바 있는 "유체이탈, 동문서답형" 불송치 이유 작성 방식29)을 그대로 본받아 이 사건 불송치 결정서를 허위 내용으로 작성해 버렸습니다.

이는 결국 검찰이 나설 수밖에 없는 지경에 이르고 말았음을 의미합니다.

IV. 사법경찰관 작성[피의사실의 요지와 불송치 이유](이하, '불송치 이유')에 대한 구체적 고찰

가. 사법경찰관 '불송치 이유' 기재 내용

1. 피의자는 구수회와 공모하여 2021. 9. 30. 구수회가 다음 카페에 허위 내용의 글을 게시하여 고소인의 명예를 훼손하도록 하였고, 피의자가 2021. 10. 1. 다음카페에 허위 내용의 글을 게시하여 고소인의 명예를 훼손하여 정보통신망이용촉진 및 정보보호등에 관한 법률위반(명예훼손)

○ 고소인은 구수회가 허위 내용의 글을 게시한 것과 관련하여 카페의 공동대표인 피의자도 공범이라고 주장하고, 피의자가 "검찰공무원 출신이라면서 법을 그렇게 모릅니까? 참 답답합니다."라고 언급하여 고소인의 명예를 훼손하고 모욕감을 느꼈다고 주장한다. (이하, '제1항 고소인의 주장'이라고 함)

---

29) 이 점에 대해서는 2022. 4. 4.자 구수회에 대한 불송치 결정 이의신청서 제18~24쪽 참조. 〔피의자 전상화에 대한 불송치 결정 이의신청서 '첨부(증거) 7'〕

○ 피의자는 구수회가 글을 게시함에 있어 관여하거나 공모한 사실이 전혀 없고, 2021. 10. 1. 피의자가 글을 게시한 것은 맞으나 고소인이 게시한 글에 대하여 간략하게 피의자의 생각을 적어 반박하는 글을 게시한 것뿐이라고 주장한다. (이하, '제1항 피의자의 변명'이라고 함)

○ 고소인의 주장 외 구수회가 글을 게시함에 있어 피의자와 공모하였음을 입증할 자료가 전혀 없고, 피의자가 게시한 글의 제목이 "Re : 진정한 사법피해자를 위하여 이 카페가 폐쇄되어야 하는 이유"인 것을 볼 때 고소인이 게시한 글에 대한 답글로 보이고, 피의자의 언급이 허위사실의 적시라기보다는 사람의 사회적 평가를 저하시킬 만한 추상적 판단이나 경멸적 감정 표현에 가까워 보이고, 피의자가 고소인이 게시한 글에 대한 반박 글을 올리는 과정에 다소 모욕적인 표현을 담고 있다고 하나 사회통념에 비추어 살펴보아 그 표현이 사회상규에 위배되지 않는 행위로 보이는 등 고소인의 주장만으로 피의사실을 인정하기 어렵고 달리 이를 인정할 증거가 없다. (이하, '제1항 사법경찰관의 판단 근거'라고 함)

○ 증거 불충분하여 혐의 없다. (이하, '제1항 사법경찰관의 판단 결과'라고 함)

2. 피의자는 구수회와 공모하여 게시 글 내지 댓글에 고소 내지 고발 등의 언급을 하여 고소인을 협박함과 동시에 무고

○ 고소인은 구수회가 "고소도 병행합니다."라는 내용의 글을 게시하고, "피해자가 아닌 제3자가 조금 전에 고발장 접수했습니다."라는 내용의 댓글을 달아 고소인을 협박 및 무고하였고, 피의자는 구수회와 카페의 공동대표로서 공범이라고 주장한다. (이하, '제2항 고소인의

주장'이라고 함)

○ 피의자는 구수회가 카페지기로 있는 다음카페의 공동대표는 맞지만 구수회가 글을 게시하거나 댓글을 다는 행위에 대하여 전혀 관여한 바가 없으며, 구수회가 고소 내지 고발을 하였는지 전혀 알지 못한다고 진술한다. (이하, '제2항 피의자의 변명'이라고 함)

○ 고소인의 주장 외 피의자와 구수회가 공모하였음을 입증할 자료가 전혀 없고, 실제 구수회가 수사기관에 고소 내지 고발한 사실이 전혀 확인되지 않고, 구수회가 고소 내지 고발에 대한 언급이 공포심을 생기게 할 만한 해악을 고지하였다고 보기 어렵고 달리 피의사실을 인정할 만한 증거가 없다. (이하, '제2항 사법경찰관의 판단 근거'라고 함)

○ 증거 불충분하여 혐의 없다. (이하, '제2항 사법경찰관의 판단 결과'라고 함)

3. 피의자는 구수회와 공모하여 자격 없는 구수회가 카페 회원들에게 고소장 등의 서류를 작성해 주거나 법률상담 및 구수회의 알선으로 사건을 수임하여 법무사법위반 및 변호사법위반

○ 고소인은 구수회가 카페 회원들을 상대로 자격 없이 고소장 등을 작성해 주거나 법률상담을 하는 등 다음카페를 영리 목적으로 운영하였고, 이와 같은 사실을 피의자도 알면서 공동으로 영업활동을 하였다고 주장한다. (이하, '제3항 고소인의 주장'이라고 함)

○ 피의자는 변호사이고, 구수회는 행정사이며, 본 건 카페는 구수회가 2009년경부터 운영해 왔고, 피의자는 2019. 12.부터 공동대표를 하고

있는 것은 맞으나 피의자 외 공동대표가 20여 명에 이른다고 진술한다. 그러나 피의자는 카페 회원들을 상대로 영업활동을 한 적이 없고, 이 부분은 고소인의 명백한 무고 행위라고 진술한다. (이하, '제3항 피의자의 변명'이라고 함)

○ 고소인의 주장 외 피의자와 구수회가 공모하여 카페 회원들을 상대로 법률사무를 수행하고 비용을 지불받는 등의 영업행위를 하였음을 입증할 자료가 전혀 없고, 구수회가 변호사법위반으로 처벌받은 전력이나 구수회가 작성한 자료집 4호 내지 관련 게시 글만으로 구수회가 법무사의 사무를 업으로 하였다거나 변호사인 피의자에게 사건 수임을 알선하였다고 볼 만한 증거가 부족하다. (이하, '제3항 사법경찰관의 판단 근거'라고 함)

○ 증거 불충분하여 혐의 없다. (이하, '제3항 사법경찰관의 판단 결과'라고 함)

4. 피의자는 구수회와 공모하여 불상경 불상의 카페 회원으로부터 불상의 사건을 수임하여 불상의 방법으로 5억 원 이상의 금원을 편취하여 사기 및 특정경제범죄가중처벌 등에 관한 법률위반 (사기)

○ 고소인은 구수회가 불특정 카페 회원들에게 "무혐의 된 고소를 행정심판으로 살린다 … 중략 … 행정사 20년 하면서 행정심판 1,900건 수임 진행"이라고 기망하여 사기 행각을 하였고, 구수회가 1회 1억 원을 5번 수수한 것으로 보아 1년의 기간 동안 5억 원 이상의 금액을 받았을 것으로 보여 특경법(사기)위반이라고 주장한다.

이와 관련, 고소인은 구수회와 피의자가 공모하여 공동으로 금원을 수수한 증거나 실제 수임한 사건이 무엇인지 입증할 자료는 없으나 정황

증거가 있으니 계좌 추적을 하여야 한다고 주장한다. (이하, '제4항 고소인의 주장'이라고 함)

○ 피의자는 단톡방에서 구수회가 자료집 4호에 기재되어 있는 내용을 링크를 걸어 놓아 읽어본 적이 있지만 구수회에게 사실 여부를 확인한 적이 없고, 피의자가 카페 회원들을 상대로 사건을 수임하거나 돈을 받은 적이 전혀 없다며 고소인이 이와 같이 주장하는 근거를 제시해 달라는 주장이다. (이하, '제4항 피의자의 변명'이라고 함)

○ 고소인의 주장 외 구수회가 법무사법위반 및 변호사법위반 행위를 하였는지에 대한 입증자료가 전혀 없고, 이에 대해 피의자가 구수회가 공모를 하였는지에 대한 입증자료 또한 없으며, 구수회 내지 피의자가 카페 회원들을 상대로 법률상담이나 법률사무를 처리하고 돈을 받았음을 입증할 자료가 전혀 없어 구수회 내지 피의자의 계좌 추적을 위한 압수수색검증영장이 발부될 가능성이 매우 희박해 보이고, 피의자에 대한 피의사실을 인정할 만한 증거가 없다. (이하, '제4항 사법경찰관의 판단 근거'라고 함)

○ 증거 불충분하여 혐의 없다. (이하, '제4항 사법경찰관의 판단 결과'라고 함)

나. 사법경찰관 '불송치 이유'에 대한 고소인의 반박

(1) 총평

- 사법경찰관은 피의자 전상화 및 상피의자 구수회에 대한 형사처벌을 면해 주기 위해 이 사건 고소장 기재 내용이나 거기에 첨부된 증거자료들을 왜곡하거나, 임의대로(멋대로) 해석한 후 이를 무리하게 법리에

적용함으로써 전혀 다른 '사법경찰관의 판단 결과(증거 불충분하여 혐의 없음)'를 도출하고 있다.

- '사법경찰관의 판단 근거' 기재 내용과 관련,

㉮ '피의자 전상화의 변명'을 이 사건 무혐의 결정의 근거로 삼고 있는지 명확하게 표명하지 않고 있고,

㉯ 앞뒤 문맥이 서로 상충될 뿐만 아니라, 명확한 입장 표명이 아닌 '…보이고'라는 표현을 자주 사용하고 있으며,

㉰ 결론 부분에 이르러서는 허위사실만을 나열한 근거에 터 잡아 '피의자의 범죄 사실을 인정할 만한 증거가 없다.'는 일률적인 방식으로 마무리를 함으로써 피의자는 물론 상피의자 구수회까지 형사처벌을 면해 주기 위한 고육지책의 한 장면을 보고 있는 느낌이다.

- 특히, 사법경찰관 '불송치 이유' 제3항 및 4항의 '사법경찰관의 판단 근거' 기재 내용과 관련,

이 사건 고소장에서는 사법경찰관 '불송치 이유' 제3항 및 제4항에서 언급하고 있는 구수회 및 전상화의 변호사법위반 등에 대한 범죄 사실을 확정 짓기 위하여 구수회 및 전상화 그리고 과거 구수회가 변호사법위반 범행 시 사용하였던 그의 처 노재숙의 계좌까지 함께 추적해 줄 것을 요구하고 있음에도 불구하고, 사법경찰관은 그들의 계좌 추적을 통한 형사처벌을 면해 줌과 동시에 자신들의 구수회 및 전상화에 대한 수사 착수 기피 및 계좌 추적을 실시하지 않는 직무유기 죄책까지 모면하기 위한 계략과 술책으로 이 사건 고소장에서 요구하고 있는 취지를 100%

왜곡한 후, 유체이탈 및 동문서답 방식으로 작성되어 있었던 서울서대문 경찰서 사법경찰관 문경석 명의의 구수회에 대한 '불송치 이유' 기재 방식과 내용을 이곳에 그대로 끌고 와 판박이로 옮겨 놓았다는 점에서 그저 할 말을 잃게 한다.

(2) 각 항목별 세부적 검토

㉮ 사법경찰관 '불송치 이유' 제1항 및 제2항에 대하여,

- 사건(사안)의 진상

고소인은 2021. 9. 29. 13:28:07.경 이 카페 자유게시판에 "진정한 사법피해자를 위하여 이 카페가 폐쇄되어야 하는 이유"라는 제하의 장문의 글을 게시하였다.(이하, '고소인의 게시 글'이라고 함, 이 사건 고소장 첨부 1)

'고소인의 게시 글'은 이 카페 운영의 문제점 및 앞으로 나아가야 할 방향에 대한 고소인의 의견을 담은 내용으로써 다음과 같은 이유로 법적으로 아무런 문제점이 없었다.

다음과 같은 이유로는 ① 이 사건 고소장에 기재된 '고소인의 게시 글'에는 허위사실을 전혀 발견할 수 없고, 자신의 저서인 책자까지 근거자료로 제시하면서 작성되었다는 점.

② 이 사건 고소장에 기재된 '고소인의 게시 글' 내용은 이 카페 운영의 문제점 및 앞으로 나아가야 할 방향 등에 대한 공익 차원의 의견들로 작성되었고, 더 나아가 피의자 전상화 및 구수회의 개인적 명예를 훼손하였다고 인정할 만한 의도(고의성, 범의)는 전혀 발견할 수 없다는 점.

③ 설사, 백번 양보하여 위 ②항과 관련, 피의자 전상화 및 구수회의 개인적 명예를 훼손하였다고 인정할 만한 내용은 물론, 그에 대한 고소인의 고의성이 인정된다고 하더라도, '고소인의 게시 글' 내용은 이 카페 운영의 문제점 및 앞으로 나아가야 할 방향 등을 제시한 공익 차원의 글로써 고소인에 대한 명예훼손죄 성립요건에 필요한 위법성이 조각된다는 점. 이에 터 잡아 피의자 전상화에 대한 무고죄 죄책을 묻는데 있어서도 전혀 지장이 없다는 점이다.30)

그러나 피의자 전상화 및 구수회는 '고소인의 게시 글'을 보자마자 곧바로 문제 삼고 나섰다.

당시 피의자 전상화와 카페지기 구수회는 이 카페 운영과 관련 동전의 앞면 및 뒷면과 같은 관계를 통하여31) 이 카페를 실질적으로 공동 운영해오면서 약 만 명에 가까운 이 카페 회원들을 모조리 사법피해자로 둔갑시켜 검찰과 법원에 적대감을 형성시키고 이에 터 잡아 이 카페 회원들을 상대로 법률영업을 해오고 있었다.

---

30) 피의자 전상화는 법을 다루는 변호사로서 이 사건 고소인 임찬용이 작성한 '고소인의 게시 글'이 공익 차원의 게시 글이기 때문에 명예훼손죄 범죄 성립을 조각하는 사유에 해당됨을 너무나도 잘 알고 있었다. 그럼에도 불구하고 이를 숨기고 수사기관에 신고할 때에는 허위의 사실을 신고한 경우에 해당하므로 무고죄가 성립한다. 이와 관련된 취지의 학설과 판례가 있다.(이재상 교수 형법 책자 1997년판 제708쪽, 대법원 1986. 12. 9, 85 도 2482)

31) 이를 입증하는 증거자료들은 이 사건 고소장 등을 통하여 수없이 제출해 왔으나, 대표적인 증거자료 두 개만 소개한다. ① "전 변호사, 구수회, 회장단 간부 20명은 오직 잠자는 시간 말고 카페를 생각하는 간부회의를 톡방에서 하고 있습니다." (이 사건 고소장 '첨부 1'의 구수회 댓글) ② "판사·검사들이 우리 사피자들을 보면서, 특히 사피자들의 무수한 문서를 보면서… 저러한 문서를 제출하니 이길 재판도 진다는 생각을 했을 것이 분명합니다. 그러한 고민을 일소하기 위해서 저는 온갖 노력을 다했습니다. 어느 날 국가가 인정하고, 공인된 전상화 변호사님이 사법개혁을 함께 하겠다고 동의하셨을 때, 저는 너무나 기뻤고 눈물이 나도록 고마웠습니다. 그런 상징적인 분의 얼굴에 거짓 내용으로 명예를 실추시키니 참으로 슬펐습니다."(이 사건 고소장 '첨부 5'의 구수회 댓글)

즉, 피의자 전상화는 이 카페 회원들을 상대로 한 법률영업을 통해 재산상 이익을 공유하기 위하여 카페지기 구수회로부터 이 카페 공동대표 자격을 부여받음은 물론 구수회의 불법 법률영업을 용인하거나 눈감아주면서 본인 자신도 구수회와 함께 이 카페 회원들에게 검찰 및 법원에 대한 적개심을 고취시키고 이에 터 잡아 법률영업을 해왔다.

이와 같은 상황에 비추어볼 때, 동전의 양면 관계에 있는 구수회와 전상화 또는 전상화와 구수회는 이 카페의 운영과 관련된 모든 불법행위와 관련, 각자의 불법행위에 대해서는 각자가 책임을 져야 함은 물론이거니와 상대방의 불법행위에 대해서도 각자가 인식하고 관리가 가능한 범위 내에서는 공동책임을 져야 하는 것은 보편적 진리이자 너무나도 당연한 법의 이치다. 이는 사회적 통념상으로 보나 법리적 측면에서 보더라도 그렇다.

그런데 법적으로나 공익 차원에서나 사회통념상으로나 아무런 문제가 없는 '고소인의 게시 글'에 대하여,

피의자 전상화(닉네임 : 무아지존)는 2021. 10. 1. 11:27.경 고소인이 자신에게 지적한 2가지 해명 취지의 글과 고소인이 구수회에 대한 지적을 옹호하는 취지의 글을 댓글 방식으로 이 카페 자유게시판에 올려놓았다. (이 사건 고소장 첨부 3)

위 '이 사건 고소장 첨부 3'의 기재 내용 중에는 전상화가 고소인이 작성한 위 게시 글과 관련하여, "제가 마치 범법행위를 하고 있는 것처럼 언급, 검찰공무원 출신이라면서 법을 그렇게 모릅니까? 참 답답합니다." 라는 허위사실에 의한 명예훼손 글이 포함되어 있었다.

여기서 한 걸음 더 나아가, 전상화는 고소인의 위 게시 글이 자신의 명예를 훼손했다며 허위 내용의 고소장을 작성하여 사법경찰관 신미영에게 제출하였고, 사법경찰관 신미영은 위 '전상화 고소장'이 허위 내용으로 작성된 사실을 잘 알고 있으면서도 이를 각하 처분하지 아니하고, 고소인으로 하여금 '전상화 고소장'에 대한 피의자신문조서를 받도록 하기 위해 고소인 거주지 관할 성남수정경찰서에 이송해 버렸다.32)

한편, 상피의자 구수회는 2021. 9. 30. 20:10.경 고소인의 위 게시 글과 관련, "관청피해자모임 특별회원 임찬용, 이도원, 커피(닉네임) 3명에 대한 활동 정지 조치(1차 수정)"라는 글을 이 카페 자유게시판에 올려놓았다.(이 사건 고소장 첨부 4)

'이 사건 고소장 첨부 4'의 기재 내용 중에는 고소인이 작성한 위 게시글과 관련하여, "구수회의 고소인에 대한 허위사실 명예훼손 게시 글 7개33), '고소도 병행합니다.'라는 협박죄 게시 글, '피해자(구수회)가 아닌 제3자가 조금 전에 고발장 접수했습니다.'라는 무고죄 게시 글 (댓글 형식)이 포함되어 있었다. (이하, '구수회의 고소인에 대한 명예훼손, 협박죄 및 무고죄 게시 글'이라고 함)

- 각 세부 항목별 고소인의 반박

'사법경찰관 불송치 이유 제1항' 중 '제1항 피의자의 변명'과 관련,

"피의자는 구수회가 글을 게시함에 있어 관여하거나 공모한 사실이

---

32) 이를 입증하는 증거자료로는 앞서 살펴본 'II-나항' 참조

33) 위 7개의 명예훼손 게시 글에 대해서는 2022. 4. 4.자 구수회에 대한 불송치 결정 이의신청서〔이 사건 중 전상화에 대한 불송치 결정 이의신청서 첨부(증거) 7〕 제11~12쪽 참조

전혀 없고,"라는 기재 부분과 관련, 이는 전혀 사실과 다르다.

즉, 앞서 '사건(사안)의 진상' 항목에서 살펴본 바와 같이, 피의자는 구수회와 이 카페 운영과 관련된 모든 불법행위에 대해서는 동전의 양면과 같이 서로 관리 가능한 범위 내에서는 공동책임을 져야 한다. 이 사건의 경우에 있어서는 피의자가 관리 가능한 범위에 있는 구수회의 불법행위를 제지하고 중지시키기보다는 오히려 이를 옹호하고 있다는 사실을 이 사건 고소장 '주석 6'의 기재 내용 등을 통하여 확연히 확인할 수 있었다. 이는 피의자가 위 '구수회의 고소인에 대한 명예훼손, 협박죄 및 무고죄 게시 글'에 대하여 법적으로 공동책임을 져야 함을 의미한다.

피의자가 자신의 개인적인 불법행위를 함에 있어서도 구수회를 옹호하는 사례를 살펴보기로 한다.

이 사건 고소장 '주석 3'에 의하면, 고소인이 '고소인의 게시 글'을 통하여 이 카페 운영과 관련된 구수회의 불법행위를 지적하자, 전상화는 이 사건 고소장 '첨부 3'의 게시 글에서, 교수 자격을 사칭해 가며 건당 일억 원씩 5회에 걸쳐 5억 원이라는 행정사 수수료를 받고 사건브로커 역할을 해왔던 전문 소송사기 사기꾼(이 사건 고소장 '핵심입증자료') 구수회를 지목하여 "교수님께서 전국의 사법피해자들을 이곳 카페에 모으신 것만 해도 존경받고 존중받아야 할 분입니다."라고 옹호한 반면, 고소인에 대해서는 '피의자가 구수회와 공동으로 영업활동을 하였다.'는 '고소인의 게시 글'을 작성한 사실을 들어 "검찰공무원 출신이라면서 법을 그렇게 모릅니까?"라고 인격 비하의 모욕감을 주고 있다.

"2021. 10. 1. 피의자가 글을 게시한 것은 맞으나, 고소인이 게시한 글에 대하여 간략하게 피의자의 생각을 적어 반박하는 글을 게시한 것

뿐이라고 주장한다."라는 기재 부분과 관련, 이 또한 피의자가 자신의 명예훼손 범죄 사실을 모면하기 위한 변명 아닌 변명을 늘어놓고 있다.

즉, 피의자는 고소인이 '전직 검찰수사과장'이라는 사실, 또 '고소인의 게시 글'에 첨부해 놓은 '정권교체'라는 책자를 저술하여 사법정의 실현을 위한 선구자적 역할을 수행해 오고 있다는 사실을 잘 알고 있음에도 불구하고[34], 자신에게 이 카페 회원들을 상대로 영업을 하였다는 취지의 게시 글을 작성하였다는 이유로 고소인에게 악감정을 품고 검찰 9급 공무원 수준보다 낮은 인격모독을 가하기 위해 "검찰공무원 출신이라면서 법을 그렇게 모릅니까?"라는 게시 글의 작성 사실을 인정하고 있다.

그렇다면 이 사실만으로 피의자의 허위사실에 의한 명예훼손죄 범죄 성립은 인정된다. 여기에 무슨 명목의 군더더기가 필요하다는 말인가?

즉, 피의자가 고소인을 지목하여 '검찰공무원 출신이라면서 법을 그렇게 모릅니까?'라는 명예훼손 글과 관련, '간략하게 피의자의 생각을 적어 반박하는 글을 게시한 것뿐이다.'라는 피의자의 변명은 명예훼손 죄책 성립에 아무런 영향을 주지 않는다.

'사법경찰관 불송치 이유 제1항' 중 '제1항 사법경찰관의 판단 근거'와 관련,

사법경찰관은 피의자가 고소인에 대해 "검찰공무원 출신이라면서

---

34) 고소인은 이 사건 발생 이전에 피의자와 직접 대면 접촉은 없었으나, 과거 정확한 시기는 기억나지 않으나 그로부터 "대전에 사는 어느 사법피해자라는 분이 저에게 사건 의뢰를 위해 찾아오기로 약속이 잡혔는데 함께 만나볼 의향이 있습니까" 라는 취지로 전화를 받은 적이 있었음.

법을 그렇게 모릅니까?"라고 기재한 부분과 관련, "혐의없음" 결정을 억지로 끌어내기 위해 이 사건 고소장 제6~9쪽에 기재되어 있는 전상화에게 불리한 부분에 대해서는 '불송치 이유' 기재 내용에서 모두 지워버리고, 그 대신에 선상화의 명예훼손 범죄구성요건과 전혀 관련 없는 부분만을 언급하고 있다.

이를테면, '제1항 사법경찰관의 판단 근거' 기재 내용 중 ① "피의자가 게시한 글의 제목이 'Re : 진정한 사법피해자를 위하여 이 카페가 폐쇄되어야 하는 이유'인 것을 볼 때 고소인이 게시한 글에 대한 답 글로 보이고,"라는 기재 부분과 관련, 피의자가 이 사건 게시판에 자신의 글을 본문의 형태로 게시하든, 답 글(댓글) 형태로 게시하든 명예훼손 범죄구성요건에 전혀 영향이 없을 뿐만 아니라, '…보이고'라는 불명확한 용어를 사용하고 있고,

② "피의자의 언급이 허위사실의 적시라기보다는 사람의 사회적 평가를 저하시킬 만한 추상적 판단이나 경멸적 감정 표현에 가까워 보이고,"[35]

---

[35] 사법경찰관이 전혀 근거를 제시하지 아니한 채 '피의자의 언급이 허위사실의 적시로 보기 어렵다.'고 두루뭉술하게 표현한 이유는 정보통신망법상 피의자에게 허위사실에 의한 명예훼손죄 처벌을 면해 주기 위함 때문이다. 즉, 피의자를 허위사실에 의한 명예훼손죄로 처벌하기 위해서는 범죄구성요건상 '허위사실의 적시'가 필요한데, 사법경찰관이 이를 문제 삼고 있는 것이다.

앞서 살펴본 바에 의하면, 고소인은 '고소인의 게시 글' 중 "2. 이 카페지기님 구수회 교수나 변호사 전상화를 이 카페 임원에서 탈퇴시켜야 합니다. 그들은 이 카페에서 활동하면서 사법피해자를 구제한다는 명분을 삼아 자신들의 영업활동을 하고 있다는 의구심을 강하게 들게 하고 있습니다."라는 문장을 실체적 진실에 입각하여 작성하였던 바, 피의자는 이 문장을 문제 삼으면서 자신은 영업활동을 한 적이 없다며 위 '고소인의 게시 글' 댓글에서 "검찰 공무원 출신이라면서 법을 그렇게 모릅니까?"라고 고소인의 명예를 훼손하고, 더 나아가 2022. 3.경 자신을 상대로 허위사실에 의한 명예훼손 범죄 사실을 조사했던 서울성북경찰서 사법경찰관 신미영에게 허위 내용의 '전상화 고소장'을 작성하여 이를 제출하면서, 적반하장으로 "고소인을 정보통신망법상 허위사실에 의한 명예훼손죄로 처벌해 달라."며 무고죄를 저질렀던 것임.

라는 기재 부분과 관련, 앞의 주장 부분(허위사실에 의한 명예훼손죄의 구성요건)과 뒤의 주장 부분(모욕죄의 구성요건)의 내용이 상충하고 있고, 위 ①와 같이 여기에서도 '…보이고'라는 불명확한 용어를 사용하고 있는 등 전상화의 허위사실에 의한 명예훼손죄 성립요건에 대해 전혀 근거 자료를 제시하지 아니함은 물론 명확한 입장마저도 밝히지 못하고 있다.

③ "피의자가 고소인이 게시한 글에 대한 반박 글을 올리는 과정에 다소 모욕적인 표현을 담고 있다고 하나 사회통념에 비추어 살펴보아 그 표현이 사회상규에 위배되지 않는 행위로 보이는 등"이라는 기재 부분과 관련, 이 또한 위 ①항 및 ②항에서와 마찬가지로 전혀 근거 없이 '…보이는 등'이라는 불명확한 용어를 사용하면서 이 사건과 전혀 어울리지 않는 문장을 이곳에 끌고 와 어떻게 해서든지 피의자의 형사처벌을 면해 주기 위해 안간힘을 쓰고 있는 사법경찰관의 헌신적인 노력(?)과 고민이 한꺼번에 느껴진다.

즉, 피의자가 고소인을 지목하여 "검찰공무원 출신이라면서 법을 그렇게 모릅니까?"라고 인격모독성 명예훼손 글을 게시함에 있어 '허위사실을 적시하였다.'고 인정되는 부분은 2022. 3.경 전상화가 고소인을 허위사실에 의한 명예훼손 및 무고죄로 신미영 수사관에게 제출한 고소장에 그대로 나타나 있다.

그 고소장에는 "피고소인(임찬용)은 2021. 9. 29.경 고소인(전상화)을 비방할 목적으로 인터넷 다음카페인 '관청피해자모임'(https://cafe.daum.net/gusuhoi)에 '이 카페지기님 구수회 교수나 변호사 전상화를 이 카페 임원에서 탈퇴시켜야 합니다. 그들은 이 카페에서 활동하면서 사법피해자를 구제한다는 명분을 삼아 자신들의 영업활동을 하고 있다는 의구심을 강하게 들게 하고 있습니다.', '사법피해자를 위한 공익 단체로 성장하려면 위 2항과 같이 이 카페 임원진들이 자신의 영리 목적을 위한 방편으로 운영될 것이 아니라'라고 허위의 사실을 적시하여 고소인의 명예를 훼손하고,"라고 기재되어 있다.

또 한편으로, 백번 양보하여 사법경찰관 의견대로 "검찰공무원 출신이라면서 법을 그렇게 모릅니까?"의 표현이 허위사실의 적시가 없이 "사람의 사회적 평가를 저하시킬 만한 추상적 판단이나 경멸적 감정 표현에 가까워 보인다."면 고소인에 대한 모욕죄는 분명하게 성립되지 않겠는가? 그런데 사법경찰관은 왜 이를 언급조차 하지 않는가?

생각해 보라!

① 고소인은 경력 면에서 약 28년간 검찰에 재직하면서 2007. 6. 1.경 사법시험만큼 어렵다는 '검찰사부관 주관식 승진시험'을 전국 2등의 성적으로 최종 합격한 후 서울고등검찰청에 제1차 발령을 받은 이래 서울중앙지검 조사과 제2호 수사사무관, 대전지검서산지청 수사과장, 서울동부지검 수사과 제1호 수사사무관을 거치면서 범죄와의 전쟁에서 항상 전국 검찰청 중 제1의 수사 실적을 거양해 왔다.

특히, 2012. 7.경 당시 검사가 2회에 걸쳐 무혐의 처분한 바 있는 금 54억 원 소송사기 등 피의사건(이하, '주관용사건')을 수사하여 주범 주관용에게 실형 4년을 선고받도록 한 수사성과를 올렸다.

그러나 이는 불행하게도 위 주관용사건의 무마를 통하여 당시 연 매출 3,000억 원 이상을 올리고 있던 ㈜에스코넥을 통째로 먹으려는 성영훈 일당(박근혜 정부 검사장 출신이자 주관용의 변호인인 성영훈과 그의 부하직원으로 근무한 적이 있는 비리 검사들)의 고소인에 대한 불법적인 감찰수사 착수 계기를 만들었고, 고소인은 그들로부터 2회에 걸쳐 약 1년 7개월간 처절할 정도로 불법적인 감찰 수사를 받아오면서 자살을 시도하다가 이에 실패한 후 결국 검찰조직을 떠날 수밖에 없었다.(이하, '검사비리사건')

이는 위 '검사비리사건'의 실체적 진실과 이를 정권 차원에서 은폐해 버린 '문재인 정권' 실세들의 범죄행위를 다룬 '정권교체'라는 책자로 발간되기에 이르렀으며, 그 결과 고소인으로서는 우리나라 사법정의 구현에 일익을 담당해 왔다고 자부하고 있다.

② 고소인의 학력 면을 살펴보더라도, 검찰 재직 당시인 1995. 2. 경 경희대학교 행정대학원에서 주경야독을 통하여 우리나라 형사법 최고 전문가이신 이재상 교수로부터 '우리나라 검찰제도의 문제점과 개선방안' 이라는 논문으로 석사학위를 받은 바 있다.

고소인의 학력과 경력 사항은 '고소인의 게시 글'은 물론 이 사건 고소장에 첨부되어 있는 '정권교체'라는 책자 표지만 보아도 쉽게 알 수 있다.

한편, 피의자는 위와 같은 학력과 경력을 보유한 고소인에게는 "검찰공무원 출신이라면서 법을 그렇게 모릅니까?"라고 인격 비하 발언을 서슴지 않으면서도, 이 사건 고소장 '핵심입증자료'에 따라 사건브로커이자 교수라는 직명까지 사칭하는 고도의 사기꾼에 불과한 구수회에게는 "교수님께서 전국의 사법피해자들을 이곳 카페에 모으신 것만 해도 존경받고 존중받아야 할 분입니다."라고 허위사실로 극찬하고 있다.(이 사건 고소장 주석 6 참조)

사법경찰관은 위와 같은 상황에 비추어볼 때 피의자가 고소인을 지목하여 "검찰공무원 출신이라면서 법을 그렇게 모릅니까?"라는 표현이 사회상규에 위배되지 않는 행위라고 판단하고 있다. 한마디로 고소인은 이러한 판단을 하고 있는 사법경찰관을 향하여 "미친개에게는 몽둥이가 약이다."라고 말해 주고 싶을 뿐이다.

'사법경찰관 불송치 이유 제2항' 중 '제2항 피의자의 변명'과 관련,

"피의자는 구수회가 카페지기로 있는 다음카페의 공동대표는 맞지만 구수회가 글을 게시하거나 댓글을 다는 행위에 대하여 전혀 관여한 바가 없으며, 구수회가 고소 내지 고발을 하였는지 전혀 알지 못한다고 진술

한다."라는 기재 부분과 관련, 이는 전혀 사실과 다르다.

그 이유는 앞서 '사건(사안)의 진상'에서 살펴본 바와 같이, 동전의 양면 관계에 있는 구수회와 선상화 또는 전상화와 구수회는 이 카페의 운영과 관련된 모든 불법행위와 관련, 각자의 불법행위에 대해서는 각자 책임을 져야 함은 물론이거니와 상대방의 불법행위에 대해서도 각자 인식하고 관리가 가능한 범위 내에서는 공동책임을 져야 하기 때문이다.

'사법경찰관 불송치 이유 제2항' 중 '제2항 사법경찰관의 판단 근거'와 관련,

"고소인의 주장 외 피의자와 구수회가 공모하였음을 입증할 자료가 전혀 없고, 실제 구수회가 수사기관에 고소 내지 고발한 사실이 전혀 확인되지 않고, 구수회가 고소 내지 고발에 대한 언급이 공포심을 생기게 할 만한 해악을 고지하였다고 보기 어렵고 달리 피의사실을 인정할 만한 증거가 없다."라는 기재 부분과 관련, 이는 구수회가 수사기관에 고소 내지 고발한 사실이 전혀 확인되지 않아 무고죄가 성립하지 않는다는 사실 외에는 전혀 인정하기 어렵다.

앞서 '사건(사안)의 진상' 항목에서 살펴본 바와 같이, 피의자와 구수회는 동전의 양면과 같이 이 카페의 운영과 관련된 불법행위와 관련, 각자의 불법행위에 대해서는 각자 책임을 져야 함은 물론이거니와 상대방의 불법행위에 대해서도 각자 인식하고 관리가 가능한 범위 내에서 공동책임을 져야 하는 것은 너무나도 당연한 법의 이치라는 사실에 비추어볼 때,

피의자는 구수회가 이 카페 게시판에 게시해 놓은 위 '구수회의 고소인에 대한 명예훼손, 협박죄 및 무고죄 게시 글'(이 사건 고소장 첨부 4)의 기재

부분에 대해서도 피의자가 인식하고 관리 가능한 범위에 해당하므로 구수회와 공동책임을 져야 한다.

또 사법경찰관이 작성한 "구수회가 고소 내지 고발에 대한 언급이 공포심을 생기게 할 만한 해악을 고지하였다고 보기 어렵고"라는 기재 부분은 서울서대문경찰서 사법경찰관 문경석 명의의 '구수회에 대한 불송치 이유' 기재 내용을 그대로 옮겨온 것인바, 이에 대한 고소인의 반박 역시 2022. 4. 4.자 구수회에 대한 불송치 결정 이의신청서 제14~17쪽에 기재된 내용을 그대로 인용하고자 한다.

아울러, 구수회의 협박죄 성립과 관련, 백번 양보하여 사법경찰관의 의견에 따라 공포심을 생기게 할 만한 해악을 고지하였다고 보기 어렵다고 인정하더라도, 이는 협박죄 미수범으로 처벌해야 하지 않겠는가?

왜 사법경찰관은 피의자의 협박 미수죄와 관련, 그 공범자인 구수회의 협박 미수죄에 대해서는 은폐해 버리는가?

⑭ 사법경찰관 '불송치 이유' 제3항 및 제4항에 대하여,

- 개요

사법경찰관은 위 'Ⅳ-가'항 중에서 "3. 피의자는 구수회와 공모하여 자격 없는 구수회가 카페 회원들에게 고소장 등의 서류를 작성해 주거나 법률상담 및 구수회의 알선으로 사건을 수임하여 법무사법위반 및 변호사법위반" 범죄 사실 및 "4. 피의자는 구수회와 공모하여 불상경 불상의 카페 회원으로부터 불상의 사건을 수임하여 불상의 방법으로 5억 원 이상의 금원을 편취하여 사기 및 특정경제범죄가중처벌 등에 관한 법률

위반(사기)" 범죄 사실에 대해서는 앞서 위 "Ⅲ. 이 사건의 성격 및 사법경찰관(경감 신혜선, 경위 신미영)의 은폐수사 방식" 항목에서 살펴본 바와 같이 전혀 수사를 진행하지 아니한 채 서울서대문경찰서 사법경찰관 문경석이 사용한 바 있는 "유체이탈, 동문서답형" 불송치 이유 작성 방식36)을 그대로 본받아 피의자 전상화에 대한 불송치 결정서(불송치 이유)를 허위 내용으로 작성해 버렸다.

즉, 이 사건 고소장에서는 고소인이 위 제3항 및 제4항의 범죄 사실을 확정 짓기 위하여 이 사건 '핵심입증자료'를 비롯한 피의자 및 구수회의 영업 입증자료 그리고 수차례에 걸친 구수회의 변호사법 위반 전과 내역을 제시하면서 피의자 및 구수회의 계좌는 물론 구수회가 변호사법 위반 시 사용해 왔던 그의 처 노재숙의 계좌까지 압수수색영장을 신청해 달라고 요구하였음에도 불구하고, 사법경찰관은 이에 대한 수사를 전혀 진행하지 아니한 채 자신의 직무유기 죄책을 모면하기 위해 엉뚱한 답변으로 일관하고 있다. 따라서 '불송치 이유' 제3항 및 제4항은 더 나아가 살펴볼 필요 없다. 다만, 사법경찰관이 허위 내용으로 작성한 제3항 및 제4항의 '불송치 이유' 중에서도 더 세부적인 허위 내용이 발견되므로 이 점에 대해서는 항을 바꿔 살펴본다.

- 각 세부 항목별 고소인의 반박

'사법경찰관 불송치 이유 제3항 및 제4항' 중 '제3항 및 제4항 피의자의 변명'과 관련,

"피의자는 변호사이고, 구수회는 행정사이며, 본 건 카페는 구수회가

---

36) 이 점에 대해서는 2022. 4. 4.자 구수회에 대한 불송치 결정 이의신청서 제8~24쪽 참조. [피의자 전상화에 대한 불송치 결정 이의신청서 '첨부(증거) 7']

2009년경부터 운영해 왔고, 피의자는 2019. 12.부터 공동대표를 하고 있는 것은 맞으나 피의자 외 공동대표가 20여 명에 이른다고 진술한다. 그러나 피의자는 카페 회원들을 상대로 영업활동을 한 적이 없고, 이 부분은 고소인의 명백한 무고 행위라고 진술한다. (이하, '제3항 피의자의 변명'이라고 함)"라는 기재 부분과 관련, 이는 명백한 허위 내용이다.

즉, 피의자 외 공동대표가 20여 명에 이른다는 피의자의 변명과 관련, 앞에서 수차례 확인한 바와 같이 구수회와 전상화는 동전의 양면처럼 이 카페를 실질적으로 이끌어왔고, 피의자 외 나머지 20여 명의 공동대표들은 구수회 및 전상화의 추종자들에 불과하다. 이 카페 회원들을 상대로 영업활동을 한 적이 없다는 피의자의 변명 또한 이 사건 고소장 '첨부 7' 및 '첨부 8'에 의해 배척되었다는 사실을 수차례 확인한 바 있다.

"피의자는 단톡방에서 구수회가 자료집 4호에 기재되어 있는 내용을 링크를 걸어 놓아 읽어본 적이 있지만 구수회에게 사실 여부를 확인한 적이 없고, 피의자가 카페 회원들을 상대로 사건을 수임하거나 돈을 받은 적이 전혀 없다며 고소인이 이와 같이 주장하는 근거를 제시해 달라는 주장이다. (이하, '제4항 피의자의 변명'이라고 함)"라는 기재 부분과 관련, 이 또한 명백한 허위 내용이다.

즉, 변호사 신분을 가진 피의자는 구수회가 이 카페 회원들을 상대로 광고해 온 '자료집 4호'('핵심입증자료', 이 사건 고소장 제16쪽)를 보고 난 다음, 구수회에 대해 변호사법을 위반해 오면서 사건브로커 역할을 수행해 온 범법자로 보지 않았다면, 이는 피의자의 정신 자체가 문제 있음을 의미한다.

그 이유는 '자료집 4호'에 나타난 구수회의 행위가 적법하게 이루어졌다면, 그로 인해 우리나라 변호사 및 법무사 제도는 물론, 변호사법 등 관련 법률의 효용가치가 아무런 의미가 없으므로 곧바로 폐기절차에 들어가야 하기 때문이다.

또 피의자는 카페 회원들을 상대로 사건을 수임하거나 돈을 받은 적이 전혀 없다고 변명하고 있다. 그러나 피의자 변명의 진위 여부를 확인하기 위해서라도 피의자에 대한 계좌 추적이 필요하다. 그 이유는 피의자가 이미 카페 회원들을 상대로 영업활동을 한 증거가 발견되었기 때문이다.

'사법경찰관 불송치 이유 제3항 및 제4항' 중 '제3항 및 제4항 사법경찰관의 판단 근거'와 관련,

"고소인의 주장 외 피의자와 구수회가 공모하여 카페 회원들을 상대로 법률사무를 수행하고 비용을 지불받는 등의 영업행위를 하였음을 입증할 자료가 전혀 없고, 구수회가 변호사법위반으로 처벌받은 전력이나 구수회가 작성한 자료집 4호 내지 관련 게시 글만으로 구수회가 법무사의 사무를 업으로 하였다거나 변호사인 피의자에게 사건 수임을 알선하였다고 볼 만한 증거가 부족하다. (이하, '제3항 사법경찰관의 판단 근거'라고 함)" 라는 기재 부분과 관련, 이는 명백한 허위 내용이다.

즉, 고소인은 사법경찰관이 '혐의없음' 판단 근거로 삼고 있는 위와 같은 주장들을 확인하고, 이에 터 잡아 피의자 및 구수회의 변호사법위반 등 이 사건 고소장에 기재되어 있는 범죄 사실을 확정 짓기 위해서라도 전상화 및 구수회, 구수회의 변호사법위반 범행 시 사용하였던 구수회의 처 노재숙의 계좌 추적까지 반드시 필요하다고 요구하고 있는데, 사법경찰관은 고소인의 요구와는 전혀 관련이 없는 유체이탈, 동문서답

답변만을 앵무새처럼 반복하고 있다.

다시 말하면, 사법경찰관은 피의자 및 구수회의 계좌 추적을 통한 형사처벌을 면해 주고, 동시에 자신들에 대한 직무유기 죄책까지 피하고자 위와 같이 일의 순서가 뒤바뀐 허위 주장들을 '피의자 전상화에 대한 불송치 결정서(불송치 이유)'에서 펼치고 있는 것이다.

"고소인의 주장 외 구수회가 법무사법위반 및 변호사법위반 행위를 하였는지에 대한 입증자료가 전혀 없고, 이에 대해 피의자가 구수회가 공모를 하였는지에 대한 입증자료 또한 없으며, 구수회 내지 피의자가 카페 회원들을 상대로 법률상담이나 법률사무를 처리하고 돈을 받았음을 입증할 자료가 전혀 없어 구수회 내지 피의자의 계좌 추적을 위한 압수수색검증영장이 발부될 가능성이 매우 희박해 보이고, 피의자에 대한 피의사실을 인정할 만한 증거가 없다. (이하, '제4항 사법경찰관의 판단 근거'라고 함)"라는 기재 부분과 관련, 이 또한 명백한 허위 내용이다.

즉, 고소인은 구수회가 변호사법을 위반하였다는 입증자료(정황증거)로써 '핵심입증자료'를 포함한 수많은 자료는 물론, 변호사법위반 판결문 등 전과자료를 제출해 왔으며, 피의자 또한 이 카페 회원들을 상대로 전화번호 및 계좌번호까지 기재된 명함을 내보이며 영업활동을 해온 사실을 입증시켰다.

그럼에도 불구하고, 사법경찰관은 구수회 내지 피의자의 계좌 추적용 압수수색영장을 신청할 경우 법원으로부터 발부될 가능성이 매우 희박하다는 궤변에 찬 억지 논리를 내세워 구수회 및 피의자에게 계좌 추적을 통한 형사처벌을 면해 주기 위해 사법경찰관 불송치 이유 제3항 및 제4항에 기재된 변호사법위반 등 모든 범죄 사실을 은폐해 버렸다.

만에 하나 사법경찰관이 신청한 계좌 추적용 압수수색영장이 법원에서 기각될 경우 이는 수사를 잘못한 사법경찰관 자신의 무능을 탓해야지, 왜 법원을 탓하고 있는가?

사법경찰관이 피의자 및 구수회에 대한 계좌 추적용 압수수색영장을 의도적으로 신청하지 않는 상황에서 그에 대한 변명치고는 너무나도 치졸하고도 옹색하기 그지없다.

이는 한마디로 범죄 수사업무에 충실하라고 국가로부터 급여와 권한을 동시에 부여받은 사법경찰관이 증거관계가 확실한 범죄 피의자와 공모하여 중대한 범죄 사실을 은폐해 버렸음을 의미한다.

이제는 고소인으로서 바람이 있다면 이 사건 고소장에 기재된 바와 같이 서울성북경찰서를 관할하는 서울북부지방검찰청이 직접 나서서 이 사건 피의자는 물론 공범 관계에 있는 구수회, 구수회가 변호사법위반 범행 시 사용하였던 그의 처 노재숙의 계좌까지 계좌 추적을 실시하여 '사법경찰관 불송치 이유 제3항 및 제4항'에서 언급되고 있는 변호사법위반 등 모든 범죄 구성요건 및 규모 등을 확정 지어 주기를 바랄 뿐이다.

Ⅴ. 앞으로의 추진 계획

· 고소인이 제출한 2022. 4. 4.자 '구수회에 대한 불송치(각하) 결정 이의신청서' 처분과 관련, 서울서부지방검찰청 검사 이주훈은 위 이의신청서에 대한 수사를 전혀 진행하지 않은 채 약 50일가량 자신의 캐비닛에 처박아놓았다가 2022. 5. 27.경에 이르러 서울서부경찰서 사법경찰관 문경석이 100% 허위 내용으로 작성한 2022. 3. 22.자 '구수회에 대한

불송치(각하) 결정서'를 그대로 인용한 수법을 통해 구수회에 대한 모든 범죄 사실을 은폐해 버렸다. 〔첨부(입증)자료 10〕

이로써 이 사건 고소장에 기재된 구수회의 모든 범죄 사실은 서울서부경찰서와 서울서부지방검찰청이 서로 짜고 은폐한 사실이 확인되었다.

조만간 이 같은 사실을 언론에 그대로 보도할 것이며, 이주훈 검사 및 그의 결재권자를 사법경찰관 문경식 및 그의 결재권자와 마찬가지로 (고소인에 대한) 직권남용권리행사방해죄, 직무유기죄, 허위공문서작성죄 및 동 행사죄 등으로 공수처에 고소할 예정이다.

· 아울러, 이 사건 중 전상화에 대한 불송치 결정서(불송치 이유)를 허위 내용으로 작성하여 이 사건을 은폐해 버린 사법경찰관 신미영 및 신혜선은 물론 그들의 결재라인에 있는 성명불상 상사에 대해서도 위 'Ⅱ - 나항' 범죄 사실에 더하여 검찰에 추가 고소하고,

고소인이 작성한 이 사건 중 피의자 전상화에 대한 불송치 결정 이의신청서를 언론에 그대로 기사화하고, 제3의 책자 발간을 통하여 국민들에게 그대로 알림으로써 다시는 이 땅에 사법경찰관의 뭉개기식 은폐 수사라는 썩은 관행에 터 잡아 제2, 제3의 형사사법 피해자가 발생하지 않게끔 최선을 다할 계획이다.

첨부(입증)자료

1. 2022. 4.초경 모 신문사 이 모 기자로부터 입수한 구수회 카톡 내용 1부.
2. 2021. 10. 5.자 '임찬용 고소장(이 사건 고소장)'과 첨부(입증)자료 1~8.(기 제출, 생략)
3. 2021. 10. 26.자 '고소인 진술서(추가고소 포함)'와 첨부(입증)자료 1~3.(기 제출, 생략)
4. 2021. 10. 28.자 '고소인 의견서' 1부(기 제출, 생략)
5. 2021. 10. 29.자 '제2차 고소인 의견서' 1부(기 제출, 생략)
6. 2022. 3. 22.자 '(구수회에 대한) 불송치 결정서' 1부
 (아래 '첨부 7'에 포함되어 있으므로 생략)
7. 2022. 4. 4.자 '(구수회에 대한) 불송치 결정 이의신청서'와 첨부(입증)자료 1~6.
8. 2022. 4. 20.자 '(전상화에 대한) 무고죄 고소장'과 첨부(입증)자료 1~4. 〔단, 첨부(입증)자료 1, 3, 4는 다른 항목 자료와 중복되므로 생략〕
9. 2022. 4. 27.자 '피고소인(임찬용) 의견서' 1부.
10. 2022. 5. 27.자 서울서부지검 검사 이주훈 명의의 '구수회에 대한 불기소결정서' 1부. 끝.

2022. 6. 3.

고소인　임 찬 용 (인)

서울성북경찰서장 귀하

【첨부 12】 2022. 6. 13.자 피의자 전상화에 대한 불기소결정서

			불기소 사건기록 및 불기소 결정서	보 존	제 질 제 호 년	
부장검사	차장검사	검사장	서울북부지방검찰청	공 소 시 효	장기	
					단기	
				재 기		

검사 이정호는 아래와 같이 불기소 결정을 한다.

2022년 형제18690호	결 정	2022. 6. 13.	검사	이정호	(인)
피 의 자	죄 명		주 문		
전상화	별첨 첨부		혐의없음(증거불충분)		

피의사실과 불기소이유는 사법경찰관이 작성한 불송치결정서(기록 제2권 제1쪽)에 기재된 내용과 같음

부 수 처 분 석방지휘/소재수사지휘/지명수배(통보),해제	명 령	집 행	인
압 수 물 처 분 가환부대로본환부/제출인환부/피해자환부/보관/폐기/국고귀속	명 령	집 행	인

비 고
※ 검사가 불기소결정시 인용한 '사법경찰관이 작성한 불송치결정서'는 오프라인 문서인 관계로 시스템상 첨부가 불가능하니, 불송치결정서가 필요한 경우 가까운 검찰청을 직접 방문하여 신청하시기 바랍니다.

집 행		사 건		압 수		결과통지	

본 증명서는 인터넷으로 발급되었으며 형사사법포털 홈페이지(www.kics.go.kr)의 발급문서 진위확인 메뉴를

죄　명

가. 정보통신망이용촉진및정보보호등에관한법률위반(명예훼손)교사
나. 무고
다. 협박
라. 법무사법위반
마. 변호사법위반
바. 특정경제범죄가중처벌등에관한법률위반(사기)

【첨부 13】 2022. 6. 20.자 피의자 전상화에 대한 항고장

항 고 장

항고인 〔고소인·(고발인)〕 : 임찬용
- 주 소 : 경기도 성남시 수정구 복정로96번길 20, 000호
- 전화번호 : 010-5313-0000

피항고인 〔피의자·피고소인·(피고발인)〕 : 전상화

서울북부지방검찰청 검사 이정호는 2022. 6. 13. 피고소인 전상화에 대한 서울북부지방검찰청 2022년 형제 18690호 변호사법위반 등 피의사건(이하, '이 사건')을 의도적으로 은폐하기 위해 허위 내용으로 작성된 사법경찰관 신혜선 명의의 '불송치(혐의없음) 결정서(불송치 이유)'를 그대로 인용한 수법을 통해 불기소처분(혐의없음)을 결정하였던바, 그 결정은 범죄행위에 해당된다고 판단되므로 이에 불복하여 항고를 제기합니다.

- 항고 이유 -

1. 사법경찰관들의 이 사건 은폐·조작 수사[37]

서울성북경찰서 사법경찰관 신미영, 신혜선과 그의 결재권자는 피고소인 전상화(이하, '피의자')에게 형사처벌을 면해 줄 목적으로 오로지 뭉개기식 수사 및 은폐·축소 수사로 일관해 오면서 피의자에 대해 단

---

[37] 이 항목과 관련하여 보다 자세한 내용은 고소인이 이미 제출한 2022. 6. 3.자 '전상화에 대한 불송치(혐의없음) 결정 이의신청서'를 참조하기 바람.

한 차례 면피용 소환조사를 거쳐 이 사건 고소장에 첨부된 증거관계를 왜곡함은 물론 편협하고도 임의적으로 법리를 적용함으로써, 의도적으로 불송치(혐의없음) 결정을 해버렸습니다.

한편, 이 사건 고소장 기재 내용과 관련, 2022. 6. 5.자 LPN로컬파워뉴스 제1면 "윤석열 정부의 검·경이 새 출발부터 뿌리째 썩어들어가고 있다!!"라는 제하의 기사에 게재된 이 사건 ('관피모사건') 주요 요지는 다음과 같습니다. (첨부 1)

- 다 음 -

피고소인 구수회, 피고소인 전상화는 2019. 12.경부터 '관청피해자모임'(이하, '이 카페')을 실질적으로 공동 운영해 오면서,

① 이 카페 운영의 문제점과 앞으로 이 카페가 나아가야 할 방향을 제시한 고소인의 충정 어린 비판 글과 관련, 이 카페 게시판을 통하여 허위사실에 의한 고소인의 명예를 훼손하고, 오히려 고소인을 고소(고발)하겠다며 협박하였다.

② 약 만 명가량의 수많은 이 카페 회원들에게 사법피해를 구제해 준다는 미명하에 검찰 및 법원에 대한 적대적 관계를 형성하도록 조장해 오면서 수년간 불법적인 법률영업에 종사해 왔다.

특히, 2008년경 이 카페를 설립한 행정사 구수회는 2020. 4. 14. 11:06.경 이 카페 자유게시판에 게시해 놓은 '핵심입증자료'에 의하면, "변호사가 해야 할 일 90%는 행정사가 가능", "행정사 20년 하면서 행정심판 1,900건 수임 진행하였고, 행정사 수수료 1억을 5번 받았다.",

"무혐의 된 고소를 행정심판으로 살린다. 재개발 조합장을 징역 보내는 방법, 대법원 패소된 사건을 행정사가 살린다."며 자신의 과거 행적에서 민·형사 사건브로커 역할을 해왔음을 그대로 드러내 보이고 있다.

또 변호사 신분인 전상화는 2019. 12. 25.경 이 카페 회원들에게 관사 호화 리모델링 혐의를 받고 있는 대법원장을 상대로 대규모 시위를 조장하면서, 자신의 연락처는 물론 계좌번호까지 기재된 명함을 제시하는 등 노골적인 사건 수임 호객행위를 하고 있다. 즉 자신의 돈벌이용 법률영업을 위해서라면 사회적 불안 조성도 서슴지 않는 무서운 사람이었다. 〔고소장 첨부 자료 7〕

이에, 고소인은 구수회 및 전상화가 이 카페 변칙적 운영에 따른 법률 영업 등 사건 수임의 규모를 파악하고, 그에 따른 변호사법위반 및 사기죄 등의 죄책, 더 나아가 피해자의 구제를 위한 피해 규모를 확정 짓고자, 이 카페 설립 시점인 2008. 1. 29.경부터 현재에 이르기까지 구수회 및 전상화의 계좌는 물론 구수회가 과거 변호사법위반 범행 시 사용하였던 그의 처 노재숙의 계좌까지 추적해 줄 것을 경찰에 강력하게 요구하였다.

즉, 필자는 구수회 및 전상화에 대해 이 카페를 동전의 양면과 같이 실질적으로 공동 운영해 오고 있다는 점, 약 만 명에 가까운 대규모 회원들을 모조리 사법피해자로 둔갑시켜 검찰 및 법원에 적대감을 형성시키고, 이에 터 잡아 법률영업을 함께 해 오고 있다는 점, 특히 전상화는 '변호사법 제24조'에 규정된 품위유지의무 등을 망각한 채 위 '핵심입증자료'에서 확인한 바와 같이 '교수'라는 자격을 사칭하면서 '사건브로커' 및 '사기꾼' 역할을 해오고 있던 구수회를 '교수님'이라고 호칭하면서 구수회의 변호사법위반 등의 범죄행위에는 눈을 감고 그에 따른 이익을 공유하면서 자신도 이 카페 회원들을 상대로 법률영업을 해오고 있다는 점 등을 근거로 삼아 공동정범에 의한 정보통신보호법상 명예훼손죄, 무고죄, 협박죄, 특정경제범죄법상 사기죄(또는 사기죄), 변호사법위반 등으로 대검찰청에 고소하였다.

상황이 위와 같음에도 서울성북경찰서 신미영, 신혜선 등 사법경찰관들은 범죄를 수사하여 사회악을 뿌리 뽑아야 하겠다는 사명감을 망각한 채 피의자에게 계좌 추적을 면해 주기 위해 이 사건 고소장에 첨부된 피의자 및 구수회, 구수회의 처 노재숙에 대한 계좌 추적 필요성과 관련된 모든 입증자료들을 깡그리 휴지통에 던져버리고는 자신들의 명의로 작성된 '불송치 이유'라는 공문서에서는 유체이탈·동문서답 기재 방식을 사용하여 "고소인의 주장 외 피의자와 구수회가 공모하여 카페 회원들을 상대로 법률사무를 수행하고 비용을 지불받는 등의 영업행위를 하였음을 입증할 자료가 전혀 없고, 구수회가 변호사법위반으로 처벌받은 전력이나 구수회가 작성한 '자료집 4호' 내지 관련 게시 글만으로 구수회가 법무사의 사무를 업으로 하였다거나 변호사인 피의자에게 사건 수임을 알선하였다고 볼 만한 증거가 부족하다."[38], "고소인의 주장 외 구수회가

---

[38] 이 카페 자유게시판에 게시해 놓은 2020. 4. 14.자 '자료집 4호'에는 행정사 신분인 구수회가 "변호사가 해야 할 일 90%는 행정사가 가능", "대법원 패소된 사건을 행정사가 살린다."며 "행정사 20년 하면서 행정심판 1,900건 수임 진행 하였고, 행정사 수수료 1억 5번을 받았다."라고 이 카페 회원들에게 선전하고 있다.

그렇다면, 이 같은 선전 내용이 사실인지 아닌지 확인하기 위해서는 구수회에 대한 소환조사가 절대적으로 필요하고, 그 진술의 신빙성을 확인하기 위해서는 당연히 구수회를 포함한 동업자 피의자의 계좌 추적은 필수적인 수사사항에 해당된다.

그럼에도 불구하고, 서울서대문경찰서 및 서울성북경찰서 사법경찰관들은 서로 짜고 이러한 범죄혐의(이 사건 불송치 이유 제3항 및 제4항)에 대해서는 수사 착수조차 하지 않았다.

법무사법위반 및 변호사법위반 행위를 하였는지에 대한 입증자료가 전혀 없고, 이에 대해 피의자가 구수회와 공모하였는지에 대한 입증자료 또한 없으며, 구수회 내지 피의자가 카페 회원들을 상대로 법률상담이나 법률사무를 처리하고 돈을 받았음을 입증할 자료가 전혀 없어 구수회 내지 피의자의 계좌 추적을 위한 압수수색검증영장이 발부될 가능성이 매우 희박해 보이고, 피의자에 대한 피의사실을 인정할 만한 증거가 없다."라는 허위 내용을 기재해 놓고 있습니다.

한마디로 말하면 사법경찰관들은 이 사건 '불송치 이유' 중 제3항 및 제4항과 관련하여, 이 사건 고소장에서 요구하고 있는 구수회 및 피의자의 계좌는 물론 구수회가 과거 변호사법위반 범행 시 사용하였던 구수회의 처 노재숙의 계좌를 추적하지 않았다면, 그 이유가 무엇인지 자세하게 기재했어야 했습니다.

그럼에도 불구하고, 사법경찰관들은 피의자 및 구수회는 물론 구수회가 과거 수차례 변호사법위반 범행 시 사용하였던 구수회의 처 노재숙의 계좌에 대한 추적을 면해 줌과 동시에, 이를 통한 피의자 및 구수회의 위 3항 및 4항과 관련된 범죄행위를 면해 주고, 그들의 계좌 추적 과정에서 발생할 개연성이 있는 또다른 공범자 및 배후세력의 등장을 막기 위하여, 더 나아가 사법경찰관 본인들이 계좌 추적 미실시에 따른 직무유기 죄책 부분을 면할 목적으로 위와 같이 유체이탈·동문서답 기재 방식의 불기소 이유를 장황하게 늘어놓고 있습니다. 이와 같은 기재 방식은 서울서대문경찰서 사법경찰관 문경식 명의의 2022. 3. 22.자 '구수회에 대한 불송치 결정서' 기재 방식을 그대로 보고 베낀 것입니다.[39],[40]

---

39) 2022. 3. 22.자 '구수회에 대한 불송치(각하) 결정서'(첨부 2)

40) 2022. 4. 4.자 '구수회에 대한 불송치(각하) 결정 이의신청서'(첨부 3)

이 사건에 있어서, 피의자 및 구수회가 수년간 약 만 명에 가까운 회원들을 상대로 검찰 및 법원에 적대감을 형성시킨 후 이에 터 잡아 법률영업을 해오고 있다는 점, 구수회의 자백에 가까운 이 사건 '핵심 입증자료'만 보더라도 구수회는 교수라는 자격을 사칭해 오면서 행정심판 명목으로 1,900건의 사건을 수임했고, 수수료 명목으로 건당 1억 원씩 5억 원의 거금까지 챙겨왔다는 점, 구수회의 과거 변호사법위반 전력이 3회에 이르고 있다는 점 등을 감안해 볼 때, 이에 대한 수사 착수조차 하지 않았다면 이는 우리나라 사법경찰관이 존재할 필요가 없으며, 앞으로 어떠한 사건이라고 할지라도 수사 착수 및 그에 따른 압수수색영장을 신청할 경우, 이 사건과 견주어 볼 때 사법경찰관의 과잉수사, 편파수사, 보복수사, 청탁수사 등 모든 유형의 불법수사에 해당함은 두말할 필요가 없습니다.

또 신미영, 신혜선 등 사법경찰관들은 '불기소 이유 제4항' 마지막 부분에서 순간적으로나마 피의자의 계좌 추적을 실시하지 않는 이유에 대해 '압수수색검증영장의 발부가능성이 희박하다.'는 취지의 주장을 늘어놓고 있습니다.

그러나 이는 고소인이 제출한 압수수색영장 신청에 필요한 서류에 대해서는 단 한마디도 언급하지 않고 있고, 실제적으로 압수수색영장 신청마저도 하지 않는 상황에서 자신들의 직무유기 죄책 부분을 회피하기 위해 자신들의 잘못을 엉뚱한 법원의 탓으로 돌려버리는 무책임의 극치를 보여주고 있습니다.

즉, 사법경찰관들이 법원의 영장기각이 두려워 적법절차에 따른 실체적 진실 발견을 위한 수사업무까지 포기해 버렸다면, 이는 사법경찰관의 자격조차 없는 사람들입니다. 범죄 혐의자를 수사해야 할 사법경찰관들이 도망가는 도둑을 보고도 체포하지 않고 구경하는 꼴입니다.

2. 주임검사 이정호의 이 사건 은폐수사

주임검사 이정호는 위 1항에서 살펴본 바와 같이, 사법경찰관들의 이 사건 은폐수사에 동조하는 처분을 하고 말았습니다.

즉, 검사 이정호는 고소인이 제출한 2022. 6. 3.자 '전상화에 대한 불송치(혐의없음) 결정 이의신청서'에 대한 수사를 전혀 진행하지 않은 채 관련 사건기록을 자신의 캐비닛에 처박아놓았다가, 2022. 6. 13.경 서울성북경찰서 사법경찰관 신혜선이 허위 내용으로 작성한 2022. 4. 27.자 '전상화에 대한 불송치(혐의없음) 결정서'를 그대로 인용한 수법을 통해 전상화에 대한 모든 범죄 사실을 은폐해 버렸습니다.[41]

이는 선택적 수사기법을 통한 중대 범죄로써, 서울서대문경찰서 사법경찰관 문경식과 그의 결재권자 그리고 서울성북경찰서 사법경찰관 신미영, 신혜선 및 그들의 결재권자와 마찬가지로, (고소인에 대한) 직권남용권리행사방해죄, 허위공문서작성죄 및 동 행사죄, 직무유기죄의 죄책에 해당되고 있습니다.[42]

3. 항고청인 서울고등검찰청 검사장에 대한 요구사항

고소인이 이미 제출한 2022. 6. 3.자 '전상화에 대한 불송치 결정 이의신청서'에 기재된 바와 같이, 항고청에서는 이 사건의 중대성과 재범의 위험성, 사회적 파급효과, 구수회와 경찰과의 유착관계 의혹

---

41) 이와 관련된 신문기사로는 2022. 6. 17.자 "범죄단체 조직으로 변해 버린 윤석열 정부의 검찰과 경찰!!" 제하의 LPN로컬파워뉴스 신문기사 1부.(첨부 4)

42) 이와 관련된 신문기사로는 앞서 살펴본 바 있는 2022. 6. 5.자 "윤석열 정부의 검·경이 새 출발부터 뿌리째 썩어들어가고 있다!!" 제하의 LPN로컬파워뉴스 신문기사 1부.(첨부 1)

등을 고려하여 변호사법위반 등과 관련된 범죄 사실에 대해서는 직접 수사에 착수하여 피의자 및 공범 관계에 있는 구수회는 물론, 구수회의 변호사법 위반시 사용하였던 구수회의 처 노재숙에 대한 계좌까지 철저하게 추적하여 변호사법위반은 물론 특정법상 사기죄 또는 사기죄의 죄책 부분까지 확정해 주시고, 증거관계가 명백하고 고소인이 처벌을 원하고 있는 정보통신망법상 허위사실에 의한 명예훼손 범죄 사실에 대해서는 기소가 이루어질 수 있도록 서울북부지방검찰청에 기소명령을 내려주기 바랍니다.

첨부 1. 2022. 6. 5.자 LPN로컬파워뉴스 인터넷신문기사 1부.
   2. 2022. 3. 22.자 '구수회에 대한 불송치(각하) 결정서' 1부.
   3. 2022. 4. 4.자 '구수회에 대한 불송치(각하) 결정 이의신청서' 1부.
   4. 2022. 6. 17.자 LPN로컬파워뉴스 인터넷신문기사 1부.
                      끝.

2022. 6. 20.

위 항고인 [고소인(고발인)] 임 찬 용 (인)

서울고등검찰청 검사장 귀하

【첨부 14】 2022. 8. 2.자 피의자 전상화에 대한 항고기각 결정문

서울고등검찰청
주　소 : 서울특별시 서초구 반포대로 172
전화번호 : 1301

받는사람

경기도 성남시 수정구 복정로96번길 20-0 (복정동)

임찬용 귀하
13112

서울고등검찰청
(1301)

2022. 8. 2.
수　신　임찬용　　　　　　　귀하　발　신　서울고등검찰청

제　목　**항고사건 결정통지**　　　검　사　이준엽　　이준엽

전상화에 대한 항고사건에 관하여 아래와 같이 결정하였으므로 통지합니다.

결 정	사 건 번 호	2022 고불항 제 2726호 <서울북부지방검찰청 2022 형제 18690호>
	년 월 일	2022. 8. 2.
	결　과	결정주문 : 별첨참조
		이　유 : 별첨참조

비　고

항고기각 결정에 대하여 이의가 있을 경우에는
① 고소인 및 「형법」 제123조부터 제126조까지의 죄, 「공직선거법」 제273조에 정한 죄 등에 대한 일부 고발인은 이 통지서를 받은 날부터 10일 이내에 관할 고등법원에 재정신청을 ② 그 밖의 고발인은 이 통지서를 받은 날부터 30일 이내에 대검찰청에 재항고(「검찰청법」 제 10조제3항)를 각각 할 수 있으며, 위 기간 안에 재정신청서는 불기소결정청(지방검찰청 또는 지청)에, 재항고장은 우리청에 각각 제출하면 됩니다.

[별첨첨부]

결정주문
  항고기각

이 유
이 항고사건의 피의사실 및 불기소 이유의 요지는 불기소처분 검사의 불기소 결정서 기재와 같아 이를 원용하고, 항고청 담당검사가 새로이 기록을 살펴보아도 원 불기소처분이 부당하다고 인정할 자료를 발견할 수 없으므로 주문과 같이 결정한다.

안 내 문

■ 재정신청

1. 의의
고소권자로서 고소를 한 자(형법 제123조부터 제126조까지의 죄에 대하여는 고발을 한 자 포함)는 검사로부터 공소를 제기하지 아니한다는 통지를 받은 때에는 그 검사 소속의 지방검찰청 소재지를 관할하는 고등법원에 그 당부에 관한 재정을 신청할 수 있는 제도입니다.

2. 신청 및 절차
가. 신청권자
- 범죄피해자 등 형사소송법상 고소권자로서 고소한 자
  ※ 형소법상 고소권자 : ① 피해자(제223조), ② 피해자의 법정대리인(제225조 제1항), ③ 피해자의 법정대리인이 피의자이거나, 법정대리인의 친족이 피의자인 때에는 피해자의 친족(제226조), ④ 피해자가 사망한 때에는 그 배우자·직계친족 또는 형제자매등(제225조 제2항), ⑤ 사자의 명예를 훼손한 범죄에 대하여는 그 친족 또는 자손(제227조), ⑥ 친고죄에 관하여 고소할 자가 없는 경우에 이해관계인의 신청이 있으면 검사는 10일 이내에 고소할 수 있는 자를 지정하여 고소권자가 된 자(제228조)
- 형법 제123조(직권남용권리행사방해), 제124조(직권남용체포, 직권남용감금), 제125조(독직폭행, 독직가혹행위), 제126조(피의사실공표), 「공직선거법」제273조(재정신청)에 정한 죄 등에 대한 고발인

※ 재정신청권자는 재항고를 할 수 없습니다.

나. 처리절차
- 항고기각 결정을 통지받은 날로부터 10일 이내에 불기소처분을 한 지방검찰청의 검사장 또는 지청장에게 재정신청서를 제출하여야 합니다. 재정신청서에는 재정신청을 이유있게 하는 사유를 기재하여야 함을 유의하십시오.
- 지방검찰청 또는 지청에서는 재정신청서 및 수사관계서류 등을 고등검찰청을 경유하여 관할 고등법원에 송부하며, 송부받은 고등법원은 3개월 이내에 결정을 하게 됩니다.

(통지서 수령 → 수령일로부터 10일 이내 불기소처분 검찰청에 재정신청서 제출 → 고등검찰청 경유 → 고등법원)

3. 비용부담
재정신청의 기각결정 등 일정한 경우, 재정신청인에게 비용을 부담하게 할 수 있고(형사소송법 제262조의3, 형사소송규칙 제122조의2, 제122조의4), 그 내용은 다음과 같습니다.
- 증인·감정인·통역인·번역인에게 지급되는 일당·여비·숙박료·감정료·통역료·번역료
- 현장검증 등을 위한 법관, 법원사무관 등의 출장경비
- 그 밖에 재정신청 사건의 심리를 위하여 법원이 지출한 송달료 등 절차진행에 필요한 비용
- 피의자 또는 변호인이 출석함에 필요한 일당·여비·숙박료
- 피의자가 변호인에게 부담하였거나 부담하여야 할 선임료
- 기타 재정신청 사건의 절차에서 피의자가 지출한 비용으로 법원이 피의자 방어권행사에 필요하다고 인정한 비용

■ 재항고

1. 의의
항고를 한 고발인(재정신청 가능한 고발인 제외)이 검사의 항고기각 처분에 불복하는 경우에 그 검사가 속한 고등검찰청을 거쳐 서면으로 검찰총장에게 다시 항고할 수 있는 제도입니다.

2. 신청 및 절차
가. 신청권자
- 고발인(예 : 뇌물공여 등 고발인과 같이 범죄의 피해자가 아닌 자)

나. 처리절차
- 항고기각 결정을 통지받은 날로부터 30일 이내에 관할고등검찰청에 재항고장을 제출할 수 있으며, 재항고장을 접수받은 관할고등검찰청은 대검찰청에 송부하고, 대검찰청은 이에 대한 최종 결정을 하게 됩니다.

(통지서 수령 → 수령일로부터 30일 이내 관할고등검찰청에 재항고장 제출 → 대검찰청)

【첨부 15】 2022. 4. 20.자 사법경찰관 문경석, 신미영 등에 대한 고소장

고소장

(고소장 기재사항 중 * 표시된 항목은 반드시 기재하여야 합니다.)

1. 고소인*

성 명 (상호·대표자)	임 찬 용	주민등록번호 (법인등록번호)	590410-0000000
주 소 (주사무소 소재지)	경기도 성남시 수정구 복정로96번길 20, 000호 (복정동)		
직 업	LPN로컬파워뉴스 법조팀장 (前 검찰수사과장)	사무실 주소	서울시 강남구 노현로94길 13 (역삼동) 예일패트빌딩 4층
전 화	(휴대폰) 010-5313-0000 (자택) (사무실)		
이메일			
대리인에 의한 고소	□ 법정대리인 (성명 : , 연락처) □ 고소대리인 (성명 : 변호사 , 연락처)		

※ 고소인이 법인 또는 단체인 경우에는 상호 또는 단체명, 대표자, 법인등록번호 (또는 사업자 등록번호), 주된 사무소의 소재지, 전화 등 연락처를 기재해야 하며, 법인의 경우에는 법인등기부 등본이 첨부되어야 합니다.

※ 미성년자의 친권자 등 법정대리인이 고소하는 경우 및 변호사에 의한 고소대리의 경우 법정대리인 관계, 변호사 선임을 증명할 수 있는 서류를 첨부하시기 바랍니다.

2. 피고소인

가. 성명 : 문경석 외 ○○○, ○○○ 등 성명불상[43]
　　주민등록번호 : 불상
　　주소 : 불상
　　직업 : 서울서대문경찰서 (경제범죄수사1팀) 소속 사법경찰관
　　전화 : (휴대폰) 010-3571-0000
　　이메일 : 미상

나. 성명 : 전상화
　　주민등록번호 : 불상
　　주소 : 불상
　　직업 : 변호사 겸 관청피해자모임 공동대표
　　사무실 주소 : 서울시 종로구 종로5가 182-4 홍일빌딩 5층
　　전화 : (휴대폰) 010-8717-0000
　　이메일 : 미상

다. 성명 : 신미영 외 ○○○, ○○○ 등 성명불상[44]
　　주민등록번호 : 불상
　　주소 : 불상
　　직업 : 서울성북경찰서 (경제범죄수사2팀) 소속 사법경찰관
　　전화 : (사무실) 02-920-0000
　　이메일 : noran@police.go.kr

---

43) ○○○ 등 성명불상은 문경석의 결재라인에 있는 경찰간부들임.

44) ○○○ 등 성명불상은 신미영의 결재라인에 있는 경찰간부들임.

3. 고소취지*

(죄명 및 피고소인에 대한 처벌의사 기재)

고소인은 피고소인 문경석 및 그의 결재라인에 있는 성명불상에 대해서는 직권남용권리행사방해죄, 허위공문서작성죄 및 동 행사죄, 직무유기죄로, 피고소인 전상화에 대해서는 무고죄로, 피고소인 신미영 및 그의 결재라인에 있는 성명불상에 대해서는 직권남용죄 및 직무유기죄로 각각 고소하오니 엄히 처벌하여 주시기 바랍니다.

4. 범죄 사실*

【이 사건 배경】

고소인은 2021. 10. 5. 인터넷 다음카페인 '관청피해자모임'(이하, '이 카페') 카페지기 구수회 및 공동대표 전상화를 피고소인으로 하는 고소장(이하, '임찬용 고소장')을 작성하여 대검찰청에 제출하였다.[45]

---

45) 고소인이 최근 검·경수사권 조정에 따라 경찰 전속 수사 대상에 속하는 '임찬용 고소장'을 거주지 관할 성남수정경찰서에 제출하지 아니하고, 굳이 대검찰청에 제출하였던 이유로는 ① '임찬용 고소장' 범죄 사실 중 '3. 법무사법위반, 변호사법위반, 사기죄 또는 특정경제범죄위반' 항목에서 살펴본 바와 같이, 구수회 및 전상화가 이 카페를 실질적으로 이끌어오면서 약 만 명에 가까운 이 카페 회원들을 예외 없이 사법피해자로 둔갑시켜 검찰 및 법원에 적대감을 형성시키고, 이에 터 잡아 불법적인 법률영업을 해왔던 정황이 명백하게 입증되고 있는 상황에 비추어볼 때, 이는 형식적으로 개인적 법익을 침해하는 범죄라기보다는 실질적으로 사법 불신을 조장하고, 사회안정을 해치는 사회적 법익을 침해하는 범죄로써 경찰보다는 검찰에서 수사함이 상당하다고 판단했다는 점, ② 구수회는 수년 전부터 전·현직 경찰간부들을 상대로 행정사 강의를 해오면서 경찰 인맥을 쌓아왔던 관계로 자신에 대한 경찰수사를 은폐해 버리는 우려가 상존하였다는 점에 있었다. 〔이 ②항에 대해서는 후술하는 '2022. 4. 4.자 구수회에 대한 불송치 결정 이의신청서 주석 2' 및 2022. 4.초경 모 신문사 이 모 기자로부터 입수한 구수회 카톡 내용 1부〔이 사건 첨부(증거)자료 1〕, 각 참조〕

그런데 불행하게도 위 ②항의 우려대로 후술하는 바와 같이 2022. 3. 22. 서울서대문경찰서 사법경찰관 문경석은 '피의자 구수회에 대한 불송치 결정서'를

- '임찬용 고소장' 범죄 사실 요지 -

피고소인 구수회, 피고소인 전상화는 이 카페를 실질적으로 공동 운영해 오면서,

① 이 카페 운영의 문제점과 앞으로 이 카페가 나아가야 할 방향을 제시한 고소인의 충정 어린 비판 글과 관련, 이 카페 게시판을 통하여 허위사실에 의한 고소인의 명예를 훼손하고, 오히려 고소인을 고소(고발)하겠다며 협박하였다.

② 약 만 명가량의 수많은 이 카페 회원들에게 사법피해를 구제해 준다는 미명하에 검찰 및 법원에 대한 적대적 관계를 형성하도록 조장해 오면서 수년간 불법적인 법률영업에 종사해 왔다.

특히, 구수회는 2020. 4. 14. 11:06.경 이 카페 자유게시판에 게시해 놓은 '핵심입증자료'에 의하면, "변호사가 해야 할 일 90%는 행정사가 가능", "행정사 20년 하면서 행정심판 1,900건 수임 진행하였고, 행정사 수수료 1억을 5번 받았다.", "무혐의 된 고소를 행정심판으로 살린다. 재개발 조합장을 징역 보내는 방법, 대법원 패소된 사건을 행정사가 살린다."며 자신의 과거 행적에서 민·형사 사건브로커 역할을 해왔음을 그대로 드러내 보이고 있다.

또 전상화는 2019. 12. 25.경 이 카페 회원들에게 관사 호화 리모델링 혐의를 받고 있는 대법원장을 상대로 대규모 시위를 조장하면서, 그들을

허위 내용으로 작성하는 수법을 통해 사건을 은폐해 버렸다. 특히, 고소인이 나중에 확인해 본 바로는 '임찬용 고소장' 범죄 사실 중 '3. 법무사법위반, 변호사법위반, 사기죄 또는 특정경제범죄위반' 항목에 대해서는 경찰수사대상 범죄가 아니라, 검찰청법 제4조 제1항에 규정된 검사 직접 수사 대상 범죄에 해당되었다.

상대로 자신의 연락처는 물론 계좌번호까지 기재된 명함을 제시하는 등 노골적인 사건 수임 호객행위를 하고 있다. 즉 자신의 돈벌이용 법률 영업을 위해서라면 사회적 불안 조성도 서슴지 않는 무서운 사람이었다.
〔임찬용 고소상 첨부(입증)자료 7〕

이에, 고소인은 구수회 및 전상화가 이 카페 변칙적 운영에 따른 법률 영업 등 사건 수임의 규모를 파악하고, 그에 따른 변호사법위반 및 사기죄 등의 죄책, 더 나아가 피해자의 구제를 위한 피해 규모를 확정 짓고자, 이 카페 설립 시점인 2008. 1. 29.경부터 현재에 이르기까지 구수회 및 전상화의 계좌는 물론 구수회가 과거 변호사법위반 범행 시 사용하였던 그의 처 노재숙의 계좌까지 추적해 줄 것을 경찰에 강력하게 요구하였다.

【이 사건 각 범죄 사실 요지】

가. 피고소인 문경석의 범죄 사실 요지

피고소인 문경석은 '임찬용 고소장'에 기재된 범죄 사실과 관련, 구수회를 수사하면서 그로 하여금 계좌 추적 및 형사처벌을 면하도록 하기 위하여 피의자 소환조사마저도 생략한 채 '임찬용 고소장'에 첨부된 증거자료를 축소하거나 왜곡함은 물론 편협한 법리 적용, 허위 내용의 불송치 결정서를 작성하는 수법으로 구수회의 범죄 사실을 은폐해 버렸다.

나. 피고소인 전상화의 범죄 사실 요지

피고소인 전상화는 '임찬용 고소장'에 기재된 범죄 사실과 관련, 자신에게 들이닥친 수사를 방해하거나, 물타기하기 위하여 고소인에 대한 허위 내용의 고소장을 작성하여 자신을 직접 수사하고 있던 서울성북

경찰서 경제범죄수사 2팀 신미영 수사관에게 제출하였다.[46)]

다. 피고소인 신미영의 범죄 사실 요지

피고소인 신미영은 '임찬용 고소장'에 기재된 범죄 사실과 관련, 전상화를 조사하였고, 또 전상화로부터 '임찬용을 무고죄 등으로로 처벌해 달라.'는 취지의 고소장을 직접 접수받은 후 그에 대한 고소인(전상화) 보충진술 조서까지 작성하였다.

그런데 '전상화 고소장'에 기재된 내용은 '임찬용 고소장'에 첨부된 증거자료에 의해 한글을 터득할 정도의 지적 수준이라면 어느 누구라도 허위 내용으로 작성되었음을 금방 인식할 수 있었다.

그럼에도 불구하고, 피고소인 신미영은 허위 내용으로 작성된 '전상화 고소장'을 각하 처분하지 아니함은 물론 전상화를 무고죄로 입건하여 처벌하지 아니하고, 오히려 '전상화 고소장'을 임찬용 거주지 관할인 성남수정경찰서에 이송함으로써 임찬용으로 하여금 피의자방어권 보장 등에 필요한 정보공개청구신청에 따른 '전상화 고소장'을 열람·등사하도록 하는 등 의무 없는 일을 하도록 하였다.

---

46) 이 사건은 '임찬용 고소장' 범죄 사실(다만, 변호사법위반 등 중요범죄는 검사 직접 수사대상)과 마찬가지로 최근 검·경 수사권 조정에 따라 경찰수사 전속 대상 사건에 속한 것은 분명함. 그러나 '이 사건 고소장' 기재 '주석 1'에서 살펴본 바와 같이, 구수회가 경찰 인맥을 동원하여 자신의 범죄(혐의) 사실을 경찰수사에서 빠져나가고 있는 것처럼 전상화 역시 구수회를 동원하여 경찰수사에서 빠져나갈 염려가 상존하므로 검찰에서 사전에 이를 체크해 보라는 취지에서 이 사건을 검찰에 고소한 것임.

한편, 향후 검찰수사 예정인 피고소인 신미영과 경찰수사 예정인 피고소인 전상화 사이에 공범 관계 성립 여부도 살펴봐야 하므로, 피고소인 전상화에 대한 수사 주체가 아예 검찰이어야 한다는 필요성도 제기됨.

【이 사건의 성격】

이 사건 고소장은 위 가항, 나항, 다항의 각 사건으로 구성되어 있으며, 앞서 살펴본 【이 사건 배경】 기재 내용에 비추어보면, 위 3개 항목의 각 사건들은 공범 관계가 아닌 '단독범행'이라는 판단이 듭니다.47)

다만, 경찰이 '임찬용 고소장' 범죄 사실을 수사하는 과정에서 피의자 구수회와 밀착관계에 있었다는 여러 정황증거로 미루어 볼 때, 구수회와 공범 관계에 있는 전상화에 대해서도 【이 사건 각 범죄 사실 요지】에 기재된 '나항 및 다항'의 범죄 사실을 엄격하고도 제대로 된 수사로 대처해 나간다면, '다항'의 범죄 사실에 대해서만큼은 피고소인 신미영과 전상화 간 '임찬용 고소장'에 기재된 전상화의 범죄 사실을 은폐하기 위한 의도로 서로 공범 관계가 성립될 가능성을 전혀 배제할 수 없습니다.

특히, 피고소인 신미영은 현재 수사 중에 있는 '임찬용 고소장'에 기재된 전상화의 범죄 사실에 대하여 피고소인 문경석과 마찬가지로 허위 내용의 불송치 결정서를 작성하는 수법으로 은폐해 버린다면 신미영과 전상화 사이에 공범 관계 성립 가능성은 한층 더 높다고 봐야 할 것입니다.48)

---

47) 다만, 각 사건 중 가항 및 다항의 사건에 대해서는 담당 사법경찰관과 그의 결재라인에 있는 간부급 경찰관과의 공모 관계는 당연히 존재함.

48) 피고소인 신미영이 피고소인 문경석과 마찬가지로 허위 내용의 불송치 결정서를 작성하는 수법으로 '임찬용 고소장'에 기재된 전상화의 범죄 사실을 은폐해 버린다면, 추후 그 점에 대해서도 검찰에 고소할 예정임.

【관련 증거자료 제출】

가. '임찬용 고소장' 범죄 사실 요지와 관련하여,
- 첨부(증거) 2 : 2021. 10. 5.자 '임찬용 고소장'과 첨부(입증)자료 1~8.
- 첨부(증거) 3 : 2021. 10. 26.자 '고소인 진술서(추가고소 포함)'와 첨부(입증)자료 1~3.
- 첨부(증거) 4 : 2021. 10. 28.자 '고소인 의견서' 1부.
- 첨부(증거) 5 : 2021. 10. 29.자 '제2차 고소인 의견서' 1부.

나. 피고소인 문경석의 범죄 사실 요지와 관련하여,
- 첨부(증거) 6 : 2022. 3. 22.자 '(구수회에 대한) 불송치 결정서' 1부.
- 첨부(증거) 7 : 2022. 4. 4.자 '(구수회에 대한) 불송치 결정 이의 신청서'와 첨부(입증)자료 1~6. 〔단, 첨부(입증)자료 1은 '첨부(증거) 6'과 동일하여 생략함〕

다. 피고소인 전상화의 범죄 사실 요지와 관련하여,
- 첨부(증거) 8 : 2022. 4. 20.자 '(전상화에 대한) 무고죄 고소장'와 첨부(입증)자료 1~4 〔단, 첨부(입증)자료 1, 3, 4는 다른 항목 자료와 중복되므로 생략함〕

라. 피고소인 신미영의 범죄 사실 요지와 관련하여,
- 첨부(증거) 9 : 2022. 3.경 접수된 '전상화 고소장' 1부. 〔중복으로 생략〕

【이 사건 각 범죄 사실】

가. 피고소인 문경석, 피고소인 ○○○ 등49)의 공동범행

피고소인들은 최근 검·경 수사권 조정에 따라 검찰로부터 수사 지휘를 받지 않고 독자적으로 수사권을 행사할 수 있는 서울서대문경찰서 소속 사법경찰관들이다.50)

피고소인들은 피고소인 문경석에게 배당된 사건 외 구수회의 범죄 사실을 수사하고 이를 처분함에 있어 구수회에게 형사처벌을 면해 줄 목적으로 당시 피의자인 구수회에 대한 소환조사마저도 실시하지 아니한 채 소위 뭉개기식 수사를 통하여 해당 사건을 은폐하기로 마음먹었다.

(1) 직권남용권리행사방해죄51)

(가) '임찬용 고소장'에는 구수회가 이 카페 자유게시판을 통하여 고소인 임찬용에게 정보통신망법상 허위사실 적시에 의한 명예훼손죄를 저지른 범죄혐의와 관련하여 7개의 범죄 사실이 있었다.52)

---

49) 성명 불상자 ○○○는 피고소인 문경석의 결재라인에 있는 상사들을 의미함.

50) 사법경찰관이 검사의 수사 보조자에 머물렀던 과거 형사소송법상 지위와 달리, 최근 검·경 수사권 조정에 따라 오히려 검사보다 수사권이 강화된 사법경찰관 전속 수사 대상에 속하는 이 사건에 대해서는 사법경찰관의 수사권 남용이 발생할 경우 매우 엄격한 잣대의 법적 책임을 물어야 함은 당연하다.

51) 이를 입증할 수 있는 자료로는 이 사건 고소장에 첨부된 '첨부(증거) 2~7' 각 참조.

52) '임찬용 고소장' 첨부(입증)자료 4 및 이 사건 고소장 '첨부(증거) 7'인 '불송치 결정 이의신청서' 제11~12쪽 각 참조.

그러나 피고소인들은 위 7개의 범죄 사실에 대하여 고소인 및 구수회를 상대로 전혀 수사를 진행하지 아니하였다.

이에 따라, 피고소인들은 2022. 3. 22.경 서울서대문경찰서 수사과 사무실에서 사법경찰관 문경석 명의의 "피의사실 요지와 불송치 이유"라는 공문서를 작성함에 있어, 위 7개의 범죄 사실 중 명예훼손 성립에 다툼의 여지가 있는 하나만을 골라 구체적인 경위 설명이나 법리적 근거를 전혀 제시하지 아니한 채 "피의자(구수회)가 작성한 내용은 고소인(임찬용)의 글이 명예훼손에 해당한다는 피의자의 주관적 의견에 불과하고, 사실의 적시라고 보기 어렵다."며 '혐의없음(범죄인정 안 됨)이 명백'하다는 이유로 각하결정을 내렸다.

이로써 피고소인들은 형사사건을 수사할 수 있는 직권을 남용하여 구수회의 정보통신망법상 허위사실 명예훼손과 관련된 위 7개 범죄 사실을 은폐하고, 고소인에게 정당한 경찰 수사를 받을 권리행사를 방해하였다.

(나) 피고소인들은 '임찬용 고소장'에 기재된 구수회의 협박죄 범죄 사실과 관련하여53) 전항과 같은 일시·장소에서, 사법경찰관 문경석 명의의 "피의사실 요지와 불송치 이유"라는 공문서를 작성함에 있어, "또한 게시 글의 어조 등으로 보아 '고소도 병행합니다.'라는 내용이 고소인에게 일반적으로 공포심을 생기게 할 만한 해악을 고지하였다고 보기 어렵다."54)라고 임의적으로 판단해 버린 다음 '혐의없음(범죄인정 안 됨)이 명백하다'는 이유로 각하결정을 내렸다.

---

53) '임찬용 고소장' 첨부(입증)자료 4 및 그 댓글 각 참조.

54) 고소인을 포함한 일반 사람들이 구수회의 이 카페 게시 글 중 협박 부분 글을 본 순간 "어느 누구라도 뼈를 못 추릴 만큼 오싹한 공포심을 갖기에 충분하다."는 고소인의 반박 내용에 대해서는 이 사건 고소장 '첨부(증거) 7'인 2022. 4. 4.자 (구수회) 사건 불송치 결정 이의신청서 제15~16쪽 참조.

이로써 피고소인들은 형사사건을 수사할 수 있는 직권을 남용하여 구수회의 협박죄 범죄 사실을 은폐하고, 고소인에게 정당한 경찰 수사를 받을 권리행사를 방해하였다.

(다) 2021. 10. 5.자 '임찬용 고소장' 및 2021. 10. 26.자 '고소인 진술서(추가고소 포함)', 2021. 10. 28.자 '고소인 의견서', 2021. 10. 29.자 '제2차 고소인 의견서'에는 구수회가 법무사법위반, 변호사법위반, 사기죄 또는 특정경제범죄위반(사기)과 관련하여 구수회 본인 계좌뿐만 아니라, 그의 처 노재숙 명의의 계좌, 공범 관계에 있는 전상화 명의의 계좌까지 추적해야 할 필요성은 물론 거기에 수반되는 수많은 증거(입증)자료, 나아가 구수회가 자신의 혐의사실을 벗어나기 위해 이 카페 게시판에 게시해 놓았던 관련 자료를 임의로 삭제하는 등 증거인멸에 따른 사전 구속영장 신청 필요성까지 구비되어 있었다.

그러나 피고소인들은 구수회에 대한 수사 착수는 물론, 위와 같은 법 위반 범죄 사실을 특정하고 확정 지어야 할 계좌 추적을 전혀 실시하지 아니하고, 모든 범죄 사실을 은폐하기로 마음먹었다.

이에 따라, 피고소인들은 전항과 같은 일시·장소에서, 사법경찰관 문경석 명의의 "피의사실 요지와 불송치 이유"라는 공문서를 작성함에 있어, "따라서 고소(고발)이 고소인의 추측만을 근거로 한 경우로써 수사를 개시할 만한 구체적인 사유나 정황이 충분하지 않아 각하한다."는 허위 내용의 불송치 결정서를 작성한 다음 혐의없음(범죄인정 안 됨)이 명백하다는 이유로 각하결정을 내렸다.

이로써 피고소인들은 형사사건을 수사할 수 있는 직권을 남용하여 구수회의 법무사법위반, 변호사법위반, 사기죄 또는 특정경제범죄위반(사기)과 관련된 범죄 사실을 은폐하고, 고소인에게 정당한 경찰 수사를 받을 권리행사를 방해하였다.

(2) 허위공문서 작성 및 동 행사죄

(가) 피고소인들은 위 (1)-(가)항의 범행을 수행하는 데 행사할 목적으로,

같은 일시·장소에서 사법경찰관 문경석 명의의 수사 결과 통지서 중 "피의사실 요지와 불송치 이유"라는 공문서에 "피의자(구수회)가 작성한 내용은 고소인(임찬용)의 글이 명예훼손에 해당한다는 피의자의 주관적 의견에 불과하고, 사실의 적시라고 보기 어렵다.", "따라서 고소장 및 고소인의 진술에 따라 혐의없음(범죄인정 안 됨)이 명백하므로 각하한다.55)"라고 허위 내용을 작성하고, 이를 고소인에게 통지하는 등 행사하였다.

(나) 피고소인들은 위 (1)-(나)항의 범행을 수행하는 데 행사할 목적으로,

같은 일시·장소에서 사법경찰관 문경석 명의의 수사 결과 통지서 중 "피의사실 요지와 불송치 이유"라는 공문서에 "또한 게시 글의 어조 등으로 보아 '고소도 병행합니다.'라는 내용이 고소인에게 일반적으로 공포심을 생기게 할 만한 해악을 고지하였다고 보기 어렵다.", "따라서 고소장 및 고소인의 진술에 따라 혐의없음(범죄인정 안 됨)이 명백하므로

---

55) 피고소인들은 명예훼손에 해당하는 7개의 범죄 사실 중 범죄 성립에 다툼이 있는 하나만을 골라, "따라서 고소장 및 고소인의 진술에 따라 혐의없음(범죄인정 안 됨)이 명백하므로 각하한다."라고 주장하고 있으나, '혐의없음(범죄인정 안 됨)이 명백하다.'는 피고소인들의 주장 또한 허위임이 분명함. 그 이유에 대해서는 이 사건 고소장에 첨부된 '첨부(증거) 7'인 2022. 4. 4.자 (구수회에 대한) 불송치 결정 이의신청서 제13~14쪽 참조.

각하한다."라고 허위 내용을 작성하고, 이를 고소인에게 통지하는 등 행사하였다.

(나) 피고소인들은 위 (1)-(다)항의 범행을 수행하는 데 행사할 목적으로,

같은 일시 · 장소에서 사법경찰관 문경석 명의의 수사 결과 통지서 중 "피의사실 요지와 불송치 이유"라는 공문서에 "따라서 고소(고발)이 고소인의 추측만을 근거로 한 경우로써 수사를 개시할 만한 구체적인 사유나 정황이 충분하지 않아 각하한다."라고 허위 내용을 작성하고, 이를 고소인에게 통지하는 등 행사하였다.

(3) 직무유기죄[56]

피고소인들은 위 (1)항 및 (2)항의 기재 내용과 같이 '임찬용 고소장'에 기재된 구수회의 범죄 사실을 은폐하기 위하여 정당한 이유 없이 수사를 기피하는 등 그 직무를 행하지 아니하였다.

나. 피고소인 전상화의 범행 : 이 사건 고소장 '첨부(증거) 8' 기재 내용과 같음

다. 피고소인 신미영, 피고소인 ○○○ 등[57]의 공동 범행

피고소인들은 최근 검 · 경 수사권 조정에 따라 검찰로부터 수사 지휘를 받지 않고 독자적으로 수사권을 행사할 수 있는 서울성북경찰서 소속

---

[56] 피고소인들의 직무유기죄에 대한 법적 근거로는 2022. 4. 4.자 구수회에 대한 불송치 결정 이의신청서 [이 사건 고소장 첨부(증거) 7] 제22~23쪽 참조.

[57] 성명 불상자 ○○○는 피고소인 신미영의 결재라인에 있는 상사들을 의미함.

사법경찰관들이다.

피고소인들은 2022. 3.경 피고소인 신미영을 통하여 '임찬용 고소장'에 기재된 범죄 사실과 관련하여 전상화를 조사하였다.

또 피고소인들은 같은 무렵 전상화로부터 '임찬용을 무고죄로 처벌해 달라.'는 취지의 고소장을 직접 접수받아 그에 대한 고소인(전상화) 보충 진술 조서까지 작성하였다.

그런데 '전상화 고소장'에는 ① "피고소인(임찬용)은 2021. 9. 29.경 고소인(전상화)을 비방할 목적으로 인터넷 다음카페인 '관청피해자모임'에 '이 카페지기님 구수회 교수나 변호사 전상화를 이 카페 임원에서 탈퇴시켜야 합니다. 그들은 이 카페에서 활동하면서 사법피해자를 구제한다는 명분을 삼아 자신들의 영업활동을 하고 있다는 의구심을 강하게 들게 하고 있습니다.', '사법피해자를 위한 공익 단체로 성장하려면 위 2항과 같이 이 카페 임원진들이 자신의 영리 목적을 위한 방편으로 운영될 것이 아니라'라고 허위의 사실을 적시하여 고소인(전상화)의 명예를 훼손하고,"

② "2021. 10.경 고소인(전상화)으로 하여금 형사처분을 받게 할 목적으로 '고소인(전상화)이 고 외 구수회와 공모하여, 변호사법위반, 사기 등의 범죄를 저질렀다.'며 성남수정경찰서에 허위 내용의 고소장을 제출하였으므로, 철저히 수사하여 엄벌에 처해 주시기 바랍니다."라고 기재되어 있었다.

따라서 피고소인들은 '전상화 고소장' ①항 및 ②항의 기재 내용이 '임찬용 고소장' 및 그 첨부(입증)자료 1, 7, 8 등에 의하여 허위사실로 작성되었음을 금방 확인할 수 있었다.[58]

(1) 직권남용죄

피고소인들은 '전상화 고소장'이 고소인(전상화) 보충 진술 과정에서 허위사실로 확인되었다면 이를 즉시 각하 처분하여야 한다.59)

그러나 피고소인들은 전상화가 '임찬용 고소장'에 기재된 자신의 범죄사실에 대한 수사를 방해하거나, 물타기 하려는 의도를 파악하고도 '전상화 고소장'을 각하 처분하지 않았다.

이로써 피고소인들은 형사사건을 수사할 수 있는 직권을 남용하여 '전상화 고소장'을 각하 처분하지 아니하고, 오히려 고소인 주거지 관할인 성남수정경찰서로 이송함으로써 고소인에게 피의자방어권 차원에서 '전상화 고소장'에 대한 열람·등사는 물론 피의자신문조서까지 받게 하는 등 의무 없는 일을 하게 하였다.

---

58) 피고소인들처럼 위 두 개의 고소장에 기재되어 있는 범죄 사실을 조사하지 않았더라도, 한글을 터득한 수준의 대한민국 국민이라면 어느 누구라도 위 두 개의 고소장을 비교·검토하여 허위 내용으로 기재된 고소장을 금방 찾아낼 수 있다.

59) 고소인이 피고소인 신미영에게 전화를 걸어, "허위사실로 금방 확인 가능한 '전상화 고소장'을 각하 처분을 하지 아니하고, 고소인의 주거지 관할인 성남수정경찰서에 이송함으로써, 왜 고소인에게 피의자방어권 차원에서 정보공개청구신청에 따른 '전상화 고소장'을 열람·등사토록 하고, 더 나아가 피의자신문조서까지 받게 하느냐?"라고 따졌더니, 신미영은 "나에게는 '전상화 고소장'이 허위인지 아닌지 심사할 권한이 없으며, 고소장이 접수되면 무조건 피고소인 거주지 관할 경찰서로 이송하게 되어 있다. 그곳에서 심사하여 각하 사안에 해당되면 소환조사 없이 진술서 한 장으로 마무리될 수 있다."라는 한심한 답변을 늘어놓았다.

생각해 보라! 피고소인 신미영은 범죄혐의 인정 여부에 대한 심사권한도 없다면서 왜 '전상화 고소장'에 대한 고소인 보충진술조서를 받았는지, 수사하는 사법경찰관 따로 있고, 범죄 여부를 판단하는 사법경찰관 따로 있고, 압수수색 하는 사법경찰관 따로 있고, 불구속 수사하는 사법경찰관 따로 있고, 구속 수사하는 사법경찰관이 따로 있는지… 한번 물어보고픈 심정이다.

(2) 직무유기죄

피고소인들은 전항과 같이 '전상화 고소장'이 고소인(전상화) 보충 진술조서를 받는 과정에서 허위 내용으로 작성된 사실을 확인하였다면 즉시 이를 각하 처분함과 동시에 전상화를 무고죄로 입건하여 형사처벌을 하여야 한다.

그럼에도 불구하고, 피고소인들은 정당한 이유 없이 위와 같은 직무를 행하지 아니하였다.

5. 고소 이유

피고소인들은 범죄로부터 국민의 생명과 재산을 보호하는 임무를 수행하고 있는 사법경찰관들로서 막중한 권한과 책무를 동시에 부여받고 있습니다.

특히, 법질서를 확립하고 사법정의를 실현하기 위해서는 모든 사건이 법과 원칙에 따라 철저한 수사가 이루어져야 하고, 최근 검·경 수사권 조정에 따라 수사는 경찰, 기소는 검찰이라는 시대적 요청에 부응하여 검사의 수사 지휘나 통제 없이 사법경찰관 스스로 전문적이고 독자적인 수사를 요구받고 있습니다.

이와 같이 국가의 막중한 책무와 독자적 수사권을 보유한 피고소인들이 자신들의 이해관계 및 입맛에 따라 사건을 대함에 있어 선택적 수사, 청탁수사, 표적수사, 보복수사, 뭉개기식 수사, 조작수사, 봐주기 수사, 무마수사, 은폐수사 등 모든 유형의 수사권을 남용한다면 우리나라 사법 정의는 무너져 버리고, 결국에는 범죄자만 득실거리는 사회로 전락하고 말 것입니다.

피고소인들의 위와 같은 범죄행위에 대해 철칙을 가하고자 검찰에 이 사건 고소장을 직접 제출하게 되었습니다.

6. 증거자료

(✓ 해당란에 체크하여 주시기 바랍니다)

□ 고소인은 고소인의 진술 외에 제출할 증거가 없습니다.
□ 고소인은 고소인의 진술 외에 제출할 증거가 있습니다.
☞ 제출할 증거의 세부내역은 별지를 작성하여 첨부합니다.

7. 관련사건의 수사 및 재판 여부*

(✓ 해당란에 체크하여 주시기 바랍니다)

① 중복 고소 여부	본 고소장과 같은 내용의 고소장을 다른 검찰청 또는 경찰서에 제출하거나 제출하였던 사실이 있습니다 □ / 없습니다 □
② 관련 형사사건 수사 유무	본 고소장에 기재된 범죄 사실과 관련된 사건 또는 공범에 대하여 검찰청이나 경찰서에서 수사 중에 있습니다 □ / 수사 중에 있지 않습니다 □
③ 관련 민사소송 유무	본 고소장에 기재된 범죄 사실과 관련된 사건에 대하여 법원에서 민사소송 중에 있습니다 □ / 민사소송 중에 있지 않습니다 □

8. 기타

(고소 내용에 대한 진실확약)

본 고소장에 기재한 내용은 고소인이 알고 있는 지식과 경험을 바탕으로 모두 사실대로 작성하였으며, 만일 허위사실을 고소하였을 때에는 형법 제156조 무고죄로 처벌받을 것임을 서약합니다.

2022년 4월 20일*

고소인   임 찬 용   (인)*

※ 고소장 제출일을 기재하여야 하며, 고소인 난에는 고소인이 직접 자필로 서명 날(무)인 해야 합니다. 또한 법정대리인이나 변호사에 의한 고소대리의 경우에는 제출인을 기재하여야 합니다.

첨부(증거)서류

1. 2022. 4.초경 경찰과 구수회와의 밀착관계 입증자료인 '구수회 카톡 내용' 1부.
2. 2021. 10. 5.자 '임찬용 고소장'과 첨부(입증)자료 1~8.
3. 2021. 10. 26.자 '고소인 진술서(추가고소 포함)'와 첨부(입증)자료 1~3.
4. 2021. 10. 28.자 '고소인 의견서' 1부.
5. 2021. 10. 29.자 '제2차 고소인 의견서' 1부.
6. 2022. 3. 22.자 '(구수회에 대한) 불송치 결정서' 1부.
7. 2022. 4. 4.자 '(구수회에 대한) 불송치 결정 이의신청서'와 첨부(입증)자료 1~6. 〔단, 첨부(입증)자료 1은 '첨부(증거) 6'과 동일하므로 생략함〕
8. 2022. 4. 20.자 '(전상화에 대한) 무고죄 고소장'와 첨부(입증)자료 1~4 〔단, 첨부(입증)자료 1, 3, 4는 다른 항목 자료와 중복되므로 생략함〕
9. 2022. 3.경 서울성북경찰서 신미영 수사관에 접수된 '전상화 고소장' 1부. 〔위 8항 첨부(입증)자료와 중복되므로 생략〕

대검찰청 귀중

【첨부 16】 2022. 4. 20.자 '관피모사건' 피의자 전상화에 대한 무고죄 고소장

고소장

(고소장 기재사항 중 * 표시된 항목은 반드시 기재하여야 합니다.)

1. 고소인*

성 명 (상호·대표자)	임찬용	주민등록번호 (법인등록번호)	590410-0000000	
주 소 (주사무소 소재지)	경기도 성남시 수정구 복정로96번길 20, 000호 (복정동)			
직 업	LPN로컬파워뉴스 법조팀장 (前 검찰수사과장)	사무실주소	서울시 강남구 노현로94길 13(역삼동) 예일패트빌딩 4층	
전 화	(휴대폰) 010-5313-0000		(자택)	(사무실)
이메일				
대리인에 의한 고소	▢ 법정대리인 (성명 : , 연락처) ▢ 고소대리인 (성명 : 변호사 , 연락처)			

※ 고소인이 법인 또는 단체인 경우에는 상호 또는 단체명, 대표자, 법인등록번호(또는 사업자등록번호), 주된 사무소의 소재지, 전화 등 연락처를 기재해야 하며, 법인의 경우에는 법인등기부 등본이 첨부되어야 합니다.

※ 미성년자의 친권자 등 법정대리인이 고소하는 경우 및 변호사에 의한 고소대리의 경우 법정대리인 관계, 변호사 선임을 증명할 수 있는 서류를 첨부하시기 바랍니다.

2. 피고소인*

성 명	전상화	주민등록번호	불 상
주 소	불 상		(현 거주지)
직 업	변호사 겸 관청피해자모임 공동대표	사무실 주소	-
전 화	(휴대폰) 010-8717-0000 (사무실)		(자택)
이메일			
기타사항			

※ 기타사항에는 고소인과의 관계 및 피고소인의 인적사항과 연락처를 정확히 알 수 없을 경우 피고소인의 성별, 특징적 외모, 인상착의 등을 구체적으로 기재하시기 바랍니다.

3. 고소 취지*

(죄명 및 피고소인에 대한 처벌의사 기재)

고소인은 피고소인을 무고죄로 고소하오니 엄히 처벌하여 주시기 바랍니다.*

4. 범죄 사실*

【검토 배경】

이 사건에 대한 실체적 진실 관계를 명백하게 하기 위하여 고소인이 당초 피고소인 전상화는 물론 공범 관계에 있는 사건 외 구수회를 상대로 대검찰청에 고소한 2021. 10. 5.자 고소장 및 그 첨부(증거)서류 일체를 이 사건 고소장에 '첨부 1'로 첨부하고, 이를 **"임찬용 고소장"**이라고 한다.

또 이 사건 죄명은 '타인으로 하여금 형사처분 또는 징계처분을 받게 할 목적으로 공무소 또는 공무원에 대하여 **허위의 사실을 신고함으로써 성립하는** 무고죄'인바, 동 허위의 사실을 특정하기 위해 피고소인 전상화가 2022. 3.경 고소인을 상대로 서울성북경찰서 경제범죄수사2팀 신미영 수사관에게 접수시킨 고소장을 이 사건 고소장에 '첨부 2'로 첨부하고, 이를 **"전상화 고소장"**[60]이라고 한다.

따라서 위 두 개의 고소장을 비교·검토한 후, 그 가운데 어느 한쪽의 고소장이 중요한 기재 내용에서 형사처벌에 이를 만큼 객관적 진실에 일치하지 않는 사실이 발견된다면 이는 허위의 사실을 신고한 고소장에 해당될 것이며, 그 고소장을 작성하여 수사기관에 신고한 사람(임찬용 또는 전상화 중에서 한 사람)은 무고죄로 처벌받아야 한다.

이와 같은 관점에서, 이 사건 고소인 임찬용은 피고소인 전상화를 무고죄로 처벌받도록 하기 위해 '임찬용 고소장' 및 거기에 첨부된 증거자료로써 '전상화 고소장'의 기재 내용이 허위의 사실로 작성되었음을 입증시키고자 한다.

---

[60] 이 고소장은 이 사건 고소인(전상화 고소장에 의하면 피고소인 신분)이 2022. 4. 11.경 자신의 주거 관할지인 성남수정경찰서장으로부터 정보공개청구신청에 의거 취득하였다.

【범죄 사실】

I. '전상화의 고소장'에 기재된 '고소취지' 중 가항에 대하여

가. '고소취지 가항' 기재 내용

"피고소인(임찬용)은 2021. 9. 29.경 고소인(전상화)을 비방할 목적으로 인터넷 다음카페인 '관청피해자모임'(https://cafe.daum.net/gusuhoi)에 '이 카페지기님 구수회 교수나 변호사 전상화를 이 카페 임원에서 탈퇴시켜야 합니다. 그들은 이 카페에서 활동하면서 <u>사법피해자를 구제한다는 명분을 삼아 자신들의 영업활동을 하고 있다</u>는 의구심을 강하게 들게 하고 있습니다.', '<u>사법피해자를 위한 공익 단체로 성장하려면 위 2항과 같이 이 카페 임원진들이 자신의 영리 목적을 위한 방편으로 운영될 것이 아니라</u>'라고 허위의 사실을 적시하여 고소인(전상화)의 명예를 훼손하고,"라는 내용으로 '전상화 고소장'에 기재되어 있음.

나. 위 '가항'과 관련하여 '임찬용 고소장'(이 사건 고소장 '첨부 1')에 기재된 전문을 그대로 공개함 : 지면관계상 생략(2021. 10. 5.자 '임찬용 고소장' 참조)

다. 위 '나항'에 대한 사실관계 및 법리 검토

① '임찬용 고소장'에 기재된 위 나항의 내용에는 허위사실을 전혀 발견할 수 없고, 자신의 저서인 책자까지 근거자료로 제시하면서 작성되었다.

② 또 위 나항의 내용에는 이 카페 운영의 문제점 및 앞으로 나아가야 할 방향 등에 대한 공익 차원의 의견들로 작성되었고, 더 나아가 피고소인 전상화의 개인적 명예를 훼손하였다고 인정할 만한 의도(고의성,

범의)는 전혀 발견할 수 없다.

③ 설사, 백번 양보하여 위 ②항과 관련, 피고소인 전상화의 개인적 명예를 훼손하였나고 인정할 만한 내용은 물론, 그에 대한 고소인 임찬용의 고의성이 인정된다고 하더라도, 위 나항의 내용들은 이 카페 운영의 문제점 및 앞으로 나아가야 할 방향 등을 제시한 공익 차원의 글로써 고소인 임찬용에 대한 명예훼손죄 성립요건에 필요한 위법성이 조각된다. 이에 터 잡아 피고소인 전상화에 대한 무고죄의 죄책을 묻는데 있어서도 전혀 지장이 없다.61)

라. 위 '가항' 기재 내용들은 모두 '허위의 사실'임이 입증됨

- 위 다항의 기재 내용들은 위 가항의 기재 내용들이 '허위의 사실' 임을 그대로 입증하고 있음.

- 좀 더 구체적으로 위 가항의 기재 내용들에 대해 '임찬용 고소장'에 첨부된 증거자료로써 '허위의 사실'임을 입증코자 함.

즉, 피고소인 전상화는 위 가항에서 "(이 사건 고소인 임찬용은) 2021. 9. 29.경 전상화를 비방할 목적으로 인터넷 다음카페인 '관청피해자모임'에 '이 카페지기님 구수회 교수나 변호사 전상화를 이 카페 임원에서 탈퇴 시켜야 합니다. 그들은 이 카페에서 활동하면서 사법피해자를 구제한다는 명분을 삼아 자신들의 영업활동을 하고 있다는 의구심을 강하게 들게

---

61) 피고소인 전상화는 법을 다루는 변호사로서 이 사건 고소인 임찬용이 작성한 위 나항이 공익 차원의 게시 글이기 때문에 명예훼손죄 범죄 성립을 조각하는 사유에 해당됨을 너무나도 잘 알고 있었다. 그럼에도 불구하고 이를 숨기고 수사기관에 신고한 때에는 허위의 사실을 신고한 경우에 해당하므로 무고죄가 성립한다. 이와 관련된 취지의 학설과 판례가 있다.(이재상 교수 형법책자 1997년판 제708쪽, 대법원 1986. 12. 9, 85 도 2482)

하고 있습니다.', '사법피해자를 위한 공익 단체로 성장하려면 위 2항과 같이 이 카페 임원진들이 자신의 영리 목적을 위한 방편으로 운영될 것이 아니라'라고 허위의 사실을 적시하여 전상화의 명예를 훼손하고," 라고 주장하고 있으나, 이는 전혀 사실과 다르다.

당시 피고소인 전상화는 사건 외 구수회와 이 카페를 공동으로 운영해 오면서62) 카페 회원들을 상대로 영업활동을 해오고 있었다.63)

물적 증거에 나타난 피고소인 전상화의 영업활동 사례를 살펴보면, 2019. 12. 25.경 관사 호화 리모델링 혐의를 받고 있는 대법원장을 상대로 이 카페 회원들에게 대규모 시위를 조장하면서, 그들에게 자신의 계좌 번호까지 기재된 명함을 제시하는 등 노골적인 사건 수임 호객행위를 한 사실이 확인되고 있다. ['임찬용 고소장' 첨부(자료) 7]

---

62) 이 점에 대해서는 '임찬용 고소장'에 수많은 증거자료를 제시해 놓았음. 그중 하나를 소개하자면, "전 변호사, 구수회, 회장단 간부 20명은 오직 잠자는 시간 말고 카페를 생각하는 간부회의를 카톡방에서 하고 있습니다."라고 게재함.

63) 피고소인 전상화가 이 카페 회원들을 상대로 영업활동을 해오고 있었다는 입증 자료로는 '임찬용 고소장'에 첨부된 '첨부 7' 및 '첨부 8' 각 참조.

이 사건 고소인 임찬용은 위 나항 게시 글 작성 당시 구수회 및 전상화가 이 카페 회원들을 상대로 법률 영업활동을 하여 왔다는 사실을 명백하게 확인하였음 에도 불구하고, 이 카페 게시판에 '자신들의 영업활동을 하고 있다는 의구심을 강하게 들게 하고 있습니다.'는 취지로 영업활동 사실을 확정적으로 작성하지 않았던 이유는 이 사건 고소인 나름대로 구수회 및 전상화에 대한 명예를 조금 이라도 보호하고픈 마음이 있었기 때문이었다.

Ⅱ. '전상화의 고소장'에 기재된 '고소취지' 중 나항에 대하여

가. '고소취지 나항' 기재 내용

"피고소인(임찬용)은 2021. 10.경 고소인으로 하여금 형사처분을 받게 할 목적으로 '고소인이 고소 외 구수회와 공모하여, 변호사법위반, 사기 등의 범죄를 저질렀다.'며 성남수정경찰서에 허위 내용의 고소장을 제출하였으므로, 철저히 수사하여 엄벌에 처해 주시기 바랍니다."라는 내용으로 '전상화 고소장'에 기재되어 있음.

나. 위 '가항'에 대한 사실관계

① 위 가항과 관련하여, '임찬용 고소장'에 기재된 내용을 다음과 같이 그대로 공개함. : 지면관계상 생략(2021. 10. 5.자 '임찬용 고소장' 참조)

② '임찬용 고소장'에 기재된 위 ①항의 기재 내용, 즉 "【피고소인 구수회, 피고소인 전상화의 공동범행】" 및 "3. 법무사법위반, 변호사법위반, 사기죄 또는 특정경제범죄(사기)위반"의 각 항목 기재 내용에는 어떠한 허위사실을 전혀 발견할 수 없다. 그 이유는 위 ①항의 기재 내용들은 예외 없이 '임찬용 고소장'에 첨부되어 있는 증거자료들을 근거로 작성되었기 때문이다.

그럼에도 불구하고, 이 사건 피고소인 전상화는 아무런 근거 없이 위 ①항의 기재 내용이 허위라고 주장하고 있다.

③ 결론

- 위 ①항의 기재 내용 및 거기에 첨부된 수많은 자료들에 의하면,

이 카페 카페지기인 구수회와 이 카페 공동대표인 피고소인 전상화는 이 카페를 실질적으로 공동 운영해 오고 있었다는 점, 위 '핵심입증자료'에 의하면 카페지기 구수회는 행정사 자격만으로 이 카페 회원들을 상대로 억대 이상의 돈을 받고 불법적인 법률 영업을 장기간 종사해 옴으로써 '법무사법 및 변호사법'을 위반해 왔고, 사기죄 또는 특정경제범죄(사기)위반의 범죄를 저질러 왔다는 개연성이 매우 높다는 점, 이 카페 운영의 동업자 관계인 피고소인 전상화 역시 구수회의 불법 영업을 묵인 또는 동조하면서, 거기에 한 술 더 떠 자신도 불법 영업[64]에 종사해 오고 있다는 점이 명백하게 인정된다. (즉 구수회와 전상화는 이 카페 불법 영업을 통한 이득을 취한 점에 있어서는 공동정범의 관계에 있다.)

- 이는 전상화의 범죄 사실(혐의사실)과 관련된 '임찬용 고소장'의 기재 내용에는 전혀 거짓이 없고, 오히려 전상화가 '전상화 고소장'에서 "피고소인(임찬용)은 2021. 10.경 고소인(전상화)으로 하여금 형사처분을 받게 할 목적으로. '고소인이 고소 외 <u>구수회와 공모하여, 변호사법위반, 사기 등의 범죄를 저질렀다.</u>'며 성남수정경찰서에 허위 내용의 고소장을 제출하였으므로, 철저히 수사하여 엄벌에 처해 주시기 바랍니다."라고 기재한 내용이야말로 명백한 허위사실에 해당된다.

※ 범죄 사실은 형법 등 처벌법규에 해당하는 사실에 대하여 일시, 장소, 범행방법, 결과 등을 구체적으로 특정하여 기재해야 하며, 고소인이 알고 있는 지식과 경험, 증거에 의해 사실로 인정되는 내용을 기재하여야 합니다.

---

64) 이 사건 피고소인 전상화는 법률사무를 담당할 수 없는 행정사 구수회와 달리 변호사 신분이기는 하나, 구수회와 함께 약 10,000명에 가까운 이 카페 회원들에게 검찰과 법원을 상대로 적대감을 조성해 가면서, 이 카페 회원들을 모두 사법피해자로 둔갑시켜 사건 수임을 위한 호객행위를 하여 왔다는 점에서 변호사법(제24조)에 규정된 품위유지 의무를 위반한 사실은 확실해 보임. 특히, '임찬용 고소장 첨부 7'에 의하면 대규모 시위를 제안하는 등 사회불안까지 야기하고 그 틈을 이용해 계좌번호까지 기재된 자신의 명함을 이 카페 회원들에게 광고하였다는 사실은 가장 강력하게 비난받아 마땅함.

5. 고소 이유

이 사건 피고소인 전상화는 변호사법에 규정되어 있는 품위유지 의무 등을 망각한 채 앞서 살펴본 비외 끝이 사건 외 구수회와 수년 전부터 이 카페를 공동 운영해 오면서 이 카페 회원들을 모두 사법피해자로 둔갑시켜 검찰 및 법원 등 국가기관의 불신을 조장하고, 이에 터 잡아 이 카페 회원들을 상대로 불법적인 영업을 해온 사실이 확인되고 있음에도,

이러한 범죄 사실을 숨기기 위해, 또 '임찬용 고소장'에 의해 자신에게 들이닥친 서울성북경찰서 경제범죄수사2팀 신미영 수사관의 수사를 물타기(방해)하기 위해 허위사실이 기재된 '전상화 고소장'을 작성하여 자신을 수사 중에 있던 신미영 수사관에게 제출하였습니다.

피고소인의 이 사건 고소인에 대한 위와 같은 무고죄 범행 이유와 실행 방법 등은 아주 중대하고도 대담하며[65], 죄질의 불량으로 미루어 볼 때 과연 하늘을 찌르고도 남음이 있다고 하겠습니다.

이에, 이 사건 고소인은 자신의 범행을 반성할 줄 모르고, 오히려 이를 고소인에게 뒤집어씌우려는 피고소인 전상화의 무고죄에 대해 아주 괘씸하고 죄질이 극히 불량하다고 판단되어 구속수사 등 강력한 형사처벌을 촉구하기 위해 이 사건 고소에 이르게 되었습니다.

---

[65] 피고소인 전상화는 신미경 수사관으로부터 '임찬용 고소장'에 기재된 자신의 범죄 사실에 대하여 피의자신문조서를 받은 상태에서, '임찬용 고소장'에 기재된 자신의 범죄 사실이 허위라며 오히려 고소인 임찬용을 무고죄 혐의로 신미경 수사관에게 역으로 고소장을 제출하였다. 이는 '임찬용 고소장'에 첨부된 증거자료들로 인해 '전상화 고소장'은 금방 허위 내용으로 기재되었다는 사실이 들통날 수밖에 없었다.

6. 증거자료

(✓ 해당란에 체크하여 주시기 바랍니다)

☐ 고소인은 고소인의 진술 외에 제출할 증거가 없습니다.
☐ 고소인은 고소인의 진술 외에 제출할 증거가 있습니다.

☞ 제출할 증거의 세부내역은 별지를 작성하여 첨부합니다.

7. 관련사건의 수사 및 재판 여부*

(✓ 해당란에 체크하여 주시기 바랍니다)

① 중복 고소 여부	본 고소장과 같은 내용의 고소장을 다른 검찰청 또는 경찰서에 제출하거나 제출하였던 사실이 있습니다 ☐ / 없습니다 ☐
② 관련 형사사건 수사 유무	본 고소장에 기재된 범죄 사실과 관련된 사건 또는 공범에 대하여 검찰청이나 경찰서에서 수사 중에 있습니다 ☐ / 수사 중에 있지 않습니다 ☐
③ 관련 민사소송 유무	본 고소장에 기재된 범죄 사실과 관련된 사건에 대하여 법원에서 민사소송 중에 있습니다 ☐ / 민사소송 중에 있지 않습니다 ☐

기타사항

※ ①, ②항은 반드시 표시하여야 하며, 만일 본 고소 내용과 동일한 사건 또는 관련 형사사건이 수사재판 중이라면 어느 검찰청, 경찰서에서 수사 중인지, 어느 법원에서 재판 중인지 아는 범위에서 기타사항 난에 기재하여야 합니다.

8. 기타

(고소 내용에 대한 진실확약)

본 고소장에 기재한 내용은 고소인이 알고 있는 지식과 경험을 바탕으로 모두 사실대로 작성하였으며, 만일 허위사실을 고소하였을 때에는 형법 제156조 무고죄로 처벌받을 것임을 서약합니다.

2022년 4월 20일*

고소인   임 찬 용   (인)*
제출인   (인)

※ 고소장 제출일을 기재하여야 하며, 고소인 난에는 고소인이 직접 자필로 서명 날(무)인 해야 합니다. 또한 법정대리인이나 변호사에 의한 고소대리의 경우에는 제출인을 기재하여야 합니다.

첨부(증거)서류

1. 2021. 10. 5.자 대검찰청에 접수된 '임찬용 고소장' 1부.
2. 2022. 3.경 서울성북경찰서 신미영 수사관에 접수된 '전상화 고소장' 1부.
3. 2022. 4.초경 경찰과 구수회와의 밀착관계 입증자료(구수회 카톡 내용) 1부
4. 2022. 4. 4.자 구수회 불송치 결정 이의신청서 1부. 끝.

대검찰청 귀중

【첨부 17】 2022. 5. 23.자 사법경찰관 유정민 및
그의 결재권자에 대한 고소장

고소장

(고소장 기재사항 중 * 표시된 항목은 반드시 기재하여야 합니다.)

1. 고소인*

성 명 (상호·대표자)	임 찬 용	주민등록번호 (법인등록번호)	590410-0000000
주 소	경기도 성남시 수정구 복정로96번길 20, 000호 (복정동)		
직 업	LPN로컬파워뉴스 법조팀장 (前 검찰수사과장)	사무실주소	서울시 강남구 노현로94길 13(역삼동) 예일패트빌딩 4층
전 화	(휴대폰) 010-5313-0000　　　(자택)　　　　　　(사무실)		
이메일			
대리인에 의한 고소	□ 법정대리인 (성명 :　　　　　, 연락처　　　　　　) □ 고소대리인 (성명 : 변호사　　　, 연락처　　　　　　)		

※ 고소인이 법인 또는 단체인 경우에는 상호 또는 단체명, 대표자, 법인등록번호(또는 사업자 등록번호), 주된 사무소의 소재지, 전화 등 연락처를 기재해야 하며, 법인의 경우에는 법인등기부 등본이 첨부되어야 합니다.
※ 미성년자의 친권자 등 법정대리인이 고소하는 경우 및 변호사에 의한 고소대리의 경우 법정대리인 관계, 변호사 선임을 증명할 수 있는 서류를 첨부하시기 바랍니다.

2. 피고소인* : 사법경찰관 유정민 및 그의 결재권자(성명불상)

(연락처 : 성남수정경찰서 수사과, 031-750-0000)

3. 고소취지

(죄명 및 피고소인에 대한 처벌의사 기재)
고소인은 피고소인 유징민 및 그의 결재라인에 있는 성명 불상자에 대하여 직권남용죄(강요죄)로 각각 고소하오니 엄히 처벌하여 주시기 바랍니다.

4. 범죄 사실*

【선행 사실】[66]

가. 사건 외 전상화의 범죄 사실 요지

사건 외 전상화는 2022. 3.경 '2021. 10. 5.자 임찬용 고소장'에 기재된 범죄 사실과 관련, 자신에게 들이닥친 수사를 방해하거나, 물타기하기 위하여 고소인에 대한 허위 내용의 고소장을 작성하여 당시 자신을 직접 수사하고 있던 서울성북경찰서 경제범죄수사2팀 신미영 수사관에게 제출하였다.[67]

---

[66] 이와 관련된 입증자료로는 2022. 4. 20.자 사법경찰관들 및 전상화에 대한 고소장(이 사건 고소장 '첨부 1')

[67] '전상화에 대한 무고범죄 고소장'은 위 '임찬용 고소장' 범죄 사실과 마찬가지로 최근 검·경 수사권 조정에 따라 경찰수사 전속 대상사건에 속한 것은 분명함. 그러나 전상화와 공범 관계에 있는 구수회가 경찰 인맥을 동원하여 자신의 범죄 (혐의) 사실을 경찰수사에서 빠져나가고 있는 것처럼 전상화 역시 구수회를 동원하여 경찰수사에서 빠져나갈 염려가 상존하므로 '전상화에 대한 무고범죄 고소장'을 직접 경찰에 제출하지 아니하고 검찰에서 사전에 이를 체크해 보라는 취지에서 대검찰청에 제출하였던 것임.

한편, 향후 검찰수사 예정인 위 신미영 성북경찰서 수사관과 경찰수사 예정인 전상화 사이에 공범 관계 성립 여부도 살펴봐야 하므로, 전상화에 대한 수사 주체가 아예 검찰이어야 한다는 필요성도 제기됨.

나. 사건 외 신미영의 범죄 사실 요지

사건 외 신미영은 '임찬용 고소장'에 기재된 범죄 사실과 관련, 전상화를 조사하였고, 또 전상화로부터 '임찬용을 정보통신망법상 허위 내용의 명예훼손 및 무고죄로 처벌해 달라.'는 취지의 고소장을 직접 접수받아 그에 대한 고소인(전상화) 보충진술 조서까지 작성하였다.

그런데 전상화가 사법경찰관 신미영에게 제출한 고소장 기재 내용은 '임찬용 고소장'에 첨부된 증거자료68)에 의해 한글을 터득할 정도의 지적 수준이라면 어느 누구라도 허위 내용으로 작성되었음을 금방 인식할 수 있었다.

그럼에도 불구하고, 신미영은 금방 허위 내용으로 작성된 사실을 확인 가능한 '전상화 고소장'에 대하여 각하 처분하지 아니함은 물론, 전상화를 무고죄로 입건하여 처벌하지 아니하고, 오히려 '전상화 고소장'을 임찬용 거주지 관할인 성남수정경찰서에 이송함으로써 임찬용으로 하여금 피의자 방어권 보장 등에 필요한 정보공개청구에 따른 '전상화 고소장'을 열람·등사하도록 하는 등 의무 없는 일을 하도록 하였다.

---

68) 좀 더 구체적으로 특정하면, '임찬용 고소장'에 첨부된 '첨부(입증)자료 1' 및 '첨부(입증)자료 7, 8'을 말함.

【피고소인 유정민, 피고소인 ○ ○ ○ 등69)의 공동 범행70)】

피고소인들은 최근 검·경 수사권 조정에 따라 검찰로부터 수사 지휘를 받지 않고 독자적으로 수사권을 행사할 수 있는 성남수정경찰서 소속 사법경찰관들이다. 피고소인들은 2022. 3.경 사건 외 신미영을 통하여 허위 내용이 기재된 '전상화 고소장' 및 '고소인(전상화) 보충진술 조서'를 이송 받았다.

이러한 경우 피고소인들은 '전상화 고소장'이 '임찬용 고소장'에 첨부된 증거자료에 의해 금방 허위 내용으로 작성된 사실을 확인할 수 있고, '고소인(전상화) 보충진술 조서' 내용 역시 '전상화 고소장'의 허위 기재 사실을 뒤집을 만한 증거자료가 전혀 없으므로 '전상화 고소장'은 즉시 각하 처분을 하여야 한다.

그러나 피고소인들은 2022. 4. 26. 13:40.경 '전상화 고소장'의 기재 내용과 관련하여 고소인(임찬용)과의 전화 통화에서, 고소인으로부터 "금방 허위 내용 확인이 가능한 '전상화 고소장'을 근거로 피의자신문조서 작성을 시도할 경우 수사담당 사법경찰관은 물론 그 상사까지도 직권남용죄로 고소하겠다."며 완강한 소환조사 거부의사를 전달받았다.71)

---

69) 성명 불상자 ○○○는 피고소인 유정민의 결재라인에 있는 상사들을 의미함.

70) 이들은 서울성북경찰서 신미영 수사관으로부터 '전상화 고소장'을 이송 받은 바 있고, 특히 신미영 수사관이 전상화에 대해 '고소인 보충진술조서'까지 실시한 기록에 터 잡아 피고소인(임찬용)에 대한 피의자신문조서를 실시하였다는 점에서, 신미영과 공범 관계에 있다고 봄이 상당하다. 다만, 신미영과 공범 관계가 있든 없든 이들의 직권남용죄 죄책 성립에는 아무런 영향이 없다.

71) 입증자료 : 2022. 4. 27.자 '피고소인(임찬용) 의견서' 1부. (이 사건 고소장 '첨부 2')

그럼에도 불구하고 피고소인들은 고소인이 경찰 소환조사에 거부할 경우 소환장 발부 등 강력한 법적절차를 취하겠다고 협박하면서 2022. 4. 27. 10:00.경 성남수정경찰서 수사과에서 아무런 혐의점을 발견할 수 없는 고소인으로 하여금 피의자신문조서를 받도록 하였다.

이로써 피고소인들은 고소사건을 수사할 수 있는 직권을 남용하여 '전상화 고소장'을 각하 처분하지 아니하고, 오히려 고소인에게 피의자신문조서까지 받게 하는 등 의무 없는 일을 하게 하였다.[72]

※ 범죄 사실은 형법 등 처벌법규에 해당하는 사실에 대하여 일시, 장소, 범행방법, 결과 등을 구체적으로 특정하여 기재해야 하며, 고소인이 알고 있는 지식과 경험, 증거에 의해 사실로 인정되는 내용을 기재하여야 합니다.

---

72) 고소인이 피고소인이자 사법경찰관인 유정민으로부터 묵비권 행사를 통한 피의자신문조서 작성을 신속하게 마치고 난 다음 그에게 다음과 같이 물어 보았다.

즉, 고소인이 사법경찰관 유정민에게 위 '피고소인 의견서(이 사건 고소장 첨부 2)'에 기재된 내용대로 묵비권을 행사한 후, '전상화 고소장' 기재 내용이 명백하게 허위로 작성된 사실이 확인되고 있는 상황에서 이를 각하시키지 아니하고 "왜 굳이 고소인에게 강제적으로 소환조사를 실시하느냐"라고 따져 묻자, "검사가 이 사건 고소인(임찬용)에 대해 소환조사를 실시하지도 아니하고, 각하의견으로 올리면 허가를 해주겠냐?"라고 답변하였다.

그러나 이 답변 또한 100% 거짓말이다. 사법경찰관 유정민의 답변내용은 검·경수사권 조정 이전에 경찰수사가 검사의 수사보조자 역할에 머물렀던 시대에서 검사를 핑계대며 자신들의 직권남용죄나 강요죄를 덮기 위한 술수에 불과할 뿐이다. 지금처럼 검사와 대등한 지위에서, 오히려 검사의 수사 지휘를 받지 않은 채 독립적으로 수사하고 결정하는 작금에 와서 할 말은 아닌 것은 분명하다. 사법경찰관의 직권남용 또는 강요죄 책임을 검사에게 떠넘기는 뻔뻔함은 이루 말할 수 없다.

5. 고소 이유

피고소인들은 범죄로부터 국민의 생명과 재산을 보호하는 임무를 수행하고 있는 사법경찰관들로서 막중한 권한과 책무를 동시에 부여받고 있습니다.

특히, 법질서를 확립하고 사법정의를 실현하기 위해서는 모든 사건이 법과 원칙에 따라 철저한 수사가 이루어져야 하고, 최근 검·경수사권 조정에 따라 수사는 경찰, 기소는 검찰이라는 시대적 요청에 부응하여 검사의 수사지휘나 통제 없이 사법경찰관 스스로 전문적이고도 독자적인 수사를 요구받고 있습니다.

이와 같이 국가의 막중한 책무와 독자적 수사권을 보유한 피고소인들이 자신들의 이해관계 및 입맛에 따라 사건을 대함에 있어 선택적 수사, 청탁수사, 표적수사, 보복수사, 뭉개기식 수사, 조작수사, 봐주기 수사, 무마 수사, 은폐수사 등 모든 유형의 수사권을 남용한다면 우리나라 사법정의는 무너져 버리고, 결국에는 범죄자만 득실거리는 사회로 전락하고 말 것입니다.

피고소인들의 위와 같은 범죄행위에 대해 철퇴를 가하고자 검찰에 이 사건 고소장을 직접 제출하게 되었습니다.

★ 이 사건 고소장의 선행사실에 해당하는 '첨부 1' 고소장은 ㉠ 피고소인 문경석 및 그의 결재라인에 있는 상사들의 범죄 사실, ㉡ 피고소인 전상화의 범죄 사실, ㉢ 피고소인 신미영 및 그의 결재라인에 있는 상사들의 범죄 사실로 나뉘어져 있습니다.

그런데 위 ㉮항 및 ㉯항의 범죄 사실들은 검찰청법 제4조 제1항 나목에 해당하는 '경찰공무원이 범한 범죄'로써 검찰에서 직접 수사해야 하는 전속 수사 대상 사건들인 바, 이를 경찰에서 자체적으로 수사하도록 이송해서는 안 됩니다.

특히 위 ㉮항 및 ㉯항의 범죄 사실에 관여된 사법경찰관들은 평소 경찰과 밀착관계를 유지해 오던 사건 외 구수회 및 전상화를 수사하면서 소위 뭉개기 수사 및 봐주기 수사를 거쳐 허위 내용의 불송치 결정서를 작성하는 수법을 통해 아예 사건 자체를 은폐해 버렸습니다.[73] 이는 검찰청법에서 규정한 취지에 따라 검찰에서 직접 수사를 해야지, 경찰 자체적으로 수사해야 할 성격이 전혀 아닙니다.

이에 터 잡아 고소인 역시 경찰수사의 전속적 관할 사건인 위 ㉯항의 범죄 사실 이외 위 ㉮항 및 ㉯항의 범죄 사실에 대해서는 경찰로부터 고소인 보충진술조서를 포함한 어떠한 수사를 받아야 할 하등의 이유가 없습니다. 오히려 고소인의 입장에서는 사법경찰관의 범죄를 은폐하는데 도움을 주는 꼴이 되고 말 것입니다.

그럼에도 불구하고, 수원지방검찰청성남지청 형사 제1부 윤동환 검사는 검찰청법의 규정 취지를 무시해 버리고는, 경찰로 하여금 위 ㉮항 및 ㉯항 범죄 사실을 은폐 수사하도록 하기 위해 검찰 직접 수사를 포기하고 경찰에 사건을 내려보냈습니다.

검사가 검찰청법의 규정 취지를 어기고 사법경찰관의 범죄 사실과 그에 대한 증거자료들이 첨부되어 있는 위 ㉮항 및 ㉯항의 고소장을

---

73) 이를 입증하는 자료로는 2022. 4. 4.자 피의자 구수회에 대한 불송치 결정 이의 신청서 (이 사건 고소장 첨부 1-7)

경찰서에 내려보낸 이송 결정은 한마디로 고양이에게 생선가게를 맡기는 꼴이며, 외부에 수사기밀을 유출하는 범죄행위와 전혀 다를 바 없습니다.[74)]

더 나아가, 윤동환 검사는 위 ㉮항 및 ㉰항의 범죄 사실에 대하여

---

74) 윤동환 검사가 위 ㉮항 및 ㉰항의 고소장을 검찰청법 규정대로 직접 수사하지 아니하고 성남수정경찰서에 이송 결정을 해버린 문제점과 관련, 설사 경찰에서 위 ㉮항 및 ㉰항의 고소장에 언급되고 있는 경찰관들의 범죄 사실을 은폐하기 위해 뭉개기식 수사 및 무마(조작)수사를 실시하였다고 하더라도 '나중에 검찰에서 사건을 송치 받아 이를 다시 수사하면 될 거 아니냐'는 취지로 변명할지 모르겠으나, 이는 완전히 궤변에 불과하다.

그 이유는 검 · 경수사권 조정이 실시되기 이전인 과거 형사법 체계에서는 경찰은 검찰에 수사보조자로서의 역할에 불과하였으나, 작금에 와서는 검 · 경 수사권 조정에 따른 수사대상범죄가 법령에 정해져 있고, 사법경찰관이 검사의 지휘를 받지 않고 독자적인 수사권을 실시함은 물론 이를 처분할 수 있는 권한까지 보유하게 되었기 때문이다.

특히, 과거 형사법 체계에서는 검사가 경찰에 수사 지휘를 하면서 사건을 내려 보내더라도, 그 사건은 수사 지휘를 한 검사에게 되돌아왔지만, 현행 형사법 체계에서는 위 ㉮항 및 ㉰항 고소장의 경우처럼 윤동환 검사가 이송 결정을 해버리면 위 ㉮항 및 ㉰항의 고소장은 윤동환 검사의 관리영역에서 벗어나 버린다.

과거 '검찰의 제 식구 감싸기'의 문제점에서 보듯이 경찰에서도 자신들의 비리 범죄에 대하여 증거를 인멸하고 사건 조작을 일삼기 때문에 이를 관리 · 감독 하라고 '검수완박법'에서마저도 경찰관의 직무범죄에서만큼은 검찰에서 직접 수사를 해야 한다고 규정해 놓고 있지 않는가?

결론적으로 윤동환 검사가 위 ㉮항 및 ㉰항의 고소장을 이송해 버린 처사는 자신의 직권을 남용한 중대 범죄행위로써 고소인에게는 검찰로부터 정당한 수사를 받을 수 있는 기회를 박탈한 결과를 초래하였고, 경찰에게는 사법경찰관의 범죄사건을 무마할 수 있는 기회를 제공하였으며, 윤동환 검사 자신에게는 위 ㉮항 및 ㉰항의 고소장 수사를 기피함으로써 직무유기를 범한 결과를 초래하였다.

이는 우리나라 검찰이 과거 수십 년간 보여준 선택적 수사 및 선택적 정의실현 이라는 불법 수사를 통하여 국가의 운명까지도 좌지우지해 왔던 검찰의 적폐 중의 적폐로써 반드시 뿌리 뽑아야 하는 잔재임에는 틀림없다.

경찰로 하여금 은폐수사를 하도록 한 이송 결정마저도 성에 차지 않았던 탓인지 추후에 등기우편으로 접수된 이 사건 고소장에 대해서는 입건 조치도 하지 않은 채 위 ㉮항 및 ㉰항의 범죄 사실 수사에 참고하라며 추송서 형식을 빌려 성남수정경찰서에 그대로 내려보냈습니다.

즉, 윤동환 검사는 이 사건 고소장이 위 ㉮항 및 ㉰항의 고소장과는 범죄 주체 및 범죄 사실이 전혀 다를 뿐만 아니라, 별개의 고소장으로 작성되어 있었고, 거기에 첨부되어 있는 증거자료까지 각각 다르기 때문에 누가 보더라도 위 ㉮항 및 ㉰항의 고소장과 마찬가지로 입건 조치(사건 접수)를 취해야 함에도 불구하고, 이를 거부함으로써 고소인에 대한 직권남용권리행사방해죄 및 직무유기죄의 죄책을 피할 수 없게 되었습니다.

사정이 위와 같다면, 전국 검찰청을 관할하고 있는 대검찰청에서는 이 사건 고소장에 대해서만큼은 검찰청법 규정 취지에 맞게끔 경찰로 하여금 은폐수사를 하지 못하도록 검찰에서 직접 수사하여 주시고, 그 수사 주체에 대해서도 수원지방검찰청성남지청 소속 검사가 아닌 다른 검찰청 소속 검사가 수사하도록 조치를 취해 주시기 바랍니다.

※ 고소 이유에는 피고소인의 범행 경위 및 정황, 고소를 하게 된 동기와 사유 등 범죄 사실을 뒷받침하는 내용을 간략, 명료하게 기재해야 합니다.

6. 증거자료

(✓ 해당란에 체크하여 주시기 바랍니다)

☐ 고소인은 고소인의 진술 외에 제출할 증거가 없습니다.

☐ 고소인은 고소인의 진술 외에 제출할 증거가 있습니다.

☞ 제출할 증거의 세부내역은 별지를 작성하여 첨부합니다.

7. 관련사건의 수사 및 재판 여부*

(✓ 해당란에 체크하여 주시기 바랍니다)

① 중복 고소 여부	본 고소장과 같은 내용의 고소장을 다른 검찰청 또는 경찰서에 제출하거나 제출하였던 사실이 있습니다 ☐ / 없습니다 ☐
② 관련 형사사건 수사 유무	본 고소장에 기재된 범죄 사실과 관련된 사건 또는 공범에 대하여 검찰청이나 경찰서에서 수사 중에 있습니다 ☐ / 수사 중에 있지 않습니다 ☐
③ 관련 민사소송 유무	본 고소장에 기재된 범죄 사실과 관련된 사건에 대하여 법원에서 민사소송 중에 있습니다 ☐ / 민사소송 중에 있지 않습니다 ☐

기타사항

※ ①, ②항은 반드시 표시하여야 하며, 만일 본 고소 내용과 동일한 사건 또는 관련 형사사건이 수사재판 중이라면 어느 검찰청, 경찰서에서 수사 중인지, 어느 법원에서 재판 중인지 아는 범위에서 기타사항 난에 기재하여야 합니다.

8. 기타

(고소 내용에 대한 진실확약)

본 고소장에 기재한 내용은 고소인이 알고 있는 지식과 경험을 바탕으로 모두 사실대로 작성하였으며, 만일 허위사실을 고소하였을 때에는 형법 제156조 무고죄로 처벌받을 것임을 서약합니다.

2022년 5월 23일*

고소인   임 찬 용   (인)*

제출인   (인)

※ 고소장 제출일을 기재하여야 하며, 고소인 난에는 고소인이 직접 자필로 서명 날(무)인 해야 합니다. 또한 법정대리인이나 변호사에 의한 고소대리의 경우에는 제출인을 기재하여야 합니다.

첨부(증거)서류

1. 윤동환 검사에 의해 경찰에 불법 이송된 2022. 4. 20.자 고소장 1부.

(1-1). 2022. 4.초경 경찰과 구수회와의 밀착관계 입증자료인 '구수회 카톡 내용' 1부.

(1-7). 2022. 4. 4.자 피의자 구수회에 대한 불송치 결정 이의신청서 1부.

(1-9). 2022. 3.경 서울성북경찰서 신미영 수사관에 접수된 '전상화 고소장' 1부.

2. 2022. 4. 27.자 '피고소인(임찬용) 의견서' 1부.

대검찰청 귀중

【첨부 18】 2022. 5. 6.자 고소인 의견서 및 (피고소인 유정민에 대한) 추가 고소장 제출

수신 : 수원지방검찰청성남지청장
참조 : 검사 윤동환(02-920-0000)
제목 : 고소인 의견서 및 추가 고소장 제출

Ⅰ. 고소인의 의견서(성남검찰의 은폐수사 동조)

1. 귀 지청 2022형제10016호 사건(이하, '이 사건'이라고 함)과 관련입니다.

2. 이 사건 고소인 임찬용은 2022. 4. 20.경 등기 속달 우편을 통하여 이 사건 고소장을 대검찰청에 제출하였던 바, 이 사건 고소장에 기재되어 있는 피고소인 명단, 이 사건 배경 및 이 사건 각 범죄 사실 요지는 다음과 같습니다.

【이하 생략 : 2022. 4. 20.자 고소장과 중복】

3. 한편, 수원지검 성남지청 윤동환 검사는 2022. 5. 5.경 검찰 콜센터 (1301)를 통하여 이 사건 피고소인 전원에 대하여 고소인의 거주지 관할인 경기성남수정경찰서에 '타관이송'을 결정하였다는 취지의 '고소사건결정 결과통지서'를 고소인의 핸드폰(010-5313-0000)에 보내왔습니다.

4. 성남검찰과 성남수정경찰서의 이 사건 은폐수사 공조 과시

수원지검 성남지청 윤동환 검사가 경찰에 '타관이송'을 결정한 이 사건 중에서 위 2, 가, 다항은 '경찰공무원이 범한 범죄'로서 검사가 직접 수사하여야 하는 범죄에 해당합니다.[75]

특히, 고소인은 이 사건 고소장에서 현직 경찰간부들과 구수회 간 밀착 관계를 통하여 서울서대문경찰서에서는 피의자 구수회에 대한 소환조사마저도 생략한 채 허위 내용의 불송치 결정서를 작성하는 수법으로 모든 구수회의 범죄 사실을 은폐해 버렸다는 점, 구수회와 공범 관계에 있는 전상화의 범죄 사실 역시 서울성북경찰서에서는 뭉개기식 수사 및 허위 내용의 불송치 결정서를 작성하는 수법으로 은폐할 가능성이 매우 농후하다는 점, 아울러 서울성북경찰서에서는 전상화가 제출한 고소장에 대해 한글을 터득할 정도의 지적 수준이라면 어느 누가 보아도 명백하게 허위 내용으로 작성한 사실을 금방 확인할 수 있음에도 불구하고 이를 각하함과 동시에 전상화를 입건하기는커녕 오히려 피고소인(임찬용) 관할 성남수정경찰서에 이송조치를 취해 버렸다는 점에 대하여 입에 침이 마르도록 강조해 왔고, 그에 대한 증거를 제시해 왔습니다.

---

[75] 검찰청법 제4조(검사의 직무) ① 검사는 공익의 대표자로서 다음 각 호의 직무와 권한이 있다. 〈개정 2020. 2. 4.〉

    1. 범죄수사, 공소의 제기 및 그 유지에 필요한 사항. 다만, 검사가 수사를 개시할 수 있는 범죄의 범위는 다음 각 목과 같다.

        가. 부패범죄, 경제범죄, 공직자범죄, 선거범죄, 방위사업범죄, 대형참사 등 대통령령으로 정하는 중요 범죄

        나. 경찰공무원이 범한 범죄

        다. 가목·나목의 범죄 및 사법경찰관이 송치한 범죄와 관련하여 인지한 각 해당 범죄와 직접 관련성이 있는 범죄

그럼에도 불구하고, 수원지방검찰청성남지청 운동환 검사는 이 사건 고소인 임찬용과 단 한마디 상의도 없이 검찰에서 직접 수사하여야 할 이 사건 범죄 경찰공무원에 대하여 일방적으로 경찰에 이송결정을 하여 버렸습니다.

이는 한마디로 고양이에게 생선가게를 맡긴 꼴이며, 검찰과 경찰이 대놓고 이 사건을 은폐수사하겠다고 고소인에게 선전포고를 한 것이나 전혀 다름이 없습니다.

그동안 대한민국 검찰이 자신들의 이해득실 및 기득권을 지키기 위하여 선택적 수사 및 선택적 정의실현이라는 불법적인 수사를 저질러 온 사실은 이미 역사가 증명하고 있습니다. 이는 최근 국회를 통과한 '검수완박'으로 이어지고 있지 않습니까?

고소인은 이 사건 고소장에 대하여 경찰이 그동안 피의자인 구수회와 밀착하여 구수회뿐만 아니라 그의 공범 관계에 있는 전상화까지 은폐수사로 일관해 옴에 따라 이를 검찰로 하여금 시정토록 하기 위해 대검찰청에 제출하게 되었다고 수차례 밝혀왔습니다.

상황이 이와 같음에도 대검찰청으로부터 무언의 언질을 받은 탓인지 성남검찰은 이 사건을 덮기 위해 검찰청법 제4조 제1항에 규정된 직접 수사대상인 경찰공무원의 범죄에 대해서마저도 수사권을 포기하고 경찰의 사건 은폐수사에 동조하고 말았습니다.

결국 '검수완박'이라는 검찰개혁 법안이 국회를 통과함에 따라 이에 항의하기 위해 검찰총장 및 고검장급의 검찰 지휘부가 전원 사직서를 제출하는 상황에서도 검찰이 유독 증거관계가 확실하게 구비된 이 사건에

대해서만큼은 성남검찰로 하여금 직접 수사권을 포기하도록 결정해 버린 이유가 무엇인지 역사와 국민 앞에 소상하게 밝혀야 할 것입니다.

따라서 고소인은 이 사건과 관련된 경찰이나 검찰의 어떠한 소환조사에도 불응할 예정입니다.

고소인이 위와 같이 결정을 한 이유는 시간과 경비를 소비해 가면서까지 사건 은폐를 위한 경찰과 검찰의 짜고 치는 고스톱, 즉 그들의 뭉개기식 수사 및 조작(무마)수사에 협조할 하등의 이유가 없기 때문입니다.

5. 결론

고소인이 이 사건과 관련된 고소인의 보충진술 등 검·경의 어떠한 수사에 불응하더라도, 이 사건 고소장만으로 실체적 진실을 밝히는데 있어서는 전혀 부족함이 없습니다.

그 이유는 이 사건 고소장에 현출된 증거만으로도 넉넉하고도 충분할 정도로 이 사건의 실체적 진실을 밝혀낼 수 있기 때문입니다.

고소인은 이 사건 수사를 통해 개인적인 이득을 취할 의도나 기회를 전혀 가지고 있지 않습니다. 다만, 공적 사명감의 발로로써, 구수회 및 전상화가 약 만 명의 회원에 이르는 이 카페를 운영함에 있어 자신들의 돈벌이 수단으로 변질해 버림에 따라 변호사법 등 관련 법률을 준수해야 하고, 이 카페 회원들을 예외 없이 사법피해자로 둔갑시켜 검찰 및 법원에 대한 적대감을 고취시키는 반민주적 행태를 차단해야 하며, 이로 인해 제2의 사법피해자를 미연에 방지해야 한다는 애국적인 충정에서 이 사건을 고소하게 되었습니다.

따라서 앞으로 경찰과 검찰이 합심하여 이 사건을 은폐하려고 한다면 그와 관련된 사법경찰관이나 검사에 대해서는 끝까지 책임을 추궁하고 이를 언론에 공개해 나갈 것이며, 동시에 경찰의 불송치결정서 및 검찰의 불기소결정서에 단 한 글자라도 허위 내용이 발견될 경우 그에 대응하여 법원에 재정신청을 제기하는 등 법적 투쟁도 병행해 나갈 것임을 분명하게 밝혀둡니다.

II. 이 사건 추가 고소장 제출

첨부 : 성남수정경찰서 소속 피고소인 유정민에 대한 고소장 1부.

2022. 5. 6.

고소인   임 찬 용

〔칼럼시리즈(제3판) ⑤〕 2022. 10. 10.〕

현재 대한민국은 대통령과 사건브로커가 상생관계에 있다!! 탄핵밖에 답이 없다!!

● '관피모사건'을 은폐하기 위해 수도권 검·경에 선택적 수사기법을 암묵적으로 지시한 윤석열 대통령

필자는 본지를 통하여 윤 대통령이 전임 문 대통령 재임 당시 검찰총장으로 재직하면서 '금 150억 원 검사비리사건'을 직접 은폐해 버린 중대 범죄자라는 사실을 밝힌 바 있다.

또 그에 대한 자세한 경위와 이미 공수처에 제출한 바 있는 고소장은 추후 윤 대통령 탄핵선고 날짜에 맞춰 공개하기로 하였다.

더 나아가, 필자는 본지 2022. 6. 5.자 "윤석열 정부의 검·경이 새 출발부터 뿌리째 썩어들어가고 있다!!"라는 제하의 기사를 시작으로 윤석열 정부의 검찰과 경찰이 서로 짜고 '관피모사건'을 은폐·조작 수사해 온 과정을 수사자료 전면 공개와 함께 보도해 오고 있다.

생각해 보라!

국가가 존재하는 이유는 뭔가? 이는 전쟁과 범죄로부터 국민의 생명과 재산을 보호하는 데 있지 않는가?

그런데 윤석열 정부는 범죄 피의자와 한통속이 되어 '관피모사건'을 은폐하기 위해 수도권 소재 검찰청 및 경찰서 등 국가 수사기관을 총동원하고, 거기에 소속된 검사들과 사법경찰관들에게 부역자(附逆者) 노릇을

강요하고 있으니, 이를 어찌하면 좋을까? 필자는 대한민국이 침몰할 것 같은 깊은 우려 때문에 밤잠을 이룰 수가 없다.

시남의 대한민국은 윤 대통령이 '공정과 상식'이라는 대선 캐치프레이즈를 내세워 제20대 대통령 선거에 당선되자마자, 그 캐치프레이즈를 헌신짝처럼 던져버리고, 자신의 특기(?)인 검찰의 선택적 수사와 선택적 정의실현이라는 수사기법을 수도권 소재 검찰 및 경찰로 하여금 마음껏 활용하도록 암묵적 지시 내지 묵인·방조하고 있는 형국이다.

즉, 윤 대통령은 고도의 사기행각과 사건브로커 역할을 수십 년간 충실하게 해오고 있는 '관피모사건'의 주범격인 구수회 행정사와 그의 동업자 전상화 변호사에 대해 형사처벌을 면해 주기 위하여 수도권에 소재한 검찰조직과 경찰조직을 철옹성 같은 범죄조직으로 구축해 가고 있다.

구수회는 현재에도 검·경의 보호하에 2008. 1.경 자신이 직접 설립한 '관청피해자모임(관피모)' 카페를 동업자 전상화와 공동 운영해 오면서 약 만 명에 이르는 회원들에게 사법피해자로 둔갑시켜 법원에 적대감을 고취시킨 후 '대법원 패소된 사건을 행정사가 살린다. 변호사가 해야 할 일 90% 행정사가 가능하다', '행정사 수수료 1억 원을 5번 받았다'는 광고를 해오면서 영업활동을 계속 해오고 있다.

결국 구수회나 전상화의 불법적인 법률사무 영업에 따른 민·형사책임 추궁은 고사하고, 당장 그들로 인해 법무사법이나 변호사법의 실효성이 상실되어 국회에서 폐기해야 할 실정이다.

도대체, 변호사법위반 전력만 3회에 이른 것으로 확인되고 있고, 현재에도 사건브로커 역할을 해오고 있는 구수회에 대해 수사 착수조차도 못하게 하는 이런 대통령이 지구상에 또 어디 있을까?

대통령 본인이 '금 150억 원 검사비리사건'을 은폐해 버렸기 때문에 그 족쇄에서 못 벗어나 '관피모사건'까지 은폐하라고 검·경에 지시하였다는 말인가?

필자는 본지 2022. 8. 14.자 "검찰을 범죄조직으로 만들어버린 윤석열 대통령은 탄핵밖에 답이 없다!!"라는 제하의 기사에서, '관피모사건'을 은폐하기 위한 검·경의 날짜별, 기관별 은폐수사 범죄행위를 요약 정리하면서 이를 입증하기 위해 관련 수사 자료를 전면 공개한 바 있다.

또 필자는 위 기사에서 "이처럼 윤석열 정부 소속 검·경의 수도권 조직에 의거 '관피모사건' 고소장에 기재된 모든 범죄 사실들은 예외 없이 모두 은폐되어 버렸고, ('관피모사건'을 은폐한) '경찰공무원의 범죄' 고소장에 기재된 범죄 사실들은 검찰에서 직접 수사하지 아니하고 경찰에 이송해 버림에 따라 현재 경찰에서 은폐·조작수사가 한창 진행 중이다."라고 보도하였다.

그렇다!

필자가 전회 본지에서 보도한 내용대로 '관피모사건'을 은폐·조작 수사한 혐의를 받고 있는 '경찰공무원의 범죄' 고소장은 검찰청법 제4조 제1항에 의거 검사가 직접 수사하여야 함에도 불구하고, 성남검찰은 '관피모사건' 고소장과 마찬가지로 경찰로 하여금 은폐·조작수사가 가능하게끔 성남수정경찰서에 이송해 버렸다.

성남수정경찰서에서는 성남검찰이 무서워 재이송 조치를 취하지 못하고, 어쩔 수 없이 '경찰공무원의 범죄' 고소장에 기재된 피고소인들 중 같은 경찰서에 근무하는 사법경찰관을 한 묶음으로 하는 별개의 사건으로 만들어 이를 인근 경찰서에 뿔뿔이 이송해 버렸으며, 인근 경찰서에서는 이송받은 사건에 대해 전혀 수사를 진행하지 않은 채 캐비닛에 처박아 놓았다가 일정한 시점에 이르자 허위 내용의 불송치(각하) 결정서를 작성하는 수법을 통해 예외 없이 은폐해 버렸다.

이를 날짜별, 경찰서별로 은폐수사 범죄행위를 요약 정리하면 다음과 같다.

① 필자는 2022. 5. 23.경 성남검찰청 윤동환 검사가 접수를 거부했던 '성남수정경찰서 소속 사법경찰관 유정민 및 그의 결재권자인 성명불상자에 대한 고소장(직권남용 및 강요죄)'을 등기우편으로 대검찰청에 접수시켰고, 대검찰청은 2022. 6. 8.경 동 고소장을 성남검찰청에 이첩하였으며(성남검찰 사건번호 : 2022형제13120호), 성남검찰청 검사 한경우는 2022. 6. 10.경 이를 직접 수사하지 아니하고 성남수정경찰서에 이송해 버렸다.(성남수정경찰서 사건번호 : 2022-3532)

성남수정경찰서(담당 : 경사 백승화)에서는 2022. 7. 15.경 동 고소장을 인근 경찰서인 성남중원경찰서에 이송하였다.(성남중원경찰서 사건번호 : 2022-3627)

성남중원경찰서(담당 : 경사 고형민)에서는 2022. 7. 26.경 동 고소장에 기재된 사법경찰관 유정민 및 그의 결재권자인 성명불상자의 범죄 사실과 관련, 이를 입증할 수 있는 증거자료가 명백하게 첨부되어 있었음에도 불구하고 전혀 수사를 진행하지 않은 채 캐비닛에 처박아 놓았다가 일정한 시점에 이르자 허위 내용의 불송치(각하)결정서를 작성하는 수법을 통해 모두 은폐해 버렸다.

이에, 고소인인 필자는 2022. 8. 25.경 유정민 등에 대한 불송치(각하) 결정 이의신청서를 성남중원경찰서장에게 제출하였다.

결국 필자는 성남수정경찰서 사법경찰관 유정민 및 그의 결재권자에 대한 고소장을 검찰청법 제4조 제1항 제1호 나목에 의거 검찰에서 직접 수사해 주도록 대검찰청에 제출하였으나, 검찰은 이를 거부한 채 동 고소장이 돌고 돌아 형소법상 관할권이 없는 성남중원경찰서에서 전혀 수사가 진행되지 않은 채 은폐되고 말았다.

이를 입증하기 위해 이 기사 말미에 2022. 5. 23.자 유정민 등에 대한 고소장(첨부 1), 2022. 7. 26.자 유정민 등에 대한 불송치(각하)결정서(첨부 2), 2022. 8. 25.자 유정민 등에 대한 불송치(각하) 결정 이의신청서(첨부 3)을 각각 첨부한다.

그런데 사법경찰관 유정민은 '관피모사건' 피의자인 전상화 변호사가 2022. 3.경 필자를 상대로 경찰에 제출한 허위 내용의 고소장(이하, '전상화 고소장')을 가지고 고소인인 필자를 가해자로 엮어보기 위해 필자와 전상화 간 대질조사를 끈질기게 시도한 사실이 있다.

검찰 수사과장 출신인 필자가 유정민과 전상화가 짜고 치는 고스톱판에 넘어갈 일이 없겠지만, 아직까지도 경찰에서는 가해자와 피해자를 뒤바꾸는 수사가 진행되고 있다는 사실에 경악을 금할 수 없었다.

이는 검찰의 암묵적 지시 없이는 도저히 불가능한 일이다. 추후 수사기록이 검찰에 넘어가 가해자와 피해자를 뒤바꾸기 위한 수사 진행 사실이 밝혀지면, 담당 사법경찰관은 구속을 피할 수 없기 때문이다.

필사는 본시 2022. 6. 5.자 "윤석열 정부의 검·경이 새 출발부터 뿌리째 썩어들어가고 있다!!"라는 제하의 기사에서, "검찰의 선택적 수사는 말 그대로 어떠한 사건이라도 검찰의 기득권 유지 내지 강화를 위해, 또 검사들의 비리나 범죄를 감추기 위해 검찰 입맛대로 사건을 처리함을 의미한다. (중략) 즉, 검찰이 개혁을 거부하면서 기득권 유지에 필요하다고 판단되면 경미한 사건이라고 할지라도 확대 재생산하고, 그 반대의 경우에는 중대한 사건이라고 할지라도 과감하게 은폐해 버린다. 그 과정에서 검찰에 미운털이 박힌 자에게는 여지없이 보복수사가 뒤따르게 마련이다."라고 설파한 바 있다.

그렇다!

필자는 사법정의 실현을 위해 '금 150억 원 검사비리사건'에 공동정범으로 가담한 김진태 전 검찰총장까지 고소해 놓고 있는 데다, 윤석열 정부의 실세이자 현 검찰조직을 지휘하고 있는 한동훈 법무부장관이 은폐하려고 하는 '관피모사건'에 대해서도 고소(고발)를 해놓고 있으니, 검찰로부터 미운털이 박혀 있는 것은 분명한 사실이다.

검찰의 선택적 수사를 미연에 방지함으로써 국민의 인권을 보장하고, 공정과 정의로운 사회로 가기 위해서는 검찰청을 폐지하고 기소청을 설치하는 것을 목표로 한 '검수완박' 법을 전면적으로 실시하여야 한다는 필자의 주장을 검찰에서는 달갑게 받아줄 리가 없다.

과거 군사독재시절 권력자들은 총칼이라는 무력으로 기업을 강탈해 왔지만, 오늘날 우리나라처럼 사법정의가 전혀 이루어지지 않고 있는 사이비 민주주의 시대 권력자들은 검찰의 선택적 수사를 통한 법 집행으로 기업을 소리소문없이 강탈해 간다.

그 대표적인 사례로서 '금 150억 원 검사비리사건'을 들 수 있다.

'금 150억 원 검사비리사건'은 당시 박근혜 정부를 떠받치고 있던 김진태 검찰총장 등 검찰 권력자들이 태평양 법무법인 고문변호사이자 검사장 출신 전관 변호사 성영훈과 공모하여 연매출 3,000억 원 이상을 올리고 있던 ㈜에스코넥을 통째로 강탈하기 위한 검찰의 선택적 수사 결과물이다.

필자는 이와 같은 이유로 '금 150억 원 검사비리사건'의 실체적 진실을 밝히기 위해 약 8년 이상 목숨을 걸다시피 검찰과 싸워 오고 있고, 이와 더불어 최근에는 '관피모사건'의 실체적 진실을 밝히고자 검찰과 싸워 오고 있다.

필자가 여생을 바쳐 형사사법 권력이 집중되어 있는 검찰과 싸우기로 마음먹은 이유는 검찰의 선택적 수사만큼은 방지하여 공정과 정의가 도도히 흐르는 살맛나는 사회를 이룩하고자 하는 필자의 간절한 소망이 마음속에 깊숙이 자리 잡고 있기 때문이다.

그런데 필자는 검찰로부터 미운 털이 박혔다는 이유로 검찰의 암묵적 지시를 받은 성남수정경찰서 사법경찰관 유정민으로부터 '관피모사건' 고소(고발)과 관련하여 처음으로 보복수사를 받은 것이 아니다.

그 이전에도 필자는 경찰로부터 보복수사를 받은 사실이 있다. 즉,

필자는 2018. 4. 11.(수) 10:00경 서울지방경찰청 지능범죄수사대 조사실에서 검찰의 암묵적 지시를 받아 왔던 사법경찰관 한종구로부터 '금 150억원 검사비리사건'의 피해자인 필자를 가해자로 바꾸기 위한 보복성 대질조사를 받았었다.

② 필자는 2022. 4. 20.경 구수회의 범죄 사실을 조작·은폐수사한 서울서대문경찰서 소속 사법경찰관 문경석과 그의 결재권자인 성명불상자 등이 포함된 '경찰공무원의 범죄' 고소장을 등기우편으로 대검찰청에 접수시켰고, 대검찰청은 2022. 5. 3.경 동 고소장을 성남검찰청에 이첩하였으며(성남검찰 사건번호 : 2022형제10016호), 성남검찰청 검사 윤동환은 2022. 5. 4.경 동 고소장을 직접 수사하지 아니하고, 몽땅 성남 수정경찰서에 이송해 버렸다.(성남수정경찰서 사건번호 : 2022 - 4150)

성남수정경찰서(담당 : 경사 백승화)에서는 2022. 6. 2.경 동 고소장 피고소인들 중 '서울서대문경찰서 소속 사법경찰관 문경석과 그의 결재권자인 성명불상자'의 범죄 사실에 대해서는 한 묶음으로 하는 별개의 사건을 만들어 이를 인근 경찰서인 서울서부경찰서로 이송하였다.(서울서부경찰서 사건번호 : 2022-2049)

서울서부경찰서(담당 : 경장 조민수)에서는 2022. 9. 27.경 사법경찰관 문경석과 그의 결재권자인 성명불상자의 범죄 사실과 관련, 이를 입증할 수 있는 수많은 증거자료가 명백하게 첨부되어 있었음에도 불구하고 전혀 수사를 진행하지 않은 채 캐비닛에 처박아놓았다가 일정한 시점에 이르자 허위 내용의 불송치(각하)결정서를 작성하는 수법을 통해 모두 은폐해 버렸다.

이에, 고소인인 필자는 2022. 10. 10.경 문경석 등에 대한 불송치(각하) 결정 이의신청서를 서울서부경찰서장에 제출하였다.

결국 서울서대문경찰처 사법경찰관 문경석 및 그의 결재권자에 대한 고소장을 검찰청법 제4조 제1항 제1호 나목에 의거 검찰에서 직접 수사해주도록 대검찰청에 제출하였으나, 검찰은 이를 거부한 채 동 고소장이 돌고 돌아 형소법상 관할권이 없는 서울서부경찰서에서 전혀 수사가 진행되지 않은 채 은폐되고 말았다.

이를 입증하기 위해 이 기사 말미에 2022. 4. 20.자 서울서대문경찰서 소속 사법경찰관 문경석과 그의 결재권자인 성명불상자 등이 포함된 '경찰공무원의 범죄' 고소장(첨부 4), 2022. 9. 27.자 문경석 등에 대한 불송치(각하) 결정서(첨부 5), 2022. 10. 10.자 문경석 등에 대한 불송치(각하) 결정 이의신청서(첨부 6)을 각각 첨부한다.

③ 필자는 2022. 4. 20.경 필자로 하여금 형사처벌을 받도록 할 목적으로 허위 내용으로 작성된 '전상화 고소장' 및 그 '전상화 고소장'이 허위 내용으로 작성된 사실을 금방 확인하였음에도 이를 각하 처분하지 아니하고 필자의 거주지 관할인 성남수정경찰서에 이송해 버린 서울성북경찰서 소속 사법경찰관 신미영과 그의 결재권자인 성명불상자 등이 포함된 '경찰공무원의 범죄' 고소장을 등기우편으로 대검찰청에 접수시켰고, 대검찰청은 2022. 5. 3.경 동 고소장을 성남검찰청에 이첩하였으며(성남검찰 사건번호 : 2022형제10016호), 성남검찰청 검사 윤동환은 2022. 5. 4.경 동 고소장을 직접 수사하지 아니하고, 몽땅 성남 수정경찰서에 이송해 버렸다.(성남수정경찰서 사건번호 : 2022 - 4150)

성남수정경찰서(담당 : 경사 백승화)에서는 2022. 7. 15.경 동 고소장 피고소인들 중 '전상화 고소장' 및 '서울성북경찰서 소속 사법경찰관 신미영과 그의 결재권자인 성명불상자'의 범죄 사실에 대해서는 한 묶음으로 하는 별개의 사선을 만늘어 이를 인근 경찰서인 서울도봉경찰서로 이송하였다.(서울도봉경찰서 사건번호 : 2022-3676)

서울도봉경찰서(담당 : 경위 배보성)에서는 2022. 9. 27.경 '전상화 고소장' 및 사법경찰관 신미영과 그의 결재권자인 성명불상자의 범죄 사실과 관련, 이를 입증할 수 있는 수많은 증거자료가 명백하게 첨부되어 있었음에도 불구하고 전혀 수사를 진행하지 않은 채 캐비닛에 처박아 놓았다가 일정한 시점에 이르자 허위 내용의 불송치(각하) 결정서를 작성하는 수법을 통해 모두 은폐해 버렸다. (이 사건 각하 결정한 날짜가 서울서부경찰서에서 각하결정한 날짜와 동일하다. 우연치고는 너무나도 일치함)

이에, 고소인인 필자는 2022. 10. 10.경 전상화 및 신미영 등에 대한 불송치(각하) 결정 이의신청서를 서울도봉경찰서장에게 제출하였다.

결국 필자를 허위사실로 무고한 '전상화 고소장'(검사 직접 수사대상은 아님), 그리고 서울성북경찰서 사법경찰관 신미영 및 그의 결재권자에 대한 고소장을 검찰청법 제4조 제1항 제1호 나목에 의거 검찰에서 직접 수사해 주도록 대검찰청에 제출하였으나, 검찰은 이를 거부한 채 동 고소장이 돌고 돌아 형소법상 관할권이 없는 서울도봉경찰서에서 전혀 수사가 진행되지 않은 채 모두 은폐되고 말았다.

이를 입증하기 위해 이 기사 말미에 2022. 4. 20.자 서울성북경찰서 소속 사법경찰관 신미영과 그의 결재권자인 성명불상자 등이 포함된 '경찰공무원의 범죄' 고소장(첨부 4), 2022. 9. 27.자 전상화 및 신미영 등에 대한 불송치(각하) 결정서(첨부 7), 2022. 10. 10.자 전상화 및 신미영 등에 대한 불송치(각하) 결정 이의신청서(첨부 8)을 각각 첨부한다.

그렇다면, 이쯤에서 윤석열 대통령이 '관피모사건'을 은폐·조작하기 위해 자신의 통제 하에 있는 수도권 검찰 및 경찰을 동원한 기관과 거기에 빌붙어 부역자(附逆者) 역할을 충실히 수행한 썩은 검사들과 사법경찰관들의 면면을 살펴볼 필요가 있다.

㉮ 기관 : 법무부, 부역자 : 장관 한동훈, 부역(附逆) 내용 : 2022. 5. 19.자 및 같은 달 23.자 성남검찰의 '관피모사건' 은폐와 관련된 감찰의뢰 민원제기를 묵살해 버림에 따라, 검·경의 '관피모사건' 및 '경찰공무원의 범죄'에 대한 은폐수사를 암묵적 지지 또는 방조하고, 이를 정부 차원으로 끌어 올림.

㉯ 기관 : 성남검찰청, 부역자 : 검사 윤동환, 검사 한경우 및 그들의 성명불상 부장검사, 성명불상 차장검사, 성명불상 지청장(5명), 부역 내용 : 검찰청법 제4조 제1항에 의거 검사 직접 수사대상인 '관피모사건' 고소장과 '경찰공무원의 범죄' 고소장을 직접 수사하지 아니하고, 산하 성남수정경찰서에 이송해 버림으로써 검찰권을 남용하고, 경찰로 하여금 모든 사건을 은폐·조작토록 암묵적 지지 또는 방조함.

㉰ 기관 : 성남수정경찰서, 부역자 : 사법경찰관 유정민, 성명불상 수사과장, 성명불상 경찰서장(3명), 부역 내용 : 금방 확인이 가능한 허위 내용의 '전상화 고소장'을 각하하지 아니하고 이를 근거로 필자에게 수차례 보복수사를 시도함.

㉤ 기관 : 성남중원경찰서, 부역자 : 사법경찰관리 고형민, 사법경찰관 이일래, 성명불상 수사과장, 성명불상 경찰서장(4명), 부역 내용 : 인근 성남수정경찰서 소속 사법경찰관 유정민 및 그의 결재권자 성명불상사에 대한 고소장을 전혀 수사를 진행하지 않은 채 캐비닛에 처박아 놓았다가 일정한 시점에 이르러 허위 내용의 불송치(각하)결정서를 작성하는 수법을 통해 모든 범죄 사실을 은폐·조작 수사함.

㉥ 기관 : 서울서대문경찰서, 부역자 : 사법경찰관 문형석, 성명불상 수사과장, 성명불상 경찰서장(3명), 부역 내용 : '관피모사건' 범죄 사실 중 구수회 범죄 사실에 대하여 성남수정경찰서에서 이송받아 전혀 수사를 진행하지 않은 채 캐비닛에 처박아놓았다가 일정한 시점에 이르러 허위 내용의 불송치(각하)결정서를 작성하는 수법을 통해 모든 범죄 사실을 은폐·조작 수사함.

㉦ 기관 : 서울성북경찰서, 부역자 : 사법경찰관(경위) 신미영, 수사과장(경감) 신혜선, 성명불상 경찰서장(3명), 부역 내용 : ⓐ '관피모사건' 범죄 사실 중 전상화 범죄 사실에 대하여 성남수정경찰서에서 이송받아 면피용 피의자신문조서를 1회 실시하고 캐비닛에 처박아놓았다가 일정한 시점에 이르러 허위 내용의 불송치(혐의없음) 결정서를 작성하는 수법을 통해 모든 범죄 사실을 은폐·조작 수사함(이 범죄 사실에 대해서는 현재 필자가 고소장을 제출하지 않는 상태임), ⓑ '관피모사건' 피의자 전상화를 수사하는 과정에서 금방 확인이 가능한 허위 내용의 '전상화 고소장'을 제출받았으면, 이를 각하 처분하고 동시에 전상화를 무고죄로 입건하여 형사처벌을 하여야 함에도 불구하고, 필자로 하여금 경찰조사를 받도록 하기 위해 '전상화 고소장'을 필자 거주지 관할 성남수정경찰서에 이송해 버림으로써 직권남용죄 및 직무유기죄의 죄책을 범함.

㊂ 기관 : 서울서부경찰서, 부역자 : 사법경찰관리 조민구, 사법경찰관 이민호, 성명불상 수사과장, 성명불상 경찰서장(4명), 부역 내용 : '경찰공무원의 범죄' 고소장 중 인근 서울서대문경찰서 소속 사법경찰관 문경석 및 그의 결재권자 성명불상자의 범죄 사실에 대하여 성남수정경찰서에서 이송받아 전혀 수사를 진행하지 않은 채 캐비닛에 처박아 놓았다가, 일정한 시점에 이르러 허위 내용의 불송치(각하) 결정서를 작성하는 수법을 통해 모든 범죄 사실을 은폐·조작 수사함.

㊀ 기관 : 서울도봉경찰서, 부역자 : 사법경찰관(경위) 배보성, 수사과장(경감) 이현철, 성명불상 경찰서장(3명), 부역 내용 : '경찰공무원의 범죄' 고소장 중 인근 서울성북경찰서 소속 사법경찰관 신미영 및 수사과장 신혜선의 범죄 사실, 그리고 '전상화 고소장'에 대하여 성남수정경찰서에서 각각 이송받아 전혀 수사를 진행하지 않은 채 캐비닛에 처박아놓았다가, 일정한 시점에 이르러 허위 내용의 불송치(각하) 결정서를 작성하는 수법을 통해 모든 범죄 사실을 은폐·조작 수사함.

㊁ 기관 : 서울서부지방검찰청, 부역자 : 검사 이주훈, 성명불상 부장검사, 성명불상 차장검사, 성명불상 검사장(4명), 부역 내용 : '관피모 사건' 범죄 사실 중 구수회 범죄 사실에 대하여 서울서대문경찰서에서 사건을 송치 받아 전혀 수사를 진행하지 않은 채 캐비닛에 처박아놓았다가 일정한 시점에 이르러 사법경찰관 문경석 명의로 작성된 허위 내용의 불송치(각하) 결정서를 그대로 인용하는 수법을 통해 모든 범죄 사실을 은폐·조작 수사함.

㊂ 기관 : 서울북부지방검찰청, 부역자 : 검사 이정호, 성명불상 부장검사, 성명불상 차장검사, 성명불상 검사장(4명), 부역 내용 : '관피모

사건' 범죄 사실 중 전상화 범죄 사실에 대하여 서울성북경찰서에서 사건을 송치받아 전혀 수사를 진행하지 않은 채 캐비닛에 처박아놓았다가 일정한 시점에 이르러 사법경찰관 신혜선 명의로 작성된 허위 내용의 불송치(혐의없음) 결정서를 그대로 인용하는 수법을 통해 모든 범죄 사실을 은폐·조작 수사함.

㈔ 기관 : 서울고등검찰청, 부역자 : 검사 이준엽, 성명불상 형사부장, 성명불상 차장검사, 성명불상 검사장(4명), 부역 내용 : '관피모사건' 범죄 사실 중 구수회 범죄 사실에 대해서는 서울서부지방검찰청을 통하여 항고장과 사건기록을 송부받고, 공범인 전상화의 범죄 사실에 대해서는 서울북부지방검찰청을 통하여 항고장과 사건기록을 송부받은 다음 전혀 수사를 진행하지 않은 채 캐비닛에 처박아놓았다가 일정한 시점에 이르러 위 2개의 사건은 사실은 별건이 아님에도 불구하고, '관피모사건'을 은폐할 목적으로 별건의 사건처럼 하루 시차를 두고 판에 박은 허위 내용의 항고기각 결정문을 작성하는 수법을 통해 모든 범죄 사실을 은폐·조작 수사함.

윤석열 대통령! 똑똑히 보았는가!

고도의 사기꾼이자 사건브로커 역할을 수십 년간 수행해 온 구수회 행정사와 그의 동업자 전상화 변호사에 대한 형사처벌을 면해주기 위해 법무부를 포함한 검찰청 및 경찰서 등 10개 이상의 수도권 소재 정부기관이 총 동원되고, 법과 원칙에 따라 철저한 수사를 통하여 범죄자를 처벌하고 국민의 생명과 재산을 지켜야 할 법무부장관 및 검사, 사법경찰관 등이 부역자 노릇을 하고 있는 인원만도 약 38명에 이르고 있지 않는가?

이들의 부역자 노릇은 사실은 사건브로커 구수회의 배후세력을 지키는 데 목적이 있다.

그 배후세력은 한동훈 법무부장관이 '관피모사건'을 은폐하고 있는 점에 비추어보면 한 장관을 움직일 수 있는 정부실세라고 봄이 상당하다. 이참에 구수회의 배후세력까지 철저한 수사가 이루어져야 한다.

이와 같은 상황에 이르기까지 윤 대통령 무엇을 했는가? 호미로 막을 것을 가래로 막는 우를 범했다면 그나마 다행이다. 윤 대통령이 '관피모사건' 은폐와 관련하여 고의범이 아닌 과실범의 기미가 보이기 때문이다.

그렇다고 하더라도, 대한민국 수도권 소재 경찰 및 검찰조직을 범죄조직으로 만들어버린 윤석열 대통령에 대해서는 모든 국민들이 들고 일어나 위기에 처한 대한민국을 구하고, 당장 대통령 자리에서 끌어내려야 하는 게 아닌가?

지금까지 본지를 통해 살펴본 바에 의하면, '금 150억 원 검사비리사건'을 은폐해 버린 중대 범죄자 윤석열 대통령, '관피모사건'을 경찰수사 초기에서부터 은폐하고 있는 중대 범죄자 한동훈 법무부장관, '금 150억 원 검사비리사건'에 실질적으로 가담한 인간쓰레기이자 중대 범죄자인 김진태 전 검찰총장의 추천을 받아 윤석열 정부 초대 검찰총장에 오른 이원석 검찰총장이 버티고 있는 한 우리나라는 검찰의 선택적 수사가 판을 칠 것이고, 공정과 상식이 지배하는 대한민국은 영원히 불가능할 것으로 보여진다.

특히, 이들 3명은 검찰의 선택적 수사 및 선택적 정의실현에 익숙한 특수부 검사 생활을 장기간 해 온 사람들이 아니겠는가?

공정과 상식이 지배하는 정의로운 사회는 행동이 뒤따르지 않고 윤 대통령처럼 말로만 떠들어서는 결코 이루어지지 않는다. 그 시발점은 사법정의를 제대로 세우는 일이다.

당장 위 '관피모사건' 및 '경찰공무원의 범죄'를 은폐·조작 수사한 부역자 약 38명에 대한 철저한 수사와 그들에 대한 형사처벌만이 이 나라 민주주의를 지키고, 공정과 정의가 도도히 흐르는 세상을 앞당길 수 있으며, 모든 국민들이 노력한 만큼 그 대가가 따르는 진정한 평등·복지국가로 나아갈 수 있음을 명심하라.

【첨부 1】 2022. 5. 23.자 사법경찰관 유정민 등에 대한 고소장 (생략) : 2022. 8. 14.자 본지 "검찰을 범죄조직으로 만들어 버린 윤 대통령은 탄핵밖에 답이 없다!!" 제하의 신문기사 '첨부 17'과 동일함.

【첨부 2】 2022. 7. 26.자 사법경찰관 유정민 등에 대한 불송치(각하) 결정서(생략) : 본 기사 '첨부 3'에 포함되어 있음.

【첨부 3】 2022. 8. 25.자 사법경찰관 유정민 등에 대한 불송치(각하) 결정 이의신청서

【첨부 3】 2022. 8. 25.자 사법경찰관 유정민 등에 대한 불송치
(각하) 결정 이의신청서

불송치(각하) 결정 이의신청서

1. 신청인
  - 성명 : 임찬용(주민등록번호 : 590410-0000000)
    주소 : 경기도 성남시 수정구 복정로96번길 20, 000호(복정동)
    직업 : LPN로컬파워뉴스 법조팀장(서울시 강남구 노현로
           94길 13(역삼동) 예일패트빌딩 4층【前 檢察搜査課長】
    전화 : (휴대폰) 010 5313 0000

2. 경찰 결정 내용
  - 사건번호 : 2022-003627, 피의자 : 사법경찰관 유정민
    죄명 : 직권남용죄, 강요죄 등
    결정내용 : 불송치(각하)

고소인은 사법경찰관 이일래[76] 명의로 작성된 이 사건 불송치(각하) 결정에 대하여 다음과 같이 이의 신청서를 제출합니다.

---

[76] 이 사건 실제 수사담당자는 형사사법포털 시스템 조회내용에 따르면 경사 고형민으로 되어 있고 또 고소인과 전화통화상으로도 이를 확인한 바 있으나, 이 사건 불송치결정서에는 작성 명의자가 사법경찰관 경위 이일래로 되어 있음. 그와 같이 차이가 난 이유는 사법경찰관리에 해당하는 경사 직급인 고형민이 이 사건 불송치 결정서를 작성하기 위해서는 사법경찰관 명의로 작성해야 하기 때문인 것으로 판단됨.

아무튼 고형민은 물론 그의 상사인 이일래, 나아가 그의 결재권자인 성명불상 수사과장까지 후술하는 바와 같이 이 사건 불송치결정서를 허위 내용으로 작성하였기 때문에 그에 대한 형사책임을 피할 수 없게 되었음

- 다 음 -

Ⅰ. 사법경찰관들은 이 사건 불송치결정서를 허위 내용으로 작성함

이 사건 수사담당자인 경사 고형민, 이 사건 불송치결정서 작성 명의자인 사법경찰관 경위 이일래, 그의 결재권자인 경감 성명불상 수사과장 (이하, '사법경찰관들'이라 함)은 공모하여 후술하는 바와 같이, 같은 경찰관 동료 직원이자 이 사건 피의자 유정민에 대하여 형사처벌을 면해 줄 목적으로 허위 내용의 불송치결정서를 작성한 후 이를 검찰에 송치하고 말았습니다.

따라서 이들은 형법상 (고소인에 대한) 직권남용권리행사방해죄, 허위공문서작성죄, 허위공문서행사죄, 직무유기죄의 죄책을 피할 수 없게 되었습니다.

이 죄책과 관련된 형사추궁에 대해서는 추후 대검찰청에 정식으로 고소장을 제출할 예정입니다.

Ⅱ. 사법경찰관 이일래 명의로 작성된 '불송치 이유'에 대한 구체적 고찰

1. 사법경찰관 작성 '불송치 이유' 기재 내용

- 고소경위 및 고소요지

2022. 3.경 건 외 전상화가 고소인 임찬용을 상대로 서울성북경찰서에 무고 및 정보통신망이용촉진및정보보호등에관한법률위반(명예훼손)

혐의로 고소하였고(원 사건), 최초 접수관서인 서울성북경찰서에서는 일체 관할이 없다는 이유로 고소인의 주소지 관할 경찰서인 경기성남수정경찰서로 이송하였으며(사건번호 : 2022-1764) 피의자가 위 사건을 배당받아 수사를 진행하였다.

이후 고소인은, 위 사건 담당 수사관인 피의자가 위 고소 내용은 허위 내용으로 작성된 사실을 확인할 수 있고 증거자료 또한 없으므로 즉시 각하 처분을 하여야 함에도 불구하고, 고소인이 소환조사를 거부할 경우 소환장 발부 등 강력한 법적절차를 취하겠다고 협박하여 2022. 4. 27. 10:00경 경기성남수정경찰서 수사과에서 고소인으로 하여금 피의자 신문조서를 받도록 하는 등 의무 없는 일을 하게 하였다는 취지로 피의자 및 성명불상의 결재권자를 피고소인으로 적시하여 대검찰청에 고소장을 제출하였다.

이후 대검찰청에서는 본 건을 수원지방검찰청성남지청으로 배당하였고, 성남지청에서는 '검사와 사법경찰관의 상호협력과 일반적 수사준칙에 관한 규정 제18조'에 따라 경기성남수정경찰서로 이송하였고, 경기성남수정경찰서에서는 '사건의 관할 및 관할 사건수사에 관한 규칙 제6조의2(경찰관서 소속 공무원 관련 사건의 관할 지정)'에 따라 당 서로 재차 이송하였다.

- 고소인 진술

· 본 건 고소장이 접수된 이후, 최초 사건을 이송받은 경기성남수정경찰서 담당 수사관이 고소보충 진술을 위해 고소인 상대 요청하였으나, 고소인은 본 건은 대검찰청에 고소한 것인데 왜 경기성남수정경찰서에 배당하는지 이유를 모르겠다며 다시 검찰로 반송을 요청하였고, 또한

자신이 법조팀장으로 있다는 인터넷 언론사(LPN보컬파워뉴스) 칼럼을 기록에 첨부해 달라고 요구하며 고소장에 고소 내용이 충실히 적혀 있고 경찰사건을 경찰한테 진술할 필요성을 못 느낀다며 고소 보충진술을 거부한 것으로 확인된다.

이에 당 수사관이 고소인 상대 재차 고소취지 및 고소장 이외 추가 보충진술 여부에 대해 확인하고자 문의한 바, 검찰청법 제4조(검사의 직무)를 거론하며 본 건은 경찰에서 취급할 건이 아니니 다시 검찰로의 이송을 요청하며 칼럼 기사를 기록에 첨부할 것을 요구하는 등 위와 같은 취지의 답변으로 출석의사가 없음을 명확히 하였다.

본 건은 고소인이 제출한 고소장으로 보아 고소인이 피고소인인 사건에 대해 각하 처리를 하지 않고 고소인을 상대로 출석을 요구하여 피의자 신문조사를 했다는 이유로 해당 사건 담당 수사관을 고소한 것으로 보인다.

한편, 고소사건에 대한 처리는 당사자의 주장 및 제출된 증거자료를 고려하여 종합적으로 판단하는 것이고, 사건 담당 수사관인 피의자는 만약 고소사건이 접수되지 않았다면 굳이 피의자를 조사하지 않았음이 명백한 바, 이와 같다면 피의자가 직권남용권리행사방해나 강요의 고의가 있다고 볼 수는 없는 것으로 보이며, 또한 위 과정에서 고소인에게 유선상으로 출석을 요구하거나 출석한 피의자의 신문조서를 작성한 행위가 강요죄의 구성요건인 폭행 및 협박에 해당한다거나 직권남용권리행사방해죄에 있어 직무 권한의 범위를 벗어난 부당한 행위라고도 볼 수 없는 것으로 판단되며, 고소인이 출석요구 응하지 않아 고소인의 진술을 청취할 수 없는 상황에서 고소장 및 첨부된 자료만으로는 더 이상 수사를 진행할 필요가 없다고 판단된다.

각하한다.

2. 고소인의 위 1항 '불송치 이유' 기재 내용에 대한 반박

(가) 총론

이 사건 불송치결정서(불송치 이유)가 허위 내용으로 작성되었는지의 여부를 판단하기 위한 핵심 쟁점은,

피의자 유정민이 이 사건 고소장 기재 내용 및 거기에 첨부되어 있는 증거자료만으로도 ① 원 사건 고소장 (당초 전상화가 고소인을 무고 및 정보통신망법상 명예훼손 혐의로 고소한 고소장)의 기재 내용이 확연히 무고죄로 인정할 수 있었는지의 여부 및 ② 원 사건 고소장에 대한 소환조사를 거부하는 고소인에게 소환장 발부 등 법적조치를 취하겠다고 협박함에 따라 고소인이 어쩔 수 없이 피의자의 소환조사 요구에 응하였다고 확인할 수 있었는지의 여부다.

위 ①항은 전상화의 무고죄 및 피의자 유정민의 직권남용죄 구성요건에 필요하고, 위 ②항은 피의자 유정민의 강요죄 구성요건에 필요하다.

이를 각각 살펴보면, 고소인은 이 사건 고소장에서 원 사건 고소장의 기재 내용이 한글을 터득할 정도의 수준이라면 누구나 허위사실로 작성되었다고 금방 확인이 가능하다는 점을 기재하고 있고, 그에 대한 증거자료 〔2021. 10. 5.자 '임찬용 고소장'에 첨부된 '첨부(입증)자료 1' 및 '첨부(입증)자료 7, 8'〕까지 제시하고 있으며,

또 피의자 유정민이 허위 내용으로 작성된 원 사건 고소장을 소정의 법령에 따라 각하 처분하지 아니한 채 고소인을 반강제적으로 소환조사 하였다는 점을 기재하고 있고, 그에 대한 증거자료 〔2022. 4. 27.자

'피고소인(임찬용) 의견서'] 까지 제시하고 있다.

특히, 이 사건은 경찰과 밀착관계에 있는 사건 외 구수회의 영향력 아래에 놓여 있다는 점을 강조하면서 그에 대한 증거자료를 제시하고 있고, 동시에 '경찰공무원이 범한 범죄'로서 검찰청법 제4조 제1항에 해당되는 검사 직접 수사대상 사건이므로 경찰에 이송해서는 안 된다는 점을 분명하게 밝히고 있다.

한편, 고소인이 이 사건 수사와 관련 경찰의 고소인보충진술 조사에 불응한 이유는 앞서 살펴본 바와 같이, 이 사건과 직접 관련이 있는 사건 외 구수회('임찬용 고소장'에 의하면 구수회와 전상화는 공동정범)가 경찰과 밀착관계를 유지하고 있어 이 사건 역시 경찰수사에서 뭉개기 수사 및 은폐수사로 흐를 우려가 명백하다는 점, 또 이 사건과 관련 있는 사건 외 구수회 및 전상화에 대한 경찰수사는 서울서대문경찰서 및 서울성북경찰서에서 허위 내용의 송치결정서를 작성하는 수법을 통해 각각 은폐해 버렸다는 점, 또 이 사건은 검사가 직접 수사하여야 할 대상범죄로서 성남검찰에서 경찰로 하여금 사건을 은폐하도록 할 의도를 갖고 검사의 직권을 남용하여 경찰에 불법적으로 이송 결정을 한 잘못이 있었다는 점, 고소인은 이를 시정할 필요가 있어 이 사건을 경찰에서 검찰로 재이송해 줄 것을 요구하였다는 점, 이 사건 고소장의 기재 내용 및 거기에 첨부된 증거자료만으로도 피의자 유정민에 대한 범죄 사실을 충분하고도 넉넉하게 인정할 수 있었다는 점에 있었다.

그런데 불행하게도 사법경찰관들은 자신들의 허위 내용의 송치결정서 작성 사실을 은폐하기 위해 고소인이 경찰의 소환조사에 불응한 위와 같은 이유들을 동문서답, 유체이탈 화법을 동원하여 이 사건 각하사유로 조작해 놓고 있다. 이는 성남검찰의 암묵적 승인이나 묵인 없이는 도저히 불가능한 일이다.

즉 사법경찰관들은 이 사건 수사 및 처분과 관련, 피의자 유정민에 대하여 전혀 수사를 진행함이 없이 허위 내용의 불송치결정서를 작성하는 수법을 통해 이 사건을 종결 처분할 것이 아니라, 제대로 된 수사를 진행하던지, 그렇지 않고 피의자 유정민이 경찰관 동료 직원이라서 제대로 된 수사를 진행할 수 없었다면 검찰로 재이송 결정을 내렸어야 했다.

(나) 각론

- 고소경위 및 고소요지

이 사건 불송치 이유 중 "2022. 3.경 건 외 전상화가 고소인 임찬용을 상대로 서울성북경찰서에 무고 및 정보통신망이용촉진및정보보호등에관한법률위반(명예훼손) 혐의로 고소하였고(원 사건), 최초 접수관서인 서울성북경찰서에서는 일체 관할이 없다는 이유로 고소인의 주소지 관할 경찰서인 경기성남수정경찰서로 이송하였으며(사건번호:2022 - 1764)"라는 기재 부분과 관련, 이는 서울성북경찰서에 일체 관할이 없는 것이 아니라, 형사소송법 제197조 제1항에 의거 전상화를 무고죄로 인지(입건)하여 형사처벌할 수 있으므로 당연히 관할이 있다.

즉, 서울성북경찰서 사법경찰관 신미영은 이 사건 고소장 '주석 4'에 기재된 바와 같이, 2022. 3.경 (피의자 전상화를 상대로) 전상화의 범죄사실이 기재된 '2021. 10. 5.자 임찬용 고소장'을 조사한 상태에서, 전상화가 자신에 대한 수사를 방해하고 혼선을 주기 위해 제출하였던 허위 내용의 '전상화 고소장'까지 조사하였다면, 이를 무고죄로 인지하여야 할 업무상 의무가 있다.

사법경찰관 신미영이 원 사건 고소장이 허위사실로 작성된 사실을 확인 가능함에도 불구하고, 입건 자체를 의도적으로 해태하였다면 직무유기 죄책에 해당함은 당연하다. 사법경찰관이 사건 현장에서 절도 범죄자는 입건도 하지 않은 채 석방해서는 안 되고, 무고 범죄자는 괜찮다는 논리와 뭐가 다른가?

이 사건 불송치 이유 중 "성남지청에서는 '검사와 사법경찰관의 상호협력과 일반적 수사준칙에 관한 규정 제18조'에 따라 경기성남수정경찰서로 이송하였고,"라는 기재 부분과 관련, 이는 사법경찰관들이 이 사건을 자신들의 각하 처분 결정에 대한 근거로 삼을 것이 아니라, 이 사건을 검찰로 재이송하여야 한다는 처분 결정에 대한 근거로 삼았어야 했다. 즉 사법경찰관들은 위 제18조의 규정 취지에 따라 이 사건을 허위 내용의 불송치결정서를 작성하는 수법을 통해 각하 처분 결정을 할 것이 아니라, 성남지청에 재이송 결정을 했어야 했다.

- 고소인 진술

이 사건 불송치 이유 중 "사건 담당 수사관인 피의자는 만약 (원 사건) 고소사건이 접수되지 않았다면 굳이 피의자(임찬용)를 조사하지 않았음이 명백한 바, 이와 같다면 피의자가 직권남용권리행사방해나 강요의 고의가 있다고 볼 수는 없는 것으로 보이며,"라는 기재 부분과 관련, 사법경찰관들은 전반부 (원 사건) 원인 기재 부분과 후반부 (원 사건) 결론 기재 부분에 있어 전혀 인과관계가 성립할 수 없는 동문서답, 유체이탈 화법을 구사하여 이 사건 각하 처분의 근거로 삼고 있다.

즉, 사법경찰관들은 바로 앞 문장에서 "한편, 고소사건에 대한 처리는 당사자의 주장 및 제출된 증거자료를 고려하여 종합적으로 판단하는 것이고,"라는 내용의 일반적인 사실관계를 기재해 놓고서는, 바로 뒷 문장에서는 생뚱맞게 이 사건과 전혀 들어맞지도 않는 "사건 담당 수사관인 피의자는 만약 (원 사건) 고소사건이 접수되지 않았다면 굳이 피의자 (임찬용)를 조사하지 않았음이 명백한 바,"를 기재해 놓은 다음 이에 터 잡아 피의자의 직권남용 및 강요죄의 고의성을 임의대로 부정해 버리고 있다.

부연하자면, 사법경찰관들은 이 사건 피의자 유정민에게 형사처벌을 면해 주기 위해 원 사건 수사를 담당한 유정민이 원 사건 피의자인 임찬용을 소환조사 하기에 앞서 원 사건 고소장이 이 사건 고소인 임찬용의 주장대로 허위 내용으로 작성되었는지 검토하는 수사과정을 아예 무시해 버렸다.

이 사건 불송치 이유 중 "또한 위 과정에서 고소인에게 유선상으로 출석을 요구하거나 출석한 피의자의 신문조서를 작성한 행위가 강요죄의 구성요건인 폭행 및 협박에 해당한다거나 직권남용권리행사방해죄에 있어 직무 권한의 범위를 벗어난 부당한 행위라고도 볼 수 없는 것으로 판단되며, 고소인이 출석요구 응하지 않아 고소인의 진술을 청취할 수 없는 상황에서 고소장 및 첨부된 자료만으로는 더 이상 수사를 진행할 필요가 없다고 판단된다."라는 기재 부분과 관련, 이 또한 사법경찰관들이 이 사건 피의자 유정민에게 형사처벌을 면해 주기 위해 전혀 실체적 진실과 들어맞지도 않는 동문서답, 유체이탈 화법을 사용하여 임의적으로 각하 판단의 근거로 삼고 있다.

즉, 이 사건 고소장에 기재된 바와 같이, 피의자 유정민이 각하 대상인 (원 사건) 고소장에 대해 이 사건 고소인(임찬용)에게 유선상 출석을 요구하면서 '이에 불응하면 소환장 발부 등 법적절차를 취하겠다'며 엄포를 놓은 행위가 강요죄에 있어서 폭행 및 협박에 해당함은 물론,

이 사건 고소인(임찬용)이 그 엄포에 못 이겨 소환조사에 응하여 피의자 신문조서까지 받았다면 직권남용죄에 해당된다.

더 나아가, "고소인이 출석요구 응하지 않아 고소인의 진술을 청취할 수 없는 상황에서 고소장 및 첨부된 자료만으로는 더 이상 수사를 진행할 필요가 없다고 판단된다."라는 기재 부분과 관련, 이 또한 사법경찰관들이 사실을 왜곡하고 임의대로 판단하여 이 사건 각하 처분의 근거로 삼고 있다.

즉, 이 사건 고소인이 피의자 유정민에 대해 강력한 처벌을 요구하고 있는 상황에서, 사법경찰관들은 이 사건 고소장 및 거기에 첨부된 자료만으로도 피의자 유정민의 범죄 사실을 인정하기에 넉넉하고도 충분하며, 고소인이 사법경찰관들의 출석요구에 응하지 않는 이유 역시 앞에서 자세하게 살펴본 바와 같다.

(다) 맺는 말

이 사건 수사를 담당한 사법경찰관들은 동료 경찰관 직원인 유정민에게 형사처벌을 면할 목적으로 위와 같이 허위 내용의 불송치(각하) 결정서를 작성하는 수법을 통하여 이 사건을 종결 처분함으로써 그에 따른 형사법상 죄책을 피할 수 없게 되었다.

고소인은 성남중원경찰서 사법경찰관들의 이 사건 은폐에 덧붙여, 성남검찰 또한 당초 자신들이 수사하여야 할 이 사건을 경찰로 하여금 은폐하도록 할 목적으로 직권을 남용하여 성남수정경찰서에 이송해 버린 원초적 범죄를 저지른 잘못이 있는 만큼, 항상 검찰의 사건은폐 방식대로 이 사건 불송치결정 이의신청서 및 이 사건 수사기록을 캐비닛에 처박아놓았다가 적당한 기회를 틈타 허위 내용의 불기소결정서를 작성하는 수법으로 각하 처분할 것임을 100% 예상해 본다.

다만, 성남검찰의 이 사건 각하결정과 관련, 사법정의를 실현하고자 하는 고소인의 입장에서는 법조카르텔이라는 악조건 속에서도 법원의 판단까지 받은 다음 이를 책자로 발간하여 온 세상에 알리고자 할 계획이니77) 비록 허위 내용의 불기소결정서라고 할지라도 성남검찰의 빠른 결정이 내려지기를 바랄 뿐이다.

※ 참고로 이 사건 고소장에는 원 사건 고소장이 허위 내용으로 작성되었다는 사실을 입증하기 위해 [2021. 10. 5.자 '임찬용 고소장'에 첨부된 '첨부(입증)자료 1' 및 '첨부(입증)자료 7, 8']를 제시한 바 있으나, 이 증거자료에 대한 보강 차원에서 2022. 4. 20.자 '전상화에 대한 무고죄 고소장' (현재 서울도봉경찰서에서 수사 중에 있음)을 이 사건 피의자 유정민에 대한 불송치 결정 이의신청서에 '첨부' 자료로 제출한다.

첨부 : 2022. 4. 20.자 전상화에 대한 무고죄 고소장 1부. 끝.

2022. 8. 25.
고소인   임 찬 용   (인)

성남중원경찰서장 귀하

【첨부 4】 2022. 4. 20.자 '관피모사건'을 은폐·조작 수사한 '경찰공무원의 범죄' 고소장 (생략) : 2022. 8. 14.자 본지 "검찰을 범죄조직으로 만들어 버린 윤 대통령은 탄핵밖에 답이 없다!!" 제하의 신문기사 '첨부 15'와 동일함.

---

77) 사건조작을 일삼는 검찰의 썩은 부패상 뿐만 아니라, 범조카르텔에 묶여 있어 우리나라 사법정의가 실현되지 못하고 있는 현실을 만천하에 알릴 책자 발간을 위함

【첨부 5】 2022. 9. 27.자 피의자(사법경찰관) 문경석 등에 대한 불송치(각하)결정서

서 울 서 부 경 찰 서

제 2022-00703 호 2022. 9. 27.
수 신 : 임찬용 귀하
제 목 : 수사결과 통지서(고소인등·불송치)

귀하와 관련된 사건에 대하여 다음과 같이 결정하였음을 알려드립니다.

접 수 일 시	2022. 6. 9.	사 건 번 호	2022-002049
죄 명	가. 직권남용권리행사방해 나. 허위공문서작성 다. 허위작성공문서행사 라. 직무유기		
결 정 일	2022. 9. 27.		
결 정 종 류	불송치 (각하)		
이 유	별지와 같음		
담 당 팀 장	지능범죄수사팀 경위 이민호		☎ 02-335-9267

※ 범죄피해자 권리 보호를 위한 각종 제도

○ 범죄피해자 구조 신청제도(범죄피해자보호법)
  - 관할지방검찰청 범죄피해자지원센터에 신청
○ 의사상자예우 등에 관한 제도(의사상자예우에관한법률)
  - 보건복지부 및 관할 자치단체 사회복지과에 신청
○ 범죄행위의 피해에 대한 손해배상명령(소송촉진등에관한특례법)
  - 각급법원에 신청, 형사재판과정에서 민사손해배상까지 청구 가능
○ 가정폭력·성폭력 피해자 보호 및 구조
  - 여성 긴급전화(국번없이 1366), 아동보호 전문기관(1577-1391) 등
○ 무보험 차량 교통사고 뺑소니 피해자 구조제도(자동차손해배상보장법)
  - 자동차 보험회사에 청구
○ 국민건강보험제도를 이용한 피해자 구조제도
  - 국민건강보험공단 급여관리실, 지역별 공단지부에 문의
○ 법률구조공단의 법률구조제도(국번없이 132 또는 공단 지부·출장소)
  - 범죄피해에 대한 무료법률구조(손해배상청구, 배상명령신청 소송대리 등)
○ 범죄피해자지원센터(국번없이 1577-1295)
  - 피해자나 가족, 유족등에 대한 전화상담 및 면접상담 등
○ 국민권익위원회의 고충민원 접수제도
  - 국민신문고 www.epeople.go.kr, 정부민원안내콜센터 국번없이 110
○ 국가인권위원회의 진정 접수제도
  - www.humanrights.go.kr, 국번없이 1331

【별지】

【죄 명】

가. 직권남용권리행사방해
나. 허위공문서작성
다. 허위작성공문서행사
라. 직무유기

【결정종류】

가. 나. 다. 라. 불송치(각하)

【피의사실의 요지와 불송치 이유】

1. 피의사실

  가. 직권남용권리행사방해

   피의자들은 00000경찰서 수사과 소속 경찰관들로 이 사건 고소인 000이 2021. 10. 5.경 000를 상대로 고소한 사건을 담당한 경찰관들이다. 피의자들은 2022. 3. 22.경 서울 000구에 위치한 00000경찰서 수사과 사무실에서 고소인이 제출한 7개의 범죄사실 중 명예훼손 성립에 다툼의 여지가 있는 하나만을 골라 구체적인 경위 설명이나 법리적 근거를 제시하지 않은 채 '피의자가 작성한 내용은 주관적 의견에 불과하고 사실의 적시라고 보기 어렵다'라고 기재하고, 000의 협박죄 범죄사실과 관련하여 '또한 게시 글의 어조 등으로 보아 "고소도 병행합니다."라는 내용이 고소인에게 일반적으로 공포심을 생기게 할 만한 해악을 고지 하였다고 보기 어렵다'라고 기재하였으며, 000의 계좌 및 000의 처 000명의 계좌, 공범 000명의 계좌까지 추적해야 할 필요성과 증거자료가 있음에도 고소(고발)이 고소인의 추측만을 근거로 수사를 개시할만한 구체적인 사유나 정황이 충분하지 않아 각하한다.'라고 기재하는 등 허위 내용의 불송치 결정서를 작성하여 그 직권을 남용하고 고소인에게 정당한 경찰 수사를 받을 권리행사를 방해하여 직권남용권리행사방해.

나. 허위공문서작성
 피의자들은 위 '1. 가.'항의 일시 및 장소에서 위 기재 내용과 같이 공문서인 불송치 결정서를 허위로 작성하여 허위공문서작성.

다. 허위작성공문서행사
 피의자들은 위 '1. 가.'항의 일시 및 장소에서 위 기재 내용과 같이 공문서인 불송치 결정서를 허위로 작성하고 이를 고소인에게 통지하는 등 행사하여 허위작성공문서행사.

라. 직무유기
 피의자들은 위 '1. 가.'항의 일시 및 장소에서 위 기재내용과 같이 고소인의 고소장에 기재된 000의 범죄사실을 은폐하기 위하여 정당한 이유 없이 수사를 기피하는 등 그 직무를 행하지 아니하여 직무유기.

2. 불송치 이유(가. 나. 다. 라.)
 ○ 고소인 000은 2022. 4. 21.경 이 사건 피의자 000과 000을 포함하여 다수를 상대로 직권남용권리행사방해, 허위공문서작성 및 허위작성공문서행사, 직무유기, 무고의 죄명을 기재한 고소장을 00지방검찰청 00지청에 제출(2022형제10016호)하였다(기록 제6쪽).

 ○ 이 사건은 2022. 5. 4.경 00지방검찰청 00지청에서 000000경찰서로 사건이송(이첩)되었고(제2022-2679), 2022. 5. 20.경 고소인 000은 고소보충 진술을 위해

000000경찰서에 출석하였다. 그러나 고소인은 고소 경위 및 피의사실을 고소한 이유 등에 대한 답변을 일체 거부하면서 '이 사건은 000 검사가 자신의 직권을 남용하여 검찰에서 직접 수사를 해야할 사건임에도 경찰에 불법 이송하였으니, 다시 검찰로 재이송 해달라.'고 주장하였다(기록 제231쪽 - 진술조서).
이후 이 사건은 '사건의 관할 및 관할사건수사에 관한 규칙'에 따라 각 피의자들의 관할지로 분리되어 이송되었고, 따라서 00000경찰서 소속 경찰관들인 피의자 000과 000에 대한 사건은 서울서부경찰서에서 이송받아 접수하였다.

○ 한편, 고소인은 2022. 6. 8.경 이 사건과 동일한 범죄사실 및 죄명으로 000과 수사서류 결재라인에 있는 경찰관 등을 상대로 한 고소장을 0000지방검찰청 00지청에 다시 제출(2022형제13119호)하여, 2022. 6. 10.경 000000경찰서로 사건이송(이첩)되었고(제2022-3533호), 고소인은 고소보충 진술을 위한 담당 수사관의 출석요구에 '제출한 고소장에 사건의 배경 및 고소요지 등이 충실히 작성되어 있고, 또한 이전 고소사건과 동일한 내용이며, 해당 사건으로 2022. 5. 20.경 이미 출석하여 진술조서를 작성하였기 때문에 다시 출석할 필요가 없다.'는 취지로 출석을 거부하였다(기록 제357쪽).

○ 고소인은 이 사건을 다시 검찰로 이송해달라고 주장할뿐, 구체적인 범죄사실 및 경위에 대해서는 일체 진술을 거부하여 고소장 및 고소인의 진술만으로는 피의자들이 범죄를 저지른 것으로 볼만한 정황을 찾을 수 없고, 달리 이를 입증할 증거도 없다.

○ 각하한다.

○ 고소인이 000과 000을 상대로 고소한 위 두 사건(사건번호 제2022-2679호, 제2022-3533호)은 피의자들이 동일하고, 범죄사실 및 죄명 또한 동일하므로 병합하

여 수사 진행함.

※ 결정 종류 안내 및 이의·심의신청 방법

<결정 종류 안내>
- 혐의없음 결정은 증거 부족 또는 법률상 범죄가 성립되지 않아 처벌할 수 없다는 결정입니다.
- 죄가안됨 결정은 피의자가 14세 미만이거나 심신상실자의 범행 또는 정당방위 등에 해당되어 처벌할 수 없는 경우에 하는 결정입니다.
- 공소권없음 결정은 처벌할 수 있는 시효가 경과되었거나 친고죄에 있어서 고소를 취소한 경우 등 법률에 정한 처벌요건을 갖추지 못하여 처벌할 수 없다는 결정입니다.
- 각하 결정은 위 세 결정의 사유에 해당함이 명백하거나, 고소인 또는 고발인으로부터 고소·고발 사실에 대한 진술을 청취할 수 없는 경우 등에 하는 결정입니다.

<이의·심의신청 방법>
- 위 결정에 대하여 통지를 받은 자는 「형사소송법」 제245조의7제1항에 따라 해당 사법경찰관의 소속 관서의 장에게 이의를 신청할 수 있습니다. 이의신청이 있는 때 해당 사법경찰관은 「형사소송법」 제245조의7제2항에 따라 사건을 검사에게 송치하게 됩니다.
- 수사 심의신청 제도(경찰민원콜센터 국번없이 182)
  - 수사과정 및 결과에 이의가 있는 경우, 관할 시·도경찰청 「수사심의계」에 심의신청

【첨부 6】 2022. 10. 10.자 피의자 문경석 등에 대한 불송치
(각하) 결정 이의신청서

불송치(각하) 결정 이의신청서

1. 신청인
   - 성명 : 임찬용(주민등록번호 : 590410-0000000)
     주소 : 경기도 성남시 수정구 복정로96번길 20, 000호(복정동)
     직업 : LPN로컬파워뉴스 법조팀장(서울시 강남구 노현로 94길
          13(역삼동) 예일패트빌딩 4층 (전, 검찰수사과장)
     전화 : (휴대폰) 010 5313 0000

2. 경찰 결정 내용
   - 사건번호 : 2022-2049, 2608
     죄명 : 직권남용권리행사방해 등
     결정내용 : 불송치(각하)

Ⅰ. 인정되는 사실

가. 검찰과 경찰의 '관피모사건' 및 이 사건 고소장에 대한 은폐수사

이 사건 발단 및 원인을 제공한 고소 외 구수회 및 전상화의 범죄 사실(이하, '관피모사건')[78]이 기재된 고소장[79]은 2021. 10. 5.경 등기우편으로 대검찰청에 제출되었다.

그런데 '관피모사건' 고소장 및 거기에 첨부된 증거자료에 의하면, '관피모사건'은 구수회와 전상화의 공동범행으로 기재되어 있고, '관피모사건' 고소장에 기재된 범죄 사실 중 가장 중요한 부분인 "3. (법무사법위반), **변호사법위반, 사기죄 또는 특정경제범죄(사기)위반**"의 범죄는 검찰청법 제4조 제1항 제1호 '가목'에 해당하는 부패범죄, 경제범죄 등 대통령령으로 정하는 중요 범죄로서 검사가 직접 수사하여야 할 대상에 속한다.

또 이 사건 고소장 중 사법경찰관이자 피고소인 문경석 및 그의 결재권자인 성명불상자(이하, '이 사건 피고소인들')의 범죄 사실 역시 검찰청법 제4조 제1항 제1호 '나목'에 해당하는 '경찰공무원이 범한 범죄'로서 검사가 직접 수사하여야 할 대상에 속한다. 특히, 검사가 경찰공무원 범죄에 대한 고소장을 직접 수사하지 아니하고 경찰에 이송해 버릴 경우

---

[78] 고소인은 구수회 및 전상화의 범죄 사실을 LPN로컬파워뉴스에 보도할 때마다, 다음카페인 '관청피해자모임 사건', 즉 약칭 '관피모사건'이라고 명명해 왔음.

[79] '관피모사건' 범죄 사실이 기재된 고소장의 명칭과 관련하여, 이 사건 고소장 제3쪽 【이 사건 배경】 항목에서는 '임찬용 고소장'으로 표기되어 있고 이를 2021. 10. 5.경 등기우편으로 대검찰청에 제출되었다는 사실이 확인되고 있으며, 이 사건 고소장 제7쪽 【관련 증거자료 제출】 항목에서는 "첨부(증거) 2"로 특정되어 있음. 즉, '관피모사건' 고소장과 '임찬용 고소장'은 명칭만 다를 뿐 동일한 고소장임.

이는 고양이에게 생선가게를 맡기는 격으로 명백한 직권남용 및 직무유기 범죄에 해당된다.

그동안 검찰은 문재인정부가 들어서면서 검찰개혁의 일환으로 추진해 온 '검·경수사권 조정'에 따른 검찰수사권 축소 방침에 반발해 왔고, 검찰수사권 완전 박탈을 의미하는 '검수완박'법 추진의사까지 밝히자, 당시 검찰총장 윤석열은 이에 항의하면서 사표까지 제출하였다.

특히, 제20대 대선에서 정권교체를 이룩한 윤석열 정부가 들어서자마자 법무부장관 한동훈은 검찰수사권 완전 박탈 내지 대폭 축소를 의미하는 '검수완박'법의 내용이나 이에 대한 국회통과 절차가 헌법에 위배됐다며 헌법소원과 동시에 직접 변론에 나서고 있는 실정에 있다.

이와 같은 사정에 비추어볼 때 검찰이 검사의 직접 수사 대상인 '관피모사건' 고소장 및 이를 은폐·조작 수사한 혐의를 받고 있는 이 사건 고소장을 직접 수사하지 않고 경찰에 이송해 버린다면, 이는 명백한 검찰권 남용이자 직무유기 범죄에 해당한다.

그러나 불행하게도 성남검찰은 법무부장관 한동훈의 묵인과 방조 하에 '관피모사건' 고소장 및 사법경찰관의 범죄인 이 사건 고소장을 몽땅 성남수정경찰서에 이송해 버렸다.

특히, 이 사건 고소장은 '관피모사건'을 직접 은폐·조작 수사한 사법경찰관들에 대한 범죄라는 점을 감안할 때, 검찰이 이를 직접 수사하지 않고 경찰에 이송 조치를 취해 버린 행위는 경찰에 대놓고 '관피모사건' 고소장은 물론 이 사건 고소장까지 모두 은폐해 버리라는 암묵적 지시와 전혀 다를 바 없다.

더 나아가, 검찰과 경찰은 공동정범 관계에 있는 구수회 및 전상화에 대해 형사처벌을 면해 주기 위해 '관피모사건'을 의도적으로 둘로 쪼갠 다음 이를 별도의 수사주체 및 수사 절차에 따르게 함으로써 단독사건으로 처리해 버렸다.

　고소인은 '관피모사건' 고소장에서 구수회와 전상화에 대해 각 범죄사실을 공동으로 범행하였으므로 이를 수사하여 처벌해 달라고 요구하였음에도 불구하고, 사법경찰관의 불송치결정서 및 검사의 불기소결정서, 항고검사의 항고기각 결정문에는 공동(공범)이란 단어를 단 한 자도 찾아볼 수 없다.[80]

---

[80] 실제로 경찰과 검찰은 '관피모사건' 수사와 관련 사전에 은폐하기로 공모하고 이를 위해 서로 짜고 치는 고스톱판을 벌여왔다.

구체적으로 살펴보면, 성남검찰(윤동환 검사)은 검사가 직접 수사하여야 할 '관피모사건' 고소장을 2021. 10. 14.경 성남수정경찰서에 이송해 버렸고, 성남수정경찰서 소속 사법경찰관 류중일은 2021. 10. 26.경 고소인으로부터 고소인보충진술을 받은 다음 '관피모사건'은 피의자 구수회와 전상화가 공동으로 저지른 범행이기 때문에 각 피의자 단독사건으로 쪼개면 안 됨에도 불구하고, '관피모사건'을 둘로 쪼개 구수회에 대해서는 구수회의 거주지 관할인 서울서대문경찰서에, 전상화에 대해서는 전상화의 거주지 관할인 서울성북경찰서에 각각 이송해 버렸다.

서울서대문경찰서 소속 이 사건 피고소인들인 사법경찰관 문경석과 그의 결재권자는 구수회에 대해 형사처벌을 면해 줄 목적으로 '관피모사건' 단독범으로 처리하면서 2022. 3. 22.경 허위 내용의 불송치(각하)결정서 〔이 사건 고소장 첨부(증거) 6〕를 작성하는 수법을 통해 구수회의 모든 범죄 사실을 은폐해 버렸다.

이에, 고소인은 2022. 4. 4.경 '구수회에 대한 불송치결정 이의신청서' 〔이 사건 고소장 첨부(증거) 7〕를 서대문경찰서장에게 제출하였고, 이를 송치 받은 서울서부지방검찰청 소속 검사 이주훈은 전혀 수사를 진행하지 않은 채 자신의 캐비닛에 처박아놓았다가 2022. 5. 27.경 사법경찰관 문경석 명의로 작성된 허위 내용의 불송치(각하)결정서를 그대로 인용한 수법을 통해 구수회의 모든 범죄 사실을 은폐해 버렸다. (입증자료 : 이 사건 불송치결정 이의신청서 '첨부 1', 2022. 5. 27.자 구수회에 대한 불기소결정서)

나. 이 사건 피고소인들의 직무유기 죄책은 확정적이다.

이 사건 피고소인들은 '관피모사건' 핵심 피의자인 구수회에 대하여 불송치(각하) 결정을 내리기까지 의도적으로 단 한 차례의 소환조사를 실시하지 않았고, 이를 송치받은 서울서부지방검찰청 검사 이주훈 역시 '관피모사건' 핵심 피의자인 구수회에 대하여 불기소(각하) 결정을 내리기까지 의도적으로 단 한 차례의 소환조사를 실시하지 않았다.

'관피모사건' 고소장이 이 사건 피고소인들에게 배당되기까지 거기에 첨부된 고소인이 제출한 수사 자료만을 살펴보면 다음과 같다.

1. 2021. 10. 5.자 '관피모사건' 고소장(임찬용 고소장)과 그 첨부(입증) 자료 1~8. 〔이 사건 고소장 첨부(증거) 2〕

이에, 고소인은 2022. 6. 13.경 구수회에 대한 항고장 (입증자료 : 이 사건 불송치 결정 이의신청서 '첨부 2')을 서울서부지방검찰청에 제출하였으나, 이를 송부받은 서울고등검찰청 항고검사 이준엽 역시 전혀 수사를 진행하지 않은 채 자신의 캐비닛에 처박아놓았다가 2022. 8. 1.경 판에 박힌 항고기각 결정문을 사용하는 수법을 통해 구수회의 모든 범죄 사실을 은폐해 버렸다. (입증자료 : 이 사건 불송치 결정 이의신청서 '첨부 3')

특히, 서울고검 항고검사 이준엽은 구수회에 대한 사건기록 및 항고장은 물론, 구수회와 공동정범 관계에 있는 전상화에 대한 사건기록 및 항고장을 동시에 배당받았음에도 이를 동시에 처분하지 아니하고, 각 사건을 은폐하기 위해 하루 시차를 두고 단독범 형식으로 처리하였다. 참으로 기가 찰 노릇이다.

결국, '관피모사건' 수사와 관련, 경찰 및 검찰의 사건처리과정 및 내용을 살펴볼 때, 이는 우리나라 수도권 경찰조직 및 검찰조직이 '대법원 패소된 사건을 행정사가 살린다. 행정사 20년 하면서 행정심판 1,900건 수임 진행하고, 행정사 수수료 1억을 5번 받았다.'며 전형적인 변호사법 위반과 사기 행각을 해온 구수회에 대해 단 한 차례 소환조사를 실시할 수 없을 정도로 구수회의 손아귀에서 놀아나고 말았다. 이는 윤석열 정부의 실세가 개입하지 않고서는 도저히 설명이 불가능한 사안으로, 결국 윤석열 대통령의 탄핵으로 해결될 수밖에 없다고 하겠다.

2. 2021. 10. 26.자 성남수정경찰서 사법경찰관 류중일이 작성한 '고소인 보충진술조서' 1부.[81]

3. 2021. 10. 26.자 '고소인 진술서(추가고소 포함)'와 첨부(입증)자료 1~3. 〔이 사건 고소장 첨부(증거) 3〕

4. 2021. 10. 28.자 '고소인 의견서' 1부. 〔이 사건 고소장 첨부(증거) 4〕

5. 2021. 10. 29.자 '제2차 고소인 의견서' 1부. 〔이 사건 고소장 첨부(증거) 5〕

'관피모사건' 수사기록이 서울서부지방검찰청 검사 이주훈에게 배당되기까지 거기에 첨부된 고소인이 제출한 수사 자료만을 살펴보면 다음과 같다.

1. 이미 경찰에 제출한 위 1부터 5까지의 수사자료

2. 2022. 3. 22.자 '(구수회에 대한) 사법경찰관 문경석 명의의 불송치(각하)결정서' 1부. 〔이 사건 고소장 첨부(증거) 6〕

3. 2022. 4. 4.자 '(구수회에 대한) 고소인 명의의 불송치결정 이의신청서' 및 그 첨부(입증)자료 1~6. 〔이 사건 고소장 첨부(증거) 7〕

이 사건 피고소인들 및 검사 이주훈은 위와 같이 고소인으로부터 구수회의 각 범죄 사실을 입증하고도 남음이 있는 수많은 수사 자료는

---

[81] 이 수사 자료는 고소인이 직접 제출한 자료는 아니나, 사법경찰관 류중일이 고소인을 상대로 작성하였으므로 이 사건 피고소인들에게 배당된 바 있는 '관피모사건' 수사기록에는 그대로 편철되어 있을 것임.

물론, 계좌 추적용 압수수색영장 신청(청구) 필요성을 충족시킬 수 있는 자료, 사전 구속영장 신청(청구) 필요성을 충족시킬 수 있는 자료, 심지어 구수회가 행정사 강의를 통해 형성해 놓은 경찰인맥을 동원하여 사건 무마까지 시도하고 있다는 자료까지 제출받아 왔음에도 불구하고, 구수회에 대하여 단 한 차례의 소환조사를 실시하지 않은 채 사건을 종결하고 말았다.

이는 구수회의 각 범죄 사실에 대하여 고소인이 제출한 증거관계가 명백하여 소환조사를 통한 수사를 진행할 경우 당초 계획했던 사건 은폐는 물 건너갈 수밖에 없었기 때문에, 이를 극복하기 위한 방안으로 구수회에 대한 일체의 소환조사 없이 허위 내용의 불송치결정서(경찰) 및 허위 내용의 불기소결정서(검찰)를 작성하는 수법으로 구수회의 모든 범죄 사실을 각하 결정하였음을 의미한다.[82]

결국 이 사건 피고소인들은 이 사건 고소장에 기재된 구수회의 각 범죄 사실에 대하여 의도적으로 수사를 기피함으로써 확정적인 직무유기 범행을 저질러 왔다.

---

[82] 검찰청법 제4조 제1항에서 규정하고 있는 '변호사법위반' 및 '특경법(사기)위반' 피의자인 구수회는 현재까지 드러나고 있는 사실만 놓고 볼 때 변호사법위반과 관련된 범죄전력이 3회에 이르고, "대법원에 패소한 사건을 행정사가 살린다."며 "행정사 수수료 1억을 5번 받았다."라고 광고해 오면서 회원이 약 만 명에 가까운 관청피해자모임 카페는 물론 자신이 개인적으로 운영한 '구수회행정심판전문 사무소' 카페에서도 수십 년간 사건브로커 역할을 해오고 있다.

그럼에도, 경찰과 검찰이 피의자 구수회에 대하여 계좌 추적은 고사하고, 단 한 차례의 소환조사도 실시하지 아니하고 사건을 종결해 버렸다면, 이는 결국 경찰과 검찰을 통제할 수 있는 정권 실세가 배후에 있다는 것을 의미한다.

고소인이 기자 신분으로 LPN로컬파워뉴스 인터넷신문에서 윤석열 대통령 탄핵을 주장하는 이유도 바로 여기에 있다. (입증자료 : 2022. 8. 14.자 '검찰을 범죄조직으로 만들어버린 윤석열 대통령은 탄핵밖에 답이 없다.' 제하의 LPN로컬파워뉴스 기사 1부. 이 사건 불송치 결정 이의신청서 '첨부 4')

다. 이 사건 피고소인들의 허위공문서작성죄 및 동 행사죄 죄책은 확정적이다.

이 사건 피고소인들이 고소인에게 통지해 준 2022. 3. 22.자 '(구수회에 대한) 불송치결정서' [이 사건 고소장 첨부(증거) 6] 제6쪽 〈결정 종류 안내〉 기재 내용을 살펴보면,

" · 혐의없음 결정은 증거 부족 또는 법률상 범죄가 성립되지 않아 처벌할 수 없다는 결정입니다.

· 죄가안됨 결정은 피의자가 14세 미만이거나 심신상실자의 범행 또는 정당방위 등에 해당되어 처벌할 수 없는 경우에 하는 결정입니다.

· 공소권없음 결정은 처벌할 수 있는 시효가 경과되었거나 친고죄에 있어서 고소를 취소한 경우 등 법률에 정한 처벌요건을 갖추지 못하여 처벌할 수 없다는 결정입니다.

· 각하결정은 위 세 결정의 사유에 해당함이 명백하거나, 고소인 또는 고발인으로부터 고소·고발 사실에 대한 진술을 청취할 수 없는 경우 등에 하는 결정입니다."라고 기재되어 있다.

즉, 이 사건 피고소인들은 구수회의 각 범죄 사실에 대하여 위 4가지의 불송치 결정 사유 중 '혐의없음', '죄가안됨', '공소권없음'의 결정 사유에 해당함이 명백하다는 이유를 들어 가장 낮은 단계인 '각하결정'을 내렸다.

그러나 '관피모사건' 피의자인 구수회의 범죄 사실에 대해서는 위 '나항' 에서 이미 살펴본 바와 같이, 각 범죄 사실마다 이를 입증할 수 있는

증거자료가 수없이 첨부되어 있다.

그렇다면, 이 사건 피고소인들이 구수회에 대하여 형사처벌을 면해줄 목적으로 '불송치결정'을 내린다고 하더라도 구수회의 각 범죄 사실을 입증할 만한 증거자료가 부족하다는 이유를 들어 '혐의없음' 결정을 내려야만 단 1%의 수긍이라도 할 수 있는 일이지, 가장 낮은 단계인 '혐의없음'이 명백하다는 이유를 들어 '각하결정'을 내린다는 것은 있을 수 없는 일이다.

다시 말하면, 구수회의 각 범죄 사실에 대해 '혐의없음' 결정도 거짓말이지만, '각하결정'은 더욱 확정적 거짓말이다.

그럼에도 불구하고, 이 사건 피고소인들은 구수회의 각 범죄 사실에 대한 불송치결정을 함에 있어 '각하' 사유에는 전혀 들어맞지도 않는 결정을 일률적으로 내려버렸다.

이를 좀 더 구체적으로 살펴보면, 이 사건 피고소인들은 자신들이 작성한 2022. 3. 22.자 '(구수회에 대한) 불송치결정서' 중 【불송치이유】란에서 구수회의 정보통신망법상 허위사실에 의한 명예훼손 및 협박죄에 대한 범죄 사실과 관련, "고소장 및 고소인의 진술에 따라 혐의없음(범죄인정 안 됨)이 명백하므로 각하한다."라고 기재하고,

구수회의 변호사법위반 및 법무사법위반, 사기죄 및 특정범위반(사기)에 대한 범죄 사실과 관련, "고소(고발)이 고소인의 추측만을 근거로 한 경우로써 수사를 개시할 만한 구체적인 사유나 정황이 충분하지 않아 각하한다."라고 기재해 놓고 있다.[83]

결국 이 사건 피고소인들은 구수회의 각 범죄 사실에 대하여 단 1%도 들어맞지 않는 '각하' 결정 내용을 '구수회에 대한 불송치결정서'상 【불송치 이유】란에 일률적으로 각각 기재해 놓음으로써 확정적인 허위 공문서작성죄 및 동 행사죄의 범행을 저질러 왔다.[84)]

---

83) '관피모사건' 중 가장 중요한 범죄라고 할 수 있는 변호사법위반 및 특경법위반 부분 범죄 사실과 관련, 사법경찰관 문경석 등 이 사건 피고소인들은 "고소(고발)이 고소인의 추측만을 근거로 한 경우"라며 구수회에 대한 수사 착수마저도 하지 않는 사실을 정당화하고 있으나, 이는 새빨간 거짓이다.

고소인은 '관피모사건' 고소장 "4. 범죄 사실" 항목 중 "3. 법무사법위반, 변호사법위반, 사기죄 또는 특정경제범죄(사기)위반"의 '(3) 결론' 부분에서, "전항과 같은 위 '핵심입증자료' 그리고 구수회가 이 카페를 설립한 이래 이 카페 게시판에 게재해 놓은 내용과 사진들, 그동안 이 카페 회원들을 약 만 명에 이르도록 끌어모아 전국적으로 이를 조직화하고, 그들을 예외 없이 사법피해자로 둔갑시켜 구수회가 행정심판으로 모든 민·형사 사건을 해결할 수 있다고 과시하고, 그로 인해 많은 돈을 벌었다고 자랑해 온 사정에 비추어보면, 구수회의 사법질서 문란 야기 문제점은 논외로 하더라도, 앞서 검토한 법무사법 또는 변호사법 위반은 물론, 사기죄 또는 특정경제법상 사기죄를 범했음은 두말할 여지가 없다. 따라서 피고소인의 범행 수법이 연속적이고 반복적으로 이루어져 왔던 점에 비추어보면, 이 카페 창립일인 2008. 1.경부터 현재에 이르기까지 구수회 명의로 개설된 전체 계좌에 대한 계좌 추적은 물론, 동시에 범행 증거를 발견할 만한 구수회 사무실 등에 대한 압수수색을 통하여 각 수입 및 지출 사안별로 위 검토 법률에 저촉되었는지 철저히 수사해 주시기 바랍니다."라고 구수회에 대한 변호사법위반 및 특경법(사기)위반에 대한 수사 착수와 계좌 추적을 강력히 요구한 바 있고,

또 2021. 10. 26.자 '고소인 진술서 (추가고소 포함)'와 그 첨부(입증)자료 1~3 [이 사건 고소장 첨부(증거) 3]에서는 구수회의 과거 변호사법위반 판결문까지 제출하면서, 그 판결문에는 구수회가 자신의 처 노재숙 명의의 차명 계좌를 통하여 법률서비스 수익금을 불법으로 수수한 사실이 확인되고 있으니 이 계좌까지 추적해 달라고 요구하였으나, 이 사건 피고소인들은 고소인의 위와 같은 요구사항을 철저하게 묵살해 버리고 앞에서 살펴본 바와 같이 허위 내용의 불송치(각하)결정서를 작성하는 수법으로 구수회의 모든 범죄 사실을 은폐해 버렸다.

84) '관피모사건' 피의자 중 구수회와 공범 관계에 있는 전상화에 대해서는 서울성북경찰서 소속 사법경찰관 신미영 및 그의 결재권자 성명불상자가 '각하결정'이 아닌 '혐의없음' 결정으로 전상화의 범죄 사실뿐만 아니라, 구수회의 범죄 사실까지 모두 은폐해 버렸다. (입증자료 : 2022. 6. 3.자 피의자 전상화에 대한 불송치결정 이의신청서 1부. 이 사건 불송치결정 이의신청서 '첨부 5')

라. 이 사건 피고소인들의 직권남용권리행사방해죄의 죄책은 확정적이다.

이 사건 피고소인들은 위 '나항' 및 '다항'에서 살펴본 바와 같이, 구수회에 대한 소환조사를 생략한 채 허위 내용의 불송치결정서를 작성하는 수법을 통해 구수회의 각 범죄 사실을 모두 은폐해 버렸다

이로써 사법경찰관들인 이 사건 피고소인들은 고소(고발) 사건이나 진정서 등 형사사건을 수사할 수 있는 권한을 남용하여 확정적으로 '관피모사건' 피의자인 구수회에게 면죄부를 줌과 동시에 고소인에게는 정당한 경찰 수사를 받을 권리행사를 방해하였다.

Ⅱ. 이 사건 불송치(각하) 결정서에 대한 구체적 반박

위 "Ⅰ. 인정되는 사실" 항목에서 살펴본 바와 같이, 이 사건 피고소인들의 각 범죄 사실은 확정적으로 인정되므로, 더 나아가 살펴볼 필요가 없다.

다만, 사건조작을 일삼는 검사들과 사법경찰관들의 범죄 실상을 폭로하고, 이들의 형사처벌을 통해 우리나라 사법정의 실현에 일조하고자, 썩은 검찰 조직[85]을 훌쩍 건너뛰어 통상적으로 1%의 가능성마저도 존재

그런데 이 사건 피고소인들은 고소인이 전상화보다 훨씬 증거자료를 많이 제출하고 있는 구수회에 대해 '혐의없음' 대신 전혀 들어맞지도 않는 '각하결정'을 통하여 구수회의 범죄 사실을 무리하게 은폐해 버린 이유는 뭘까? 이는 그만큼 구수회가 평소 자랑해 온 바와 같이 구수회의 경찰 인맥을 통한 사건조작 유착관계가 심하고, 그 뒤에는 구수회를 돌봐주는 정권실세가 있다는 것을 의미한다.

85) 이 사건 피고소인 문경석 등이 은폐 수사한 구수회의 범죄 사실은 2022. 4. 4.경 고소인의 이의신청에 의해 서울서부지방검찰청에 송치되었다. 그런데

하지 않는 재정신청을 통해서라도 법원의 판단을 받아보기 위해 서울 서부경찰서에서 사법경찰관 이민호 명의로 작성된 이 사건 불송치 (각하) 결정서 중【불송치 이유】항목에 기재된 내용을 구체적으로 살펴보고자 한다.

가.【불송치 이유】

- "2. 불송치 이유(1. 피의사실 가. 나. 다. 라)" 기재 내용

· 고소인 임찬웅은 2022. 4. 21.경 이 사건 피의자 문경석과 그의 결재권자인 성명 불상자를 포함하여 다수를 상대로 직권남용권리행사방해, 허위공문서작성 및 허위작성공문서행사, 직무유기, 무고의 죄명을 기재한 고소장을 수원지방검찰청성남지청에 제출(2022형제10016호)하였다.(기록 제6쪽), (이 기재 내용을 '사법경찰관 불송치 이유 제1항'이라고 함)

· 이 사건은 2022. 5. 4.경 수원지방검찰청성남지청에서 성남수정경찰서로 사건이송(이첩)되었고(제2022-2679), 2022. 5. 20.경 고소인 임찬웅은 고소 보충진술을 위해 성남수정경찰서에 출석하였다. 그러나 고소인은 고소 경위 및 피의자들을 고소한 이유 등에 대한 답변을 일체 거부하면서 '이 사건은 윤동환 검사가 자신의 직권을 남용하여 검찰에서 직접 수사를 해야 할 사건임에도 경찰에 불법 이송하였으니, 다시 검찰로

2022. 5. 27.경 서울서부지방검찰청 검사 이주훈은 이 사건 피고소인 문경석 명의로 작성된 허위 내용의 불송치(각하)결정서를 그대로 인용한 수법을 통해 구수회의 범죄 사실을 모두 은폐해 버렸고, 고소인의 항고로 제기된 구수회의 범죄 사실 역시 2022. 8. 1.경 서울고등검찰청 항고검사 이준엽이 판에 박힌 항고기각 결정문을 작성하는 수법을 통해 구수회의 범죄 사실을 모두 은폐해 버렸다.(이에 대한 구체적인 내용은 이 사건 불송치결정 이의신청서 '첨부 3' 및 '첨부4' 각 참조)

재이송해 달라.'고 주장하였다.(기록 제231쪽 - 진술조서) 이후 이 사건은 '사건의 관할 및 관할사건수사에 관한 규칙'에 따라 각 피의자들의 관할지로 분리되어 이송되었고, 따라서 서울서대문경찰서 소속 경찰관들인 피의자 문경석과 그의 결재권자인 성명불상자에 대한 사건은 서울서부경찰서에서 이송받아 접수하였다. (이 기재 내용을 '사법경찰관 불송치 이유 제2항'이라고 함)

· 한편, 고소인은 2022. 6. 8.경 이 사건과 동일한 범죄 사실 및 죄명으로 문경석과 수사서류 결재라인에 있는 경찰관 등을 상대로 한 고소장을 수원지방검찰청성남지청에 다시 제출(2022형제13119호)하여, 2022. 6. 10.경 성남수정경찰서로 사건이송(이첩)되었고(제2022-3533호), 고소인은 고소 보충진술을 위한 담당 수사관의 출석요구에 '제출한 고소장에 사건의 배경 및 고소요지 등이 충실히 작성되어 있고, 또한 이전 고소사건과 동일한 내용이며, 해당 사건으로 2022. 5. 20.경 이미 출석하여 진술조서를 작성하였기 때문에 다시 출석할 필요가 없다.'는 취지로 출석을 거부하였다(기록 제357쪽). (이 기재 내용을 '사법경찰관 불송치 이유 제3항'이라고 함)

· 고소인은 이 사건을 다시 검찰로 이송해 달라고 주장할 뿐, 구체적인 범죄 사실 및 경위에 대해서는 일체 진술을 거부하여 고소장 및 고소인의 진술만으로는 피의자들이 범죄를 저지른 것으로 볼만한 정황을 찾을 수 없고, 달리 이를 입증할 증거도 없다. (이 기재 내용을 '사법경찰관 불송치 이유 제4항'이라고 함)

· 각하한다. (이 기재 내용을 '사법경찰관 불송치 이유 제5항'이라고 함)

· 고소인이 문경석과 그의 결재권자 성명불상자를 상대로 고소한

위 두 사건(사건번호 제2022-2679호, 제2022-3533호)은 피의자들이 동일하고, 범죄 사실 및 죄명 또한 동일하므로 병합하여 수사 진행함. (이 기재 내용을 '사법경찰관 불송치 이유 제6항'이라고 함)

나. 고소인의 위 가항 【불송치 이유】에 대한 반박

· 먼저 가장 눈에 띄는 부분은 이 사건 수사를 담당한 서울서부경찰서 소속 사법경찰관들이 이 사건 피고소인 문경석 등에 대하여 소환조사를 포함한 어떠한 유형의 수사 활동을 실시하였다는 흔적을 발견할 수 없음.

즉, 이 사건 수사를 담당한 조민구 사법경찰관리, 이민호 사법경찰관 등은 이 사건 고소장이 편철된 수사기록을 배당받은 후 캐비닛에 처박아 놓았다가 적당한 때를 맞춰 위와 같이 허위 내용의 불송치결정서를 작성하는 수법을 통해 각하 처분하기로 마음먹은 사실이 확연히 드러나고 있음. 심지어 이 사건 고소장에 기재된 피고소인 문경석의 결재권자인 성명불상자에 대해서는 인적사항마저도 파악하지 않았음. (명백한 직무유기)

· 위 가항 "불송치 이유" 중 '제4항' 및 '제5항' 기재 부분을 제외한 나머지 '제1항', '제2항', '제3항', '제6항'의 기재 부분은 이 사건 고소장의 접수 및 처리 과정을 정리한 내용으로써 이 사건의 수사 내용 및 적용 법조, 죄의 성립여부 등을 기재하여야 할 "불송치 이유" 기재 사항과는 전혀 무관함.

특히, '제2항'의 기재 부분을 살펴보면, 사법경찰관 이민호는 '고소인이 성남수정경찰서에서 이 사건을 성남검찰로 재이송해 줄 것을 요구하면서 고소인 보충진술을 거부했다.'고 주장하며 이 사건 각하결정의 근거로 삼고 있으나, 이는 역설적으로 이 사건 불송치결정서 중 【불송치 이유】 기재 내용을 가장 의도적으로 허위 기재해 놓았다는 사실을 반증하고 있음.

그 이유는 이 사건이 '경찰공무원이 범한 범죄'로써 검찰청법 제4조 제1항에 검사 직접 수사 대상으로 규정되어 있다는 점, 이 사건 피고소인들을 포함한 성북경찰서 사법경찰관 신미영 및 그의 결재권자, 성남수정경찰서 사법경찰관 유정민 및 그의 결재권자 등은 '관피모사건'을 조직적으로 은폐·조작 수사하여 왔다는 점[86], 통상적으로 고소인 보충진술은 고소장에 범죄 사실 및 증거관계가 명백하지 않을 경우 실시하는 것이지, 이 사건 고소장과 같이 사건의 배경 및 고소요지 등이 충실히 작성되어 있고, 문경석 등 이 사건 피고소인들에 대한 범죄 사실 기재 및 이를 입증하는 증거관계가 명백하게 첨부되어 있을 경우에는 굳이 고소인 보충진술을 받을 필요가 없다는 점[87], 이 사건 수사 담당 사법경찰관들은 이 사건을 포함한 어떠한 사건이라고 하더라도 수사를 진행하는 과정에서 추후 고소인의 진술이 필요한 경우에는 언제든지 고소인을 소환하여 조사할 수 있다는 점, 이 사건 수사 담당 사법경찰관들은 이 사건을 검찰청법 규정 취지 및 고소인의 요구대로 검찰에 재이송하지 않고 수사에 착수했으면 법과 원칙에 따라 이 사건 수사에 전념해야 함에도 불구하고, 문경석 등 이 사건 피고소인들에 대한 소환조사 등 어떠한 수사를 전혀 실시하지 않은 채 (명백한 직무유기), 오히려 자신들의 직무유기 죄책을 모면하고자 이 사건 고소장에 명백하고도 확실한 증거자료를 수없이 첨부해 놓고 있는 고소인에게 책임을 돌려 이를 이 사건 각하결정 근거로

---

[86] 이 점에 대해서는 이 사건 불송치 결정 이의신청서 '첨부 5'에 첨부된 2022. 6. 3.자 전상화에 대한 불송치 결정 이의신청서 (신미영 등이 관피모사건을 의도적으로 은폐한 범죄 사실) 및 이 사건 불송치 결정 이의신청서 '첨부 4'에 첨부된 유정민에 대한 고소장 각 참조.

[87] 이 점에 대해서는 위 '사법경찰관 불송치 이유 제3항'에서도 확인되고 있음.

삼아버렸다는 점에 있음.

· '사법경찰관 불송치 이유 제4항' 기재 내용에 대하여,

- '사법경찰관 불송치 이유 제2항 및 제3항' 기내내용에서 확인한 바와 같이 고소인은 성남수정경찰서에 출석하여 고소인 보충진술을 받으면서, 이 사건을 다시 검찰로 이송해 달라고 요구한 사실이 있고, (제2항) '이 사건 고소장은 사건의 배경 및 고소요지 등이 충실히 작성되어 있다'며 경찰에 출석하여 굳이 진술할 필요가 없다는 취지로 진술한 바 있다.(제3항)

- 특히, 고소인은 이 사건 고소장 중 【관련 증거자료 제출】"나. 피고소인 문경석의 범죄 사실 요지와 관련하여"라는 항목은 물론, 【이 사건 각 범죄 사실】"가. 피고소인 문경석, 피고소인 ○○○ 등의 공동범행"이라는 항목에서, 이 사건 피고소인들의 각 범죄 사실을 명백하게 입증하기 위한 증거자료들을 각 범죄 사실에 대응하여 제출하였다.
(위 "Ⅰ. 인정되는 사실" 각 항목 참조)

- 그럼에도 불구하고 이 사건 수사 담당 조민구 경장, 이민호 경위 등 사법경찰관리들은 "고소장 및 고소인의 진술만으로는 피의자들이 범죄를 저지른 것으로 볼만한 정황을 찾을 수 없고, 달리 이를 입증할 증거도 없다."라고 명백한 허위 내용을 기재하고 있다.

Ⅲ. 맺는 말

　이 사건 수사를 담당한 서울서부경찰서 소속 사법경찰관들은 인근 경찰서 동료 경찰관이자 이 사건 피고소인들인 문경석 및 그의 결재권자 등에게 형사처벌을 면해 줄 목적으로 어떠한 수사도 진행하지 않은 채 전항과 같이 허위 내용의 불송치(각하) 결정서를 작성하는 수법을 통하여 이 사건을 각하 결정하였다.

　이는 이 사건 피고소인들과 마찬가지로 형법상 직권남용권리행사방해죄, 허위공문서작성죄 및 허위작성공문서행사죄, 직무유기죄의 죄책을 피할 수 없게 되었다.

　즉, 수사업무를 담당한 사법경찰관들끼리 봐주기식 거짓말 수사가 또 다른 거짓말 수사를 낳은 결과를 반복하고 있다. 이게 나라냐? 그리고 그 배후는 누구냐? 사법정의는 눈곱만큼도 찾아볼 수 없는 대한민국!!

　고소인은 서울서부경찰서 사법경찰관들의 이 사건 은폐에 덧붙여, 성남검찰 또한 당초 자신들이 수사하여야 할 이 사건을 경찰로 하여금 은폐하도록 할 목적으로 검찰권을 남용하여 성남수정경찰서에 이송해 버린 원초적 범죄를 저지르고 있다.

　이와 같은 사정에 비추어볼 때 이 사건을 송치받은 서울서부지방검찰청 역시 항상 검찰의 사건 은폐 방식대로 이 사건 불송치 결정 이의신청서 및 이 사건 수사기록을 캐비닛에 처박아놓았다가 적당한 기회를 틈타 허위 내용의 불기소 결정서를 작성하는 수법으로 이 사건 범죄 사실 모두 각하 처분할 것임을 100% 예상해 본다.

또한, 이 사건 불송치(각하) 결정서 서두에 있는 주석에서 살펴본 바와 같이 서울서부지방검찰청 소속 검사 이주훈은 2022. 5. 27.경 구수회의 범죄 사실에 대하여 사법경찰관 문경석 명의로 작성된 허위 내용의 불송치(각하) 결정서를 그대로 인용한 수법을 통해 모두 은폐해 버린 전력이 있다.

다만, 사법정의를 실현하고자 하는 고소인의 입장에서는 재정신청이라는 형사사법제도를 통하여 경찰 및 검찰의 이 사건 은폐 수사에 맞서 법원의 판단을 받은 다음 이를 책자로 발간하여 역사와 온 국민들에게 알리고자 할 계획이니만큼 서울서부지방검찰청의 빠른 결정만을 바랄 뿐이다.

첨부(입증)자료

1. 2022. 5. 27.자 검사 이주훈 명의의 (구수회에 대한) 불기소결정서 1부.
2. 2022. 6. 13.자 (고소인 명의의) 구수회에 대한 항고장 1부.
3. 2022. 8. 1.자 검사 이준엽 명의의 (구수회에 대한) 항고기각 결정문 1부.
4. 2022. 8. 14.자 LPN로컬파워뉴스 기사 1부.(생략)
5. 2022. 6. 3.자 피의자 전상화에 대한 불송치결정 이의신청서 1부. 끝.

2022. 10. 10.

고소인 임 찬 용 (인)

서울서부경찰서장 귀하

【첨부 7】 2022. 9. 27.자 피의자 전상화 및 피의자 신미영 등에 대한 불송치(각하)결정서

서울 도봉구 노해로 403-0 도봉경찰서
서울도봉경찰서장 (문의 배보성)
01415

반송
불요

1073083646254 2022년09월29일 제작   [접수국: 광화문]
B5 461 05 39
성남M 성남

보통등기

성남시 수정구 복정로96번길 20
(복정동)
임찬용 귀하
13112

서울도봉경찰서

제 2022-01259 호 2022. 9. 27.
수 신 : 임찬용 귀하
제 목 : 수사결과 통지서(고소인등·불송치)

귀하와 관련된 사건에 대하여 다음과 같이 결정하였음을 알려드립니다.

접 수 일 시	2022. 7. 20.	사 건 번 호	2022-2746, 2022-003676
죄 명	직권남용권리행사방해		
결 정 일	2022. 9. 27.		
결 정 종 류	불송치 (각하)		
이 유	별지와 같음		
담 당 팀 장	지능범죄수사팀 경감 이현철	☎ 02-2289-9380	

※ 범죄피해자 권리 보호를 위한 각종 제도

- ○ 범죄피해자 구조 신청제도(범죄피해자보호법)
  - 관할지방검찰청 범죄피해자지원센터에 신청
- ○ 의사상자예우 등에 관한 제도(의사상자예우에관한법률)
  - 보건복지부 및 관할 자치단체 사회복지과에 신청
- ○ 범죄행위의 피해에 대한 손해배상명령(소송촉진등에관한특례법)
  - 각급법원에 신청, 형사재판과정에서 민사손해배상까지 청구 가능
- ○ 가정폭력 · 성폭력 피해자 보호 및 구조
  - 여성 긴급전화(국번없이 1366), 아동보호 전문기관(1577-1391) 등
- ○ 무보험 차량 교통사고 뺑소니 피해자 구조제도(자동차손해배상보장법)
  - 자동차 보험회사에 청구
- ○ 국민건강보험제도를 이용한 피해자 구조제도
  - 국민건강보험공단 급여관리실, 지역별 공단지부에 문의
- ○ 법률구조공단의 법률구조제도(국번없이 132 또는 공단 지부·출장소)
  - 범죄피해에 대한 무료법률구조(손해배상청구, 배상명령신청 소송대리 등)
- ○ 범죄피해자지원센터(국번없이 1577-1295)
  - 피해자나 가족, 유족등에 대한 전화상담 및 면접상담 등
- ○ 국민권익위원회의 고충민원 접수제도
  - 국민신문고 www.epeople.go.kr, 정부민원안내콜센터 국번없이 110
- ○ 국가인권위원회의 진정 접수제도
  - www.humanrights.go.kr, 국번없이 1331

서 울 도 봉 경 찰 서 장

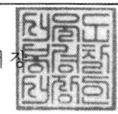

【별지】

【죄 명】

가. 무고, 나. 직권남용, 다. 직무유기

【결정종류】

피의자들 각 불송치(각하) 합니다.

【피의사실의 요지와 불송치 이유】

1. 피의자 전상화의 피의사실
    가. 피의자 전상화는 2022. 3. 17.경 서울 성북구 보문로 170 서울성북경찰서 고소인에 대한 허위내용의 고소장을 제출하여 무고.

2. 피의자 신미영의 피의사실
    나. 피의자 신미영은 2022. 3월 서울 성북구 보문로 170 성북경찰서 수사과 경제팀에서 위 '가'항의 고소사건을 각하하지 않고 수사가 진행되도록 경기성남수정경찰서로 이송하여 고소인 임찬용에게 의무없는 일을 하도록 하여 직권남용권리행사방해.
    다. 피의자는 위 '나'항과 같은 일시장소에서 위 사건의 고소인(피의자 전상화)을 무고로 처벌하지 않아 직무유기.

3. 불송치 이유
○ 피의자 전상화의 무고 부분은, 당사자 간의 분쟁으로 인해 상호 간의 일부분 사실관계를 근거하여 고소한 것으로, 이러한 과거의 고소 사건에서 피의자

가 형사처벌을 받지 않았다고 하여, 그 고소인의 행위가 곧 무고 행위의 입증이 되었다고 볼 수 없습니다.

○ 고소인이 온라인 카페지기로 있는 '관청 피해자 모임'의 회원들이 작성한 게시글 및 대화 내용을 증거자료라고 제출한 것으로, 카페의 회원들이 작성한 게시 및 대화의 글은 풍문에 가까운 추측성의 대화로 직접적인 증거가 될 수 없으므로, 피의자 전상화에 대한 혐의를 입증할 수 있는 증거자료는 확인할 수 없습니다.

○ 피의자 신미영의 직권남용권리행사방해 및 직무유기 부분은, 피의자가 정상적인 수사절차를 이행한 것으로 경찰관의 직권을 이용하여 그 직권을 남용하거나 그 직무를 유기하였다고 볼 수 없습니다.

※ 결정 종류 안내 및 이의·심의신청 방법

<결정 종류 안내>
○ 혐의없음 결정은 증거 부족 또는 법률상 범죄가 성립되지 않아 처벌할 수 없다는 결정입니다.
○ 죄가안됨 결정은 피의자가 14세 미만이거나 심신상실자의 범행 또는 정당방위 등에 해당되어 처벌할 수 없는 경우에 하는 결정입니다.
○ 공소권없음 결정은 처벌할 수 있는 시효가 경과되었거나 친고죄에 있어서 고소를 취소한 경우 등 법률에 정한 처벌요건을 갖추지 못하여 처벌할 수 없다는 결정입니다.
○ 각하 결정은 위 세 결정의 사유에 해당함이 명백하거나, 고소인 또는 고발인으로부터 고소·고발 사실에 대한 진술을 청취할 수 없는 경우 등에 하는 결정입니다.

<이의·심의신청 방법>
○ 위 결정에 대하여 통지를 받은 자는 「형사소송법」 제245조의7제1항에 따라 해당 사법경찰관의 소속 관서의 장에게 이의를 신청할 수 있습니다. 이의신청이 있는 때 해당 사법경찰관은 「형사소송법」 제245조의7제2항에 따라 사건을 검사에게 송치하게 됩니다.
○ 수사 심의신청 제도(경찰민원콜센터 국번없이 182)
  - 수사과정 및 결과에 이의가 있는 경우, 관할 시·도경찰청 「수사심의계」에 심의신청

【첨부 8】 2022. 10. 10.자 피의자 전상화 및 신미영 등에 대한 불송치(각하)결정 이의신청서

불송치 결정 이의신청서

1. 신청인
   - 성명 : 임찬용(주민등록번호 : 590410-0000000)
     주소 : 경기도 성남시 수정구 복정로96번길 20, 000호(복정동)
     직업 : LPN로컬파워뉴스 법조팀장(서울시 강남구 노현로 94길 13(역삼동) 예일패트빌딩 4층 (전, 검찰수사과장)
     전화 : (휴대폰) 010 5313 0000

2. 경찰 결정 내용
   - 사건번호 : 2022-2746, 3676
     죄명 : 무고, 직권남용, 직무유기
     결정내용 : 불송치(각하)

I. 인정되는 사실

1. 피고소인 전상화의 범죄 사실

가. 피고소인 전상화의 범죄 사실을 입증할 수 있는 증거자료를 제시함

. 이 사건 고소장 첨부(증거) 2 : 2021. 10. 5.자 '임찬용 고소장'과 그 첨부(입증)자료 1~8.

. 이 사건 고소장 첨부(증거) 8 : 2022. 4. 20.자 '(전상화에 대한) 무고죄 고소장'과 그 첨부(입증)자료 1~4.

나. 위 '가항'에서 제시한 증거자료들을 간략하게 요약하면,

고소인은 2021. 9. 29.경 피고소인 전상화가 공동대표로 있는 '관청 피해자모임' 카페(이하, '이 카페') 자유게시판에서 카페 운영의 문제점 및 앞으로 나아가야 할 방향을 제시하고자 '진정한 사법피해자를 위하여 이 카페가 폐쇄되어야 하는 이유'라는 제하의 장문의 글을 게시한 사실이 있고, 그 게시 글에는 "2. 이 카페지기님 구수회 교수나 변호사 전상화를 이 카페 임원에서 탈퇴시켜야 합니다. 그들은 이 카페에서 활동하면서 사법피해자를 구제한다는 명분을 삼아 자신들의 영업활동을 하고 있다는 의구심을 강하게 들게 하고 있습니다.", "3. 이 카페가 진정으로 사법 피해자를 위한 공익단체로 성장하려면 위 2항과 같이 이 카페 임원진 들이 자신의 영리 목적을 위한 방편으로 운영될 것이 아니라, 검사나 판사들로부터 피해를 입은 사법피해자들이 주체가 될 수 있도록 운영 되어야 하며, 진짜 사법피해자로부터 회비도 받고, 거기에 덧붙여 국가로 부터 공익단체로 인정받으면서 정부 보조금으로 운영되는 명실상부한 공익법인으로 승화 발전되어야 합니다."라는 내용이 포함되어 있었다.

이 카페 카페지기 구수회 및 공동대표 전상화는 고소인의 위와 같은 충정 어린 의견을 받아들이기는커녕 위 2항 및 3항을 모든 사람들이 볼 수 있는 이 카페 게시판에 게시하여 자신들의 명예를 훼손하였다는 이유로, 위 게시 글 댓글에 고소인의 특별 회원자격을 박탈하면서 성명 불상 회원으로 하여금 명예훼손죄로 고소하였다고 협박하고, 실제로 허위사실에 의한 고소인의 명예를 훼손하는 다수의 글을 게재해 놓았 으며, 구수회와 전상화를 추종하는 이 카페 간부들 역시 벌떼처럼 일어나 고소인에 대한 인격 살인적 댓글을 게재해 왔다.

이에, 고소인은 어쩔 수 없이 맞고소 형식으로 구수회 및 전상화를 공동정범으로 하는 2021. 10. 5.자 '임찬용 고소장(관피모사건 고소장)'을 대검에 등기우편으로 제출하면서, 그 고소장에 기재된 1. 정보통신망법상 허위사실에 의한 명예훼손, 2. 무고죄, 3. 법무사법위반, 변호사법위반, 사기죄 또는 특정경제범죄(사기)위반 등에 대한 각 범죄 사실에는 이를 입증할 수 있는 증거자료를 첨부시켜 놓았다.

특히, 이 사건 불송치(각하)결정서 중 피고소인 전상화가 2022. 3.경 서울성북경찰서에 제출한 고소장('전상화 고소장')이 허위 내용으로 작성되었는지 판단할 수 있는 자료로는 '임찬용 고소장' 첨부(입증)자료 7, 8이 있다. 즉 '임찬용 고소장'에 첨부된 7, 8의 증거자료들은 전상화가 이 카페 회원들을 상대로 영업활동을 해왔음을 명백하게 입증해 주고 있다.

그럼에도 불구하고, 이 사건 피고소인 전상화는 2021. 10. 5.자 '임찬용 고소장'에 기재된 자신의 범죄 사실을 수사하고 있던 서울성북경찰서 소속 사법경찰관 신미영에게 수사 혼선을 야기하고, 고소인으로 하여금 형사처벌을 받게 할 목적으로 2022. 3.경 '전상화 고소장'[이 사건 고소장 첨부(증거)서류 8~2 참조]를 제출하였다.

살펴보건대,

- '전상화 고소장' 기재 내용 중 "고소인이 위 게시 글 제2항과 제3항의 허위사실을 적시하여 전상화의 명예를 훼손하였다."는 기재부분과 관련하여, 이는 오히려 전상화가 허위사실을 적시하여 고소인을 맞고소하였으니 무고죄가 성립한다. 그에 대한 입증자료로는 앞서 살펴본 '임찬용 고소장'에 첨부된 7, 8의 증거자료와 '이 사건 고소장 첨부(증거) 8~2'

증거자료인 2022. 4. 20.자 '(전상화에 대한) 무고죄 고소장'[88]이 있다.

- '전상화 고소장' 기재 내용 중 "피고소인(임찬용)이 2021. 10.경 전상화로 하여금 형사처분을 받게 할 목적으로 '전상화가 고소 외 구수회와 공모하여, 변호사법위반, 사기 등의 범죄를 저질렀다'며 성남수정경찰서에 허위 내용의 고소장을 제출하였다."는 기재 부분과 관련하여, 이 또한 전상화가 허위사실을 적시하여 고소인을 맞고소하였으니 무고죄가 성립한다.

그에 대한 입증자료로는 앞서 살펴본 2021. 10. 5.자 '임찬용 고소장'과 그 첨부(입증)자료 1~8. 〔이 사건 고소장 첨부(증거) 2〕, 2021. 10. 26.자 '고소인 진술서(추가고소 포함)'과 그 첨부(입증)자료 1~3. 〔이 사건 고소장 첨부(증거) 3〕, 2021. 10. 28.자 '고소인 의견서' 1부.〔이 사건 고소장 첨부(증거) 4〕, 2021. 10. 29.자 '제2차 고소인 의견서' 1부. 〔이 사건 고소장 첨부(증거) 5〕, 2022. 4. 20.자 '(전상화에 대한) 무고죄 고소장' 및 그 첨부(입증)자료 1~4. 〔이 사건 고소장 첨부(증거) 8〕 등이 있다.

---

[88] 이 사건 피고소인 전상화에 대한 무고죄 고소장(제7쪽)에서는 고소인의 허위사실 적시에 의한 명예훼손죄 성립여부와 관련, "① '임찬용 고소장'에 기재된 위 나항의 내용(고소인의 위 게시 글)에는 허위사실을 전혀 발견할 수 없고, 자신의 저서인 책자까지 근거자료로 제시하면서 작성되었다. ② '임찬용 고소장'에 기재된 위 나항의 내용에는 이 카페 운영의 문제점 및 앞으로 나아가야 할 방향 등에 대한 공익 차원의 의견들로 작성되었고, 나아가 피고소인 전상화의 개인적 명예를 훼손하였다고 인정할 만한 의도(고의성, 범의)는 전혀 발견할 수 없다. ③ 설사, 백번 양보하여 위 ②항과 관련, 피고소인 전상화의 개인적 명예를 훼손하였다고 인정할 만한 내용은 물론, 그에 대한 고소인 임찬용의 고의성이 인정된다고 하더라도, 위 나항의 내용들은 이 카페 운영의 문제점 및 앞으로 나아가야 할 방향 등을 제시한 공익 차원의 글로써 고소인 임찬용에 대한 명예훼손죄 성립요건에 필요한 위법성이 조각된다. 이에 터 잡아 피고소인 전상화에 대한 무고죄의 죄책을 묻는 데 있어서도 전혀 지장이 없다."라고 기재되어 있다.

위와 같은 증거자료들은 전상화가 구수회와 이 카페를 실질적으로 공동 운영해 왔다는 사실, 전상화는 이 카페 운영과 관련된 구수회의 변호사법위반 등 범법 행위를 인식하여 왔다는 사실, 전상화 자신도 구수회의 범법행위에 동조하면서 이 카페 회원들을 상대로 사건 수임을 위한 호객행위 등 영업활동을 해왔다는 사실 등을 적나라하게 확인시켜 주고 있다.

다. 결론

이 사건 무고범죄 피고소인 전상화는 위 가항 및 나항에서 살펴본 바와 같이 자신을 향한 수사에 혼선을 야기하고, 고소인에게 형사처벌을 받게 할 목적으로 2022. 3.경 허위사실이 기재된 '전상화 고소장'을 작성하여 이를 '임찬용 고소장'에 기재된 범죄 사실을 수사 중에 있던 서울 성북경찰서 소속 사법경찰관 신미영에게 제출한 사실이 인정된다.

2. 피고소인 신미영 및 그의 결재권자의 범죄 사실

위 1항에서 이미 살펴본 바와 같이, 전상화의 무고죄 범죄 사실이 수많은 증거자료에 의해 명백하게 확인된 이상 피고소인 신미영 및 그의 결재권자의 직권남용, 직무유기 죄책 또한 명백하게 인정된다.

Ⅱ. 이 사건 불송치(각하) 결정서에 대한 구체적 반박

위 "Ⅰ. 인정되는 사실"에 의거, 이 사건 피고소인들의 각 범죄 사실은 확정적으로 인정되므로, 더 나아가 살펴볼 필요가 없다.

다만, 사건조작을 일삼는 검사들과 사법경찰관들의 범죄 실상을 폭로하고, 이들의 형사처벌을 통해 우리나라 사법정의 실현에 조금이라도 도움을 주기 위해, 썩은 검찰 조직을 훌쩍 건너뛰어 통상적으로 1%의 가능성마저도 존재하지 않는 재정신청을 통해서라도 법원의 판단을 받아보기 위해 이 사건 불송치(각하) 결정서 중 【불송치 이유】항목에 기재된 내용을 구체적으로 살펴보고자 한다.

가. 【불송치 이유】 기재내용

· 피의자 전상화 무고 부분은, 당사자 간의 분쟁으로 인해 상호 간의 일부분 사실관계를 근거하여 고소한 것으로, 이러한 과거의 고소 사건에서 피의자가 형사처벌을 받지 않았다고 하여, 그 고소인의 행위가 곧 무고 행위의 입증이 되었다고 볼 수 없습니다. (이 기재 내용을 '사법경찰관 불송치 이유 제1항'이라고 함)

· 고소인이 온라인 카페지기로 있는 '관청 피해자 모임'의 회원들이 작성한 게시 글 및 대화 내용을 증거자료라고 제출한 것으로, 카페의 회원들이 작성한 게시 및 대화의 글은 풍문에 가까운 추측성의 대화로 직접적인 증거가 될 수 없으므로, 피의자 전상화에 대한 혐의를 입증할 수 있는 증거자료는 확인할 수 없습니다. (이 기재 내용을 '사법경찰관 불송치 이유 제2항'이라고 함)

・피의자 신미영의 직권남용권리행사방해 및 직무유기 부분은, 피의자가 정상적인 수사 절차를 이행한 것으로 경찰관의 직권을 이용하여 그 직권을 남용하거나 그 직무를 유기하였다고 볼 수 없습니다. (이 기재 내용을 '사법경찰관 불송치 이유 제3항'이라고 함)

나. 고소인의 위 가항 【불송치 이유】에 대한 반박

・가장 먼저 눈에 띄는 부분은 이 사건 수사를 담당한 서울도봉경찰서 소속 사법경찰관들이 이 사건 무고죄 피고소인 전상화 및 이 사건 직권남용죄, 직무유기죄 피고소인 신미영 및 그의 결재권자 성명불상자 등에 대하여 소환조사를 포함한 어떠한 유형의 수사 활동을 실시하였다는 흔적을 발견할 수 없음.

즉, 이 사건 수사를 담당한 경감 이현철, 경위 배보성 등 사법경찰관들은 이 사건 고소장이 편철된 수사기록을 배당받은 후 캐비닛에 처박아 놓았다가 적당한 때를 맞춰 위와 같이 허위 내용의 불송치 결정서를 작성하는 수법을 통해 각하결정을 하기로 마음먹은 사실이 확연히 드러나고 있음[89]. 심지어 이 사건 고소장에 기재되어 있는 피고소인 신미영의 결재권자 성명불상자에 대해서는 인적사항마저도 파악하지 않았음이 확인됨.(명백한 직무유기)

・위 가항 "불송치 이유" 중 '제1항' 및 '제2항', '제3항'의 기재 내용들은 공히 이 사건의 수사 내용 및 적용법조, 죄의 성립여부 등을 기재하여야 할 "불송치 이유" 기재 사항과는 전혀 무관함.

---

89) 이 사건 각하결정 일자가 2022. 9. 27.인 바, 이는 서울서부경찰서에서 수사한 피고소인 문경석과 그의 결재권자의 범죄 사실에 대한 각하결정 일자와 동일하다. 그 수많은 각하결정 일자 중에서 하필이면 같은 날 각하결정을 하다니… 우연치고는 너무나도 신기할 따름이다.

특히, 위 '불송치 이유'에 기재되어 있는 각 내용들은 쟁점이 없고, 핵심 알맹이가 빠진 동문서답, 유체이탈 화법으로 되어 있음.

더군다나 '제2항'에서는 해당 증거를 특정하지도 않은 채 '카페의 회원들이 작성한 게시 및 대화의 글은 풍문에 가까운 추측성의 대화로 직접적인 증거가 될 수 없다.'라는 글을 악의적으로 작성해 놓은 다음 이 사건 증거에 대한 증거가치를 송두리째 부정해 버리고 있음.

이와 같은 기재 내용과 방식은 사법경찰관들이 수사를 전혀 진행하지 아니하고 사건을 은폐할 때 전형적으로 활용하고 있는 기법들임.

- **'사법경찰관 불송치 이유 제2항 및 제3항'의 허위기재 내용을 특정함.**

- 이 사건 수사 담당 사법경찰관들은 제2항에서 "피의자 전상화에 대한 혐의를 입증할 수 있는 증거자료는 확인할 수 없습니다."라고 기재해 놓고 있으나, 고소인은 피고소인 전상화의 범죄 사실을 입증할 수 있는 증거자료를 "Ⅰ. 인정되는 사실, 1.피고소인 전상화의 범죄 사실" 항목에서 수없이 제시하고 있음.

- 이 사건 수사 담당 사법경찰관들은 제3항에서 "피의자(신미영)가 정상적인 수사 절차를 이행한 것으로 경찰관의 직권을 이용하여 그 직권을 남용하거나, 그 직무를 유기하였다고 볼 수 없습니다."라고 기재해 놓고 있으나, 고소인은 피의자의 정상적인 수사 절차 이행 여부를 다투고 있는 것이 아님.

즉, 고소인은 피고소인(또는 피의자) 신미영이 전상화로부터 '전상화 고소장'에 대한 보충진술을 받는 과정에서 확연히 허위사실로 드러나고 있는 '전상화 고소장'을 각하 처분함과 동시에 전상화를 무고죄로 입건하여 처벌하지 아니하고, 오히려 '전상화 고소장'을 성남수정경찰서에 이송해 버림으로써 임찬용으로 하여금 의무 없는 일을 하도록 한 범죄 사실에 대해 다투고 있는 것임.

또 고소인은 피고소인 신미영 및 그의 결재권자의 범죄 사실을 입증할 수 있는 증거자료에 대해서는 위 "Ⅰ. 인정되는 사실" 항목에서 수없이 제시하고 있음.

- 그럼에도 불구하고 이 사건 수사 담당 사법경찰관들은 "피의자 전상화 및 신미영에 대한 혐의를 입증할 수 있는 증거자료는 확인할 수 없다."는 취지로 이 사건 피고소인 전상화 및 신미영 등에 대한 허위 내용의 불송치 결정서를 작성하고 있음.

Ⅲ. 맺는 말

이 사건 수사를 담당한 서울도봉경찰서 소속 사법경찰관들은 '관피모 사건' 피고소인이자 이 사건 중 무고죄 피고소인 전상화는 물론, 인근 경찰서 동료 경찰관이자 이 사건 피고소인들인 신미영 및 그의 결재권자에게 형사처벌을 면하게 할 목적으로 전항과 같이 허위 내용의 불송치(각하) 결정서를 작성하였다.

이는 형법상 직권남용권리행사방해죄, 허위공문서작성죄 및 허위작성공문서행사죄, 직무유기죄의 죄책을 피할 수 없게 되었다. 즉, 수사업무를 담당한 사법경찰관들의 거짓말 수사가 또 거짓말 수사를 낳은 결과라고 할 수 있다.

고소인은 서울도봉경찰서 사법경찰관들의 이 사건 은폐에 덧붙여, 성남검찰 또한 당초 자신들이 수사하여야 할 이 사건 중 '경찰공무원이 범한 범죄'를 경찰로 하여금 은폐하도록 할 목적으로 검찰권을 남용하여 성남수정경찰서에 이송해 버린 원초적 범죄를 저지르고 있다.

이와 같은 사정에 비추어볼 때 이 사건을 송치받은 서울북부지방검찰청 역시 항상 검찰의 사건 은폐 방식대로 이 사건 불송치 결정 이의신청서 및 이 사건 수사기록을 캐비닛에 처박아놓았다가 적당한 기회를 틈타 허위 내용의 불기소 결정서를 작성하는 수법으로 이 사건 범죄 사실을 모두 은폐해 버릴 것임을 100% 예상해 본다.

사법정의를 실현하고자 하는 고소인의 입장에서는 재정신청을 통하여 경찰 및 검찰의 이 사건 은폐 수사에 맞서 법원의 판단을 받은 다음 이를 책자로 발간하여 역사와 온 국민에게 알리고자 할 계획이니 서울북부지방검찰청의 빠른 결정만을 바랄 뿐이다.

첨부 : 2022. 9. 27.자 피의자 전상화 및 신미영 등에 대한 불송치
      (각하) 결정서 1부.

2022. 10. 10.

고소인   임 찬 용 (인)

서울도봉경찰서장 귀하

【제2부】
윤석열 대통령을 파면한다

대한민국 사법부는 대통령 윤석열을 절대군주로 옹립하였다.

▶ 탄핵 사유 6가지 ◀

★ 금 150억 원 검사비리사건을 은폐한 중대 범죄자 ★
★ 제20대 대통령 당선은 원천 무효 ★
★ 전 검찰총장 김진태에 대한 대통령 인사권남용 ★
★ 수도권 검찰 및 경찰에 대한 범죄조직화 ★
★ 수도권 경찰 범죄조직화를 통한 '이태원 참사' 야기 ★
★ 탄핵의 필요성·시급성·정당성 확보 ★

〔칼럼시리즈(제3판) ⑥〕   〔2022. 12. 20.〕

공정과 상식을 짓밟아버린 대통령 윤석열을 탄핵한다!!

● 국회는 검·경의 범죄 조직화를 통해 '이태원 참사'를 야기한 윤 대통령을 즉각 탄핵 소추하라.

필자는 윤 대통령 탄핵 사유를 논하기에 앞서 그 탄핵 사유 중 하나인 '금 150억 원 검사비리사건'을 은폐한 범죄 입증자료로써 다음과 같은 책자 2권을 제시한다.

㉮ 제19대 대선 결정판, "사법정의 실현을 위한 새 대통령 당선조건", 2017. 4. 10. 발행, 제851면, 출판사 정의로운 세상, 저자 임찬용 (이하, '제1책자')

㉯ 제20대 대선 결정판, "정권교체", 2021. 9. 25. 발행, 320면, 출판사 LPN로컬파워뉴스, 저자 임찬용 (이하, '제2책자')

위 책자들은 '금 150억 원 검사비리사건'에 대한 실체적 진실은 물론 이를 은폐수사한 검찰을 역사 앞에 고발하고, 이에 터 잡아 대통령 및 국회 등 정치권으로 하여금 선택적 수사기법에 의해 사건조작을 일삼고 있는 검찰에 대해 대대적인 개혁을 할 수 있도록 발간되었다.

그러나 우리나라 정치권 역시 여·야를 떠나 자정능력을 상실한 채 썩어 있기는 마찬가지여서 검찰을 개혁할 수 있는 주체 세력이 되지 못하고, 오히려 검찰에게 약점이 잡혀 서로 살려고 발버둥 치는 모습 만이 필자에게는 괴로움으로 다가왔다.

즉, 여·야 정치인들은 자신들에게 이해관계가 얽혀 있는 사건에 대해서만큼은 검찰의 선택적 수사기법에 의한 사건조작이나 권력남용 피해 부분과 관련하여 국회에서 따지고 검찰에 책임을 추궁해 왔다.

그러나 그들은 검찰 권력으로부터 피해를 입은 힘없고 뒷배 없는 일반 국민들의 사건에 대해서는 검찰의 비리나 치부를 용기 있게 드러내 보이기는커녕 혹시나 자신들에게 불똥이 튈까 봐 꿀 먹은 벙어리마냥 침묵으로 일관하고, 거기에 한술 더 떠 검찰과 공모하여 해당사건을 은폐해 버리는 중대 범죄행위마저도 서슴지 않았다.

이는 '금 150억 원 검사비리사건'이 2014. 10. 23.경 실시된 제19대 국회 법제사법위원회 국정감사에서 그 전모가 모든 증거자료에 의해 명백하게 밝혀졌음에도 불구하고, 당시 야당인 민주당 소속 전해철 국회의원과 김진태 검찰총장 간 무형의 뇌물을 주고받는 조건 하에 은폐해 버린 점만 봐도 그렇다.(제2권 책자 제113~117쪽 참조)

이와 같은 국정감사장에서의 매국적 범죄행위는 여든 야든 썩은 기득권 정당들이 제20대 대통령 후보자 선정 과정에서 부정부패에 오염되지 아니하고 깨끗하고 정직한 후보를 선출하지 못한 당연한 결과로 표출되어 버렸다.

당시 필자는 본지를 통하여 민주당 이재명 후보나 국민의힘 윤석열 후보만큼은 대통령 선거에 출마해서는 안 된다는 취지로 기고한 바 있다. (본지 2021. 11. 3.자 '하늘이 두 쪽 나도 문재인 정권 검찰총장 출신 윤석열 대통령은 막아야 한다!!' 기사 참조)

필자가 위 두 후보에 대해 대통령 선거 출마를 저지하려고 했던 이유는 공히 '대장동 사건 50억 클럽'에서 단적으로 보여주 듯 기득권에 안주하면서 단물만 빨아먹은 법조인 출신인 데다, 본인 및 가족비리와 관련하여 신문지상에 오르내리는 범죄혐의만도 수두룩한 부패하고 정직하지 못한 인물들로서 누가 대통령으로 선출되든 이전 문재인 정권만큼이나 정쟁이 더욱 심해지고 국민들의 강력한 지지를 받지 못한 채 공정과 상식이 통하는 국가운영은 이미 물 건너간 것처럼 보였기 때문이었다.

윤석열 정부가 새로 들어선 지 7개월이 넘어가고 있는 시점에서, 어느 누군들 윤 대통령 선거 캐치프레이즈로 내걸었던 공정과 상식이 통하는 세상은 이전 문재인 정권 때보다 훨씬 더 나아졌다고 떳떳하게 말할 수 있겠는가?

이와 관련하여, 필자는 본지 2015. 12. 29.자 "전관예우 변호사 출신 성영훈에 대한 국민권익위원회 위원장 박탈과 구속수사를 촉구하면서" 제하의 신문기사에서,

"박근혜 대통령님! 아무리 대통령의 인사권이 통치행위라고 하더라도, 그 행사에 있어서는 국민의 암묵적인 동의가 필요함이 당연하고, 중대범죄(금 150억 원 검사비리사건)를 저질러 놓고도 현재까지 경찰 및 검찰 수사를 자신의 의지대로 깔아뭉개버리는 인간 말종 성영훈에 대해 대한민국 모든 공직자의 청렴성을 대변하고 국민의 억울함을 아우르는 장관급인 국민권익위원장으로 임명하였다는 그 자체만으로도 감히 탄핵사유라고 말씀드리고 싶다."라고 충언한 바 있다. (제1책자 제276~277쪽 참조)

그러나 당시 박근혜 대통령은 필자의 충언을 일언지하에 거절하더니, 그로부터 약 1년 2개월 후인 2017. 3. 10.경 '최순실 국정농단' 사건으로

인해 탄핵되고 말았다.

즉, 박근혜 전 대통령은 필자의 충언을 받아들여 중대 범죄자 성영훈을 국민권익위원장에서 파면함과 동시에 구속수사를 실시함으로써 공정과 정의가 도도히 흐르는 국가를 운영해 나갔더라면, 측근인 최순실이나 간신배 아부꾼 참모들이 더 이상 국정을 농락한 일들은 벌어지지 않았을 것이고, 박근혜 대통령은 역사적으로 가장 성공한 대통령으로 기록되지 않았을까 하는 아쉬움이 남는다.

이는 말로만 공정과 상식을 외쳐대면서 이전 정권과 마찬가지로 내로남불의 전형적인 선택적 수사기법에 의해 검찰의 사건조작이 빈번하게 이루어지고 있는 현 상황에서, 높은 국민 지지율을 갈망하고 있는 윤 대통령에게는 가슴 깊숙이 새겨들어야 할 역사적 교훈이 아닌가 싶다.

이제부터 윤 대통령의 탄핵 사유를 구체적으로 살펴보면 다음과 같다.

㉮ 윤 대통령은 제20대 대통령으로 선출되기 이전부터 문재인 정부 소속 서울중앙지검장 및 검찰총장으로 재직해 오면서 '금 150억 원 검사비리사건(이하, '검사비리사건')'을 선택적 수사기법을 통해 은폐해 버린 중대 범죄자의 신분이었다는 점에 있다.

그렇다면, 필자가 윤 대통령에 대해 대법원의 판결을 거치지 아니하고 피의자 신분이 아닌 중대 범죄자라고 확정적으로 단정해 버린 이유는 뭘까?

이는 윤 대통령이 위 검사비리사건을 은폐해 버렸다는 명백한 증거가 존재하기 때문이다.

필자는 이를 입증하기 위해 2021. 1. 28.자 윤 대통령에 대한 고소장을 이 신문기사 말미에 첨부하기로 한다. (제2책자 제226~261쪽 참조, 이 신문기사 '첨부 1')

위 고소장은 윤 대통령이 문재인 정부 검찰총장 재직 당시 공수처에 제출되었으나, 공수처는 '공수처법'까지 어겨가면서 검찰과 공모하여 검찰로 하여금 전혀 수사를 진행하지 아니한 채 허위 내용의 불기소 결정서를 작성하는 수법을 통해 은폐해 버리도록 하였다.

그렇다면, 윤 대통령이 문재인 정부 서울중앙지검장과 검찰총장에 재직해 오는 동안 위 검사비리사건을 전혀 수사하지 아니하고 은폐해 버린 진짜 이유는 무엇인지, 그로 인해 윤 대통령의 은폐와 관련된 죄질은 얼마나 무거운지 가늠해 보기 위해서는 위 검사비리사건 개요 및 성격, 발생 원인 등을 간략하게나마 다시금 살펴볼 필요가 있다.

필자는 2012. 7.초경 서울동부지방검찰청 수사과 제1호 수사사무관 재직 당시 금 54억 원 소송사기 등 피의사건(이하, '주관용사건')의 고소장을 배당받았다.

당시 위 주관용사건 수사 지휘라인은 검사장 석동현, 차장검사 이영만, 형사2부장 이성윤, 주임검사 장혜영이었다.

그들은 후술하는 바와 같이 성영훈 일당의 필자에 대한 감찰수사를 적극적으로 반대해 왔으며, 심지어 당시 이성윤 부장검사는 필자를 감찰수사한 성영훈 일당에 대해 형사처벌까지 해야 한다고 강력하게 주장해 왔다.

그러나 문재인 전 대통령의 경희대 법대 후배이자 성영훈 일당에 대해 형사처벌까지 주장해 온 이성윤마저도 2020. 2. 27.경 문 전 대통령의 보은에 힘입어 서울중앙지검장으로 재직할 당시에는 당초 주장과 달리 성영훈 일당에게 면죄부를 주기 위하여 검찰총장 윤석열과 공모하여 위 검사비리사건을 은폐해 버렸다.(제2책자 제256쪽, 주석 63 참조)

즉, 당시 문재인 대통령으로부터 정치적 탄압을 받아온 검찰총장 윤석열과 문 대통령으로부터 정치적 신임을 받고 있었던 서울중앙지검장 이성윤은 정치색이 짙은 형사사건 처리에 있어서는 서로 상극관계에 있었으나, 유독 위 검사비리사건 은폐와 관련해서는 '검찰 제 식구 감싸기' 차원에서 항상 한 몸처럼 움직였던 것이다.

이는 박근혜 정부에서 문재인 정부로 대통령 등 정치권력이 바뀌었다고 하더라도 검사들에 대해서만큼은 형사처벌을 할 수 없다는 한계점을 그대로 확인시켜 주고 있다.

필자가 검찰의 선택적 수사기법을 근본적으로 방지하고, 사건조작을 일삼는 판·검사들에 대한 확실한 형사처벌을 통하여 사법정의를 실현함과 동시에, 대통령 등 정치권력에 대한 강력한 사정을 실시하여 국정농단이나 부정부패 등을 일소하기 위해서는 우리나라 사정기관 총수인 검찰총장만큼은 국민이 직접 선거를 통하여 선출해야 한다고 강력하게 주장해 온 이유도 바로 여기에 있다.

국민으로부터 직접 선출된 검찰총장은 대통령이나 정치권력의 눈치를 보고 수사하는 것이 아니라, 오로지 국민이나 국가만을 바라보고 법과 원칙에 따라 수사할 수 있기 때문이다.

필자는 위 주관용사건 고소장이 제1호 수사사무관 방에 배당될 당시 서기관 승진을 바로 눈앞에 두고 있었던 터라 사건수사를 방해하려는 피의자 주관용의 투서가 우려되어 당초 6~7급 부하직원에게 맡길 계획이었으나, 다음과 같은 이유로 직접 수사하기로 결정하였다.

필자가 직접 수사하기로 결정한 이유는 피의자 주관용이 이미 두 차례 걸쳐 무혐의 처분을 받은 사실과 관련, 이는 당초 수사사무관의 직접 수사로 이루어진 것이 아니라 6급 이하 하급직원 수사관의 수사로 이루어져 왔다는 점, 피의자 주관용이 또다시 무혐의 처분을 받게 될 경우에는 이미 관련 민사소송 항소심인 서울고등법원에서 승소한 금 54억 원은 물론 대법원 판결문상 이자까지 포함한 금 150억 원 상당의 소송사기 범죄수익금을 착복할 수 있는 기회가 바로 눈앞에 다가와 있었다는 점, 위 주관용사건 고소장의 검사 지휘 내용에는 대법원 민사소송도 함께 진행되고 있는 만큼 2개월 이내에 신속하게 수사를 마무리하고 검사의 사전 지휘를 받아 사건을 송치하도록 기재되어 있었다는 점, 위 주관용사건 고소장에는 핵심 내용인 소송사기죄 미수 부분이 빠져 있어 이를 고소인 보충진술을 통하여 완성시키기 위해서는 수사능력과 법률지식이 월등하게 높은 수사사무관의 직접 수사가 필요한 상태에 있었다는 점, 당시 검찰총장 김진태 역시 대검찰청 간부회의 훈시 등을 통해 기회 있을 때마다 대내외적으로 검찰수사 결과의 신빙성을 확보하기 위해서는 복잡하고 피해금액이 큰 사건일수록 부장검사나 사무관 이상 간부 직원이 직접 수사에 임하도록 독려해 왔다는 점에 있었다.

필자는 이와 같은 이유들로 인해 2012. 7.초경 위 주관용사건을 직접 수사하기로 마음먹고 위 주관용사건 고소인 홍성춘으로부터 고소인 보충진술 조서를 작성함과 동시에 주관용 회사 회계장부 등에 대한 압수수색영장을 법원에서 발부받게 되자, 피의자 주관용 측 태평양 법무법인 고문변호사 성영훈은 수사 담당자를 사무관인 필자에서 6급 이하 하급 직원으로 교체하기 위해 서울동부지검 검사장 등 지휘부를 상대로 필사적인 로비활동을 벌여왔다.

검사장 출신 전관 변호사이기도 한 성영훈이 위와 같이 로비를 벌인 근본 이유는 필자가 전 근무지 대전지검 서산지청 수사과장 재직 시 약 1년에 걸친 보험사기사건을 직접 수사하면서 진료차트 등 압수물 분석에 의한 과학적인 수사기법을 동원하여 의사 2명, 입원환자 5명을 구속하고 의사 4명을 포함한 총 58명을 인지하는 수사 실적을 거양함으로써 매년 수억 원씩 가짜 입원환자에게 지급되는 건강보험료를 지켜냈다는 공로를 인정받아 대검 중수부로부터 쟁쟁한 수사 실력을 갖춘 전국 검사들을 제치고 제1의 우수수사 공무원으로 선정된 바 있었고, 2011. 8. 24.경 서울동부지방검찰청 수사과 제1호 수사사무관으로 전입하면서부터는 서울동부지방검찰청을 전국 제1의 인지수사 실적 검찰청으로 올려놓고 있는 상황에서, 수사경력이 미천한 6~7급 하위직 수사관보다 수사 실적이 월등한 필자가 위 주관용사건을 계속 수사할 경우 이미 2번에 걸쳐 무혐의 처분을 받은 위 주관용사건에 대한 실체적 진실이 명명백백하게 드러나는 것을 우려했기 때문이었다. (제1책자 제35쪽 참조)

이와 관련하여, 서울지방경찰청 지능범죄수사대 소속 사법경찰관 한종구 경위는 성명불상 검사로부터 모종의 지시를 받아가면서 위 검사비리사건 피해자인 필자를 가해자로 둔갑시킬 의도 하에 2018. 4. 11.(수) 필자와 피의자 주관용 간 대질조사를 실시한 사실이 있는 바, 그 자리에서 주관용은 위 주관용사건에 대하여 성영훈 변호사를 자신의 변호인으로 선임한 사실이 전혀 없다고 주장하고 나섰다.

즉, 태평양 법무법인 고문변호사 성영훈은 주관용으로부터 변호인 선임 의뢰를 받은 사실이 없음에도 불구하고, 명목상 변호인 선임계약서를 허위로 작성한 다음 이를 근거로 사법연수원 동기이자 수십 년간 검사생활을 함께 해왔던 서울동부지검 검사장 석동현 등 지휘부를 잇따라 직접 방문하여 "필자가 위 주관용사건에 대해 편파수사 및 강압수사를 실시하고 있으니 위 주관용사건 수사에서 손을 뗄 수 있도록 감찰을 실시해 달라."는 취지로 로비하였던 정황이 속속 밝혀지고 있다. (제1책자 제36쪽, 제2책자 제195~197쪽 각 참조)

당시 위 주관용사건 무마를 통하여 금 150억 원 상당의 범죄수익금을 착복하기 위해 피의자 주관용의 필자에 대한 수사방해에는 의도적으로 눈을 감고 오히려 필자에게 편파수사 및 강압수사를 실시한 혐의자로 올가미를 씌워 필자는 물론 필자에게 수사를 협조해 온 위 주관용사건 고소인 홍성춘, 참고인 박재근, 상피의자 이차남 등에 대하여 2차례에 걸쳐 약 1년 7개월간 불법적인 감찰수사를 실시하였던 대표적인 검사들의 면면을 살펴보자면,

태평양 법무법인 고문변호사이자 검사장 출신 전관 변호사 성영훈과 그의 부하직원으로 근무한 적이 있는 대검 감찰1과장 안병익, 서울고검 감찰검사 김훈, 서울고검 감찰검사 백방준 (이하, '성영훈 일당'), 검찰총장 김진태, 차장검사 임정혁, 감찰본부장 이준호 등이 있다. (이하, '성영훈 일당'을 포함하여 이들을 몽땅 '김진태 일당들'이라고 함)

김진태 일당들은 2012. 7~8.경 금 150억 원이라는 범죄수익금에 눈이 어두워 필자를 위 주관용사건 수사에서 손을 떼게 할 목적으로 대검 첩보 3개를 생성하여 이를 서울동부지검에 내려보내 필자를 즉시 감찰토록 하였으나, 서울동부지검 석동현 검사장 등 지휘부는 위 대검 첩보

3개가 신빙성이 전혀 없고 허위 내용이라는 사실을 확인한 후 오히려 필자에게 위 주관용사건에 대한 수사를 마지막까지 실시하여 송치하도록 조치하였고, 필자 역시 이에 부응한 성공적인 수사를 실시하여 2012. 10. 5.경 피의자 수관용에 대해서는 사기미수, 사문서위조, 위조사문서 행사, 위증교사, 조세범처벌법위반에 대한 각 기소의견으로, 위 주관용사건에 가담한 이차남에 대해서는 위증죄 기소의견으로 각각 송치하였으며, 주임검사 장혜영은 2012. 11. 19.경 위 두 피의자에 대해 필자의 기소의견 그대로 기소하였다. (제1책자 제35~36쪽 참조)

이에, 김진태 일당들은 검찰 수사단계에서 위 주관용사건 무마를 통하여 금 150억 원에 이르는 소송사기 범죄수익금을 착복하는 데 실패하게 되자, 기소된 피고인 주관용으로 하여금 무죄를 선고받도록 하기 위해 또다시 필자를 포함한 위 주관용사건 관계자들에 대해 제2차 감찰 수사를 실시하기로 마음먹고, 그에 대한 정당성을 부여받기 위해 피고인 주관용에게 증거를 조작하도록 하였다.

그 증거조작 내용은 김진태 일당들이 필자에게 위 주관용사건에 대한 편파수사 혐의를 뒤집어씌우기 위해 필자와 홍성춘 사이에 이루어진 통화 목록 중 91번을 특정하여, 사실은 필자가 근무시간에 사무실에서 위 주관용사건 수사와 관련하여 잠깐 통화한 사실을 가지고 '필자가 새벽 2시에 직원들 모르게 사무실에 몰래 나와 약 15분간 홍성춘과 통화하였다.'라는 내용으로 조작해 놓았다.(제1권 책자 제46~47쪽 참조)

김진태 일당들은 위와 같이 조작한 증거를 근거로 법원으로부터 계좌추적용 압수수색영장과 통신영장을 발부받아 2013. 6.경부터 2014. 3. 중순경까지 필자는 물론 위 주관용사건 고소인 홍성춘, 참고인 박재근, 상피고인 이차남에 이르기까지 계좌 추적, 위치추적, 통화추적 등 모든 강제처분을 불법적으로 실시하여 왔다.

　당시 현직 검찰총장 김진태는 위 주관용사건을 무마한 후 이에 터 잡아 대법원에 계류 중에 있던 관련 민사소송에서 최종 승소판결을 받은 다음, 그 승소 판결금액 약 150억 원의 소송사기 범죄수익금을 김진태 일당들인 자신의 부하 검사들과 공동으로 착복하기 위해 자신의 업무 지침을 충실하게 따르고 있었던 일반직 간부인 수사사무관은 물론 수사사무관의 수사에 협조한 고소인, 참고인, 심지어 상피의자(피고인)까지 어느 누구도 가릴 것 없이 낱낱이 통화추적, 위치추적, 계좌 추적 등 검찰에게 부여된 모든 강제처분 권한을 2차례에 걸쳐 약 1년 7개월간 장기적이고도 불법적으로 실시하여 왔다니, 이는 국내는 물론 해외에서조차도 그 사례를 찾아볼 수 없는 국기문란 사건으로서 당장 여적죄를 적용해서라도 법정최고형으로 다스려야 하지 않겠는가?

　특히, 어처구니가 없는 사실은 필자가 주관용 측으로부터 편파수사라는 누명을 뒤집어쓰지 않기 위해 위 주관용사건 수사와 관련하여 사무실 전화 이외에 필자의 핸드폰을 전혀 사용한 사실이 없음에도 불구하고, 김진태 일당들은 필자가 위 주관용사건을 송치한 이후에도 줄곧 홍성춘은 물론 위 주관용사건 관계자와의 통화사실을 확인하기 위해 필자 핸드폰의 통화내역을 3개월 단위로 계속 추적해 왔다.

　즉, 김진태 일당들은 금 150억 원 상당의 범죄수익금에 눈이 어두워 주관용이 조작한 증거를 근거로 필자에게 위 주관용사건을 편파적으로 수사하였다고 올가미를 씌워 형사소송법상 규정되어 있는 모든 강제처분을 실시하여 왔음은 물론, 그것보다 훨씬 뛰어넘어서는 연쇄 살인·강도범이나 간첩죄에 적용할 수 있을 법한 대인적 보안처분까지 실시하여 왔던 것이다.(제2책자 제206~207쪽 참조)

그런데 여기에서 가장 충격적이면서도 흥미로운 사실 하나를 더 발견할 수 있다.

연식 검찰총장까지 포함한 김진태 일당들이 형사소송법상 부여받은 모든 강제처분을 동원하여 필자를 포함한 위 주관용사건 관계자들에 대해 장기간 불법 감찰수사를 실시하여 왔음에도 불구하고, 결국 소송사기 범죄수익금 약 150억 원을 착복하지 못한 이유는 뭘까?

그에 대한 해답은 필자가 2014. 1. 5.경 검찰 내부통신망인 이프로스에 '검찰총장님, 제 죽음으로 검찰조직을 지키렵니다'라는 제목의 게시글을 남기고 자살을 시도하다가 실패한 사건(이하, '필자의 자살시도 사건')이 있었기 때문이었다. (제1책자 제46쪽 이하 참조)

즉, 김진태 일당들은 필자를 상대로 제2차 불법적인 감찰수사에 착수할 목적으로 2013. 6.초경 주관용으로 하여금 통화목록 제91번이 조작된 진정서를 대검 감찰부에 제출하도록 하였고, 동 진정서를 김진태 일당들 중에서 서울고검 감찰검사인 김훈에게 배당하였다.

그 후 김진태 일당들은 감찰검사 김훈을 통하여 '피진정인 임찬용에 대해 위 주관용사건 공판절차가 끝날 때까지 편파수사 혐의로 감찰을 계속 실시해 달라.'는 진정인 주관용 명의의 진술서를 작성한 다음, 이를 근거로 위 주관용사건 선고기일까지 필자에 대해 계속 감찰수사를 실시해 오면서, 다른 한편으로는 주관용 측 태평양 법무법인 변호사들로 하여금 '필자 명의로 작성된 모든 수사서류는 신빙성이 없으므로 주관용에게 무죄를 선고해야 한다.'는 취지의 변론을 하도록 함으로써 담당 재판부로부터 주관용에 대한 무죄선고를 받아낼 계획이었다.

그러나 담당 재판부로부터 주관용에 대한 무죄선고를 받아내려고 했던 김진태 일당들의 위와 같은 계획은 필자의 극단적인 자살시도사건으로 실패하고 말았다.

즉, 필자는 감찰검사 김훈으로부터 장기간에 걸친 제2차 불법적인 감찰수사를 받아오는 과정에서 우울증 치료를 받아왔으며, 더욱이 서기관 승진 기회마저 박탈당하게 되자, 김진태 일당들에게 불법적인 감찰수사에 항거하기 위해 2014. 1. 5.경 검찰 이프러스에 게시 글을 남기고 극단적인 선택을 시도하였던 것이다.

당시 필자가 자살에 성공하였다면 김진태 일당들에게 위 주관용사건 편파수사 실시자라는 오명을 덮어쓰고 역사 속에 사라졌을 것이고, 그에 상응하여 피고인 주관용은 무죄가 선고되어 약 150억 원의 소송사기 범죄수익금이 김진태 일당들의 손에 들어갈 수밖에 없었다.

그러나 하늘이 도운 탓인지 필자의 자살 실패는 역설적으로 김진태 일당들의 불법적인 감찰수사를 끝마치는 계기가 되어버렸다.

즉, 필자의 자살시도사건이 필자가 소속된 서울동부지검은 물론 전국 검찰조직에 급속히 퍼짐에 따라, 김진태 검찰총장은 필자 및 홍성춘의 포괄계좌를 각각 추적하는 조건을 달아 감찰 실시기관인 서울고검 및 피감찰기관인 서울동부지검에 하루빨리 필자에 대한 감찰수사를 마무리 짓도록 지시하였다.

필자는 위와 같이 모든 계좌에 대하여 낱낱이 불법적으로 추적당한 이후인 2014. 3. 중순경 김진태 일당들로부터 위 주관용사건 편파수사 혐의점과 관련하여 모두 무혐의 처분을 받을 수 있었고, 이에 터 잡아 위 주관용사건 선고공판을 불과 2주 앞둔 시점에서 피고인 주관용에 대해 무죄선고를 예상하고 있었던 공판검사 손아지와 공동으로 김진태 일당들의 필자에 대한 제2차 불법 감찰수사 사실을 담당 재판부에 강력하게 주장하였나. (제1책사 제41쪽 이하 참조)

그 결과 필자는 공판검사 손아지와 힘을 합쳐 2014. 5. 15.경 피고인 주관용에게는 징역 4년, 상피고인 이차남에게는 징역 1년이라는 실형을 각각 선고받도록 함으로써 모두 법정구속을 시킬 수 있었다.

이는 결국 필자의 자살시도사건이 거의 확정적으로 믿어왔던 김진태 일당들의 금 150억 원 상당 소송사기 범죄수익금 착복 계획을 물거품으로 만들어버린 계기가 되었음을 의미한다.

이상에서 살펴본 바와 같이 김진태 일당들이 검찰총장이라는 막강한 권력을 앞세워 증거까지 조작해 가면서 필자를 포함한 위 주관용사건 고소인, 참고인, 심지어 주관용과 공모관계에 있었던 상피의자(상피고인) 이차남에 대해서까지 2차례에 걸쳐 약 1년 7개월간 처절하리만큼 불법적인 감찰수사를 실시해 온 내면적인 이유는 그들에게 범죄수익금 약 150억 원의 금액이 절실하였기 때문이었다.

이를 달리 표현하면 현직 검찰총장을 포함한 김진태 일당들은 자신들의 휘하에 있는 부하직원에 대한 감찰수사권을 남용하여 위 주관용사건을 무마한 다음, 이에 터 잡아 소송사기 범죄수익금 약 150억 원을 일시에 변제할 수 없는 ㈜에스코넥을 통째로 먹으려고 하였으나, 필자의 위 주관용사건에 대한 성공적인 수사 및 필자의 목숨을 건 자살시도사건으로 인하여 그 뜻을 이루지 못하고 실패하고 말았음을 의미한다.

대한민국 역사는 현직 검찰총장이라는 신분을 갖고 있었던 김진태가 금 150억 원이라는 범죄수익금에 눈이 어두워 범죄자 주관용에게 사용하여야 할 검찰 수사권을 오히려 범죄자 주관용과 손을 잡고 자신의 업무 지시사항에 충실하게 임해 왔던 부하직원이자 범죄자 주관용을 법정 구속시켰던 수사사무관인 필자에게 오히려 검찰의 칼날을 들이댔던 위 검사비리사건에 대해 어떠한 평가를 내릴 것인가?

또 이는 앞으로 전개될 윤 대통령의 탄핵추진과 검찰개혁 추진방향에 어떠한 역할을 수행할 것인가?

필자는 위와 같은 김진태의 범죄행위에 대하여 본지 2022. 10. 10.자 "현재 대한민국은 대통령과 사건브로커가 상생관계에 있다!! 탄핵밖에 답이 없다!!"라는 제하의 기사에서,

"'금 150억 원 검사비리사건'은 당시 박근혜 정부를 떠받치고 있던 김진태 검찰총장 등 검찰 권력자들이 태평양 법무법인 고문변호사이자 검사장 출신 전관 변호사 성영훈과 공모하여 연매출 3,000억 원 이상을 올리고 있던 ㈜에스코넥을 통째로 강탈하기 위한 검찰의 선택적 수사 결과물이며, (김진태에 대해서는) 인간쓰레기이자 중대 범죄자다."라며 전체 국민과 역사 앞에 그 실체적 진실을 알리고자 했다.

그런데 윤 대통령은 국정원 댓글 사건으로 대구고검에 좌천된 기간인 2014. 4.경부터 같은 해 7.경 사이에 필자와의 두 차례 만남을 통하여 그리고 필자가 검찰조직에서 퇴출당한 시점인 2014. 7. 8.경 검찰 이프러스상 서한문을 통하여 김진태 일당들이 저지른 검사비리사건에 대한 실체적 진실은 물론, 그들의 범죄 은폐 과정까지 소상하게 인지하고 있었음에도 불구하고, 자신이 문재인 정부 서울중앙지검장 및 검찰총장에

재직해 오는 동안 위 검사비리사건에 대한 재고소장을 또다시 직접 은폐해 버렸다.(제2책자 제152~156쪽 참조)

특히, 윤 대통령은 2017. 5.경부터 2019. 7.경까지 서울중앙지검장으로 재직하는 동안 자신의 성명 불상 부하 검사에게 모종의 지시를 통하여 서울지방경찰청 지능범죄수사대 한종구 수사관으로 하여금 2018. 4. 11.(수) 필자에 대해 검사비리사건 피해자에서 가해자로 뒤바꾸기 위한 보복성 대질조사를 실시하도록 하였다. (제2책자 제248~253쪽 참조)

더군다나 필자는 위 보복성 대질조사를 받는 과정에서 주관용으로부터 '나는 위 주관용사건과 관련하여 태평양법무법인 고문변호사인 성영훈에게 변호를 맡아달라고 요청한 사실이 없다.'라는 취지로 진술한 내용까지 확인하였다.

그렇다면, 성영훈을 포함한 김진태 일당들은 주관용을 변론한다는 미명하에 당시 연매출 3,000억 원이 넘는 ㈜에스코넥을 통째로 삼키기 위해 의도적으로 위 주관용사건 무마에 나섰다는 얘기가 아니겠는가?

윤 대통령은 국정원 댓글 사건 수사와 관련하여 대검 감찰부의 감찰을 받고 대구고검에 좌천되어 필자와 같은 처지에 있는 기간 동안 위 검사비리사건을 일으킨 김진태 일당들을 경찰에 고소하기 위해 검찰조직을 떠나겠다고 검찰 이프러스를 통하여 사직 인사를 고하는 필자에게,

"존경하는 임 사무관님!! 오랜 세월 몸담으며 열정을 받쳐온 조직을 이렇게 아픈 마음으로 떠나시는 것을 보니 슬프고 답답합니다. (중략) 임 사무관님은 이번 사건(위 주관용사건) 말고도 수사와 행정 업무에서

의미 있는 성과를 많이 남기셨지만, 특히 조직을 떠나는 계기가 된 이 사건에서 큰 의미를 남기셨습니다. 임 사무관님의 정의감과 열정이 아니었더라면 우리 사회에서 많은 사람들이 법과 정의를 조롱하였을 테니까요… (중략) 존경합니다!!"라는 답장까지 보내왔다. (이 신문기사 '첨부 2')

그럼에도 불구하고 윤 대통령은 박영수 특별검사로부터 '박근혜 정부 적폐청산' 수사팀장을 임명받고 박근혜 전 대통령을 구속수사 하는 등 그 공로를 인정받아 문재인 대통령에 발탁되어 2017. 5.경 일약 검찰 제2인자인 서울중앙지검장에 취임하게 되자, 그로부터 약 1년 후쯤인 2018. 4. 11.경 위 검사비리사건을 일으킨 김진태 일당들을 처벌하기는 커녕 오히려 경찰로 하여금 피해자인 필자를 가해자로 뒤바꾸기 위한 보복수사를 실시하도록 하였다.

윤 대통령은 여기에서 한술 더 떠 2022. 7. 11.경 법무부장관 한동훈을 통하여 위 검사비리사건의 몸통격인 김진태 전 검찰총장으로 하여금 자신의 정부 초대 검찰총장을 추천해 주도록 '검찰총장 추천위원회 위원장'으로 위촉하였다.

즉, 소송사기 범죄수익금 약 150억 원을 착복하기 위해 범죄자 주관용과 손을 잡고 그 못된 중대 범죄행위를 저질러왔던 김진태에게 검찰조직을 팔아넘겨 버린 것이다.

역사는 이를 두고 어떻게 평가할까?

결국 필자는 윤 대통령과 과거 수십 년 전 성남지청에서 함께 근무해 온 경험과 인연을 밑바탕에 깔고, 위 검사비리사건과 관련된 개인적인 신상 문제를 상의하기 위해 두 번의 만남을 통해 인간적으로 느껴왔던 소회와

느낌을 현 시점의 관점에서 얘기하자면,

인간 윤석열은 기회주의자이자 출세주의자, 비리검사들에 대해 '검찰 제 식구 감싸기' 원칙에만 충실한 검찰 신봉주의자이자 검찰 개혁의 반역자, 자신의 이해관계에 따라 겉과 속이 다른 배신주의자, 위 검사 비리사건을 은폐해 버림으로써 사법정의를 송두리째 뽑아버린 검찰총장 출신 대통령으로 기억하고 싶을 뿐이다.

㉮ **윤 대통령의 제20대 대통령선거 당선은 원천적으로 무효라는 점에 있다.**

윤 대통령은 대통령으로 선출되기 이전인 2020. 2. 27.경 문재인 정부 검찰총장으로 재직하면서 위 검사비리사건을 은폐해 버린 범법행위를 저질렀다.

범행 당시 형법에 규정되어 있는 각 죄명 형량을 살펴보면 직권남용 권리행사방해죄는 5년 이하의 징역, 허위공문서작성죄 및 동 행사죄는 각각 7년 이하의 징역임을 확인할 수 있다.

윤 대통령이 검찰총장 출신이 아닌 일반 부처 장·차관 등 고위 공직자 출신의 경우라면 그의 죄질이 극히 불량했던 점에 비추어볼 때 대통령 선거 출마는커녕 이미 검찰에 구속되어 지금까지 감방에서 콩밥을 먹고 있어야 했다.

그러나 윤 대통령은 검찰 출신이라는 이유로 검찰로부터 '검찰 제 식구 감싸기'라는 영원불변의 법칙에 의해 위와 같은 중대 범죄 사실에 대한 죗값을 전혀 치르지 아니한 채 오히려 직접 드러나지 않는 검찰 인맥을 등에 업고 대통령에 당선되었다.

 그 반면 검찰에 미운 털이 박힌 검찰 출신 아닌 정치인은 대통령이나 국회의원, 지방자치단체장 등 선출직 공무원으로 출마하기 이전부터 검찰의 선택적 수사기법을 통하여 혹독한 사법처리 과정을 겪을 수밖에 없었다.

 이는 누가 봐도 공정하지 못한 법집행이며 우리나라가 실질적으로 법치국가가 아님을 자인한 꼴이다.

 이를 정상적으로 되돌려놓기 위해서는 윤 대통령의 탄핵이 반드시 이루어져야 한다.

   ㈐ 윤 대통령은 위 검사비리사건의 주범격인 전 검찰총장 김진태를 자신의 정부 초대 검찰총장 추천위원회 위원장에 위촉함으로써 대통령 인사권을 남용하였다는 점에 있다.

 즉, 윤 대통령은 위 ㈎항에서 살펴본 바와 같이, 박근혜 정부 검찰총장 김진태가 금 150억 원의 범죄수익금을 착복하기 위해 위 검사비리사건을 일으킨 중대 범죄자일 뿐만 아니라, 이를 민주당 전해철 의원에게 무형의 뇌물을 제공하며 은폐까지 해버린 별도의 중대 범죄자임에도 불구하고, 김진태를 구속하여 국법을 바로 세우기는커녕 대통령 인사권을 남용하여 초대 검찰총장을 추천할 수 있는 권한을 부여하고 말았다.

 이는 중대 범죄자 김진태에게 윤석열 정부의 검찰조직을 또다시 범죄조직으로 만들어달라고 요청하는 의미와 전혀 다를 바 없다.

한마디로 말하면 중대 범죄자인 윤석열 대통령과 또 다른 중대 범죄자인 김진태 전 검찰총장이 작당하여 대한민국을 부정부패 소굴로 만들어버릴 기세다. (본지 2022. 7. 12.자 "현재 대통령 윤석열은 탄핵 일보 직전까지 내몰려 있다!!"라는 제하의 기사 참조)

㉣ **윤 대통령은 모든 범죄로부터 국민의 생명과 재산을 보호할 의무가 있는 수도권 검찰 및 경찰조직에 대하여 오히려 사건조작을 일삼는 범죄조직으로 만들어버렸다는 점에 있다.**

필자는 본지 2022. 10. 10.자 "현재 대한민국은 대통령과 사건브로커가 상생관계에 있다!! 탄핵밖에 답이 없다!!"라는 제하의 기사에서,

"고도의 사기꾼이자 사건브로커 역할을 수십 년간 수행해 온 구수회 행정사와 그의 동업자 전상화 변호사에 대한 형사처벌을 면해 주기 위해 법무부를 포함한 검찰청 및 경찰서 등 10개 이상의 수도권 소재 정부기관이 총동원되고, 법과 원칙에 따라 철저한 수사를 통하여 범죄자를 처벌하고 국민의 생명과 재산을 지켜야 할 법무부장관 및 검사, 사법경찰관 등이 부역자 노릇을 하고 있는 인원만도 약 38명에 이르고 있지 않는가?"라며 공정과 상식을 짓밟아버린 윤 대통령을 한탄한 바 있다.

그 이후에도 윤 대통령은 수도권 검찰 및 경찰조직을 동원하여 '관피모사건' 및 이를 은폐한 '경찰공무원의 범죄'에 대한 은폐·조작수사를 실시하기 위하여 철옹성과 같은 범죄조직을 계속 구축 중에 있는 바, 그 내막을 살펴보면 다음과 같다.

ⓐ '관피모사건' 고소인인 필자는 2022. 8. 25.경 사법경찰관 유정민 등에 대한 불송치(각하)결정 이의신청서를 성남중원경찰서장에게 제출

하였고, 이를 송치 받은 수원지방검찰청성남지청 검사 임연진은 전혀 수사를 진행하지 아니한 채 해당 수사기록을 자신의 캐비닛에 처박아 놓았다가 2022. 10. 13.경에 이르러 성남중원경찰서 사법경찰관 이일래 명의로 작성된 허위 내용의 불송치결정서를 그대로 인용한 수법을 통해 사법경찰관 유정민 등에 대한 범죄 사실을 모두 은폐해 버렸다.

이에, 필자는 사법경찰관 유정민 및 그의 결재권자 성명불상자에 대한 2022. 10. 24.자 항고장을 수원지방검찰청성남지청장에게 제출하였고, 이를 송부 받은 수원고등검찰청 항고검사 정용수는 전혀 수사를 진행하지 않은 채 해당 수사기록을 자신의 캐비닛에 처박아놓았다가 2022. 11. 18.경에 이르러 허위 내용의 항고기각 결정문을 작성하는 수법을 통해 사법경찰관 유정민 등에 대한 범죄 사실을 모두 은폐해 버렸다.

여기에서 항고검사 정용수의 항고기각 결정문 작성과 관련, 항고청의 평소 다른 모습을 발견할 수 있다.

즉, 항고검사 정용수는 실체적 진실을 밝혀야 하는 검사로서의 공적 의무를 헌신짝처럼 내던져버린 채 필자가 그동안 항고청의 사건 은폐 방식과 관련하여 '판에 박힌 기각결정문을 사용해 왔다.'라고 비판해 왔던 사실을 의식했던 탓인지, 금번 이 사건의 경우에서는 기존의 판에 박힌 기각결정문을 사용하지 않고, 그 대신에 동문서답 및 유체이탈 화법을 동원하여 이 사건과 전혀 들어맞지 않는 검찰사건사무규칙이라는 법령을 적용해 버렸다는 점이다. 참으로 비겁하고도 잔머리 굴리는 태도가 가소롭기 그지없다.

이를 입증하는 자료로써 이 기사 말미에 2022. 10. 13.자 사법경찰관 유정민 등에 대한 불기소 결정서 (이 신문기사 '첨부 3') 및 2022. 10.

24.자 사법경찰관 유정민 등에 대한 항고장 (이 신문기사 '첨부 4') 및 2022. 11. 18.자 사법경찰관 유정민 등에 대한 항고기각 결정문 (이 신문기사 '첨부 5'), 그리고 2022. 11. 28.자 사법경찰관 유정민 등에 대한 재정신청서 (이 신문기사 '첨부 6')을 각각 첨부한다.

ⓑ '관피모사건' 고소인인 필자는 2022. 10. 10.경 사법경찰관 문경석 등에 대한 불송치(각하) 결정 이의신청서를 서울서부경찰서장에 제출하였고, 동 이의신청서가 첨부된 수사기록은 2022. 10. 17.경 서울서부지방검찰청 검사 홍등불에게 배당되었다. (2022형제24027호)

그러나 2022. 12. 8.경 검사 홍등불로부터 위 사건을 재배당 받은 검사 유정현은 전혀 수사를 진행하지 않은 채 해당 수사기록을 자신의 캐비닛에 처박아놓았다가 적당한 시점에 이르러 서울서부경찰서 사법경찰관 이민호 명의로 작성된 허위 내용의 불송치 결정서를 그대로 인용하는 수법을 통해 각하 처분할 것을 마음먹고 때를 기다리고 있는 중이다.

그 이유는 애당초 '관피모사건' 및 이를 은폐한 '경찰공무원의 범죄'에 대해서는 윤석열 정부 차원에서 이미 은폐하기로 결정하였기 때문이다.

ⓒ '관피모사건' 고소인인 필자는 2022. 10. 10.경 '관피모사건' 피의자 전상화 및 사법경찰관 신미영 등에 대한 불송치결정 이의신청서를 서울도봉경찰서장에 제출하였고, 동 이의신청서가 첨부된 수사기록은 2022. 10. 20.경 서울북부지방검찰청 검사 정성현에게 배당되었다. (2022형제34887호)

그러나 검사 정성현은 위 사건에 대해 전혀 수사를 진행하지 않은 채 해당 수사기록을 자신의 캐비닛에 처박아놓았다가 적당한 시점에 이르러 사법경찰관 배보성 명의로 작성된 허위 내용의 불송치결정서를 그대로 인용하는 수법을 통해 각하 처분할 것을 마음먹고 때를 기다리고 있는 중이다.

그 이유는 애당초 '관피모사건' 및 이를 은폐한 '경찰공무원의 범죄'에 대해서는 윤석열 정부 차원에서 이미 은폐하기로 결정되었기 때문이다.

특히, '관피모사건' 및 이를 은폐·조작 수사한 사법경찰관들의 범죄행위를 은폐하기 위해 윤석열 정부의 부역(附逆)에 동원된 검찰청 및 부역자(附逆者)인 검사들의 면면을 전회 기사에 이어 추가로 살펴보면,

위 ⓐ항과 관련, 원처분청인 수원지방검찰청 성남지청 검사 임연진, 부장검사 성명불상, 차장검사 성명불상, 지청장 성명불상이 있고, 항고청인 수원고등검찰청 검사 정용수, 부장검사 성명불상, 차장검사 성명불상, 검사장 성명불상이 있다.

위 ⓑ항과 관련, 서울서부지방검찰청 검사 유정현, 부장검사 성명불상, 차장검사 성명불상, 검사장 성명불상이 예정되어 있고, 항고청인 서울고등검찰청 검사 성명불상, 부장검사 성명불상, 차장검사 성명불상, 검사장 성명불상이 예정되어 있다.

위 ⓒ항과 관련, 서울북부지방검찰청 검사 정성현, 부장검사 성명불상, 차장검사 성명불상, 검사장 성명불상이 예정되어 있고, 항고청인 서울고등검찰청 검사 성명불상, 부장검사 성명불상, 차장검사 성명불상, 검사장 성명불상이 예정되어 있다.

이렇듯 윤 대통령을 수반으로 하는 윤석열 정부는 사건조작 및 은폐수사를 강화하기 위해 이미 수도권 검찰 및 경찰조직을 범죄조직으로 구축해 놓고서 이를 더욱 보강하려는 작업이 한창 진행 중에 있다.

㈄ **윤 대통령은 국가재난관리시스템 부실 운영에 따른 '이태원 참사' 발생으로 인해 약 158명에 이르는 꽃다운 청춘 생명을 빼앗아버렸다는 점에 있다.**

'이태원 참사'란 2022년 10월 29일 밤 10시 22분경 핼러윈 축제로 서울특별시 용산구 이태원동 해밀톤 호텔 서편 ~ 북편 골목에 인파가 몰리면서 발생한 대형 압사사고를 말한다.

'이태원 참사'는 인재(人災)임에는 의심의 여지가 없으므로 발생 원인과 그에 따른 국가 책임이 뒤따른다.

특히, 국가(경찰) 및 지자체가 참사 당일 축제 인파가 10만 명이나 몰리는 상황을 예견했음에도 그에 따른 사고 예방대책이 전혀 이루어지지 않았다는 점에서 더욱 그렇다.

그렇다면, 정부 수반인 윤 대통령에게는 '이태원 참사' 발생과 관련하여 어떠한 책임을 물을 수 있을까? 여기에는 민·형사 책임은 물론 정치적 책임이 뒤따른다.

뭐니 뭐니 해도 '이태원 참사' 발생의 가장 큰 원인은 국가가 국민의 생명과 안전을 평소 등한시하는 위기의식 부족에서 찾을 수 있다.

참사 당일 경찰 병력이 온종일 반정부 집회나 시위 장소, 대통령실

주변 경호에만 집중배치 되었고, '이태원 참사'를 예방하기 위하여 압사 사고 주변 및 그 인근 거리에서 몰려오는 인파를 통제하기 위한 경찰 병력이 집중배치 되지 않았다는 사실만 봐도 그렇다.

즉, '이태원 참사' 당일 정부 당국 및 지자체는 축제 인파가 10만 명이나 몰리는 상황을 예견하고 있었으므로 경찰 병력 역시 거기에 걸맞게 가장 우선적으로 주권자인 국민의 생명이나 안전을 지키는 데 사용되었어야 했다.

이는 경찰 병력을 관리하거나 통제할 수 있는 정부 당국자가 조금만 관심을 가지고 있었더라면 '이태원 참사'와 같은 불행한 사태는 미연에 막을 수 있었다.

그럼에도 불구하고, 윤 대통령을 비롯한 정부 당국자는 이를 등한시한 채 경찰 병력을 대정부 집회 및 시위에 대처하거나, 대통령 집무실이 청와대에서 용산으로 옮김에 따라 그곳을 경호하는 데 집중배치 해버렸다.

그렇다면 국민의 생명과 안전을 책임져야 할 윤석열 정부로서는 도대체 누가 어떠한 방식으로 책임을 질 것인가?

이에 대한 실체적 진실을 밝히기 위해서는 성역 없는 수사가 전제되어야 한다.

따라서 윤 대통령의 지휘·감독을 받고 있는 검찰이나 경찰은 수사 주체가 될 수 없고 윤 대통령으로부터 어느 정도 독립된 위치에서 수사할 수 있는 특검이 나설 수밖에 없다.

문제는 윤 대통령이 '이태원 참사'와 관련하여 직접 국민 앞에 나서서 기자회견이나 담화문 형식을 통해 주권자인 국민에게 머리 숙이고 사죄하는 모습을 전혀 찾아볼 수 없었다는 점이다.

더 나아가, 윤 대통령은 부실한 국가 재난시스템 운영에 따른 정치적 책임마저도 지지 않으려고 '이태원 참사'가 발생한 관할 경찰서, 소방서, 구청 등 일선 행정기관 공무원의 현장 대응능력만을 탓하면서, 그들을 공개적으로 꾸짖고 그들에게만 모든 책임을 묻겠다는 식으로 경찰청 특별수사본부를 꾸려 수사를 진행해 오고 있다.

경찰청 특별수사 본부 소속 일개 사법경찰관들이 자신들을 임명하고 지휘·감독하는 행정안부장관이나 국무총리, 대통령 등 윤석열 정부 핵심 인사들을 상대로 어떻게 제대로 된 수사를 할 수 있다는 말인가?

우리나라 헌법상 대통령은 정부의 수반으로서 국민의 생명과 재산을 보호함에 있어 최고의 권력을 행사할 수 있으며, 그에 상응하여 '이태원 참사'와 같은 대형 인재가 발생한 경우에는 최소한의 정치적 책임을 져야 함은 당연하다.

우리나라 대통령은 국가를 대표하는 국민의 봉사자이지 국민 위에 군림하면서 '짐이 곧 국가'라는 절대 군주가 아니지 않는가?

특히, 윤 대통령은 위 ㉣항에서 살펴본 바와 같이 범죄로부터 국민의 생명과 재산을 보호할 의무가 있는 수도권 검찰조직 및 경찰조직에 대하여 범죄조직으로 만들어버렸다.

이미 범죄조직으로 변해 버린 수도권 경찰조직에 국민의 생명과 안전,

재산을 지키는 업무까지 맡겨놓겠다는 발상 자체는 대단한 난센스가 아닐 수 없다.

이는 '이태원 참사' 발생을 당연한 결과로 받아들이라는 의미와 뭐가 다른가?

윤 대통령이 공정과 상식을 송두리째 짓밟아버리고 범죄로부터 국민의 생명과 재산을 보호하기 위한 검찰 및 경찰조직을 범죄자 보호를 위한 검찰 및 경찰조직으로 탈바꿈시켜 버린 탄핵 사유만을 놓고 볼 때,

나의 조국 대한민국에 슬픔을 안겨준 '이태원 참사'가 "우연이 아닌 필연으로 분명하게 다가오고야 말았다."는 광기 어린 필자의 분노가 모든 국민들에게 표출되지 않기를 바랄 뿐이다.

㉻ **윤 대통령 탄핵을 추진함에 있어 여·야로 나뉜 정치적 갈등과 국정동력 상실에 따른 국가적 손실보다는, 그 탄핵을 통하여 대한민국의 공정과 상식을 바로 세우는 일이야말로 대한민국의 영속성을 지키는 책무이자 추구하고자 하는 가치라는 점에 있다.**

혹자는 윤 대통령이 선택적 수사를 밥 먹듯 해온 특수부 검사 출신이자 취임 이후에도 국민의 검찰 및 경찰을 범죄조직으로 만들어버리는 등 공정과 상식을 말살해 버린 크나큰 잘못을 저질렀다고 하더라도, 헌법상 대통령 임기가 5년 단임제임을 감안하여 탄핵 추진에 따른 국가적 혼란을 미연에 방지하기 위해서라면 다음 대통령 선거 때까지 참고 견뎌야 한다고 주장할지 모른다.

그러나 우리나라는 검찰의 선택적 수사기법에 의한 인권 침해 및 사건

조작을 원천적으로 방지함으로써 실질적 민주주의를 완성해야 하는 중요한 시점에 와 있고, 공정과 정의가 보장되지 않는 세상은 오히려 공산주의 국가보다 더 불행하고 희망이 없다는 점은 분명한 사실이다.

모든 국민들은 대한민국의 영속성을 유지시켜야 하고 역사가 바로 서는 나라를 후세에게 떳떳하게 물려주어야 하는 책무가 있다. 이를 위해서는 공정과 상식을 짓밟아버린 윤 대통령의 집권을 단 한시라도 빨리 종식시켜야 함은 두말할 필요가 없다.

【첨부 1】 2021. 1. 28.자 검찰총장 윤석열 등에 대한 고소장 : 생략 (2021. 9. 30. LPN로컬파워뉴스 발행 "정권교체" 책자 제226~261쪽 참조)

【첨부 2】 2014. 7. 8.자 대구고검 검사 윤석열 서한문 : 생략 (위 책자 제155쪽 참조)

【첨부 3】 2022. 10. 13.자 피의자 유정민 등에 대한 불기소결정서

불기소 사건기록 및 불기소 결정서			보 존		제 재	질 호
						년
부장검사	차장검사	검사	수원지방검찰청 성남지청	공소시효	장기	
					단기	
				재 기		

검사 임연진은 아래와 같이 불기소 결정을 한다.

2022년 형제21035호	결정	2022. 10. 13.	검사	임연진	(인)

피 의 자	죄 명	주 문
1. 가,나. 유정민 2. 가,나. 성명불상	가. 직권남용권리행사방해 나. 강요	(각) 각하

피의사실과 불기소이유는 사법경찰관이 작성한 불송치결정서에 기재된 내용과 같음

부 수 처 분 석방지휘/소재수사지휘/지명수배(통보),해제	명 령	집 행	인

압 수 물 처 분 가환부대로본환부/제출인환부/피해자환부/보관/폐기/국고귀속	명 령	집 행	인

비 고

집 행		사 건		압 수		결과통지	

【첨부 4】 2022. 10. 24.자 피의자 유정민 등에 대한 항고장

항 고 장

항고인(고소인) : 임찬용
- 주 소 : 경기도 성남시 수정구 복정로96번길 20, 000호
- 전화번호 : 010-5313-0000

피항고인(피고소인) : 유정민 외 1인

수원지방검찰청성남지청 검사 임연진은 2022. 10. 13. 피고소인 유정민 외 1인에 대한 수원지방검찰청성남지청 2022년 형제 21035호 직권남용 및 강요 등 피의사건(이하, '이 사건')과 관련, 전혀 수사를 진행하지 아니하고 허위 내용으로 작성된 사법경찰관 이일래 명의의 '불송치(각하) 결정서(불송치 이유)'를 그대로 인용한 수법을 통해 이 사건을 은폐해 버렸다. 참으로 비겁하기 짝이 없다.

이는 수사미진의 차원을 훨씬 뛰어넘어 이 사건을 은폐하기 위한 중대한 범죄행위에 해당되므로, 고소인은 이에 불복하여 다음과 같이 항고를 제기합니다.

- 항고 이유 -

1. 성남중원경찰서 소속 사법경찰관들의 이 사건 은폐·조작 수사

이 사건의 핵심 쟁점은,

㉮ 피고소인 유정민 외 1인은 2022. 4. 27.경 고소인의 의사에 반하여 강제적으로 소환 조사할 당시 '관피모사건' 피의자 전상화가 2022. 3.경 자신을 상대로 수사중에 있던 서울성북경찰서 사법경찰관 신미영에게 제출한 '전상화 고소장'이 허위 내용으로 작성되었는지 인식 여부, ㉯ 피고소인 유정민 외 1인은 '전상화 고소장'이 고소인으로 하여금 형사처벌을 받게 할 목적으로 허위 내용으로 작성된 사실을 인식하였음에도 불구하고, 이를 각하 처분하지 아니하고 고소인을 상대로 소환 조사를 실시하였는지의 여부에 있다.

고소인은 위 ㉮항 및 ㉯항을 입증하기 위한 증거자료로써, 2022. 5. 23.자 이 사건 고소장, 2022. 3.경 서울성북경찰서에 제출된 '전상화 고소장', 피고소인 유정민 외 1인이 고소인을 상대로 피의자신문조서를 작성할 당시 고소인이 제출한 2022. 4. 27.자 '피고소인(임찬용) 의견서', 2022. 8. 25.자 유정민 외 1인에 대한 불송치 결정(각하) 이의신청서 및 거기에 첨부된 2022. 4. 20.자 (고소인이 제출한) 전상화에 대한 '무고죄' 고소장 등 수많은 증거자료를 제출하였다.

즉, 전상화는 '전상화 고소장'에서 "자신은 관청피해자모임 (이 카페) 에서 영업활동을 한 사실이 없음에도 불구하고 피고소인(임찬용)이 고소인 (전상화)을 비방할 목적으로 '사법피해자를 구제한다는 명분을 삼아 자신들(구수회 및 전상화)의 영업활동을 하고 있다.'는 식의 글을 (이 카페에) 올렸고, 이는 명백한 허위사실이며, 이로 인해 고소인(전상화)의 명예가 심각하게 훼손되었습니다."며 이 사건 고소인 임찬용에 대해 정보통신망법상 허위사실 적시에 의한 명예훼손 및 무고 혐의로 성북경찰서에 고소하였다.

이에, 이 사건 고소인 임찬용은 '전상화 고소장'의 기재 내용은 명백한 허위사실이며, 전상화가 이 카페에서 영업활동을 해오고 있다는 사실을 입증하기 위해 2022. 4. 20.자 전상화에 대한 '무고죄' 고소장을 대검찰청에 제출하였다.

위 전상화에 대한 '무고죄' 고소장에는 전상화가 이 카페에서 영업활동을 하였다는 사실을 명백하게 입증하도록 하기 위해 2021. 10. 5.자 '임찬용 고소장'에 첨부되어 있는 '첨부 7' 및 '첨부 8'의 각 증거자료까지 특정해 놓고 있다.

그럼에도 불구하고, 이 사건 수사를 담당하고 있던 성남중원경찰서 수사과 소속 사법경찰관리 경사 고형민은 2022. 7. 26.경 위 ㉮항 및 ㉯항에 대해서는 전혀 수사를 진행하지 않은 채 자신의 상사인 사법경찰관 경위 이일래 명의로 된 불송치(각하)결정서를 허위 내용으로 작성한 수법을 통해 이 사건을 은폐해 버렸다.

심지어, 사법경찰관리 고형민은 2022. 8. 2. 14:00.경 고소인과 약 10분간의 전화통화에서, 고형민 자신이 성남검찰의 압박에 못 이겨 이 사건을 제대로 수사하지 못하고, 불송치(각하) 결정서를 허위 내용으로 작성할 수밖에 없었다는 사실을 실토하고 말았다.[90]

2. 주임검사 임연진의 이 사건 은폐수사

위 제1항과 같은 상황에서, 수원지방검찰청성남지청 검사 임연진으로부터 이 사건에 대해 법과 원칙에 따라 실체적 진실을 밝히고, 거기에 터 잡아 피고소인 유정민 외 1인에 대한 구속기소 등 정상적인 사건처분을 기대한다는 것이 하늘에서 별을 따는것 보다 어렵게 되어버렸다.

---

90) 이를 입증하는 신문기사로는 2022. 8. 14.자 LPN로컬파워뉴스(첨부 1) 참조, 물론 이 통화내용은 고소인의 핸드폰에도 그대로 저장되어 있다.

즉, 검사 임연진 역시 사법경찰관 고형민과 마찬가지로 이 사건을 송치받아 캐비닛에 처박아놓았다가, 일정한 시점에 이르자 허위 내용으로 작성된 사법경찰관 이일래 명의의 불송치(각하) 결정서를 그대로 인용하는 수법을 통해 이 사건을 은폐해 버렸던 것이다.[91]

3. 항고청인 수원고등검찰청 검사장에 대한 요구사항

이 사건 항고장에 첨부되어 있는 자료 중 2022. 10. 10.자 LPN로컬파워뉴스 "현재 대한민국은 대통령과 사건브로커가 상생관계에 있다!! 탄핵밖에 답이 없다!!"라는 제하의 기사내용(첨부 2)에서 살펴본 바와 같이, 이 사건은 '관피모사건' 및 이를 은폐·조작 수사한 '경찰공무원의 범죄'의 일부에 해당하는 바, 큰 테두리에서 보면 모든 사건들은 각각 명백한 증거가 있음에도 불구하고 윤석열 정부의 수도권 검찰과 경찰이 서로 짜고 이에 대한 은폐를 시도하고 있는 형국에 있다.

특히, 검찰은 현직 판·검사들의 장래 밥그릇은 물론 현직 변호사들의 밥그릇을 빼앗고 있는 '관피모사건'을 은폐하려는 이유는 뭘까?

즉, 검찰은 변호사법위반 전력이 3회에 이르고, '대법원 패소된 사건을 행정사가 살린다. 변호사가 해야 할 일 90% 행정사가 가능하다.'며 '행정사 수수료 1억을 5번 받았다.'고 광고해 오면서 변호사법의 실효성을 무력화시킴과 동시에 수십 년간 사건브로커 역할을 충실히 해오고 있는 사건 외 구수회의 범죄 사실에 대해서는 온 힘을 다해 은폐하려고 한 이유는 뭘까? 이는 당초 검찰수사 대상인 '관피모사건'은 물론, 이를

---

91) 이를 입증하는 신문기사로는 2022. 10. 10.자 LPN로컬파워뉴스(첨부 2) 참조. 이 신문기사에는 윤석열 정부 검찰과 경찰이 서로 짜고 '관피모사건' 및 이를 은폐·조작 수사한 이 사건을 포함한 '경찰공무원의 범죄'에 대한 은폐 경위 및 은폐 수법 등이 총괄적으로 기재되어 있다.

은폐·조작 수사한 이 사건을 포함한 '경찰공무원의 범죄'에 대해서도 암묵적 지지를 보낸 한동훈 법무부장관을 비롯한 정부 실세가 뒤에 숨어 있기 때문이다.

이런 이유로 이 사건은 검찰에서는 도저히 해결할 수 없고, 그나마 대통령 등 정치권력과 일정한 거리를 유지하고 있는 법원에 기대할 수 밖에 없다고 하겠다.

따라서 썩은 검찰을 개혁하지 않고서는 이 땅에 사법정의는 영원히 물 건너갈 수밖에 없다는 현실을 절실히 깨닫고 있는 고소인으로서는 이 사건에 대한 법원의 판단을 하루라도 빨리 받아볼 수 있게끔[92] 항고청인 수원고등검찰청에서 비록 허위 내용이라고 할지라도 판에 박힌 이 사건 항고기각 결정문을 빨리 내려주기를 바랄 뿐이다.

첨부   1. 2022. 8. 14.자 LPN로컬파워뉴스 인터넷신문기사 1부.
       2. 2022. 10. 10.자 LPN로컬파워뉴스 인터넷신문기사 1부.

2022. 10. 24.

위 항고인(고소인)   임 찬 용 (인)

수원고등검찰청 검사장 귀하

---

[92] 법원 역시 판에 박은 허위 내용의 재정신청 기각결정문을 통하여 이 사건을 은폐해 버린다면, 고소인은 '금 150억 원 검사비리사건'과 마찬가지로 제3차 책자 발간을 통하여 그 내용을 역사와 국민, 다음 정권세력들에게 가감 없이 원본 그대로 고발하고, '법조 카르텔'을 깨는 시발점으로 삼을 것임.

【첨부 5】 2022. 11. 18.자 피의자 유정민 등에 대한 항고기각 결정문

수원고등검찰청
주　소: 경기도 수원시 영통구 법조로 91
전화번호: 1301

받는사람
경기도 성남시 수정구 복정로96번길 20-0 (복정동)
임찬용 귀하
13112

수원고등검찰청
(1301)
2022. 11. 18.

수　신　임찬용　　귀하　　발　신　수원고등검찰청

제　목　**항고사건 결정통지**　　검사　정용수

유정민 외 1명에 대한 항고사건에 관하여 아래와 같이 결정하였으므로 통지합니다.

결정	사건번호	2022 고불항 제 1887호 <수원지방검찰청 성남지청 2022 형제 21035호>
	년 월 일	2022. 11. 18.
	결 과	결정주문: 별첨참조
		이 유: 별첨참조

비　고
항고기각 결정에 대하여 이의가 있을 경우에는
① 고소인 및 「형법」제123조부터 제126조까지의 죄, 「공직선거법」제273조에 정한 죄 등에 대한 일부 고발인은 이 통지서를 받은 날부터 10일 이내에 관할 고등법원에 재정신청을 ② 그 밖의 고발인은 이 통지서를 받은 날부터 30일 이내에 대검찰청에 재항고(「검찰청법」제 10조제3항)를 각각 할 수 있으며, 위 기간 안에 재정신청서는 불기소결정청(지방검찰청 또는 지청)에, 재항고장은 우리청에 각각 제출하면 됩니다.

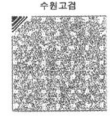

[별첨첨부]

결정주문
  항고각하

이 유
이 항고사건의 피의사실 및 불기소처분 이유의 요지는 불기소처분 검사의 불기소처분결정서 기재와 같으므로 이를 원용하는 바, 이 건은 검찰사건사무규칙 제148조 제3항 제5호, 제115조 제3항 제5호에 규정된 사유가 있는 때에 해당하므로 주문과 같이 결정한다.

안 내 문

▣ 재정신청

1. 의의
고소권자로서 고소를 한 자(형법 제123조부터 제126조까지의 죄에 대하여는 고발을 한 자 포함)는 검사로부터 공소를 제기하지 아니한다는 통지를 받은 때에는 그 검사 소속의 지방검찰청 소재지를 관할하는 **고등법원**에 그 당부에 관한 재정을 신청할 수 있는 제도입니다.

2. 신청 및 절차
가. 신청권자
- 범죄피해자 등 형사소송법상 고소권자로서 고소한 자
  ※ 형소법상 고소권자 : ① 피해자(제223조), ② 피해자의 법정대리인(제225조 제1항), ③ 피해자의 법정대리인이 피의자이거나, 법정대리인의 친족이 피의자인 때에는 피해자의 친족(제226조), ④ 피해자가 사망한 때에는 그 배우자·직계친족 또는 형제자매등(제225조 제2항), ⑤ 사자의 명예를 훼손한 범죄에 대하여는 그 친족 또는 자손(제227조), ⑥ 친고죄에 관하여 고소할 자가 없는 경우에 이해관계인의 신청이 있으면 검사는 10일 이내에 고소할 수 있는 자를 지정하여 고소권자가 된 자(제228조)

- 형법 제123조(직권남용권리행사방해), 제124조(직권남용체포, 직권남용감금), 제125조(독직폭행, 독직가혹행위), 제126조(피의사실공표), 「공직선거법」 제273조(재정신청)에 경한 죄 등에 대한 고발인

※ 재정신청권자는 재항고를 할 수 없습니다.

나. 처리절차
- 항고기각 결정을 통지받은 날로부터 10일 이내에 불기소처분을 한 지방검찰청의 검사장 또는 지청장에게 재정신청서를 제출하여야 합니다. 재정신청서에는 재정을 이유있게 하는 사유를 기재하여야 함을 유의하십시오.
- 지방검찰청 또는 지청에서는 재정신청서 및 수사관계서류 등을 고등검찰청을 경유하여 관할 고등법원에 송부하고, 송부받은 고등법원은 3개월 이내에 결정을 하게 됩니다.

(통지서 수령 → <u>수령일로부터 10일 이내</u> 불기소처분 검찰청에 재정신청서 제출 → 고등검찰청 경유 → 고등법원)

3. 비용부담
재정신청의 기각결정 등 일정한 경우, 재정신청인에게 비용을 부담하게 할 수 있고(형사소송법 제262조의3, 형사소송규칙 제122조의2, 제122조의4), 그 내용은 다음과 같습니다.
- 증인·감정인·통역인·번역인에게 지급되는 일당·여비·숙박료·감정료·통역료·번역료
- 현장검증 등을 위한 법관, 법원사무관 등의 출장경비
- 그 밖에 재정신청 사건의 심리를 위하여 법원이 지출한 송달료 등 절차진행에 필요한 비용
- 피의자는 또는 변호인이 출석함에 필요한 일당·여비·숙박료
- 피의자가 변호인에게 부담하였거나 부담하여야 할 선임료
- 기타 재정신청 사건의 절차에서 피의자가 지출한 비용으로 법원이 피의자 방어권행사에 필요하다고 인정한 비용

▣ 재항고

1. 의의
항고를 한 고발인(재정신청 가능한 고발인 제외)이 검사의 항고기각 처분에 불복하는 경우에 그 검사가 속한 고등검찰청을 거쳐 서면으로 **검찰총장**에게 다시 항고할 수 있는 제도입니다.

2. 신청 및 절차
가. 신청권자
- 고발인(예 : 뇌물공여 등 고발인과 같이 범죄의 피해자가 아닌 자)

나. 처리절차
항고기각 결정을 통지받은 날로부터 30일 이내에 관할고등검찰청에 재항고장을 제출할 수 있으며, 재항고장을 접수받은 관할고등검찰청은 대검찰청에 송부하고, 대검찰청은 이에 대한 최종 결정을 하게 됩니다.

(통지서 수령 → <u>수령일로부터 30일 이내</u> 관할고등검찰청에 재항고장 제출 → 대검찰청)

【첨부 6】 2022. 11. 28.자 피의자 유정민 등에 대한 재정신청서

재정신청서

신청인(고소인) : 임찬용
피신청인(피고소인, 피의자) : 유정민 외 1명

신청취지 및 이유

위 피의자들에 대한 수원지방검찰청성남지청 2022형제21035호 (이하, '이 사건')와 관련, 수원지방검찰청성남지청 검사 임연진은 2022. 10. 13. 증거불충분 등을 이유로 불기소처분을 결정하였고, 신청인(고소인)은 이에 불복하여 수원고등검찰청에 항고(2022 고불항 제1887호)하였으나 수원고등검찰청 검사 정용수는 2022. 11. 18. 항고기각 처분을 결정하였습니다.

이 사건은 고소인이 2022. 8. 25.자 '피의자 유정민에 대한 불송치결정 이의신청서'에서 밝힌 바와 같이, 이 사건 수사담당자인 경사 고형민, 이 사건 불송치결정서 작성 명의자인 사법경찰관 경위 이일래, 그의 결재권자인 경감 성명 불상 수사과장(이하, '사법경찰관들'이라 함)이 공모하여, 인근 성남수정경찰서 소속 경찰관 동료 직원이자 이 사건 피의자인 유정민에 대하여 형사처벌을 면해 줄 목적으로 명백한 증거자료가 이 사건 고소장에 첨부되어 있음에도 불구하고 피의자 소환조사마저도 실시하지 아니한 채 허위 내용의 불송치(각하) 결정서를 작성한 후 이를 검찰에 송치하였고, (이 사건 수사기록에 첨부되어 있는 2022. 8. 25.자 '피의자 유정민에 대한 불송치결정 이의신청서' 참조)

이를 송치받은 수원지방검찰청성남지청 검사 임연진은 위 불송치 결정 이의신청서가 첨부된 이 사건 수사기록을 전혀 수사하지 않은 채 자신의 캐비닛에 처박아놓았다가, 2022. 10. 13.경에 이르러 성남중원경찰서 소속 사법경찰관들이 허위 내용으로 작성한 2022. 7. 26.자 피의자 유정민 등에 대한 불송치 결정서를 그대로 인용한 수법을 통해 이 사건 범죄 사실을 은폐해 버렸습니다. (이 사건 수사기록에 첨부되어 있는 2022. 10. 24.자 이 사건 항고장 참조)

　또 이 사건 항고장을 송부받은 수원고등검찰청 검사 정용수 역시 2022. 11. 1.경 위 항고장이 첨부된 이 사건 수사기록을 전혀 수사하지 않은 채 자신의 캐비닛에 처박아놓았다가, 2022. 11. 18.경에 이르러 동문서답 및 유체이탈 화법을 동원한 허위 내용의 이 사건 항고기각 결정문을 작성한 수법을 통해 이 사건 범죄 사실을 또다시 은폐해 버렸습니다. (2022. 11. 18.자 검사 정용수 명의로 작성된 이 사건 항고기각 결정문 참조, 이 사건 재정신청서 '첨부 1')

　특히, 흥미롭고도 가소로운 점은 항고검사 정용수가 실체적 진실을 밝혀야 하는 검사로서의 공적 의무를 헌신짝처럼 던져버린 채 신청인(고소인)이 항고청의 사건 은폐 방식과 관련하여 2차례 책자 발간 및 언론 기사 등을 통해 '판에 박힌 기각결정문을 사용해 왔다.'라고 비판해 왔던 사실을 의식했던 탓인지 금번 이 사건의 경우에 있어서는 기존의 판에 박힌 기각결정문을 사용하지 않고, 그 대신에 동문서답 및 유체이탈 화법을 동원하여 위와 같은 허위 내용의 기각결정문을 작성하였다는 데 있습니다.

　이를테면, 검찰은 그동안 해당 사건을 은폐할 목적으로 허위 내용의 기각결정문을 작성함에 있어, 줄곧 다음과 같이 판에 박은 기각결정문을 사용해 왔습니다.

"이 항고사건의 피의사실 및 불기소 이유의 요지는 불기소처분 검사의 불기소결정서 기재와 같아 이를 원용하고, 항고청 담당검사가 새로이 기록을 살펴보아도 원 불기소처분이 부당하다고 인정할 자료를 발견할 수 없으므로 주문과 같이 결정한다."[93] (이를 판에 박은 '제1의 기각결정문'이라고 함)

그런데 이 사건 항고검사 정용수는 기존에 사용해 왔던 위 '제1의 기각결정문'의 기재방식을 탈피하고자 다음과 같이 새로운 기각결정문을 작성하고 있습니다.

"이 항고사건의 피의사실 및 불기소처분 이유의 요지는 불기소처분 검사의 불기소처분결정서 기재와 같으므로 이를 원용하는 바, 이 건은 검찰사건사무규칙 제148조 제3항 제5호, 제115조 제3항 제5호에 규정된 사유가 있을 때에 해당하므로 주문과 같이 결정한다."(이를 판에 박은 '제2의 기각결정문'이라고 함)

살펴보건대, 위 '제1의 기각결정문'의 기재 내용이나 '제2의 기각결정문'의 기재 내용은 허위 내용의 기각결정문을 작성하기 위해 그 의도와 목적, 방식에 있어서 동일한 의미를 가질 뿐이며, 이 사건의 실체적 진실을 밝히는 데 있어서는 100% 무용지물에 불과합니다.

더 나아가, 위 '제2의 기각결정문'은 '제1의 기각결정문' 보다 허위

---

[93] 이는 서울고등검찰청 항고 검사 이준엽이 이 사건과 관련이 있는 피의자(피항고인) 구수회에 대한 2022. 8. 1.자 항고기각 결정문 및 피의자(피항고인) 전상화에 대한 2022. 8. 2.자 항고기각 결정문을 허위 내용으로 작성함에 있어서 사용해 왔던 판에 박힌 문장들임.(이 사건 재정신청서 '첨부 2' 및 '첨부 3')

내용의 기재 내용을 숨기기 위해 아무런 근거 없이 검찰사건사무규칙의 규정까지 교묘하게 사용하고 있다는 점에서 항고검사 정용수의 죄질이 무겁고 비겁함까지 드러내고 있습니다.

이를테면, 항고검사 정용수는 고소인(항고인)이 주장하는 이 사건 실체적 진실에 대하여 "검찰사건사무규칙 제115조 제3항 제5호에 규정된 사유가 있을 때에 해당하므로 주문과 같이 (각하) 결정한다."라고 두루뭉술하게 동문서답, 유체이탈 화법으로 기재할 것이 아니라, "고소인이 주장하는 어느 부분이 검찰사건사무규칙 제115조 제3항 제5호 규정 중 어느 규정에 해당하므로 이 건 (각하)결정한다."라는 취지로 고소인의 주장 부분과 이를 각하 처분하는 근거 규정을 특정해서 작성해 놓아야 합니다.

항고검사 정용수는 고소인이 이 사건 피의자 유정민 등의 범죄 사실을 입증하기 위해 어떠한 내용을 주장하고 있으며 그에 대한 증거자료는 무엇인지, 또 거기에 대해 어떤 근거와 규정을 적용하여 각하 처분을 하게 되었는지 전혀 설명이 없습니다.

항고검사 정용수가 이 사건 기각결정문 근거 법령으로 제시한 검찰사건사무규칙 제115조 제3항 제5호의 내용은 다음과 같습니다.

5. 각하

가. 고소 또는 고발이 있는 사건에 관하여 고소인 또는 고발인의 진술이나 고소장 또는 고발장에 의하여 제2호부터 제4호까지의 규정에 따른 사유에 해당함이 명백한 경우

나. 법 제224조, 제232조제2항 또는 제235조에 위반한 고소·고발의 경우

다. 같은 사건에 관하여 검사의 불기소 결정이 있는 경우(새로이 중요한 증거가 발견되어 고소인, 고발인 또는 피해자가 그 사유를 소명한 경우는 제외한다)

라. 법 제223조, 제225조부터 제228조까지의 규정에 따른 고소권자가 아닌 자가 고소한 경우

마. 고소인 또는 고발인이 고소·고발장을 제출한 후 출석 요구나 자료제출 등 혐의 확인을 위한 수사기관의 요청에 불응하거나 소재불명이 되는 등 고소·고발 사실에 대한 수사를 개시·진행할 자료가 없는 경우

바. 고발이 진위 여부가 불분명한 언론보도나 인터넷 등 정보통신망의 게시물, 익명의 제보, 고발 내용과 직접적인 관련이 없는 제3자로부터의 전문(傳聞)이나 풍문 또는 고발인의 추측만을 근거로 한 경우 등으로써 수사를 개시할 만한 구체적인 사유나 정황이 충분하지 않은 경우

사. 고소·고발 사건(진정 또는 신고를 단서로 수사 개시된 사건을 포함한다)의 사안의 경중 및 경위, 피해회복 및 처벌의사 여부, 고소인·고발인·피해자와   피고소인·피고발인·피의자와의 관계, 분쟁의 종국적 해결 여부 등을 고려할 때 수사 또는 소추에 관한 공공의 이익이 없거나 극히 적은 경우로서 수사를 개시·진행할 필요성이 인정되지 않는 경우

이를 재차 정리해 보면, 고소인(항고인)이 그동안 이 사건 범죄 사실을 입증하기 위해 경찰 및 검찰에 제출한 모든 자료(이 사건 고소장, 이 사건 불송치 결정 이의신청서, 이 사건 항고장 및 거기에 첨부된 증거자료)를 통틀어 위 검찰사건사무규칙 제3항 제5호에 딱 들어맞는 경우는 단 한 군데도 없습니다.

  특히, 고소인은 이 사건 항고장 핵심쟁점 및 거기에 관련된 증거자료로써,

  "㉮ 피고소인 유정민 외 1인은 2022. 4. 27.경 고소인의 의사에 반하여 강제적으로 소환조사할 당시 '관피모사건' 피의자 전상화가 2022. 3.경 자신을 상대로 수사중에 있던 서울성북경찰서 사법경찰관 신미영에게 제출한 '전상화 고소장'이 허위 내용으로 작성되었는지 인식 여부, ㉯ 피고소인 유정민 외 1인은 '전상화 고소장'이 고소인으로 하여금 형사처벌을 받게 할 목적으로 허위 내용으로 작성된 사실을 인식하였음에도 불구하고, 이를 각하 처분하지 아니하고 고소인을 상대로 소환조사를 실시하였는지의 여부에 있다.

  고소인은 위 ㉮항 및 ㉯항을 입증하기 위한 증거자료로써, 2022. 5. 23.자 이 사건 고소장, 2022. 3.경 서울성북경찰서 사법경찰관 신미영에게 제출된 '전상화 고소장', 피고소인 유정민 외 1인이 고소인을 상대로 피의자신문조서를 작성할 당시 고소인이 제출한 2022. 4. 27.자 '피고소인(임찬용) 의견서', 2022. 8. 25.자 유정민 외 1인에 대한 불송치 결정(각하) 이의신청서 및 거기에 첨부된 2022. 4. 20.자 전상화에 대한 '무고죄' 고소장 등 수많은 증거자료를 제출하였다."라고 기재해 놓았습니다.

그럼에도 불구하고, 이 사건 항고검사 정용수는 이 사건 항고장 기각 결정문에서 고소인이 제출하고 있는 위 증거자료들에 대해 단 한마디 언급조차 하지 않고 있습니다.

차라리 이럴 바에는 이 사건 항고장 기각 결정과 관련하여, 법령인 검찰사건사무규칙 여러 규정들을 들먹일 것이 아니라, 그 상위법인 '형법 및 형사소송법 더 나아가서는 헌법 규정을 들먹이는 것이 오히려 정당성이 더 있지 않을까 하는 의문마저 품게 합니다.

이는 결과적으로 경찰과 검찰이 윤석열 정부(한동훈 법무부장관)의 암묵적 지시하에 애당초 이 사건을 포함한 '관피모사건' 전반에 걸쳐 은폐·조작 수사하기로 이미 결정해 놓은 사실을 역설적으로 증명하고 있습니다.[94]

특히, 이 사건 고소장에 기재되어 있는 피의자 유정민의 결재권자인 성명불상자 인적사항과 관련, 이 사건 수사에 참여하고 있는 성남중원경찰서 및 수원지방검찰청성남지청, 수원고등검찰청에 이르기까지 어느 누구 한 사람도 이를 파악하려고 하지 않고 캐비닛에 처박아놓았다는 사실만이 명명백백하게 확인되고 있습니다.

이는 애당초 이 사건에 대한 증거관계가 확실한 점에 비추어볼 때 수사기관의 수사 의지는 전혀 없었고, 오로지 적당한 때를 기다려 경찰서에서는 허위 내용의 (각하) 불송치 결정서, 검찰청에서는 이를 인용한 허위 내용의 (각하) 불기소 결정서, 고등검찰청에서도 이를 인용한 허위

---

[94] 이 점에 대해서는 '관피모사건' 및 이를 은폐·조작 수사해온 이 사건을 포함한 '경찰공무원의 범죄'에 대한 고소장, 또 거기에 첨부되어 있는 증거자료들은 물론, 이와 관련하여 LPN로컬파워뉴스가 보도해 온 신문기사 등을 한번 대충 훑어보아도 쉽게 알 수 있음.

내용의 항고기각 (각하) 결정문을 작성해 왔다는 사실만을 그대로 입증하고 있습니다.

이상의 이유로 인해 사법정의가 훼손되고, 사회 곳곳에는 변호사법을 위반하는 사건브로커 및 사기꾼들이 판을 치고 있습니다.

이에, 수원고등법원에서는 이 사건 수사기록에 이 사건 피의자 유정민 외 1인에 대한 범죄 사실을 입증할 수 있는 명백한 증거들이 차고 넘치고 있으므로, 이들을 전원 수원지방법원의 심판에 부하는 결정을 내려주시기 바랍니다.

첨부

1. 2022. 11. 18.자 피의자(피항고인) 유정민 외 1인에 대한 항고기각 결정문 1부.
2. 2022. 8. 1.자 피의자(피항고인) 구수회에 대한 항고기각 결정문 1부.
3. 2022. 8. 2.자 피의자(피항고인) 전상화에 대한 항고기각 결정문 1부.

끝.

2022. 11. 28.

위 신청인(고소인) 임찬용 (인)

수원고등법원 귀중

〔칼럼시리즈(제3판) ⑦〕 〔2023. 5. 7.〕

정치(비리)검사 수괴이자 검찰개혁의 반항아 윤석열을 대통령직에서 재차 파면한다!!

- '관피모사건'을 감추기 위해 검사의 '보완수사요구권'을 남용한 성남검찰을 응징하라!!
- 중대범죄자 윤석열의 집권으로 대한민국의 공정과 상식은 뿌리째 뽑혀버렸다.
- 다가오는 총선은 '역사 바로 세우기' 차원에서 윤 대통령 탄핵 동조세력에 의해 주도되어야 한다.

공정과 정의가 도도히 흐르며, 부정부패가 없는 깨끗하고 정직한 정부를 실현하기 위해서는 검사들의 선택적 수사기법에 의한 사건조작만큼은 반드시 막아야 한다.

이는 전관예우에 맛들린 썩은 검찰을 개혁하기 위한 가장 유일한 방법으로서 뭐니 뭐니 해도 검찰권을 남용하여 사건조작에 가담한 정치(비리)검사들을 예외 없이 구속수사로 다스려야 함을 의미한다.

우리 형법 제135조에서도 "공무원의 직무상 범죄에 대한 형의 가중"이라는 제목으로 이를 규정해 놓고 있다.

그러나 선택적 수사기법에 의해 '금 150억 원 검사비리사건'을 은폐해 버린 검찰총장 출신 윤석열이 대한민국 대통령 자리까지 올라와 버렸으니 검찰개혁은 이미 물 건너 가버렸다.

여기서 한 걸음 더 나아가, 대통령으로 당선된 이후에도 '관피모사건' 수사과정을 통하여 검찰을 범죄 집단으로 만들어버렸다.

사법정의를 갈망하는 온 국민과 대한민국 역사는 이를 어떻게 받아들여야 할지 참으로 암울하고 서글퍼지기만 한다.

필자는 본지 2022. 12. 20.자 "공정과 상식을 짓밟아버린 대통령 윤석열을 탄핵한다!!"는 제하의 기사에서, "국회는 검·경의 범죄 조직화를 통해 '이태원 참사'를 야기한 윤 대통령을 즉각 탄핵 소추하라."며 모든 국회의원들에게 각성과 반성을 촉구한 바 있다.

검찰총장 출신 윤석열이 대통령 선거 이전은 물론 대통령으로 당선된 이후에도 자신의 캐치프레이즈인 공정과 상식을 송두리째 뽑아버림으로써 탄핵될 수밖에 없는 상황에 이르게 된 근본적인 원인은 뭘까?

이는 윤석열이 정치검사 및 비리검사 출신인데다 대통령에 당선된 이후에도 자신의 통제 하에 있는 검찰과 경찰에 선택적 수사기법에 의한 사건조작을 방조하거나 묵인해 왔기 때문이다.

무릇 정치는 국가 형사사법 운영과정에서 공정과 상식을 빼놓고는 어느 것 하나 제대로 해결할 수 없다.

그렇다면, 정치검사와 비리검사의 공통점과 차이점은 무엇일까?

양자의 공통점은 검사들이 해당 사건을 수사하고 처분함에 있어 법과 원칙을 기준으로 삼지 아니하고, 자신들의 이해득실을 기준으로 삼는데 있다.

그리고 양자의 차이점은 정치검사가 출세에 주안점을 두었다면, 비리검사는 경제적 이득 추구에 주안점을 두었다는 점에 있다.

그러나 이들의 공통점과 차이점은 두부 자르듯 분명하지 않고 서로 혼재해 가면서 사법정의를 말살해 버리고 해당 사건 관련자들에게는 직접적으로, 모든 국민에게는 간접적으로 질곡에 빠뜨리고 있다.

그 이유는 정치검사나 비리검사의 먹잇감이 되고 있는 모든 범죄는 직접적이든 간접적이든 항상 피해자가 존재하고 있기 때문이다.

또 정치검사나 비리검사는 고소나 고발, 인지 등 어떠한 수사 단서에 의하든 자신들의 개인적 이익을 추구하기 위해 해당 사건을 은폐·조작하는 공통점이 있다.

필자는 이와 같은 공통점으로 인해 정치검사와 비리검사를 명확하게 구분할 수 없고, 또 구분할 필요성조차 느끼지 못하여 '정치(비리)검사'라는 용어를 사용하고 있다.

그렇다면, 정치(비리)검사가 해당 사건을 은폐·조작하는 데 사용한 방법으로는 도대체 뭐가 있을까?

여기에는 대표적으로 선택적 정의만을 추구하는 선택적 수사기법을 들 수 있다.

이는 법과 원칙에 따른 수사 착수 및 보편적 정의실현에 주안점을 두지 아니하고, 오로지 정치(비리)검사의 이해득실에 따라 사건 처리가 이루어짐을 의미한다.

필자는 본지 2022. 6. 5.자 "윤석열 정부의 검·경이 새 출발부터 뿌리째 썩어들어가고 있다!! (윤 대통령은 '관피모사건'을 은폐해 버린 한동훈 법무부장관을 즉각 해임하라. 윤 대통령은 '관피모사건' 은폐에 관여한 검사, 경찰관 전원을 즉각 파면하라.)" 제하의 기사에서,

"검찰의 선택적 수사는 말 그대로 어떠한 사건이라도 검찰의 기득권 유지 내지 강화를 위해, 검사들의 비리나 범죄를 감추기 위해 검찰 입맛대로 사건을 처리함을 의미한다.

이는 사건의 경중을 떠나 검찰의 입맛에 맞지 않으면 뭉개기식 수사 및 은폐 수사를 통해 덮어버리고, 검찰의 입맛에 맞으면 과잉수사 및 보복 수사로 나아간다.

즉, 검찰이 개혁을 거부하면서 기득권 유지에 필요하다고 판단되면 경미한 사건이라고 할지라도 확대 재생산하고, 그 반대의 경우에는 중대한 사건이라고 할지라도 과감하게 은폐해 버린다. 그 과정에서 검찰에 미운털이 박힌 자에게는 여지없이 보복 수사가 뒤따르게 마련이다."라고 설파한 바 있다.

필자는 또 본지 2022. 8. 14.자 "검찰을 범죄조직으로 만들어버린 윤석열 대통령은 탄핵밖에 답이 없다!! ('금 150억 원 검사비리사건'을 은폐한 윤 대통령은 입이 열 개라도 할 말이 없다. 사법경찰관에게 사건 조작을 강요하고 있는 윤석열 정부의 검찰, 검찰수사 마지막 단계에서도 '관피모사건'을 은폐해 버린 서울고검 이준엽 검사, '입법 사기' 행각까지 벌이고 있는 한동훈 법무부장관)" 제하의 기사에서,

"필자가 본지를 통하여 수없이 강조해 온 바와 같이, 검찰의 선택적 수사 및 선택적 정의실현은 형사소송법상 원칙과 기준을 훨씬 뛰어넘어 자신들의 기득권을 강화하거나 정치(비리)검사들의 사적 이익을 추구

할 목적으로 수사 착수 단계에서부터 수사 전 과정은 물론 기소, 공판 과정, 형 집행에 이르기까지 검사에게 부여된 모든 권한을 남용한 불법적인 형사사법 활동을 의미한다.

여기에는 청탁 수사 · 편파 수사 · 표적 수사 · 별건 수사 · 과잉 수사 · 보복 수사 · 먼지털이 수사 · 뭉개기 수사 · 조작 수사 · 봐주기 수사 · 사건 무마 수사 · 은폐 수사 등 온갖 불법 유형의 수사 꼬리표가 따라다니고 있으며 전관예우, 무전유죄 · 유전무죄, 무권유죄 · 유권무죄와도 직 · 간접적으로 연결되어 있다고 강조해 왔다.

또, 검찰의 선택적 수사기법은 대통령 등 정치권력과 결탁할 경우에 부패 정치, 보복 정치, 공작 정치 등 모든 유형의 불법적인 정치 행태를 띠게 된다.

특히, 검찰에 고운 털이 박힐 경우에는 아무리 큰 죄를 지은 사람이라고 할지라도 죄 없는 사람으로 사건을 무마해 버리고, 검찰에 미운 털이 박힐 경우에는 아무리 작은 죄를 지은 사람이라고 할지라도 더 큰 죄를 지은 사람으로 만들기 위해 과잉 수사를 실시하거나 중형을 때려 버리기도 한다. 심지어 죄 없는 사람에 대해서까지 무리하게 기소하여 죄지은 사람으로 만들어버린다."라고 설파해 왔다.

그렇다!!

검찰의 선택적 수사 및 선택적 정의실현은 우리나라 공정과 정의를 말살해 버리고, 부정부패 해소는커녕 특권과 반칙이 난무하는 사회만을 양산하는 결과에 이르게 한다.

윤 대통령이 제1의 탄핵 사유인 '금 150억 원 검사비리사건'을 수사도 하지 않은 채 은폐해 버린 범죄 역시 검사 재직 당시 익숙해져 있는 선택적 수사기법의 결과물이다.

필자는 본지 2022. 12. 20.자 "공정과 상식을 짓밟아버린 대통령 윤석열을 탄핵한다!!"라는 제하의 기사에서, 윤 대통령에 대한 탄핵 사유로써 ㉮항부터 ㉻항까지(6개 항목) 제시한 바 있다.

그중 위 ㉺항과 관련된 추후 진행상황을 각 사건별, 날짜순으로 정리하면 다음과 같다.

ⓐ '관피모사건' 고소인인 필자는 2022. 11. 28.자 사법경찰관 유정민 등에 대한 재정신청서(2022. 12. 20.자 본지 신문기사 '첨부 6')를 수원고등법원에 제출하였으나, 수원고등법원 제7형사부 판사 이제정(재판장), 판사 이봉락, 판사 김대권은 2023. 3. 3.경 판에 박힌 허위 내용의 재정신청 기각결정문(이 신문기사 '첨부 1')을 그대로 인용하는 수법을 통해 사법경찰관 유정민 등에 대한 재정신청을 기각해 버렸다.

이를 좀 더 구체적으로 살펴보면,

필자는 위 재정신청서에서 피의자 유정민 등의 범죄 사실을 입증하고 있는 증거자료들을 특정하여 제시하였고, 경찰 및 검찰에서는 피의자 소환조사마저도 전혀 진행하지 않은 채 허위 내용의 불송치 결정서(경찰) 및 허위 내용의 불기소 결정서(검찰)를 작성하는 수법을 통해 모든 범죄 사실을 은폐해 버렸다는 사실까지 입증해 놓았다.

그러나 위 재정신청서 담당 재판부는 동문서답, 유체이탈 화법을 이용하여 "살피건대, 신청인이 제출한 자료 및 수사기록만으로는 검사의 불기소처분이 부당하다고 인정하기에 부족하고, 달리 이를 인정할 만한 증거가 없다."라는 판에 박힌 기각결정문을 인용하여 기각해 버렸다.

그렇다면, 위 재정신청서 담당 재판부는 왜 위와 같이 판에 박힌 허위 내용의 재정신청 기각결정문을 작성하였을까?

필자는 본지를 통하여 경찰과 검찰이 시종일관 '관피모사건'에 대해 선택적 수사기법을 통하여 은폐·조작 수사를 실시해 오고 있는 이유와 관련하여, "관피모사건 및 이를 은폐한 '경찰공무원의 범죄'에 대해서는 윤석열 정부 차원(한동훈 법무부장관)에서 이미 은폐해 버리기로 결정하였기 때문이다."라고 주장한 바 있다.

이에 터 잡아, 위 재정신청서 담당 재판부가 판에 박힌 허위 내용의 재정신청 기각결정문을 작성한 이유를 대충 유추해 보자면,

첫째, 사법부가 행정부의 사건 은폐 압력에 굴복했을 가능성이 있고,

둘째, 판사와 검사 사이에 '사건 서로 봐주기'라는 뿌리 깊은 법조카르텔이 작용했을 가능성이 있다.

필자로서는 위 2가지 가능성에 대한 최종적인 판단을 당분간 보류하고자 한다.

그 이유는 후술하는 바와 같이 '관피모사건' 은폐·조작 수사와 관련하여 필자가 이미 제출해 놓은 2건의 별도 재정신청서가 서울고등법원 제30 형사부에서 함께 심리 중에 있기 때문이다. 그 처분 결과를 보고

피의자 유정민 등에 대한 수원고등법원의 재정신청서 기각과 관련, 위 2가지 가능성에 대한 최종 판단을 할 예정이다.

ⓑ '관피모사건' 고소인인 필자는 2022. 10. 10.경 사법경찰관 문경석 등에 대한 불송치(각하) 결정 이의신청서를 서울서부경찰서장에게 제출 하였으나, 이를 송치받은 서울서부지방검찰청 검사 유정현은 2023. 1. 18.경 서울서부경찰서 사법경찰관 이민호 명의로 작성된 허위 내용의 불송치 결정서를 그대로 인용하는 수법을 통해 허위 내용의 불기소 결정서 (이 신문기사 '첨부 2')를 작성함으로써 위 문경석 등에 대한 불송치 (각하) 결정 이의신청서를 각하 처분하였다.

이에, 필자는 2023. 1. 30.경 위 유정현 검사의 각하 처분에 불복하여 사법경찰관 문경석 등에 대한 항고장(이 신문기사 '첨부 3')을 서울고등 검찰청에 제출하였으나, 서울고등검찰청 검사 이승영은 2023. 3. 2.경 판에 박힌 허위 내용의 항고기각 결정문을 작성하는 수법을 통해 위 항고장을 기각해 버렸다.(이 신문기사 '첨부 4')

이에, 필자는 2023. 3. 10.경 검사 이승영의 항고기각 결정에 불복 하여 사법경찰관 문경석 등에 대한 재정신청서(이 신문기사 '첨부 5')를 서울고등법원에 제출하였고, 이는 서울고등법원 제30 형사부에 접수 (2023초재779 재정신청)되어 현재 심리 중에 있다.

ⓒ '관피모사건' 고소인인 필자는 2022. 10. 10.경 '관피모사건' 피의자 전상화 및 사법경찰관 신미영 등에 대한 불송치(각하) 결정 이의신청서를 서울도봉경찰서장에게 제출하였으나, 이를 송치받은 서울북부지방검찰청 검사 정성현은 2022. 12. 29.경 서울도봉경찰서 사법경찰관 배보성 명의로 작성된 허위 내용의 불송치 결정서를 그대로 인용하는 수법을

통해 허위 내용의 불기소 결정서(이 신문기사 '첨부 6')를 작성함으로써 위 전상화 및 사법경찰관 신미영 등에 대한 불송치(각하) 결정 이의신청서를 각하 처분하였다.

이에, 필자는 2023. 1. 10.경 위 정성현 검사의 각하 처분에 불복하여 위 전상화 및 신미영 등에 대한 항고장(이 신문기사 '첨부 7')을 서울고등검찰청에 제출하였으나, 서울고등검찰청 검사 이승영은 2023. 2. 15.경 판에 박힌 허위 내용의 항고기각 결정문을 작성하는 수법을 통해 위 항고장을 기각해 버렸다.(이 신문기사 '첨부 8')

이에, 필자는 2023. 2. 22.경 검사 이승영의 항고기각 결정에 불복하여 위 전상화 및 사법경찰관 신미영 등에 대한 재정신청서(이 신문기사 '첨부 9')를 서울고등법원에 제출하였고, 이는 서울고등법원 제30형사부에 접수(2023초재598 재정신청)되어 현재 심리 중에 있다.

생각해보건대,

현재 서울고등법원에서 심리 중에 있는 위 2건의 재정신청 사건과 관련하여, 이미 앞에서 살펴본 사법경찰관 유정민 등에 대한 재정신청 사건의 경우처럼 판에 박힌 허위 내용 기각결정문의 작성을 통해 기각 결정으로 결론이 난다면, 이는 뿌리 깊은 '법조카르텔'이 작용함과 동시에 윤석열 정부의 사법부에 대한 압력까지 작용했음을 의미한다.

그 이유는 필자가 본지를 통해 수많은 입증자료를 제시하면서 '관피모 사건'에 대한 실체적 진실 및 이를 은폐·조작 수사한 사법경찰관들의 범죄 사실을 명명백백하게 밝혀왔음에도 불구하고, 한동훈 법무부 장관은 윤석열 정부 차원에서 '관피모사건' 및 '사법경찰관 범죄 사실'을 은폐·조작하기 위해 수도권 검찰 및 경찰조직을 총동원하였기 때문이다.

윤석열 정부는 '관피모사건'에 대한 실체적 진실 및 '사법경찰관 범죄 사실'에 대한 입증자료가 겹겹이 확인되고 있음에도 불구하고, 사법부에게 이 사건들을 기각하도록 압력을 가한 행위는 민주주의 기본 원리인 '3권 분립제도' 자체가 뿌리째 뽑혀 나감은 물론, 대한민국이라는 나라가 온통 부정부패가 난무하는 특권층 사회로 변해 버릴 것이며, 나아가 '금 150억 원 검사비리사건'을 은폐해 버린 중대범죄자 윤석열은 대한민국 대통령보다는 국왕으로서 행세하며 이미 군주국가로 완성되었음을 의미한다.

그런데 문제는 여기서 끝나지 않고 있다는데 더 심각성이 있다.

'관피모사건' 피의자인 구수회는 자신의 뒤를 봐주는 윤석열 정부 내 숨어 있는 비선 실세 권력자의 도움을 받아 경찰이나 검찰로부터 단 한 차례의 조사를 받지 아니하고, 치외법권 혜택을 누려왔다.

즉, 행정사 자격을 갖고 있는 구수회는 자신의 범죄 사실이 담겨져 있는 '관피모사건'이 2022. 3. 22.경 서울서대문경찰서(담당 : 문경석 경위)에서 단 한 차례 소환조사도 받지 아니하고 허위 내용의 불송치 결정서를 통해 각하 처분되고, 2022. 5. 27.경 서울서부검찰청(담당 : 이주훈 검사)에서도 단 한 차례 소환조사도 받지 아니하고 허위 내용의 불기소 결정서를 통해 각하 처분이 되자마자, 이를 기화로 '관피모사건' 고소(고발)인 필자에게 더욱더 인격 모독을 가해옴과 동시에 이를 자신의 영웅심으로 치장하면서 사건브로커 역할을 계속 수행하고 있다.

그 대표적인 실례를 두 개만 들자면, 구수회는

(1) 2022. 5. 13.경 자신이 직접 개설한 다음카페인 "구수회 행정심판 전문사무소" 자유게시판에서, "前 검찰과장 출신 회원이 구수회와 (전상화) 변호사를 고소, 무혐의 받음"이라는 제목을 달고, 그 아래 "다른 사람도 아닌 검찰과장이 이렇게 법을 너무너무 모른다는 것을 발견했습니다.", "검찰수사과장 출신이 맞나요. 그렇게 법과 윤리를 모르시니 검찰조직에서 도태가 된 것 아닌가요."라는 허위사실을 적시하여 필자에 대한 명예훼손의 글을 게재하면서 각종 민·형사 사건 호객행위를 해오고 있었고,

(2) 2022. 9. 24.경 자신이 직접 개설한 후 약 만 명가량의 회원을 거느리고 있는 다음카페인 "관청피해자모임"(이하, '이 카페') 자유게시판에서, "구수회가 구속되지 않는 이유 8개 + 12(관청피해자모임)"이라는 제목을 달고, 그 아래 "검사가 1주에 1명의 위장고객을 보낸다는 자세로 사무실 고객들에게 돈을 받고 있음"이라고 게재하면서 아예 노골적으로 민·형사 사건 호객행위를 드러내 보이고 있었다. (이에 대한 입증자료로는 후술하는 이 신문기사 '첨부11' 참조)

이에, 필자는 사건브로커 구수회로부터 제2, 제3의 피해자가 발생해서는 안 되겠다는 신념을 갖고, 2022. 9. 24. 22:39:20.경 이 카페 자유게시판에 "이 카페지기이자 고도의 사기꾼 구수회가 구속되어야 할 신문기사(구수회는 윤통의 탄핵 원인 제공자이자 검찰의 선택적 수사 수혜자)"라는 제목을 게재하고, 그 아래에 2022. 8. 14.자 "검찰을 범죄조직으로 만들어버린 윤석열 대통령은 탄핵밖에 답이 없다!!" 제하의 LPN로컬파워뉴스 신문기사를 링크해 놓았다.

그랬더니, 이 카페 카페지기인 구수회는 2022. 9. 26.경 이 카페 회원들은 물론 자신이 운영하는 사무실 고객을 상대로 계속 법률 사건 호객 행위를 하는 데 큰 지장이 초래될 것이 염려되어 이를 적극 방어하기 위하여 필자를 상대로 정보통신망법상 허위사실 적시에 의한 명예훼손죄를 적용하는 고소장(이하, '구수회 고소장'이라고 함, 이 신문기사 '첨부 10')을 작성하여 이를 서초경찰서에 제출함과 동시에 이 카페 자유게시판에도 게시해 놓았다.

이에, 필자는 2023. 1. 5.경 '구수회 고소장'이 허위 내용으로 작성되었다며 구수회 및 '관피모사건' 공범자인 전상화 변호사를 상대로 고소장(이하, '임찬용 고소장', 이 신문기사 '첨부 11')을 작성하여 이를 대검찰청에 제출하였다.

위 '임찬용 고소장'에서는 피고소인 구수회에게 무고죄 및 정보통신망법상 허위사실 적시에 의한 명예훼손죄, 피고소인 전상화에게 정보통신망법상 허위사실 적시에 의한 명예훼손죄가 각각 적용되었다.

그런데 검찰이 '구수회 고소장' 처분 과정에서 또 문제가 발생했다.

결론부터 말하면, 수원지검성남지청 김한나 검사는 '구수회 고소장' 처분 과정에서 피의자 신분에 있는 필자를 상대로 선택적 수사기법에 의한 보복수사를 단행함과 동시에, '임찬용 고소장'에 기재된 구수회의 무고죄 범죄 사실을 희석시키기 위하여 경찰의 불송치 결정과 상반된 '보완수사요구권'이라는 검찰권을 불법으로 발동하였다.

김한나 검사가 경찰이 불송치 결정을 내린 '구수회 고소장'에 대하여 '보완수사요구권'을 발동하게 된 경위는 다음과 같다.

먼저 '구수회 고소장'과 '임찬용 고소장'을 비교·검토해 보면, '구수회 고소장'은 검찰사건사무규칙(법무부령 제204호) 제5호 가목에 해당하는 명백한 각하 대상임을 확인할 수 있다.

더군다나, '구수회 고소장'에 기재된 내용 중 "3. '임찬용'의 범죄행위 1" 항목에서는 필자가 이 카페 자유게시판에 게재한 2022. 8. 14.자 "검찰을 범죄조직으로 만들어버린 윤석열 대통령은 탄핵밖에 답이 없다!!" 제하의 LPN로컬파워뉴스 신문기사 내용 중 어떤 부분이 구수회에게 허위사실에 의한 명예훼손죄에 해당되는지 전혀 특정을 해놓지 않고 있으며, "4. '임찬용'의 범죄행위 2" 항목에서는 모든 기재 내용이 허위사실로 기재되어 있어 오히려 구수회가 무고죄로 처벌받아야 할 상황에 놓이게 되었다.

설사, 백번 양보하여 '구수회 고소장'의 기재 내용들이 모두 사실로 채워져 있고, 필자가 위 신문기사를 허위사실로 작성하여 이 카페 자유게시판에 게시함으로써 구수회의 명예를 훼손하였다고 하더라도, 필자의 행위에 대해서는 대법원 판례(2010. 11. 25. 선고 2009도12132)에 의거 위법성이 조각되어 처벌할 수 없다.〔2023. 1. 5.자 '임찬용 고소장' (이 신문기사 '첨부 11')에 기재된 (법리검토) 제19~29쪽 참조〕

한마디로 말하면 검찰이 '구수회 고소장'을 위·변조하거나 관련된 증거를 조작하지 않고서는 필자를 처벌할 수 없다.

상황이 위와 같음에도 불구하고, 성남수정경찰서 수사과 사이버수사팀 사법경찰관리 경사 이용일은 2022. 10. 17.경 '구수회 고소장'을 서울서초경찰서로부터 이첩받은 후 이를 각하 사유로 불송치 결정을 하려고 하다가, 검찰로부터 암암리에 지시를 받은 탓인지 당초 각하결정 태도를 바꿔 소환조사를 거부하고 있던 필자에게 '체포영장'을 발부하겠다고 협박하는 바람에 2023. 1. 5.경 필자로부터 강요미수죄로 피소되었다.

그 후 사법경찰관리 이용일은 필자의 완강한 소환조사 거부에 굴복하여 당초 태도대로 2023. 1. 19.경 '구수회 고소장'에 대해 불송치(각하) 결정을 한 후 이를 수원지검성남지청에 송치하였다.

그런데 '구수회 고소장'을 배당받은 김한나 검사는 법과 원칙에 따라 증거에 입각하여 사건을 처분하려는 마음을 갖고 있었다면, 경찰 의견대로 '구수회 고소장'을 각하 처분하고, 동시에 구수회에 대해서는 '임찬용 고소장'에 기재된 바대로 무고죄 및 정보통신망법상 허위사실 적시에 의한 명예훼손죄로 입건하여 처벌하여야 한다.

그러나 김한나 검사는 주임검사로서 '구수회 고소장'으로는 필자를 전혀 처벌할 수 없다는 사실을 어느 누구보다 더 잘 알고 있으면서도, 2023. 4. 26.경 구수회를 무고죄 등으로 처벌하기는커녕 오히려 경찰에 대하여 필자를 소환조사하라며 '보완수사요구권'을 발동하고 말았다.

이는 실체적 진실 측면에서나 법리적 측면에서나 도저히 받아들일 수가 없기 때문에 성남검찰 지휘부의 필자에 대한 보복 수사 지시가 있었음이 분명하다.

이에, 필자는 2023. 5. 1.경 '구수회 고소장'을 수사 중에 있던 성남수정경찰서에 김한나 검사의 '보완수사요구'와 관련된 검찰권 남용 사실을 확인하기 위하여 정보공개청구를 신청하였다.(이 신문기사 '첨부 12')

그러나 성남검찰로부터 지시를 받은 성남수정경찰서는 '공공기관의 정보공개에 관한 법률 제9조(비공개 대상 정보) 제1항 제4호'에 의거 검사의 보완수사요구서는 수사 관련 서류이므로 비공개한다며 필자의 정보공개청구 신청을 거절하였다.

생각해 보라!

앞서 살펴본 바와 같이, 김한나 검사의 보완수사요구서 기재 내용 및 그에 대한 수사 결과가 어떻게 나오든 간에 필자를 정보통신망법상 허위사실 적시에 의한 명예훼손죄로 처벌할 수 없다는 사실은 명백해졌다.

그럼에도 불구하고, 김한나 검사는 수사상 아무런 실익이 없을 뿐만 아니라 오히려 필자에게 강요죄 및 직권남용권리행사방해죄 등 범행을 저지르면서까지 '구수회 고소장'을 불송치(각하)결정한 경찰을 상대로 '보완수사요구권'을 발동한 이유는 뭘까?

그 이유는 간단하다.

김한나 검사는 검찰 지휘부의 지시에 따라 선택적 수사기법을 활용하여 검찰로부터 미운털이 박힌 필자를 상대로 보복 수사를 감행하려는 의도가 분명하다는 점, 그동안 경찰이나 검찰이 조작·은폐 수사를 해왔던 '관피모사건'에 대한 실체적 진실을 국민들의 관심 밖으로 감추고 싶은 의도가 분명하다는 점, '구수회 고소장'으로 인해 구수회가 '임찬용 고소장'에 적시된 무고죄 및 정보통신망법상 허위사실 적시에 의한 명예훼손죄로 처벌될 위기에 놓이자 이를 사전에 물타기하고 싶어 하는 의도가 분명하다는 점에 있다.

김한나 검사의 '보완수사요구서'는 위와 같이 범죄행위의 결과물이므로 정상적인 수사서류가 아니다. 따라서 '공공기관의 정보공개에 관한 법률 제9조'에서 정한 수사서류가 아님은 자명하다.

검사가 관련 사건을 은폐·조작하기 위하여 '보완수사 요구권'을 발동하고, 이에 응하지 않을 경우 체포영장을 발부하겠다고 협박하는 모습이 과연 선택적 수사기법에 능숙한 검찰 특수부 출신 윤석열 대통령 휘하의 검찰답다.

마지막으로 윤 대통령(이하, 편의상 '귀하'로 호칭함)에게 탄핵 사유와 관련된 궁금증을 직접 묻겠다.

본지 전회 기사 중 탄핵 사유 제㉑항〔윤 대통령은 제20대 대통령으로 선출되기 이전부터 문재인 정부 소속 서울중앙지검장 및 검찰총장으로 재직해 오면서 '금 150억 원 검사비리사건(이하, '검사비리사건')'을 선택적 수사기법을 통해 은폐해 버린 중대 범죄자의 신분이었다는 점에 있다〕과 관련하여,

귀하께서는 국가 최고 권력자인 대통령 자리까지 오른 만큼 지금이라도 우리나라 역사를 바로 세우고, 검찰을 제대로 개혁해야 하는 차원에서 이원석 검찰총장에게 귀하가 은폐해 버린 위 '검사비리사건'을 재수사하도록 지시할 의향은 있는 것인지?

또 위 '검사비리사건'을 은폐해 버린 귀하의 범행에 대해서도 대통령

퇴임 후 자진해서 검찰로부터 조사를 받을 의향은 있는 것인지?

필자의 귀하에 대한 위 2가지 요구사항이 제대로 이행되지 않는다면, 정치(비리)검사들의 선택적 수사기법에 의한 사건조작·은폐 범죄행위는 영원히 해결할 수 없다.

또한 이는 "대한민국은 민주공화국이다."라는 헌법 제1조 1항의 규정은 허울에 불과하고, 실제는 "대한민국은 정치(비리)검사 공화국"이라는 사실을 증명하고도 남음이 있다고 봐야 한다.

귀하께서 대한민국의 정체성까지 바꿔놓았다면 이보다 더 큰 탄핵사유가 있겠는가 싶다.

본지 전회 기사 중 탄핵 사유 제㉴항〔윤 대통령은 모든 범죄로부터 국민의 생명과 재산을 보호할 의무가 있는 수도권 검찰 및 경찰조직에 대하여 오히려 사건조작을 일삼는 범죄조직으로 만들어버렸다는 점에 있다.〕과 관련하여,

필자가 본지를 통하여 수사 자료까지 제시해 가면서 보도한 기사 내용에 따르면 귀하가 임명하고 관리·통제하는 수도권 검찰조직 내 정치(비리)검사들은 하나같이 똘똘 뭉쳐 선택적 수사기법에 의해 '관피모사건'을 은폐·조작하고 있고, 이를 고소(고발)한 필자에 대해서는 보복성 과잉 수사로 대응하고 있다.

'관피모사건'의 핵심 범죄 사실 요지는 2008년경 "관청피해자 모임"이라는 카페를 설립한 구수회 행정사와 동업자 전상화 변호사가 공모하여 약 만 명에 이르는 카페 회원들을 사법피해자로 둔갑시켜 검찰

및 법원에 적대감을 고취시킨 후 그들을 상대로 민·형사 사건 수임 및 소송대리행위까지 불법행위를 하고 있다는 것인바,

특히, 구수회는 위와 같은 불법행위로 인해 변호사법 위반으로 수차례 처벌받은 전력이 있음에도 불구하고, 이 카페 게시판에 "변호사가 해야 할 일 90%는 행정사가 가능", "행정사 20년 하면서 행정심판 1,900건 수임 진행하였고, 행정사 수수료 1억을 5번 받았다.", "무혐의 된 고소를 행정심판으로 살린다. 재개발 조합장을 징역 보내는 방법, 대법원 패소된 사건을 행정사가 살린다."(이하, '광고 문건')라고 광고하면서 수십 년 동안 호객행위를 해오고 있다.

상황이 이와 같음에도 검찰은 위 광고 문건이 특경법상 사기행각이나 변호사법 위반과는 전혀 무관한 내용으로 판단한 탓인지 허위 내용으로 작성된 사법경찰관의 불송치 결정서를 그대로 인용한 수법을 통해 계속 '관피모사건'을 은폐해 오고 있다.

귀하께서는 위 광고 문건이 법리적으로나 상식적으로 정당하므로 전혀 수사 착수조차 할 필요가 없다는 검찰의 판단에 동의한다면, 이미 변호사법의 실효성은 상실되었으므로 행정부의 수반으로서 법무부로 하여금 변호사법, 법무사법, 행정사법에 대한 통폐합 법률을 신속하게 제정하여 국회에 제출하도록 지시해야 하지 않겠는가?

그렇지 않다면, 귀하께서는 위 '관피모사건' 은폐·조작 수사에 관여한 사법경찰관 및 검사들에 대해 단 한 명도 예외 없이 전원 구속 수사하도록 검찰총장에게 지시하여야 한다.

검찰의 선택적 수사기법에 의해 범죄자가 오히려 큰소리치고 더 큰

범죄를 저지르고 다녀도 처벌하지 아니하고, 오히려 피해자가 검찰로부터 보복수사를 받으면서 숨어 지내는 작금의 대한민국이 두렵기만 하다. "이게 나라냐?"라는 말은 이를 두고 써야 하지 않을까 싶다.

본지 전회 기사 중 탄핵 사유 제㉗항 "윤 대통령은 국가재난관리시스템 부실 운영에 따른 '이태원 참사' 발생으로 인해 약 158명에 이르는 꽃다운 청춘 생명을 빼앗아버렸다는 점에 있다."와 관련하여,

위 탄핵 사유 기재 내용 중 윤 대통령의 법적, 도의적, 정치적 책임 문제와 관련하여 확실한 사실은 아래 ㉠, ㉡, ㉢항을 들 수 있다.

㉠ '이태원 참사'는 인재(人災)임에는 의심의 여지가 없으므로 발생 원인과 그에 따른 국가 책임이 뒤따른다.

㉡ '이태원 참사' 당일 정부 당국 및 지자체는 축제 인파가 10만 명이나 몰리는 상황을 예견하고 있었으므로 경찰 병력 역시 거기에 걸맞게 가장 우선적으로 주권자인 국민의 생명이나 안전을 지키는 데 사용되었어야 했다.

이는 경찰 병력을 관리하거나 통제할 수 있는 정부 당국자가 조금만 관심을 가지고 있었더라면 '이태원 참사'와 같은 불행한 사태는 미연에 막을 수 있었다.

㉢ 윤 대통령은 위 ㉗항에서 살펴본 바와 같이 범죄로부터 국민의 생명과 재산을 보호할 의무가 있는 수도권 검찰조직 및 경찰조직에 대하여 범죄조직으로 만들어버렸다.

이미 범죄조직으로 변해 버린 수도권 경찰조직에 국민의 생명과 안전, 재산을 지키는 업무까지 맡겨놓겠다는 발상 자체는 대단한 난센스가 아닐 수 없다.

위와 같은 상황에 비추어, 윤 대통령에게 법적 책임을 묻기 위해서는 위 ㉠항의 전제하에, 위 ㉡항과 같은 상황을 보고받았거나, 이를 예견하고 있었는지, 또 청와대를 용산으로 이전함으로써 물리적으로 경찰 병력이 '이태원 참사'에 전혀 대응할 수 없는 상황에 이르렀으며, 이를 사전에 인지하고 있었는지의 여부에 대해 특검을 통해 밝혀야 한다.

그러나 현실적으로 '이태원 참사'와 관련하여 윤 대통령의 법적 책임을 묻기 위한 특검을 실시하기에는 불가능에 가깝다.

다만, 윤 대통령은 위 ㉢항으로 인해 경찰조직의 헌신적인 대민 봉사 정신에 금이 가게 한 것은 사실이므로 '이태원 참사' 희생자 및 유가족에게 정치적, 도의적 책임을 져야 함은 분명하다.

이와 관련, 귀하께서는 지금이라도 '이태원 참사' 희생자 및 유가족 그리고 국민들에게 사죄하고 희생자 추모 사업에 정부가 적극 나서서 지원할 의향은 있는 것인지 묻고 싶다.

민주주의를 지향하는 어떤 국가든 공정과 정의, 상식에 바탕을 둔 정치는 여·야 및 보수나 진보 등 진영논리를 떠나 주권자인 국민에 대한 가장 기본적인 봉사 자세이며 모든 국민과 함께 추구해 나가야 할 가치임에는 분명하다. 이는 국가 공권력의 남용을 막고, 정치인이나 고위 공직자의 부정부패를 예방하는 효과를 갖고 있다.

그러나 우리나라는 최고의 형사사법 권력을 쥐고 있는 정치(비리)검사들이 자신들의 이해득실에 따라 선택적 수사기법을 통해 사건을 은폐·조작하고, 고운 털이 박힌 자에게는 사건을 무마해 주거나 관대하게 처문하고, 미운 털이 박힌 자에게는 보복·과잉수사로 대응해 온 결과, 공정과 정의, 상식이 있는 사회는 뿌리째 뽑혀버렸다.

특히, 정치(비리)검사의 수괴이자 '금 150억 원 검사비리사건'을 은폐해 버린 중대 범죄자 윤석열이 대한민국 대통령 자리까지 등극하여 '검사 공화국'을 완성해 놓았으니, 우리나라에 무슨 희망이 있겠는가?

공정과 정의가 도도히 흐르는 국가건설은 물론 전관예우에 맛 들린 썩은 검찰조직에 대한 개혁은 이미 물 건너갔다고 보아야 하는지?

한 시대를 함께 살아가고 있는 우리 모두는 이를 어떻게 극복해야 할지 참으로 암담하기만 하다.

그러나 썩은 검찰 권력은 오래가지 못한다. 돈 없고 뒷배 없는 우리 서민들에게도 희망은 있다.

다가오는 총선에서 여야를 떠나 윤 대통령 탄핵 및 검찰총장 직선제를 지지하는 후보를 국회에 대거 입성시켜 특권과 반칙이 난무하는 '윤석열 검사 공화국'을 박살 내버리도록 하면 된다.

이는 대통령 및 국회의원 등 정치권과 검찰 간 견제와 균형을 유지함으로써 부정부패의 싹을 도려내고 정치(비리)검사들의 선택적 수사기법에 의한 사건조작이 사라지도록 함으로써 정치인은 물론 검사도 처벌받는 공정하고 정의로운 사회를 구현할 수 있다.

【첨부 1】 2023. 3. 3.자 피의자 유정민 등에 대한 재정신청 기각결정문

경기도 성남시 수정구 복정로96번길 20-0, 203호 (복정동)
임찬용

제7형사부

수 원 고 등 법 원

제 7 형 사 부

정 본 입 니 다
2023. 3. 6.
수원고등법원
법원사무관 류강유

결 정

사 건	2022초재752 재정신청
신 청 인	임찬용
피 의 자	1. 유정민
	2. 성명불상
불기소처분	수원지방검찰청 성남지청 2022. 10. 13.자 2022형제21035호 결정

주 문

이 사건 재정신청을 모두 기각한다.

이 유

신청인은 피의자들을 직권남용권리행사방해죄 등으로 고소하였고, 이에 대하여 검사는 불기소처분을 하였다.

살피건대, 신청인이 제출한 자료 및 수사기록만으로는 검사의 불기소처분이 부당하다고 인정하기에 부족하고, 달리 이를 인정할 만한 증거가 없다.

따라서 이 사건 재정신청은 이유 없으므로 형사소송법 제262조 제2항 제1호에 의하여 이를 모두 기각하기로 하여 주문과 같이 결정한다.

2023. 3. 3.

재판장   판사   이제정

판사   이봉락

판사   김대권

* 결정에 대하여 즉시항고를 할 수 있는 경우, 그 기간은 법률에 다른 규정이 있는 경우 외에는 결정문을 송달받은 날부터 7일입니다.
* 항고장은 원심법원에 제출하여야 합니다.

【첨부 2】 2023. 1. 18.자 피의자 문경석 등에 대한 불기소결정서

2023. 01. 18.

사건번호 2022년 형제24027호

제　목 불기소결정서

검사 유정현은 아래와 같이 불기소 결정을 한다.

Ⅰ. 피 의 자
1. 가. 나. 다. 라 문경석
2. 가. 나. 다. 라 이승민

Ⅱ. 죄　명
가. 직권남용권리행사방해
나. 허위공문서작성
다. 허위작성공문서행사
라. 직무유기

Ⅲ. 주　문

피의자들에 대한 고소를 각하한다.

Ⅳ. 피의자사실과 불기소 이유

사법경찰관 작성 수사결과보고서(기록 2권 396쪽) 기재와 같이 직권남용권리행사방해, 허위공문서작성 및 동행사, 직무유기

○ 불기소 이유는 사법경찰관 작성 수사결과보고서(기록 2권 396쪽)기재와 같다.
○ 이에 덧붙여, ① 형법 제123조가 규정하는 타인의 권리행사방해죄에서 권리행사를 방해한다 함은 법령상 행사할 수 있는 권리의 정당한 행사를 방해하는 것을 말한다고

 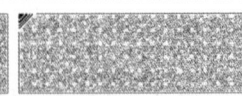 

본 증명서는 인터넷으로 발급되었으며 형사사법포털 홈페이지(www.kics.go.kr)의 발급문서 진위확인 메뉴를 통해 위 문서확인번호(1167-4732-3862-6900) 또는 문서하단의 바코드로 내용의 위·변조 여부를 확인해 주십시오. 다만, 문서확인번호를 통한 확인은 발급일로부터 90일까지 가능합니다.

할 것이므로 이에 해당하려면 구체화된 권리의 현실적인 행사가 방해된 경우라야 할 것인바, 피고소인으로 하여금 처벌받게 하려는 고소인의 의도가 이루어질 수 없게 되었다고 하여 고소인의 권리행사를 방해하였다고 볼 수 없으므로(대법원 86모12 결정 참고) 피의자들의 행위로 고소인의 권리행사가 방해되었다고 보기 어렵고, ② 허위공문서작성 및 동행사죄는 허위 내용을 공문서를 작성하여 행사하는 경우 성립하는 것인바, 고소인이 허위라고 주장하는 부분은 모두 수사기관의 판단(수사 결과)에 해당하는 부분으로 허위 내용이라고 보기 어려우므로 피의자들이 허위 내용의 공문서를 작성하여 행사하였다고 보기 어렵고, ③ 공무원이 법령·내규 등에 의한 추상적 충근의무를 태만히 하는 일체의 경우에 직무유기죄가 성립하는 것이 아니라, 직장의 무단이탈이나 직무의 의식적인 포기와 같이 국가의 기능을 저해하고 국민에게 피해를 야기시킬 구체적 위험성이 있고 불법과 책임비난의 정도가 높은 법익침해의 경우에 한하여 성립하는 것이므로 어떠한 형태로든 직무집행의 의사로 자신의 직무를 수행한 경우에는 직무유기죄가 성립하기 어려운바(대법원 2010도13694호 판결 참고), 피의자들이 사건을 수사한 후 처분을 한 이상 직무유기죄가 성립한다고 보기도 어렵다.

○ 각하한다.

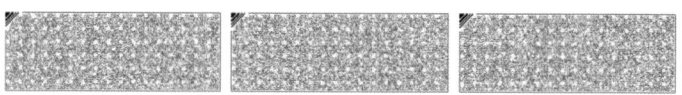

본 증명서는 인터넷으로 발급되었으며 형사사법포털 홈페이지(www.kics.go.kr)의 발급문서 진위확인 메뉴를 통해 위 문서확인번호(1167-4732-3862-6900) 또는 문서하단의 바코드로 내용의 위·변조 여부를 확인해 주십시오. 다만, 문서확인번호를 통한 확인은 발급일로부터 90일까지 가능합니다.

【첨부 3】 2023. 1. 30.자 피의자 문경석 등에 대한 항고장

항 고 장

항고인(고소인) : 임찬용
- 주 소 : 경기도 성남시 수정구 복정로96번길 20, 000호
- 전화번호 : 010-5313-0000

피항고인(피고소인 또는 피의자) : 범행 당시 서울서대문경찰서 사법경찰관 문경석 및 그의 결재권자인 사법경찰관 이승민

서울서부지방검찰청 검사 유정현은 2023. 1. 18. 피의자 문경석 및 이승민에 대한 서울서부지방검찰청 2022년 형제 24027호 직권남용권리행사방해 등 피의사건(이하, '이 사건')과 관련하여, 전혀 수사를 진행하지 아니하고 허위 내용으로 작성된 서울서부경찰서 사법경찰관 이민호 명의의 '피의자 문경석 외 1인에 대한 불송치(각하) 결정서'를 그대로 인용한 수법을 통해 이 사건을 은폐해 버렸다.

특히, 검사 유정현은 이 사건 불기소 이유와 관련하여 위와 같이 사법경찰관 이민호 명의의 '불송치(각하) 결정서'를 그대로 인용하면서도, 이에 덧붙여 자신의 법리적 궤변까지 첨부해 놓았다. (2013. 1. 18.자 '피의자 문경석, 피의자 이승민에 대한 불기소 결정서' 참조, 이 사건 항고장 '첨부 1')

이는 고소인이 그동안 LPN로컬파워뉴스 기사를 통한 검찰의 '관피모 사건' 및 '경찰공무원 범죄' 은폐 방식과 관련하여, "검사들이 해당 사건 기록을 자신들의 캐비닛에 처박아놓았다가 적당한 때에 맞춰 허위 내용

으로 작성된 사법경찰관 명의의 불송치 결정서를 그대로 인용한 수법을 사용해 왔다."는 비난을 조금이라도 희석시키려는 고육책으로 보인다.

그 실례로 고소인은 검사 유정현의 이 사건 불기소처분 예견과 관련하여, 2022. 12. 20.자 LPN로컬파워뉴스 '공정과 상식을 짓밟아버린 대통령 윤석열을 탄핵한다'라는 제하의 신문기사에서,

"'관피모사건' 고소인인 필자는 2022. 10. 10.경 사법경찰관 문경석 등에 대한 불송치(각하)결정 이의신청서를 서울서부경찰서장에 제출하였고, 동 이의신청서가 첨부된 수사기록은 2022. 10. 17.경 서울서부지방검찰청 검사 홍등불에게 배당되었다. (2022형제24027호)

그러나 2022. 12. 8.경 검사 홍등불로부터 위 사건을 재배당받은 검사 유정현은 전혀 수사를 진행하지 않은 채 해당 수사기록을 자신의 캐비닛에 처박아놓았다가 적당한 시점에 이르러 서울서부경찰서 사법경찰관 이민호 명의로 작성된 허위 내용의 불송치 결정서를 그대로 인용하는 수법을 통해 각하 처분할 것을 마음먹고 때를 기다리고 있는 중이다.

그 이유는 애당초 '관피모사건' 및 이를 은폐한 '경찰공무원의 범죄'에 대해서는 윤석열 정부 차원에서 이미 은폐하기로 결정하였기 때문이다."라고 기재해 놓았다. (2022. 12. 20.자 LPN로컬파워뉴스 기사 참조, 이 사건 항고장 '첨부 2')

결국 검사 유정현은 위 신문기사 예견대로 이 사건 수사기록에 대해 전혀 수사하지 아니하고 자신의 캐비닛에 처박아놓았다가[95] 2023. 1.

---

95) 검사 유정현이 이 사건을 사법경찰관 이민호로부터 송치받은 후 조금이라도 수사를 진행하였다면, 불기소(각하) 결정서를 위와 같은 내용이나 방식대로 도저히 작성할 수 없다. 그 이유는 검사 유정현이 직접 수사한 내용을 근거로

18.경에 이르러 사법경찰관 이민호가 작성해 놓은 허위 내용의 불송치 (각하) 결정서를 그대로 인용한 수법을 통해 허위 내용의 불기소 결정서를 작성함으로써 이 사건을 몽땅 은폐해 버렸다.[96]

다만, 검사 유정현은 사법경찰관 명의의 불송치 결정서를 그대로 인용한 수법을 통해 작성된 자신의 불기소결정서가 허위 내용이 아니라는 점을 눈가림조로 속이기 위해 이 사건과 전혀 들어맞지도 않는 대법원 결정이나 대법원 판례까지 억지로 끌고 와 이 사건에 적용해 버렸다.

자신 명의의 불기소 결정서를 작성해야지, 이미 허위 내용으로 판명이 난 사법경찰관 명의의 불송치(각하) 결정서를 근거로 자신 명의의 불기소 결정서를 작성할 수 없기 때문이다.

[96] 고소인은 위 신문기사에서 이 사건 고소장 중 '피의자 전상화 및 피의자 신미영 외 1인'에 대한 검사처분 예견과 관련하여, '피의자 문경석 외 1인'에 대한 검사처분 예견과 관련된 기재 내용과 마찬가지로,

"'관피모사건' 고소인인 필자는 2022. 10. 10.경 '관피모사건' 피의자 전상화 및 사법경찰관 신미영 등에 대한 불송치 결정 이의신청서를 서울도봉경찰서장에 제출하였고, 동 이의신청서가 첨부된 수사기록은 2022. 10. 20.경 서울북부지방검찰청 검사 정성현에게 배당되었다. (2022형제34887)

그러나 검사 정성현은 위 사건에 대해 전혀 수사를 진행하지 않은 채 해당 수사기록을 자신의 캐비닛에 처박아놓았다가 적당한 시점에 이르러 사법경찰관 배보성 명의로 작성된 허위 내용의 불송치 결정서를 그대로 인용하는 수법을 통해 각하 처분할 것을 마음먹고 때를 기다리고 있는 중이다.

그 이유는 애당초 '관피모사건' 및 이를 은폐한 '경찰공무원의 범죄'에 대해서는 윤석열 정부 차원에서 이미 은폐하기로 결정되었기 때문이다."라고 기재해 놓았다.

그랬더니, 아니나 다를까 서울북부지방검찰청 검사 정성현은 해당 수사기록을 자신의 캐비닛에 처박아놓았다가, 2022. 12. 29.경에 이르러 고소인의 예견대로 사법경찰관 배보성 명의로 작성된 허위 내용의 불송치 결정서를 그대로 인용한 수법을 통해 피의자 전상화 및 피의자 신미영 외 1인에 대한 범죄 사실을 모두 은폐해 버렸다. 〔입증자료 : 2013. 1. 10.자 '피의자 전상화 및 피의자 신미영 외 1인'에 대한 항고장, 이 사건 항고장 '첨부 3'〕

이는 사법경찰관 이민호의 사건 은폐·조작 방법보다 훨씬 더 비겁하고 떳떳하지 못한 사기꾼 수법임에는 틀림없다.

한마디로 말하면 검사 유정현은 정당하게 형성된 대법원 판례를 자신의 사건조작에 악용함으로써 사법부를 모독하는 결과를 초래하였다.

더 나아가, 검사 유정현의 대법원 판례를 악용한 위와 같은 사건 은폐·조작 방법은 이 사건 수사 미진 차원을 훨씬 뛰어넘어 죄질이 극히 불량한 중대 범죄행위에 해당하므로, 고소인은 이에 불복하여 다음과 같은 이유로 항고를 제기한다.

- 항고 이유 -

Ⅰ. 서울서부경찰서 사법경찰관들(경장 조민구 및 경위 이민호)은 이 사건을 은폐·조작수사하였다.

고소인은 서울서부경찰서 소속 사법경찰관들이 인근 서울서대문경찰서 동료직원이자 이 사건 피의자 문경석 외 1인에 대한 형사처벌을 면할 목적으로 이 사건을 은폐·조작 수사해 왔다는 사실을 입증하기 위해 이 사건 수사기록에 당연히 편철되어 있어야 할 다음과 같은 수사 자료들을 재차 제출하기로 한다.

㉮ 2022. 4. 20.자 이 사건 고소장 1부. (이 사건 항고장 '첨부 4')

㉯ 2022. 9. 27.자 피의자 문경석 외 1인에 대한 불송치(각하) 결정서 1부. (이 사건 항고장 '첨부 5')

㉰ 2022. 10. 10.자 피의자 문경석 외 1인에 대한 불송치(각하) 결정 이의신청서 1부. (이 사건 항고장 '첨부 6')

위 ㉮항 기재 고소장 기재 내용을 살펴보면, 이 사건 고소장 중 '피고소인 문경석, 피고소인 ○○○'의 범죄 사실에 대하여 관련 증거자료를 일일이 특정하여 첨부해 놓았다.

즉, 피고소인 문경석 외 1인의 직권남용권리행사방해죄를 입증하기 위한 증거자료로는 이 사건 고소장에 첨부된 '첨부(증거) 2~7'을 각각 참조하도록 특정해 놓았고, 피고소인들의 허위공문서 작성 및 동 행사죄를 입증하기 위한 증거자료 역시 이 사건 고소장에 첨부된 '첨부(증거) 2~7'을 각각 참조하도록 특정해 놓았으며, 피고소인들의 직무유기죄를 입증하는 데 필요한 법적 근거로는 2022. 4. 4.자 구수회에 대한 불송치 결정 이의신청서〔이 사건 고소장 첨부(증거) 7〕 제22~23쪽을 참조하도록 특정해 놓았다.

한마디로 말하면, 이 사건 수사를 담당한 서울서부경찰서 소속 경장 조민구 및 경위 이민호는 피의자 문경석 외 1인을 소환하여 고소인이 이미 특정해 놓은 위 증거자료들을 제시하면서 피의자 문경석 외 1인의 범죄 사실에 대하여 조사를 실시하였다면, 그 실체적 진실이 명명백백하게 밝혀질 수밖에 없었다.

위 ㉯항 기재 '피의자 문경석 외 1인에 대한 불송치(각하) 결정서'의 기재 내용을 살펴보면, 서울서부경찰서 소속 경장 조민구 및 경위 이민호는 인근 서울서대문경찰서 소속 동료직원이자 피의자 문경석 외 1인에 대한 형사처벌을 면해 줄 목적으로 위 ㉮항에서 살펴본 바와 같이 각 범죄 사실에 대한 입증자료가 명백하게 존재하고 있음에도 불구하고 소환조사를 실시하지 아니하고, 허위 내용의 불송치(각하) 결정서를 작성하는 수법을 통해 피의자 문경석 외 1인의 범죄 사실을 모두 은폐해 버렸다.

위 ㉓항 기재 '피의자 문경석 외 1인에 대한 불송치(각하) 결정 이의신청서'의 기재 내용을 살펴보면, 서울서부경찰서 소속 사법경찰관 이민호 명의로 작성된 '피의자 문경석 외 1인에 대한 불송치(각하) 결정서'는 전혀 수사가 진행되지 않은 채 100% 허위 내용으로 작성되었다는 사실이 입증되어 있다.

특히 이 사건수사를 담당한 서울서부경찰서 소속 경장 조민구 및 경위 이민호는 자신들이 작성한 '피의자 문경석 외 1인에 대한 불송치(각하) 결정서'【피의사실의 요지와 불송치 이유】항목 중 "1. 피의사실, 가. 직권남용권리행사방해" 소항목에서, "(피의자 문경석 외 1인은) ○○○의 계좌 및 ○○○의 처 ○○○ 명의 계좌, 공범 ○○○ 명의 계좌까지 추적해야 할 필요성과 증거자료가 있음에도 '고소(고발)이 고소인의 추측만을 근거로 수사를 개시할 만한 구체적인 사유나 정황이 충분하지 않아 각하한다.'라고 기재하는 등 허위 내용의 불송치 결정서를 작성하여 그 직권을 남용하고 고소인에게 정당한 경찰수사를 받을 권리행사를 방해하여 직권남용권리행사 방해"라고 기재해 놓고 있다.

살펴보건대, 분명한 사실은 방금 확인한 바와 같이 이 사건수사를 담당한 서울서부경찰서 소속 경장 조민구 및 경위 이민호도 인정하고 있는바, 그 내용인즉 사건 외 구수회의 범죄 사실을 수사하였던 이 사건 피의자 문경석 외 1인은 구수회에게 형사처벌을 면해 줄 목적으로 고소인이 이미 제출해 놓은 "○○○의 계좌 및 ○○○의 처 ○○○ 명의 계좌, 공범 ○○○ 명의 계좌까지 추적해야 할 필요성과 증거자료가 있음에도, '고소(고발)이 고소인의 추측만을 근거로 수사를 개시할 만한 구체적인 사유나 정황이 충분하지 않아 각하한다.'라고 허위 내용의 불송치 결정서를 작성하였다."는 점이다.

　이는 이 사건 수사기록에 위와 같은 증거자료들이 편철되어 있기 때문에 빼도 박도 못하는 명백한 사실이다. 또 이 하나의 사실만으로도 피의자 문경석 외 1인에 대한 직권남용권리행사방해죄, 허위공문서 작성 및 동 행사죄, 직무유기죄의 죄책을 인정하는 데 전혀 지장이 없다.

II. 서울서부지방검찰청 소속 검사 유정현이 작성한 '피의자 문경석 외 1인에 대한 불기소(각하) 결정서'에 대한 구체적 반박

가. 검사 유정현 명의의 불기소 결정서【피의사실과 불기소 이유】 기재 내용

　"사법경찰관 작성 수사결과보고서(기록 2권 396쪽) 기재와 같이 직권남용권리행사방해, 허위공문서 작성 및 동행사, 직무유기"

　○ 불기소 이유는 사법경찰관 작성 수사결과보고서(기록 2권 396쪽) 기재와 같다.

　○ 이에 덧붙여, ① 형법 제123조가 규정하는 타인의 권리행사방해죄에서 권리행사를 방해한다 함은 법령상 행사할 수 있는 권리의 정당한 행사를 방해하는 것을 말한다고 할 것이므로, 이에 해당하려면 구체화된 권리의 현실적인 행사가 방해된 경우라야 할 것인바, 피고소인으로 하여금 처벌받게 하려는 고소인의 의도가 이루어질 수 없게 되었다고 하여 고소인의 권리행사를 방해하였다고 볼 수 없으므로(대법원 86모12 결정 참고) 피의자들의 행위로 고소인의 권리행사가 방해되었다고

보기 어렵고, ② 허위공문서 작성 및 동 행사죄는 허위 내용의 공문서를 작성하여 행사하는 경우 성립하는 것인바, 고소인이 허위라고 주장하는 부분은 모두 수사기관의 판단(수사 결과)에 해당하는 부분으로 허위 내용이라고 보기 어려우므로 피의자들이 허위 내용의 공문서를 작성하여 행사하였다고 보기 어렵고, ③ 공무원이 법령·내규 등에 의한 추상적 충근 의무를 태만히 하는 일체의 경우에 직무유기죄가 성립하는 것이 아니라, 직장의 무단이탈이나 직무의 의식적인 포기와 같이 국가의 기능을 저해하고 국민에게 피해를 야기시킬 구체적 위험성이 있고, 불법과 책임 비난의 정도가 높은 법익침해의 경우에 한하여 성립하는 것이므로 어떠한 형태로든 직무집행의 의사로 자신의 직무를 수행한 경우에는 직무유기죄가 성립하기 어려운바 (대법원 201013694호 판결 참고), 피의자들이 사건을 수사한 후 처분을 한 이상 직무유기죄가 성립한다고 보기도 어렵다.

○ 각하한다.

나. 검사 유정현 명의의 불기소 결정서 【피의사실과 불기소 이유】에 대한 구체적 반박

(1) "○ 불기소 이유는 사법경찰관 작성 수사결과보고서(기록 2권 396쪽) 기재와 같다."라는 기재 부분과 관련,

검사 유정현은 이 사건 불기소 이유와 관련하여, 사법경찰관 작성 수사결과보고서('피의자 문경석 외 1인에 대한 불송치(각하) 결정서')를 그대로 인용하고 있다.

한편, 고소인은 위 "Ⅰ. 서울서부경찰서 소속 사법경찰관들(경장 조민구 및 경위 이민호)은 이 사건을 은폐·조작 수사하였다."라는 항목에서, 피의자 문경석 외 1인에 대한 불송치(각하) 결정 이의신청서를 통하여 "서울서부경찰서 소속 사법경찰관 이민호 명의로 작성된 '피의자 문경석 외 1인에 대한 불송치(각하) 결정서'는 전혀 수사를 진행하지 않은 채 100% 허위 내용으로 작성되었다."는 사실을 입증해 놓았다.

이에 터 잡아, 사법경찰관이 허위 내용으로 작성해 놓은 '피의자 문경석 외 1인에 대한 불송치(각하) 결정서'를 그대로 인용해 놓은 검사 유정현 명의의 이 사건 불기소 결정서 역시 허위 내용으로 작성되었다는 사실을 굳이 증명할 필요가 없다고 하겠다.

따라서 검사 유정현이 작성해 놓은 "○ 이에 덧붙여…" 이하의 불기소 이유에 대해서는 더 살펴볼 필요가 없이 허위 내용으로 판명되었다.

즉 "○ 이에 덧붙여…" 이하의 불기소 이유 기재 부분은 "○ 불기소 이유는 사법경찰관 작성 수사결과보고서(기록 2권 396쪽) 기재와 같다."라는 사족에 불과하다.

다만 고소인은 검사 유정현이 이 사건을 은폐·조작하기 위해 이 사건과 전혀 들어맞지도 않는 대법원 결정 및 판례까지 동원해 왔다는 악의적인 범행 사실을 만천하에 알릴 필요가 있다고 판단하여 "○ 이에 덧붙여…" 이하의 불기소 이유 기재 내용에 대해서도 항목을 바꿔 살펴보기로 한다.

(2) 검사 유정현이 원용하고 있는 '대법원 86모 12 결정' 기재 내용이 이 사건 중 직권남용권리행사방해죄 죄책을 각하할 수 있는 근거가 될 수 있는가?

- '대법원 86모 12 결정' 기재 내용을 구체적으로 살펴본다.

【판시사항】
형법 제123조 소정 타인의 권리행사방해죄에서의 권리행사를 방해한 때의 의미

【결정요지】
형법 제123조가 규정하는 타인의 권리행사방해죄에서 권리행사를 방해한다 함은 법령상 행사할 수 있는 권리의 정당한 행사를 방해하는 것을 말한다고 할 것이므로 이에 해당하려면 구체화된 권리의 현실적인 행사가 방해된 경우라야 할 것이어서 검사가 고발사건을 불기소결정하여 피고발인으로 하여금 처벌받게 하려는 고발인의 의도가 이루어질 수 없게 되었다 하여 고발인의 권리행사를 방해하였다고는 말할 수 없다.

【참조조문】
형법 제123조

【전 문】

【재항고인】 재항고인

【원심결정】 대구고등법원 1986.4.7 차 86초5 결정

【주 문】
재항고를 기각한다.

【이 유】

재항고 이유를 본다.

형사소송법 제260조 제1항은 "형법 제123조 내지 제125조의 죄에 대하여 고소 또는 고발을 한 자는 검사로부터 공소를 제기하지 아니한다는 통지를 받은 때에는 그 검사소속의 고등검찰청에 대응하는 고등법원에 그 당부에 관한 재정을 신청할 수 있다."고 규정하여 재정신청의 대상을 형법 제123조 내지 제125조의 죄에 해당하는 피의사건에 관한 검사의 불기소처분으로 제한하고 있으므로 위 죄에 해당하지 아니한 죄에 대한 불기소처분에 대하여는 재정신청을 할 수 없는 것이다. 이 사건 기록에 의하면, 재항고인은 당초 경찰관 재항고 외 1, 재항고 외 2, 재항고 외 3의 직권남용, 감금, 주거수색, 허위공문서 작성, 동행사 등 사건에 대하여 고발을 하였다가 그 사건의 수사를 담당하였던 마산지방검찰청진주지청 검사이던 이상형이 위 사건을 진주지청 84형 제7047호로 처리하여 1984.12.27. 무혐의의 불기소결정을 하자 이에 불복하여 재정신청을 하였으나 끝내 기각되므로 말미암아 위 경찰관들을 처벌받게 하려는 목적을 달성할 수 없게 되니까 이번에는 위 검사 이상형이 위와 같은 불기소결정을 하고 위 지청장 검사이던 강부원, 대구고등검찰청 검사장대리 검사이던 이윤이 그 재정신청에 대하여 이유 없다는 의견을 붙인 것이 모두 직권을 남용하여 재정신청인의 권리행사를 방해하였을 뿐 아니라 직무를 유기한 것이라고 하여 고발하였다가 이에 대한 수사를 담당하였던 위 검사 재항고 외 4가 진주지청 85형 제8991호로 처리하여 1986.2.25. 무혐의의 불기소결정을 한 데 대한 불복으로 다시 이 사건 재정신청에 이른 것임을 알 수 있다.

생각건대 형법 제123조가 규정하는 타인의 권리행사방해죄는 공무원이 직권을 남용하여 사람으로 하여금 의무 없는 일을 행하게 하거나 사람의 권리행사를 방해함으로써 성립하고 여기에서 권리행사를 방해한다 함은 법령상 행사할 수 있는 권리의 정당한 행사를 방해하는 것을 말한다고 할 것이므로 이에 해당하려면 구체화된 권리의 현실적인 행사가 방해된 경우라야 할 것인바 이 사건에서와 같이 검사가 고발사건을 불기소 결정하여 피고발인으로 하여금 처벌받게 하려는 고발인의 의도가 이루어질 수 없게 되었다 하여 고발인의 권리행사를 방해하였다고는 말할 수 없는 것이라고 할 것이다.

또한 이 사건 재정신청 중 직무유기 피의사건 부분은 형사소송법 제260조가 규정하는 죄에 대한 것이 아니어서 허용되지 않는다고 할 것이다.

결국 이 사건 재정신청은 모두 재정신청의 대상으로 할 수 없는 것에 대한 것이어서 이유 없다 할 것이므로 같은 견해에서 이 사건 재정신청을 기각한 원심의 조처는 정당하고, 거기에 소론과 같은 위법 사유가 있다고 할 수 없다.

결국 논지는 이유 없으므로 재항고를 기각하기로 하여 관여 법관의 일치된 의견으로 주문과 같이 결정한다.

대법관   최재호(재판장) 윤일영 이명희 황선당

(출처 : 대법원 1986. 6. 30.자 86모12 결정 [재정신청 기각결정에 대한 재항고] 〉 종합법률정보 판례)

- **살펴보건대,**

결론부터 말하면, 검사 유정현은 이 사건을 은폐할 목적으로 이 사건에 전혀 적용할 수 없는 위 '대법원 86모 12 결정' 사항을 억지로 끌어들 였다.

위 대법원 결정문의 핵심 요지는 수사기관의 사건 수사가 정상적으로 진행되어 왔고, 거기에 덧붙여 고발인이 제기한 형사사법 절차가 정상적 으로 진행되고 있는 상황에서, 고발인이 검사의 불기소결정 등에 불만을 품고 피고발인으로 하여금 처벌받게 하려는 고발인의 의도가 이루어질 수 없게 되었다고 하여 이를 이유로 검사의 불기소결정 등 각종 처분이 고발인의 권리행사를 방해하였다고 볼 수 없다는 취지이다.

그 반면, 이 사건의 경우 이 사건 피의자인 서울서대문경찰서 사법 경찰관 문경석 외 1인은 사건 외 구수회에 대한 형사처벌을 면해 줄 목적으로 고소(고발)인이 구수회의 범죄 사실을 입증할 만한 수많은 증거자료를 제출하였음에도 불구하고, 2022. 3. 22.경 단 한 차례의 소환조사마저도 실시하지 아니한 채 허위 내용의 불송치(각하) 결정서를 작성하는 수법을 통해 구수회의 모든 범죄 사실을 은폐해 버렸고,

〔기 제출한 2021. 10. 5.자 '관피모사건' 고소장, 2022. 3. 22.자 구수회 에 대한 불송치(각하) 결정서, 202. 4. 4.자 구수회에 대한 불송치(각하) 결정 이의신청서 각 참조〕

서울서부경찰서 소속 사법경찰관들(경장 조민구, 경위 이민호) 역시 2022. 9. 27.경 이 사건 피의자인 문경석 외 1인에 대한 형사처벌을 면해 줄 목적으로 이들을 단 한 차례 소환조사마저도 실시하지 아니한 채 허위 내용의 불송치(각하) 결정서를 작성하는 수법을 통해 문경석 외 1인의 모든 범죄 사실을 은폐해 버렸으며, (이 사건 항고장 '첨부 3' 및 '첨부 4' 및 '첨부 5' 각 참조)

서울서부지방검찰청 소속 검사 유정현 역시 이 사건 피의자인 문경석 외 1인에 대한 형사처벌을 면해 줄 목적으로 단 한 차례 소환조사마저도 실시하지 아니한 채 위 (1)항에서 살펴본 바와 같이, 서울서부경찰서 사법경찰관 이민호 명의로 작성된 허위 내용의 불송치(각하) 결정서를 그대로 인용한 수법을 통해 이 사건의 모든 범죄 사실을 은폐해 버렸다.

이 사건 수사 진행 상황 및 그에 따른 수사 결과가 위와 같음에도 불구하고, 검사 유정현은 이 사건을 은폐·조작할 목적으로 이 사건을 위 '대법원 86모 12 결정'에 언급되고 있는 사건과 동일 선상에 올려놓고 있다니, 그저 말문이 막힐 뿐이다.

결론적으로, 위 대법원 결정문에 기재된 내용 중에서 "형법 제123조가 규정하는 타인의 권리행사방해죄는 공무원이 직권을 남용하여 사람으로 하여금 의무 없는 일을 행하게 하거나 사람의 권리행사를 방해함으로써 성립하고 여기에서 권리행사를 방해한다 함은 법령상 행사할 수 있는 권리의 정당한 행사를 방해하는 것을 말한다고 할 것이므로 이에 해당하려면 구체화된 권리의 현실적인 행사가 방해된 경우라야 할 것인바"라고 기재된 부분은 이 사건의 경우와 100% 일치한다.

즉, 이 사건 피의자인 문경석 외 1인은 고소사건을 수사할 수 있는 사법경찰관의 직권을 남용하여 허위 내용의 불송치(각하) 결정서를 작성하는 수법을 통해 사건 외 구수회의 모든 범죄 사실을 은폐해 버림으로써 고소인의 정당한 경찰수사를 받을 권리행사를 방해하였음은 두말할 나위가 없다고 하겠다.

결국, 검사 유정현은 이 사건을 은폐·조작하기 위해 이 사건과 전혀 들어맞지 않는 대법원 판례까지 동원하는 추악한 모습을 보일 것이 아니라,

이 사건에 대한 실체적 진실을 조금이라도 밝히고자 하는 검사로서의 사명감이 눈곱만큼이라도 있었다면, 이 사건 피의자인 문경석 외 1인을 소환하여, "고소인이 이미 제출해 놓은 구수회의 계좌 및 구수회의 처 노재숙 명의 계좌, 공범 전상화 명의 계좌까지 추적해야 할 필요성과 증거자료가 있었음에도 불구하고, 왜 '고소(고발)이 고소인의 추측만을 근거로 수사를 개시할 만한 구체적인 사유나 정황이 충분하지 않아 각하한다.'는 허위 내용의 불송치결정서를 작성하였느냐"라고 한 번쯤 물어보았어야 했었다.

(3) "② 허위공문서 작성 및 동 행사죄는 허위 내용의 공문서를 작성하여 행사하는 경우 성립하는 것인바, 고소인이 허위라고 주장하는 부분은 모두 수사기관의 판단(수사 결과)에 해당하는 부분으로 허위 내용이라고 보기 어려우므로 피의자들이 허위 내용의 공문서를 작성하여 행사하였다고 보기 어렵고,"라는 불기소 이유 기재 부분과 관련하여,

- 검사 유정현은 제정신인가? 서울서대문경찰서장 명의로 고소인에게 통지까지 한 바 있고, 사법경찰관 문경석 명의의 피의자 구수회에 대한 불송치(각하) 결정서상【피의사실 요지와 불송치 이유】가 수사기관의 판단(수사 결과)에 해당하므로 허위 내용이라고 보기 어렵다니, 도대체 이는 또 무슨 날벼락이고 궤변인가?

"수사기관의 판단에 해당하는 수사 결과 기재 공문서는 설사 허위 내용으로 작성되었다고 하더라도 허위 내용이라고 보기 어렵다."는 뜻인가? 이는 "술 마시고 운전하였으나 음주운전이 아니다."는 의미와 어떻게 다른 것인가?

- '관피모사건' 피의자인 구수회에 대한 불송치(각하) 결정서가 허위 내용으로 작성되었는지, 그렇지 않으면 실체적 진실에 부합하게 작성되었는지 판단하면 되는 일이지, 거기에 수사기관의 판단(수사 결과)에 해당하는지 그렇지 않은지 부수 조건이 붙은 이유가 무엇인가? 검사 유정현의 논리대로라면 검사의 불기소 결정서 또는 판사의 무죄 판결문 역시 수사기관의 판단(수사 결과)에 해당하거나, 재판기관의 판단(재판 결과)에 해당하므로 허위 내용으로 작성되었더라도 하등의 법적 문제가 없다는 말이 아닌가? 검찰의 사건 은폐·조작 수법이 하늘도 깜짝 놀랄 일이다.

(4) "③ 공무원이 법령·내규 등에 의한 추상적 충근 의무를 태만히 하는 일체의 경우에 직무유기죄가 성립하는 것이 아니라, 직장의 무단이탈이나 직무의 의식적인 포기와 같이 국가의 기능을 저해하고 국민에게 피해를 야기시킬 구체적 위험성이 있고, 불법과 책임 비난의 정도가 높은 법익 침해의 경우에 한하여 성립하는 것이므로 어떠한 형태로든 직무집행의 의사로 자신의 직무를 수행한 경우에는 직무유기죄가 성립하기 어려운 바, (대법원 2010도 13694호 판결 참고) 피의자들이 사건을 수사한 후 처분을 한 이상 직무유기죄가 성립한다고 보기도 어렵다."는 기재 부분과 관련하여,

- 검사 유정현은 또 제정신인가? 앞서 이 사건 중 직권남용권리행사방해죄의 죄책을 은폐·조작하기 위해 위 '대법원 86모 12 결정' 사항을 억지로 끌어오더니, 이 사건 중 직무유기죄의 죄책을 은폐·조작하기 위해 위 '대법원 2010도 13694호를 또다시 억지로 끌어들였다.

- 이 사건은 피의자 문경석 외 1인이 고소인으로부터 수많은 증거자료를

제출받았음에도 불구하고 사건 외 구수회에게 형사처벌을 면해 주기 위해 의도적으로 소환조사마저도 생략한 채 허위 내용의 불송치 결정서를 작성하는 수법을 통해 모든 범죄 사실을 은폐해 버렸던 사안이다. 이를 두고 어찌 위 '대법원 2010도 13694'호 판례와 동일한 사안으로 비교할 수 있다는 말인가?

검사 유정현이 자신의 양심까지 속여가면서 이 사건 직무유기 죄책 부분을 은폐 및 조작하기 위해 신성하고도 정당하게 형성된 위 대법원 판례를 억지로 끌어들이는 모습이야말로 사법부를 모독하고, 나아가 국민의 사법 불신만을 더 키우는 일임을 명심했으면 한다.

3. 항고청인 서울고등검찰청 검사장에 대한 요구사항

이 사건은 '관피모사건'을 은폐하고, '관피모사건'을 은폐·조작 수사하였던 '경찰공무원의 범죄'의 일부에 해당하는바, 큰 테두리에서 살펴보면 모든 사건에 각각 명백한 증거가 있음에도 불구하고 윤석열 정부의 수도권 검찰과 경찰이 서로 짜고 이에 대한 은폐를 시도하고 있는 형국에 있다.

특히, 검찰은 현직 판·검사들의 장래 밥그릇은 물론 일선에서 뛰고 있는 변호사들의 현재 밥그릇을 빼앗고 있는 '관피모사건'을 은폐하려고 하는 이유는 뭘까?

즉, 검찰은 변호사법위반 전력이 3회에 이르고, '대법원 패소된 사건을 행정사가 살린다. 변호사가 해야 할 일 90% 행정사가 가능하다.'며 '행정사 수수료 1억을 5번 받았다.'고 광고해 오면서 변호사법의 실효성을 무력화시킴과 동시에 수십 년간 사건브로커 역할을 충실히 해오고 있는 사건 외 구수회의 범죄 사실에 대해서는 온 힘을 다해 은폐하려고 한 이유는 뭘까?

이는 당초 검찰수사 대상인 '관피모사건'은 물론, 이를 은폐·조작 수사한 이 사건을 포함한 '경찰공무원의 범죄'에 대해서도 암묵적 지지를 보낸 한동훈 법무부장관을 비롯한 정부 실세가 뒤에 숨어 있기 때문이다.

이런 이유로 이 사건은 검찰에서는 도저히 해결할 수 없고, 그나마 대통령 등 정치권력과 일정한 거리를 유지하고 있는 법원에 기대할 수밖에 없다고 하겠다.

따라서 썩은 검찰을 개혁하지 않고서는 이 땅에 사법정의는 영원히 물 건너갈 수밖에 없다는 현실을 절실히 깨닫고 있는 고소인으로서는 이 사건에 대한 법원의 판단을 하루라도 빨리 받아볼 수 있게끔[97] 항고청인 서울고등검찰청에서 비록 허위 내용이라고 할지라도 판에 박힌 이 사건 항고기각 결정문을 가급적 빨리 내려주기를 바랄 뿐이다.

---

[97] 법원 역시 판에 박은 허위 내용의 재정신청 기각결정문을 통하여 이 사건을 은폐해 버린다면, 고소인은 '금 150억 원 검사비리사건'과 마찬가지로 제3차 책자 발간을 통하여 그 내용을 역사와 국민, 다음 정권세력들에게 가감 없이 원본 그대로 고발하고, '법조카르텔'을 깨는 시발점으로 삼을 것임.

첨부　1. 2013. 1. 18.자 '피의자 문경석, 피의자 이승민에 대한 불기소 결정서' 1부.
　　　2. 2022. 12. 20.자 LPN로컬파워뉴스 인터넷신문기사 1부.
　　　3. 2013. 1. 10.자 '피의자 전상화, 피의자 신미영 외 1인'에 대한 항고장 1부.
　　　4. 2022. 4. 20.자 이 사건 고소장 1부.
　　　5. 2022. 9. 27.자 피의자 문경석 외 1인에 대한 불송치 (각하) 결정서 1부.
　　　6. 2022. 10. 10.자 피의자 문경석 외 1인에 대한 불송치 (각하) 결정 이의신청서 1부. 끝.

2023. 1. 30.
위 항고인(고소인)　임 찬 용 (인)

서울고등검찰청 검사장 귀하

【첨부 4】 2023. 3. 2.자 피의자 문경석 등에 대한 항고기각 결정문

서울고등검찰청
주 소: 서울특별시 서초구 반포대로 172
전화번호: 1301

받는사람
경기도 성남시 수정구 복정로96번길 20, 203호 (복정동)
임찬용 귀하
13112

2099001589481

서울고등검찰청
(1301)

2023. 3. 2.

수 신 임찬용 귀하 발 신 서울고등검찰청

제 목 항고사건 결정통지   검사 이승영

문경석 외 1명에 대한 항고사건에 관하여 아래와 같이 결정하였으므로 통지합니다.

결정	사 건 번 호	2023 고불항 제 680호 <서울서부지방검찰청 2022 형제 24027호>
	년 월 일	2023. 3. 2.
	결 과	결정주문 : 별첨참조 이 유 : 별첨참조

비 고

항고기각 결정에 대하여 이의가 있을 경우에는
① 고소인 및 「형법」제123조부터 제126조까지의 죄, 「공직선거법」제273조에 정한 죄 등에 대한 일부 고발인은 이 통지서를 받은 날부터 10일 이내에 관할 고등법원에 재정신청을 ② 그 밖의 고발인은 이 통지서를 받은 날부터 30일 이내에 대검찰청에 재항고(「검찰청법」제 10조제3항)를 각각 할 수 있으며, 위 기간 안에 재정신청서는 불기소결정청(지방검찰청 또는 지청)에, 재항고장은 우리청에 각각 제출하면 됩니다.

서울고검

[별첨첨부]

결정주문
　항고기각

이 유
이 항고사건의 피의사실 및 불기소 이유의 요지는 불기소처분 검사의 불기소 결정서 기재와 같아 이를 원용하고, 항고청 담당검사가 새로이 기록을 살펴보아도 원 불기소처분이 부당하다고 인정할 자료를 발견할 수 없으므로 주문과 같이 결정한다.

안 내 문

■ **재정신청**

1. 의의

고소권자로서 고소를 한자(형법 제123조부터 제126조까지의 죄에 대하여는 고발을 한 사람 포함)는 검사로부터 공소를 제기하지 아니한다는 통지를 받은 때에는 그 검사 소속의 지방검찰청 소재지를 관할하는 고등법원에 그 당부에 관한 재정을 신청할 수 있는 제도입니다.

2. 신청 및 절차

가. 신청권자
- 범죄피해자 등 형사소송법상 고소권자로서 고소한 자
  ※ 형사소송법상 고소권자 : ① 피해자(제223조), ② 피해자의 법정대리인(제225조 제1항), ③ 피해자의 법정대리인이 피의자이거나, 법정대리인의 친족이 피의자인 때에는 피해자의 친족(제226조), ④ 피해자가 사망한 때에는 그 배우자·직계친족 또는 형제자매등(제225조 제2항), ⑤ 사자의 명예를 훼손한 범죄에 대하여는 그 친족 또는 자손(제227조), ⑥ 친고죄에 관하여 고소할 자가 없는 경우에 이해관계인의 신청이 있으면 검사는 10일 이내에 고소할 수 있는 자를 지정하여 고소권자가 된 자(제228조)
- 형법 제123조(직권남용권리행사방해), 제124조(직권남용체포, 직권남용감금), 제125조(독직폭행, 독직가혹행위), 제126조(피의사실공표), 「공직선거법」제273조(재정신청)에 정한 죄 등에 대한 고발인

※ 재정신청권자는 재항고를 할 수 없습니다.

나. 처리절차
- 항고기각 결정을 통지받은 날로부터 10일 이내에 불기소처분을 한 지방검찰청의 검사장 또는 지청장에게 재정신청서를 제출하여야 합니다. 재정신청서에는 재정신청을 이유있게 하는 사유를 기재하여야 함을 유의하십시오.
- 지방검찰청 또는 지청에서는 재정신청서 및 수사관계서류 등을 고등검찰청을 경유하여 관할 고등법원에 송부하고, 송부받은 고등법원은 3개월 이내에 결정을 하게 됩니다.

(통지서 수령 → 수령일로부터 10일 이내 불기소처분 검찰청에 재정신청서 제출 → 고등검찰청 경유 → 고등법원)

3. 비용부담

재정신청의 기각결정 등 일정한 경우, 재정신청인에게 비용을 부담하게 할 수 있고(형사소송법 제262조의3, 형사소송규칙 제122조의2, 제122조의4), 그 내용은 다음과 같습니다.
- 증인·감정인·통역인·번역인에게 지급되는 일당·여비·숙박료·감정료·통역료·번역료
- 현장검증 등을 위한 법관, 법원사무관 등의 출장경비
- 그 밖에 재정신청 사건의 심리를 위하여 법원이 지출한 송달료 등 절차진행에 필요한 비용
- 피의자 또는 변호인이 출석함에 필요한 일당·여비·숙박료
- 피의자가 변호인에게 부담하였거나 부담하여야 할 선임료
- 기타 재정신청 사건의 절차에서 피의자가 지출한 비용으로 법원이 피의자 방어권행사에 필요하다고 인정한 비용

■ **재항고**

1. 의의

항고를 한 고발인(재정신청 가능한 고발인 제외)이 검사의 항고기각 처분에 불복하는 경우에 그 검사가 속한 고등검찰청을 거쳐 서면으로 **검찰총장에게 다시 항고할 수 있는 제도**입니다.

2. 신청 및 절차

가. 신청권자
- 고발인(예 : 뇌물공여 등 고발인과 같이 범죄의 피해자가 아닌 자)

나. 처리절차
항고기각 결정을 통지받은 날로부터 30일 이내에 관할고등검찰청에 재항고장을 제출할 수 있으며, 재항고장을 접수받은 관할고등검찰청은 대검찰청에 송부하고, 대검찰청은 이에 대한 최종 결정을 하게 됩니다.

(통지서 수령 → 수령일로부터 30일 이내 관할고등검찰청에 재항고장 제출 → 대검찰청)

【첨부 5】 2023. 3. 10.자 피의자 문경석 등에 대한 재정신청서

재정신청서

- 고소인(신청인, 항고인) : 임찬용

- 피의자(피고소인, 피신청인, 피항고인) : 피의자 문경석 및 그의 결재권자인 피의자 이승민[98]

신청취지 및 이유

위 피의자들에 대한 서울서부지방검찰청 2022형제24027호 (이하, '이 사건')와 관련, 서울서부지방검찰청 검사 유정현은 2023. 1. 18. 증거불충분 등을 이유로 불기소처분(각하)하였고, 고소인(신청인)은 이에 불복하여 서울고등검찰청에 항고(2023 고불항 제680호)하였으나 서울고등검찰청 검사 이승영 역시 2023. 3. 2. 항고기각 결정을 하였다.

그러나 검사 유정현의 불기소처분 및 항고검사 이승영의 항고기각 결정은 공히 위 피의자들에게 형사처벌을 면해 주기 위한 은폐·조작수사의 결과물들인바, 고소인(신청인)은 이를 다음과 같이 입증하고자 한다.

---

98) 고소인은 피의자 이승민의 이름을 알지 못해 이 사건 고소장에는 '성명불상자'(피의자 문경석의 결재권자)로 기재해 놓았으나, 2023. 1. 18.자 검사 유정현 명의의 이 사건 불기소 결정서에서부터 위 '성명불상자'를 '이승민'으로 특정해 놓았다.

Ⅰ. 각 입증자료 제시

가. 2022. 4. 20.자 고소장〔이 사건 고소장 포함, (첨부 1)〕[99]

이 사건은 고소인이 대검찰청에 제출한 위 2022. 4. 20.자 고소장 중 【이 사건 각 범죄 사실】 항목에서, "가. 피고소인 문경석, 피고소인 ○○○ 등의 공동범행"에 해당된다.

나. 2022. 9. 27.자 이 사건 불송치결정서(첨부 2)

다. 2022. 10. 10.자 이 사건 불송치결정 이의신청서(첨부 3)

라. 2023. 1. 18.자 이 사건 불기소결정서(첨부 4)

마. 2023. 1. 30.자 이 사건 항고장(첨부 5)

바. 2023. 3. 2.자 이 사건 항고기각 결정문(첨부 6)

---

99) 이 고소장은 '관피모사건'을 은폐·조작 수사한 사법경찰관들의 범죄에 대한 고소장이기 때문에 검찰청법 제4조 제1항 제1호 나목에 의거 검사가 직접 수사하여야 할 대상이다. 따라서 고소인은 이 고소장을 대검찰청에 제출하였고, 대검찰청에서는 이 고소장을 직접 수사하는 권한이 없기 때문에 고소인이 거주하는 관할 검찰청인 수원지방검찰청성남지청에 이첩하였다.

그런데 수원지방검찰청성남지청에서는 이 고소장을 직접 수사하지 아니하고 '관피모사건'을 은폐·조작 수사한 사법경찰관들에게 형사처벌을 면해 주기 위해 경찰로 하여금 조작·은폐수사가 가능하도록 관할 경찰서인 성남수정경찰서에 몽땅 이송해 버렸다. 이와 같은 불법 이송 조치는 해당 검사의 고소인에 대한 직권남용권리행사방해죄, 직무유기죄에 해당한다.

또 성남수정경찰서에서는 수원지방검찰청성남지청의 불법 이송 취지에 따라 이 고소장에 대해 은폐·조작 수사를 할 수 있게끔 서울서대문경찰서 및 서울성북경찰서 소속 피고소인별로 2개로 쪼갠 다음 이를 인근 경찰서인 서울서부경찰서 및 서울도봉경찰서로 각각 이송해 버렸다.

그러나 위와 같이 2개로 쪼개진 고소장은 검찰수사 마지막 단계인 항고 형사절차에서는 후술하는 바와 같이, 서울고등검찰청 항고 검사 이승영에게 모두 배당되었다.

Ⅱ. 위 각 입증자료에 대한 순차적 고찰 (경찰 및 검찰은 이 사건을 은폐ㆍ조작 수사해 왔음)

이 사건 수사담당자인 서울서부경찰서 경장 조민구는 그의 결재권자인 경위 이민호, 성명불상 수사과장(이하, '이 사건 수사 담당 사법경찰관들'이라 함)과 공모하여, 인근 서울서대문경찰서 소속 동료 경찰관이자 '관피모사건'을 은폐ㆍ조작 수사한 바 있는 이 사건 피의자인 문경석 등에게 형사처벌을 면해 줄 목적으로, 이 사건 고소장에 명백한 증거자료가 수없이 첨부되어 있음에도 불구하고 각 피의자들에 대한 소환조사마저도 실시하지 아니한 채 "피의자들이 범죄를 저지른 것으로 볼 만한 정황을 찾을 수 없고, 달리 이를 입증한 증거도 없다."라는 허위 내용의 불송치 결정서를 작성한 후 검찰에 송치해 버렸고,(첨부 1, 첨부 2, 첨부 3 각 참조)

서울서부지방검찰청 검사 유정현은 위 불송치 결정 이의신청서가 첨부되어 있는 이 사건 수사기록을 전혀 수사하지 않은 채 자신의 캐비닛에 처박아놓았다가, 2023. 1. 18.경 이르러 서울서부경찰서 소속 이 사건 수사 담당 사법경찰관들이 허위 내용으로 작성해 놓은 2022. 9. 27.자 피의자 문경석 등에 대한 불송치 결정서를 그대로 인용한 수법을 통해 이 사건 범죄 사실을 모두 은폐해 버렸다. (첨부 4 참조)

또 서울고등검찰청 항고 검사 이승영 역시 이 사건 항고장이 첨부되어 있는 이 사건 수사기록을 전혀 수사하지 않은 채 자신의 캐비닛에 처박아 놓았다가, 2023. 3. 2.경 판에 박은 허위 내용의 항고기각 결정문을 작성한 수법을 통해 또다시 이 사건 범죄 사실을 모두 은폐해 버렸다. (첨부 5, 첨부 6 각 참조)

특히, 검찰수사 과정에서 이 사건 조작ㆍ은폐 수사와 관련, 흥미롭고도 충격적인 사실은 다음과 같다.

고소인은 2022. 12. 20.자 LPN로컬파워뉴스 "공정과 상식을 짓밟아 버린 대통령 윤석열을 탄핵한다!!" 제하의 기사에서, 이 사건 처분 예정과 관련하여

"ⓑ '관피모사건' 고소인인 필자는 2022. 10. 10.경 사법경찰관 문경석 등에 대한 불송치(각하) 결정 이의신청서를 서울서부경찰서장에 제출하였고, 동 이의신청서가 첨부된 수사기록은 2022. 10. 17.경 서울서부지방검찰청 검사 홍등불에게 배당되었다. (2022형제24027호)

그러나 2022. 12. 8.경 검사 홍등불로부터 이 사건을 재배당받은 검사 유정현은 전혀 수사를 진행하지 않은 채 해당 수사기록을 자신의 캐비닛에 처박아놓았다가 적당한 시점에 이르러 서울서부경찰서 사법경찰관 이민호 명의로 작성된 허위 내용의 불송치결정서를 그대로 인용하는 수법을 통해 각하 처분할 것을 마음먹고 때를 기다리고 있는 중이다.

그 이유는 애당초 '관피모사건' 및 이를 은폐한 '경찰공무원의 범죄'에 대해서는 윤석열 정부 차원에서 이미 은폐하기로 결정하였기 때문이다." 라고 게재하였다. 〔2022. 12. 22.자 위 신문기사 1부.(첨부 7)〕

그런데 아니나 다를까 고소인의 예견대로 검사 유정현은 이 사건 수사기록을 전혀 수사하지 않은 채 자신의 캐비닛에 처박아놓았다가, 2023. 1. 18.경 이르러 서울서부경찰서 사법경찰관 이민호 명의로 작성된 허위 내용의 불송치 결정서를 그대로 인용하는 수법을 통해 이 사건 범죄사실을 모두 불기소처분해 버렸고, 이 사건 항고 검사 이승영 역시 2023. 3. 2.경 이르러 판에 박힌 허위 내용의 기각결정문을 작성하는 수법을 통해 이 사건 항고장을 기각 결정해 버렸다.

특히 놀라운 사실은, 검사 유정현이 작성한 이 사건 불기소 결정서

기재 내용을 살펴보면 "도대체 이런 사람이 어떻게 대한민국 검사라고 할 수 있을까?"라고 의구심이 들 정도로 이 사건을 은폐하기 위해 전혀 들어맞지도 않는 대법원 결정이나 판례를 인용한 사실을 확인할 수 있다. (첨부 5, 2023. 1. 30.자 이 사건 항고장 제Ⅱ항 참조)

한마디로 말하면 실체적 진실을 파헤쳐 사법 정의를 실현하여야 할 검사가 자신에게 배당된 이 사건을 은폐하기 위해 정당하게 형성된 대법원 결정 또는 판례를 악용함으로써 사법부에 모욕감을 주고 말았다.

또 서울고등검찰청 항고 검사 이승영 역시 이 사건을 은폐하기 위해 편법을 동원한 사실을 확인할 수 있다.

즉, 항고 검사 이승영은 '관피모사건'을 은폐 · 조작 수사한 '사법경찰관에 대한 고소장' 중 이 사건 항고장(서울고검 2023 고불항 제680호, 수리일자 : 2023. 2. 2.)은 물론, 그 이전에 배당받은 항고장 (피의자 전상화 및 피의자 신미영 등 다수, 서울고검 2023 고불항 제259호, 수리일자 : 2023. 1. 13.)까지 담당하고 있었다. (첨부 8)

위 2개의 항고사건(서울고검 2023 고불항 제259호 및 서울고검 2023 고불항 제680호)은 앞서 '주석'에서 살펴본 바와 같이 당초 한 개의 고소장으로 이루어져 있고, 더 나아가 검찰에서 수사를 해야 하는 대상 범죄임에도 '관피모사건'을 은폐 · 조작 수사한 사법경찰관들에게 형사처벌을 면해 주기 위해 성남검찰과 성남수정경찰서가 공모하여 의도적으로 한 개의 고소장을 2개의 사건으로 쪼개놓았다는 사실을 확인한 바 있다.

즉, 위 2개의 항고사건은 '관피모사건'의 은폐 · 조작과 관련된 범죄 사실로 이루어져 있는 만큼 '관피모사건'의 동일성 및 단일성이 유지되어야 하는 범위에서 함께 수사가 이루어져야지 의도적으로 쪼개져서는 안 되었다.

그럼에도 불구하고, 항고 검사 이승영은 성남검찰청과 성남수정경찰서가 의도적으로 쪼개놓은 위 2개의 사건이 항고 형사절차 단계에서 자신에게 함께 배당되었다면, 위 2개의 사건에 대해 제대로 된 수사와 법리를 검토하여 동시에 처분을 내렸어야 했다.

그러나 앞서 살펴본 바와 같이, 항고 검사 이승영은 위 2개의 사건에 대해 공히 명백한 증거자료가 차고 넘침에도 불구하고 전혀 수사하지 않은 채 각 사건을 은폐할 목적으로 시차를 두고 처분하기로 마음먹고, 위 2개의 사건 중 먼저 배당받은 피의자 전상화 및 피의자 신미영 등에 대한 항고사건(서울고검 2023 고불항 제259호)에 대해서는 2023. 2. 15.경 판에 박은 허위 내용의 항고기각 결정문을 작성해 버린 다음 (첨부 9), 이 사건 항고장(서울고검 2023 고불항 제680호)에 대해서는 그로부터 약 15일의 시차를 두고 똑같은 허위 내용의 항고기각 결정문을 작성하였다.(첨부 6)

더욱 기막힌 사실은 고소인(신청인)이 이 사건 항고장에서 검사 유정현의 불기소처분과 관련하여

《결국 검사 유정현은 이 사건을 은폐·조작하기 위해 이 사건과 전혀 들어맞지 않는 대법원 판례까지 동원하는 추악한 모습을 보일 것이 아니라, 이 사건에 대한 실체적 진실을 조금이라도 밝히고자 하는 검사로서의 사명감이 눈곱만큼이라도 있었다면, 이 사건 피의자인 문경석 외 1인을 소환하여, "고소인이 이미 제출해 놓은 구수회의 계좌 및 구수회의

처 노재숙 명의 계좌, 공범 전상화 명의 계좌까지 추적해야 할 필요성과 증거자료가 있었음에도 불구하고, 왜 '고소(고발)이 고소인의 추측만을 근거로 수사를 개시할 만한 구체적인 사유나 정황이 충분하지 않아 각하한다.'는 허위 내용의 불송치결정서를 작성하였느냐"라고 한번쯤 물어보았어야 했었다.》며 절규하다시피 이 사건에 대한 실체적 진실을 외쳐왔건만, 항고 검사 이승영은 이를 거들떠보지도 않았다. 참으로 항고 검사치고는 비겁하기 짝이 없었다.

III. 결론

이 사건은 '관피모사건' 은폐·조작수사에 따른 범죄로써 우리나라 국법이 무너지고, 수도권 검·경이 통째로 썩어들어가고 있음을 적나라하게 보여주고 있습니다. '관피모사건' 배후자를 반드시 색출하여 처벌해야 할 필요성이 바로 여기에 있습니다.

이는 애당초 이 사건에 대한 증거관계가 확실한 점에 비추어볼 때 검찰과 경찰의 수사 의지는 전혀 없었고, 오로지 적당한 때를 기다려 경찰서에서는 허위 내용의 (각하) 불송치 결정서, 검찰청에서는 이를 인용한 허위 내용의 (각하) 불기소 결정서, 고등검찰청에서도 이를 인용한 허위 내용의 항고기각 (각하) 결정문을 작성해 왔다는 사실만을 그대로 입증해 주고 있습니다.

이상의 이유로 인해 사법정의가 훼손되고, 사회 곳곳에는 변호사법을 위반하는 사건브로커 및 사기꾼들이 판을 치고 있습니다.

서울고등법원에서는 이 사건 수사기록에 이 사건 피의자 문경석 및 그의 결재권자인 피의자 이승민에 대한 범죄 사실을 입증할 수 있는 명백한 증거들이 차고 넘치고 있으므로, 이들을 전원 서울지방법원의 심판에 부하는 결정을 내려주시기 바랍니다.

첨부

1. 2022. 4. 20.자 고소장(이 사건 고소장 포함) 1부.
2. 2022. 9. 27.자 이 사건 불송치결정서 1부.
3. 2022. 10. 10.자 이 사건 불송치결정 이의신청서 1부.
4. 2023. 1. 18.자 이 사건 불기소결정서 1부.
5. 2023. 1. 30.자 이 사건 항고장 1부.
6. 2023. 3. 2.자 이 사건 항고기각 결정문 1부.
7. 2022. 12. 22.자 LPN로컬파워뉴스 신문기사 1부.
8. 2023. 1. 10.자 피의자 전상화 및 피의자 신미영 외 1인에 대한 항고장 1부.
9. 2023. 2. 15.자 피의자 전상화 및 피의자 신미영 외 1인에 대한 항고기각 결정문 1부. 끝.

2023. 3. 10.

위 신청인(고소인) 임찬용   (인)

서울고등법원 귀중

【첨부 6】 2022. 12. 29.자 피의자 전상화 및 신미영 등에 대한 불기소결정서

불기소 사건기록 및 불기소 결정서

서울북부지방검찰청

보 존	제 질
	제 호
	년

공소시효	장기
	단기
재기	

검사 정성현은 아래와 같이 불기소 결정을 한다.

| 2022년 형제34887호 | 결 정 | 2022. 12. 29. | 검사 | 정 성 현 | (인) |

피 의 자	죄 명	주 문
1.가 전상화 2.나,다 신미영외다수	가. 무고 나. 직권남용권리행사방해 다. 직무유기	(각) 각하

피의사실과 불기소이유는 사법경찰관이 작성한 2022. 9. 23.자 수사결과보고서(기록 2권 제374쪽 이하)에 기재된 내용과 같음

부 수 처 분 석방지휘/소재수사지휘/지명수배(통보),해제	명 령	집 행	인
(해당없음)			

압 수 물 처 분 가환부대토본환부/제출인환부/피해자환부/보관/폐기/국고귀속	명 령	집 행	인
(해당없음)			

비 고

| 집행 | 사 건 | 압 수 | 결과통지 |

【첨부 7】 2023. 1. 10.자 피의자 전상화 및 신미영 등에 대한 항고장

항 고 장

항고인(고소인) : 임찬용
- 주 소 : 경기도 성남시 수정구 복정로96번길 20, 000호
- 전화번호 : 010-5313-0000

피항고인(피고소인 또는 피의자) : 전상화, 신미영 외 다수

서울북부지방검찰청 검사 정성현은 2022. 12. 29. 피고소인 전상화 및 신미영, 신혜선 등에 대한 서울북부지방검찰청 2022년 형제 34887호 무고 및 직권남용, 직무유기 등 피의사건(이하, '이 사건')과 관련하여, 전혀 수사를 진행하지 아니하고 허위 내용으로 작성된 사법경찰관 배보성 명의의 '불송치(각하) 결정서(불송치 이유)'를 그대로 인용한 수법을 통해 이 사건을 은폐해 버렸다. 참으로 비겁하기 짝이 없다.

이는 수사 미진의 차원을 훨씬 뛰어넘어 이 사건을 아예 은폐해 버린 중대 범죄행위에 해당되므로, 고소인은 이에 불복하여 다음과 같은 항고 이유를 제기합니다.

- 항고 이유 -

Ⅰ. 서울도봉경찰서 사법경찰관들(경위 배보성 및 경감 이현철)의 이 사건 은폐·조작 수사

이 사건 핵심 쟁점 중 ㉮ 피고소인 전상화의 무고 범죄 사실 입증과 관련하여,

고소인은 이를 단 한 치의 오차도 없이 명백하게 입증될 수 있게끔 핵심증거 2개를 특정까지 해놓았다.

즉, 전상화는 2022. 3.경 고소인을 상대로 서울성북경찰서 경제범죄수사2팀 신미영 수사관에게 접수시킨 '전상화 고소장'에서 "전상화 자신은 관청피해자모임 카페(이 카페)에서 영업활동을 한 사실이 없음에도 불구하고 피고소인(임찬용)이 고소인(전상화)를 비방할 목적으로 '사법피해자를 구제한다는 명분을 삼아 자신들(구수회 및 전상화)의 영업활동을 하고 있다.'는 식의 글을 (이 카페 자유게시판에) 올렸고, 이는 명백한 허위사실이며, 이로 인해 고소인(전상화)의 명예가 심각하게 훼손되었습니다."라고 주장하면서 이 사건 고소인 임찬용에 대해 정보통신망법상 허위사실 적시에 의한 명예훼손 및 무고 혐의로 서울성북경찰서에 고소하였다.

이에, 이 사건 고소인 임찬용은 '전상화 고소장'의 위와 같은 기재 내용은 명백한 허위사실이며, 전상화가 이 카페에서 영업활동을 해오고 있다는 사실을 입증하기 위해 2022. 4. 20.자 전상화에 대한 '무고죄' 고소장(이 사건 고소장)을 대검찰청에 제출하였다.

위 전상화에 대한 '무고죄' 고소장에는 전상화가 이 카페에서 영업활동을 하였다는 사실을 명백하게 입증하도록 하기 위해 2021. 10. 5.자 '임찬용 고소장'에 첨부되어 있는 '첨부 7' 및 '첨부 8'의 각 증거자료까지 특정해 놓고 있다.

그럼에도 불구하고, 이 사건 수사를 담당자인 서울도봉경찰서 소속 사법경찰관 경감 이현철 및 경위 배보성은 위와 같이 특정해 놓은 증거에 대해서는 전혀 수사를 진행하지 않은 채 불송치(각하) 결정서를 허위 내용으로 작성한 수법을 통해 이 사건을 은폐해 버렸다.

㉴ 이 사건 수사팀 서울도봉경찰서 경감 이현철 및 경위 배보성 등 사법경찰관들은 피고소인 신미영 및 그의 상사 신혜선의 직권남용 및 직무유기 범죄 사실에 대해서도 전혀 수사하지 않은 채 '정상적인 수사 절차를 이행하였으니 문제없다.'는 취지로 동문서답, 유체이탈 방식의 궤변만을 늘어놓고 있다.

즉, 서울도봉경찰서 사법경찰관들은 피고소인 신미영 및 그의 상사 신혜선 등을 '관피모사건'에 대한 사건조작 및 은폐 범죄 중대 혐의자로 정식 소환하여 "금방 확인 가능한 허위 내용의 '전상화 고소장'을 각하처분함과 동시에 전상화를 무고죄로 입건하지 아니하고, 오히려 '임찬용 고소장'의 기재 내용이 허위인 것처럼 '전상화 고소장'을 임찬용이 거주하는 성남수정경찰서에 이송해 버린 이유는 무엇인지?" 등과 관련하여 전혀 조사조차 하지 않은 채 위와 같은 동문서답, 유체이탈 방식의 궤변에 근거한 불송치(각하) 결정서를 작성해 버렸다.[100]

이들도 이 사건 피고소인이자 사법경찰관들인 신미영 및 신혜선과 마찬가지로 중대 사건 조작 및 은폐 범죄 혐의로 처벌 대상임은 두말할 필요 없다.

---

100) 더 구체적인 내용은 2022. 10. 10.자 피의자 전상화 및 신미영 등에 대한 불송치 (각하)결정 이의신청서 참조.

2. 주임검사 정성현의 이 사건 은폐수사

당초 이 사건 중 '경찰공무원의 범죄'는 검찰청법 제4조 제1항의 규정에 따라 검찰에서 직접 수사를 해야 할 대상 범죄이다.

그럼에도 불구하고 검찰이 경찰로 하여금 이 사건을 은폐해 버리게끔 경찰에 이송해 버렸다.

이와 같은 상황에서, 서울북부지방검찰청 검사 정성현으로부터 이 사건에 대해 법과 원칙에 따라 실체적 진실을 밝히고, 거기에 터 잡아 피고소인들에 대한 구속기소 등 정상적인 사건 처분을 기대한다는 것은 하늘에서 별을 따는 것만큼 어렵게 되어버렸다.

즉, 검사 정성현 역시 서울도봉경찰서 사법경찰관 경위 배보성, 경감 이현철과 마찬가지로 이 사건을 송치받아 캐비닛에 처박아놓았다가, 일정한 시점에 이르자 허위 내용으로 작성된 사법경찰관 배보성 명의의 불송치(각하) 결정서를 그대로 인용하는 수법을 통해 이 사건을 은폐해 버렸던 것이다.[101]

3. 항고청인 서울고등검찰청 검사장에 대한 요구사항

이 사건 항고장에 첨부되어 있는 자료 중 2022. 10. 10.자 LPN로컬파워뉴스 "현재 대한민국은 대통령과 사건브로커가 상생관계에 있다!! 탄핵밖에 답이 없다!!"라는 제하의 기사 내용(첨부 2) 및 2022. 12. 20.자 LPN로컬파워뉴스 "공정과 상식을 짓밟아버린 대통령 윤석열을

---

101) 2022. 12. 29.자 전상화 및 신미영, 신혜선 등에 대한 불기소 결정서 (이 항고장 '첨부 1')

탄핵한다!!"라는 제하의 기사 내용(첨부 3)에서 살펴본 바와 같이, 이 사건은 '관피모사건' 및 이를 은폐·조작 수사한 '경찰공무원의 범죄'의 일부에 해당하는바, 큰 테두리에서 보면 모든 사건들은 각각 명백한 증거가 있음에도 불구하고 윤석열 정부의 수도권 검찰과 경찰이 서로 짜고 이에 대한 은폐를 시도하고 있는 형국에 있다.

특히, 검찰은 현직 판·검사들의 장래 밥그릇은 물론 일선에서 뛰고 있는 변호사들의 현재 밥그릇을 빼앗고 있는 '관피모사건'을 은폐하려고 하는 이유는 뭘까?

즉, 검찰은 변호사법위반 전력이 3회에 이르고, '대법원 패소된 사건을 행정사가 살린다. 변호사가 해야 할 일 90% 행정사가 가능하다.'며 '행정사 수수료 1억을 5번 받았다.'고 광고해 오면서 변호사법의 실효성을 무력화시킴과 동시에 수십 년간 사건브로커 역할을 충실히 해오고 있는 사건 외 구수회의 범죄 사실에 대해서는 온 힘을 다해 은폐하려고 한 이유는 뭘까?

이는 당초 검찰수사 대상인 '관피모사건'은 물론, 이를 은폐·조작 수사한 이 사건을 포함한 '경찰공무원의 범죄'에 대해서도 암묵적 지지를 보낸 한동훈 법무부장관을 비롯한 정부 실세가 뒤에 숨어 있기 때문이다.

이런 이유로 이 사건은 검찰에서는 도저히 해결할 수 없고, 그나마 대통령 등 정치권력과 일정한 거리를 유지하고 있는 법원에 기대할 수밖에 없다고 하겠다.

따라서 썩은 검찰을 개혁하지 않고서는 이 땅에 사법정의는 영원히 물 건너갈 수밖에 없다는 현실을 절실히 깨닫고 있는 고소인으로서는 이 사건에 대한 법원의 판단을 하루라도 빨리 받아볼 수 있게끔[102] 항고청인 서울고등검찰청에서 비록 허위 내용이라고 할지라도 판에 박힌 이 사건 항고기각 결정문을 가급적 빨리 내려주기를 바랄 뿐이다.

첨부 1. 2022. 12. 29.자 전상화 및 신미영 등에 대한 불기소결정서 1부.
2. 2022. 10. 10.자 LPN로컬파워뉴스 인터넷신문기사 1부.
3. 2022. 12. 20.자 LPN로컬파워뉴스 인터넷신문기사 1부.

2023. 1. 10.
위 항고인(고소인)   임 찬 용 (인)

서울고등검찰청 검사장 귀하

---

[102] 법원 역시 판에 박은 허위 내용의 재정신청 기각결정문을 통하여 이 사건을 은폐해 버린다면, 고소인은 '금 150억 원 검사비리사건'과 마찬가지로 제3차 책자 발간을 통하여 그 내용을 역사와 국민, 다음 정권 세력들에게 가감 없이 원본 그대로 고발하고, '법조카르텔'을 깨는 시발점으로 삼을 것임.

【첨부 8】 2023. 2. 15.자 피의자 전상화 및 신미영 등에 대한 항고기각 결정문

서울고등검찰청
주 소: 서울특별시 서초구 반포대로 172
전화번호: 1301

받는사람
경기도 성남시 수정구 복정로96번길 20-0, 203호
(복정동)

임찬용 귀하
13112

서울고등검찰청
(1301)

		2023. 2. 15.
수 신	임찬용 귀하	발 신 서울고등검찰청
제 목	항고사건 결정통지	검사 이승영

전상화 외 1명에 대한 항고사건에 관하여 아래와 같이 결정하였으므로 통지합니다.

결 정	사 건 번 호	2023 고불항 제 259호 <서울북부지방검찰청 2022 형제 34887호>
	년 월 일	2023. 2. 15.
	결 과	결정주문: 별첨참조
		이 유: 별첨참조

비 고

항고기각 결정에 대하여 이의가 있을 경우에는
① 고소인 및 「형법」제123조부터 제126조까지의 죄, 「공직선거법」제273조에 정한 죄 등에 대한 일부 고발인은 이 통지서를 받은 날부터 10일 이내에 관할 고등법원에 재정신청을 ② 그 밖의 고발인은 이 통지서를 받은 날부터 30일 이내에 대검찰청에 재항고(「검찰청법」제 10조제3항)를 각각 할 수 있으며, 위 기간 안에 재정신청서는 불기소결정청(지방검찰청 또는 지청)에, 재항고장은 우리청에 각각 제출하면 됩니다.

[별첨첨부]

결정주문
　항고기각

이 유
이 항고사건의 피의사실 및 불기소 이유의 요지는 불기소처분 검사의 불기소 결정서 기재와 같아 이를 원용하고, 항고청 담당검사가 새로이 기록을 살펴보아도 원 불기소처분이 부당하다고 인정할 자료를 발견할 수 없으므로 주문과 같이 결정한다.

안 내 문

■ 재정신청

1. 의의
고소권고지] 교소를 한자(형법 제123조부터 제126조까지의 죄에 대하여는 고발을 한 자 포함)는 검사로부터 공소를 제기하지 아니한다는 통지를 받은 때에는 그 검사 소속의 지방검찰청 소재지를 관할하는 고등법원에 그 당부에 관한 재정을 신청할 수 있는 제도입니다.

2. 신청 및 절차
가. 신청권자
- 범죄피해자 등 형사소송법상 고소권자로서 고소한 자
  ※ 형사소송법상 고소권자 : ① 피해자(제223조), ② 피해자의 법정대리인(제225조 제1항), ③ 피해자의 법정대리인이 피의자이거나, 법정대리인의 친족이 피의자인 때에는 피해자의 친족(제226조), ④ 피해자가 사망한 때에는 그 배우자·직계친족 또는 형제자매등(제225조 제2항), ⑤ 사자의 명예를 훼손한 범죄에 대하여는 그 친족 또는 자손(제227조), ⑥ 친고죄에 관하여 고소할 자가 없는 경우에 이해관계인의 신청이 있으면 검사는 10일 이내에 고소할 수 있는 자를 지정하여 고소권자가 된 자(제228조)
- 형법 제123조(직권남용권리행사방해), 제124조(직권남용체포, 직권남용감금), 제125조(독직폭행, 독직가혹행위), 제126조(피의사실공표), 「공직선거법」제273조(재정신청)에 정한 죄 등에 대한 고발인

※ 재정신청권자는 재항고를 할 수 없습니다.

나. 처리절차
- 항고기각 결정을 통지받은 날로부터 10일 이내에 불기소처분을 한 지방검찰청의 검사장 또는 지청장에게 재정신청서를 제출하여야 합니다. 재정신청서에는 재정신청을 이유있게 하는 사유를 기재하여야 함을 유의하십시오.
- 지방검찰청 또는 지청에서는 재정신청서 및 수사관계서류 등을 고등검찰청을 경유하여 관할 고등법원에 송부하고, 송부받은 고등법원은 3개월 이내에 결정을 하게 됩니다.

(통지서 수령 → 수령일로부터 10일 이내 불기소처분 검찰청에 재정신청서 제출 → 고등검찰청 경유 → 고등법원)

3. 비용부담
재정신청의 기각결정 등 일정한 경우, 재정신청인에게 비용을 부담하게 할 수 있고(형사소송법 제262조의3, 형사소송규칙 제122조의2, 제122조의4), 그 내용은 다음과 같습니다.
- 증인·감정인·통역인·번역인에게 지급되는 일당·여비·숙박료·감정료·통역료·번역료
- 현장검증 등을 위한 법관, 법원사무관 등의 출장경비
- 그 밖에 재정신청 사건의 심리를 위하여 법원이 지출한 송달료 등 절차진행에 필요한 비용
- 피의자 또는 변호인이 출석함에 필요한 일당·여비·숙박료
- 피의자가 변호인에게 부담하였거나 부담하여야 할 선임료
- 기타 재정신청 사건의 절차에서 피의자가 지출한 비용으로 법원이 피의자 방어권행사에 필요하다고 인정한 비용

■ 재항고

1. 의의
항고를 한 고발인(재정신청 가능한 고발인 제외)이 검사의 항고기각 처분에 불복하는 경우에 그 검사가 속한 고등검찰청을 거쳐 서면으로 검찰총장에게 다시 항고할 수 있는 제도입니다.

2. 신청 및 절차
가. 신청권자
- 고발인(예: 뇌물공여 등 고발인과 같이 범죄의 피해자가 아닌 자)

나. 처리절차
- 항고기각 결정을 통지받은 날로부터 30일 이내에 관할고등검찰청에 재항고장을 제출할 수 있으며, 재항고장을 접수받은 관할고등검찰청은 대검찰청에 송부하고, 대검찰청은 이에 대한 최종 결정을 하게 됩니다.

(통지서 수령 → 수령일로부터 30일 이내 관할고등검찰청에 재항고장 제출 → 대검찰청)

서울고검

【첨부 9】 2023. 2. 22.자 피의자 전상화 및 신미영 등에 대한 재정신청서

재정신청서

- 고소인(신청인, 항고인) : 임찬용
- 피의자(피고소인, 피신청인, 피항고인) : 피의자 전상화, 피의자 신미영, 피의자 신혜선 등

신청취지 및 이유

위 피의자들에 대한 서울북부지방검찰청 2022형제34887호 (이하, '이 사건')와 관련, 서울북부지방검찰청 검사 정성현은 2022. 12. 29. 증거불충분 등을 이유로 불기소처분을 결정하였고, 신청인(고소인)은 이에 불복하여 서울고등검찰청에 항고(2023 고불항 제259호)하였으나 서울고등검찰청 검사 이승영은 2023. 2. 15. 항고기각 처분을 결정하였다.

I. 각 입증자료 제시

고소인은 항고 검사 이승영이 판에 박힌 허위 내용의 항고기각 결정문을 작성하는 수법을 통해 이 사건 항고장을 기각해 버렸다는 사실을 입증하기 위해 다음과 같은 자료를 제출한다.

가. 2022. 4. 20.자 고소장 〔이 사건 고소장 포함, (첨부 1)〕 **103)**

이 사건은 고소인이 대검찰청에 제출한 위 2022. 4. 20.자 고소장 중 【이 사건 각 범죄 사실】항목에서, "나. 피고소인 전상화의 범행", "다. 피고소인 신미영, 피고소인 OOO 등의 공동범행"에 해당된다.

나. 2022. 9. 27.자 이 사건 불송치결정서(첨부 2)

다. 2022. 10. 10.자 이 사건 불송치결정 이의신청서(첨부 3)

라. 2022. 12. 29.자 이 사건 불기소결정서(첨부 4)

마. 2023. 1. 10.자 이 사건 항고장(첨부 5)

바. 2023. 2. 15.자 이 사건 항고기각 결정문(첨부 6)

---

103) 이 고소장은 '관피모사건'을 은폐·조작 수사한 사법경찰관들의 범죄에 대한 고소장이기 때문에 검찰청법 제4조 제1항 제1호 나목에 의거 검사가 직접 수사하여야 할 대상이다. 따라서 고소인은 이 고소장을 대검찰청에 제출하였고, 대검찰청에서는 이 고소장을 직접 수사하는 권한이 없기 때문에 고소인이 거주하는 관할 검찰청인 수원지방검찰청성남지청에 이첩하였다.

그런데 수원지방검찰청성남지청에서는 이 고소장을 직접 수사하지 아니하고 '관피모사건'을 은폐·조작 수사한 사법경찰관들에게 형사처벌을 면해 주기 위해 경찰로 하여금 조작·은폐 수사가 가능하도록 관할 경찰서인 성남수정경찰서에 몽땅 이송해 버렸다. 이와 같은 불법 이송 조치는 해당 검사의 고소인에 대한 직권남용권리행사방해죄, 직무유기죄에 해당한다.

또 성남수정경찰서에서는 수원지방검찰청성남지청의 불법 이송 취지에 따라 이 고소장에 대해 은폐·조작 수사를 할 수 있게끔 서울서대문경찰서 및 서울성북경찰서 소속 피고소인별로 2개로 쪼갠 다음 이를 인근 경찰서인 서울서부경찰서 및 서울도봉경찰서로 각각 이송해 버렸다.

그러나 위와 같이 2개로 쪼개진 고소장은 검찰수사 마지막 단계인 항고 형사 절차에서는 후술하는 바와 같이, 서울고등검찰청 항고 검사 이승영에게 모두 배당되었다.

Ⅱ. 위 각 입증자료에 대한 순차적 고찰 (경찰 및 검찰은 이 사건을 은폐·조작 수사함)

이 사건 수사 담당자인 서울도봉경찰서 경위 배보성은 그의 결재권자인 경감 이현철 수사과장(이하, '이 사건 수사 담당 사법경찰관들'이라 함)과 공모하여, '관피모사건' 피의자이자 이 사건 무고죄 피의자인 전상화에 대한 형사처벌을 면함과 동시에, 인근 서울성북경찰서 소속 동료 경찰관이자 '관피모사건'을 은폐·조작 수사해 버린 이 사건 직권남용 및 직무유기 피의자인 신미영 등에 대한 형사처벌을 면해 줄 목적으로, 이 사건 고소장에 명백한 증거자료가 수없이 첨부되어 있음에도 불구하고 각 피의자들에 대한 소환조사마저도 전혀 실시하지 아니한 채 허위 내용의 불송치 결정서를 작성한 후 이를 검찰에 송치해 버렸고,(첨부 1, 첨부 2, 첨부 3 각 참조)

서울북부지방검찰청 검사 정성현은 위 불송치 결정 이의신청서가 첨부되어 있는 이 사건 수사기록을 전혀 수사하지 않은 채 자신의 캐비닛에 처박아놓았다가, 2022. 12. 29.경 이르러 서울도봉경찰서 소속 이 사건 수사 담당 사법경찰관들이 허위 내용으로 작성해 놓은 2022. 9. 27.자 피의자 전상화 및 피의자 신미영 등에 대한 불송치 결정서를 그대로 인용한 수법을 통해 이 사건 범죄 사실을 모두 은폐해 버렸다. (첨부 4 참조)

또 서울고등검찰청 항고 검사 이승영 역시 이 사건 항고장이 첨부되어 있는 이 사건 수사기록을 전혀 수사하지 않은 채 자신의 캐비닛에 처박아 놓았다가, 2023. 2. 15.경 판에 박은 허위 내용의 항고기각 결정문을 작성한 수법을 통해 또다시 이 사건 범죄 사실을 모두 은폐해 버렸다. (첨부 5, 첨부 6 각 참조)

특히, 이 사건 조작·은폐 수사와 관련, 흥미롭고도 충격적인 사실은 다음과 같다.

고소인은 2022. 12. 20.자 LPN로컬파워뉴스 "공정과 상식을 짓밟아버린 대통령 윤석열을 탄핵한다!!" 제하의 기사에서, 이 사건 처분 예정과 관련하여

"ⓒ '관피모사건' 고소인인 필자는 2022. 10. 10.경 '관피모사건' 피의자 전상화 및 사법경찰관 신미영 등에 대한 불송치 결정 이의신청서를 서울도봉경찰서장에 제출하였고, 동 이의신청서가 첨부된 수사기록은 2022. 10. 20.경 서울북부지방검찰청 검사 정성현에게 배당되었다. (2022형제34887호)

그러나 검사 정성현은 위 사건에 대해 전혀 수사를 진행하지 않은 채 해당 수사기록을 자신의 캐비닛에 처박아놓았다가 적당한 시점에 이르러 사법경찰관 배보성 명의로 작성된 허위 내용의 불송치 결정서를 그대로 인용하는 수법을 통해 각하 처분할 것을 마음먹고 때를 기다리고 있는 중이다.

그 이유는 애당초 '관피모사건' 및 이를 은폐한 '경찰공무원의 범죄'에 대해서는 윤석열 정부 차원에서 이미 은폐하기로 결정되었기 때문이다."라고 게재하였다. [2022. 12. 22.자 위 신문기사 (첨부 7) 참조]

그런데 아니나 다를까 고소인의 예견대로 검사 정성현은 이 사건 수사기록을 전혀 수사하지 않은 채 자신의 캐비닛에 처박아놓았다가, 2022. 12. 29.경 이르러 서울도봉경찰서 사법경찰관 배보성 명의로 작성된 허위 내용의 불송치 결정서를 그대로 인용하는 수법을 통해 이 사건 범죄 사실을 모두 각하 처분을 해버렸고, 이 사건 항고 검사 이승영

역시 2023. 2. 15.경 판에 박힌 허위 내용의 기각결정문을 작성하는 수법을 통해 이 사건 항고장을 기각 결정해 버렸다.

결국, 고소인의 예견대로 위와 같은 결과에 이르게 된 이유는 '관피모사건' 및 이를 은폐한 '경찰공무원의 범죄'에 대해서는 윤석열 정부 차원에서 은폐하기로 이미 결정되었기 때문이며, 이는 윤석열 대통령에 대한 탄핵 사유의 한 부분을 차지함으로써 모든 국민들에게 사법정의 실현을 위한 등대 역할이 되었으면 하는 바람으로 이어지고 있다.

더군다나, 서울고등검찰청 항고 검사 이승영은 '관피모사건'을 은폐·조작 수사한 '사법경찰관에 대한 고소장' 중 이 사건 항고장 (피의자 전상화 및 신미영 등 다수, 서울고검 2023 고불항 제259호, 수리일자 : 2023. 1. 13.)은 물론, 피의자 문경석 외 1인에 대한 항고장 [(첨부 8), 서울고검 2023 고불항 제680호, 수리일자 : 2023. 2. 2.]까지 함께 배당받아 수사 중에 있었다.

위 2개의 항고사건은 앞서 '주석'에서 살펴본 바와 같이 당초 한 개의 고소장으로 이루어져 있고, 더 나아가 검찰에서 수사를 해야 하는 대상 범죄임에도 '관피모사건'을 은폐·조작 수사한 사법경찰관들에게 형사처벌을 면해 주기 위해 성남검찰과 성남수정경찰서가 공모하여 의도적으로 한 개의 고소장을 2개의 사건으로 쪼개놓았다는 사실을 확인한 바 있다.

즉, 위 2개의 사건은 '관피모사건'의 은폐·조작과 관련된 범죄 사실로 이루어져 있는 만큼 '관피모사건'의 동일성 및 단일성이 유지되어야 하는 범위에서 함께 수사가 이루어져야지 의도적으로 쪼개져서는 안 되었다.

그렇다고 하더라도, 성남검찰청과 성남수정경찰서가 의도적으로 쪼개 놓은 위 2개의 사건이 항고 형사 절차 단계에서 서울고등검찰청 항고 검사 이승영에게 함께 배당되었다면, 항고 검사 이승영은 위 2개의 사건에 대해 제대로 된 수사를 진행하여 동시에 처분을 내렸어야 했다.

그러나 앞서 살펴본 바와 같이, 항고 검사 이승영은 위 2개의 사건에 대해 공히 명백한 증거자료가 차고 넘침에도 불구하고 전혀 수사하지 않은 채 각 사건을 은폐할 목적으로 시차를 두고 위 2개의 사건 중 이 사건 항고장에 대해서만 판에 박은 허위 내용의 기각결정문을 작성해 버렸다.

그 외 피의자 문경석 외 1인에 대한 항고장(서울고검 2023 고불항 제680호)에 대해서도 적당한 때를 기다려 똑같은 방식으로 기각결정을 내릴 것임은 명백한 사실이다. 참으로 이승영이 서울고검 항고 검사치고는 비겁하기 짝이 없다.

특히, 고소인은 2023. 1. 10.자 이 사건 항고장에서 이 사건 핵심 쟁점을 다음과 같이 기재해 놓고 있다.(첨부 5 참조)

"㉮ 피고소인 전상화의 무고 피의사실 입증과 관련하여,

고소인은 이를 단 한 치의 오차도 없이 명백하게 입증될 수 있게끔 핵심증거 2개를 특정까지 해놓았다.

즉, 전상화는 2022. 3.경 고소인을 상대로 서울성북경찰서 경제범죄 수사2팀 신미영 수사관에게 접수시킨 '전상화 고소장'에서 "전상화 자신은 관청피해자모임 카페(이 카페)에서 영업활동을 한 사실이 없음에도 불구하고 피고소인(임찬용)이 고소인(전상화)을 비방할 목적으로 '사법피해

자를 구제한다는 명분을 삼아 자신들(구수회 및 전상화)의 영업활동을 하고 있다.'는 식의 글을 (이 카페에) 올렸고, 이는 명백한 허위사실이며, 이로 인해 고소인(전상화)의 명예가 심각하게 훼손되었습니다."라고 주장하면서 이 사건 고소인 임찬용에 대해 정보통신망법상 허위사실 적시에 의한 명예훼손 및 무고 혐의로 서울성북경찰서에 고소하였다.

이에, 이 사건 고소인 임찬용은 '전상화 고소장'의 위와 같은 기재 내용은 명백한 허위사실이며, 전상화가 이 카페에서 영업활동을 해오고 있다는 사실을 입증하기 위해 2022. 4. 20.자 전상화에 대한 '무고죄' 고소장(이 사건 고소장)을 대검찰청에 제출하였다.

위 전상화에 대한 무고죄 고소장에는 전상화가 이 카페에서 영업활동을 하였다는 사실을 명백하게 입증하도록 하기 위해 2021. 10. 5.자 '임찬용 고소장'에 첨부되어 있는 '첨부 7' 및 '첨부 8'의 각 증거자료까지 특정해 놓고 있다.

그럼에도 불구하고, 이 사건 수사 담당자인 서울도봉경찰서 소속 사법경찰관 경감 이현철 및 경위 배보성은 위와 같이 특정해 놓은 증거에 대해서는 전혀 수사를 진행하지 않은 채 불송치(각하) 결정서를 허위 내용으로 작성한 수법을 통해 이 사건을 은폐해 버렸다.

㉯ 이 사건 수사팀 서울도봉경찰서 경감 이현철 및 경위 배보성 등 사법경찰관들은 피고소인 신미영 및 그의 상사 신혜선의 직권남용 및 직무유기 범죄 사실에 대해서도 전혀 수사하지 않은 채 '정상적인 수사절차를 이행하였으니 문제없다.'는 취지로 동문서답, 유체이탈 방식의 궤변만을 늘어놓고 있다.

즉, 서울도봉경찰서 사법경찰관들은 피고소인 신미영 및 그의 상사 신혜선 등을 사건조작 및 은폐 범죄 중대 혐의자로 정식 소환하여 "금방 확인 가능한 허위 내용의 '전상화 고소장'을 각하 처분함과 동시에 전상화를 무고죄로 입건하지 아니하고, 오히려 '임찬용 고소장'의 기재 내용이 허위인 것처럼 '전상화 고소장'을 임찬용이 거주하는 성남수정경찰서에 이송해 버린 이유는 무엇인지??" 등과 관련하여 전혀 조사조차 하지 않은 채 위와 같은 동문서답, 유체이탈 방식의 궤변에 근거한 불송치(각하) 결정서를 작성해 버렸다.104)

이들도 이 사건 피고소인이자 사법경찰관들인 신미영 및 신혜선과 마찬가지로 중대 사건 조작 및 은폐 범죄 혐의로 처벌 대상임은 두말할 필요 없다.

고소인이 위와 같이 이 사건 핵심쟁점 및 관련 증거자료를 제시하였음에도 불구하고, 항고 검사 이승영은 누차 강조한 바와 같이 전혀 수사를 진행하지 않은 채 판에 박은 허위 내용의 기각결정문을 작성하는 수법을 통해 이 사건 범죄 사실을 모두 은폐해 버렸다.

---

104) 더 구체적인 내용은 2022. 10. 10.자 피의자 전상화 및 신미영 등에 대한 불송치 (각하) 결정 이의신청서 (첨부 3) 참조.

Ⅲ. 결론

이 사건은 '관피모사건' 은폐·조작 수사에 따른 범죄로서 우리나라 국법이 무너지고, 수도권 검·경이 통째로 썩어들어가고 있음을 적나라하게 보여주고 있습니다. '관피모사건' 배후자를 반드시 색출하여 처벌해야 할 필요성이 바로 여기에 있습니다.

이는 애당초 이 사건에 대한 증거관계가 확실한 점에 비추어볼 때 검찰과 경찰의 수사 의지는 전혀 없었고, 오로지 적당한 때를 기다려 경찰서에서는 허위 내용의 (각하) 불송치 결정서, 검찰청에서는 이를 인용한 허위 내용의 (각하) 불기소 결정서, 고등검찰청에서도 이를 인용한 허위 내용의 항고기각 (각하) 결정문을 작성해 왔다는 사실만을 그대로 입증해 주고 있습니다.

이상의 이유로 인해 사법정의가 훼손되고, 사회 곳곳에는 변호사법을 위반하는 사건브로커 및 사기꾼들이 판을 치고 있습니다.

서울고등법원에서는 이 사건 수사기록에 이 사건 피의자 전상화 및 피의자 신미영, 그의 결재권자 신혜선 등에 대한 범죄 사실을 입증할 수 있는 명백한 증거들이 존재하고 있으므로, 이들을 전원 서울지방법원의 심판에 부하는 결정을 내려주시기 바랍니다.

첨부

1. 2022. 4. 20.자 고소장(이 사건 고소장 포함) 1부.
2. 2022. 9. 27.자 이 사건 불송치결정서 1부.
3. 2022. 10. 10.자 이 사건 불송치결정 이의신청서 1부.
4. 2022. 12. 29.자 이 사건 불기소결정서 1부.

5. 2023. 1. 10.자 이 사건 항고장 1부.
6. 2023. 2. 15.자 이 사건 항고기각 결정문 1부.
7. 2022. 12. 22.자 LPN로컬파워뉴스 신문기사 1부.
8. 2023. 1. 30.자 피의자 문경석 외 1인에 대한 항고장 1부. 끝.

2023. 2. 22.

위 신청인(고소인) 임찬용   (인)

서울고등법원 귀중

【첨부 10】 2022. 9. 26.자 구수회 고소장

고 소 장

고소인 :
피의자 : 임 찬 용(59.04.10생)

죄명 : 형법 제307조②항(거짓, 명예훼손죄)
정보통신망이용촉진법률 제 70조②항(거짓, 명예훼손죄)

서울서초경찰서 귀중

고 소 장

고소인

피의자 : 임 찬 용(59.04.10생)
경기도 성남시 수정구 복정로96번길 20, 203호 (복정동)
사무실
서울시 강남구 노현로94길 13(역삼동) 예일패트빌딩 4층
직 업
LPN로컬파워뉴스 법조팀장
(前 검찰수사과장, 010-5313-7538)

고 소 내 용

1. 신분 관계

1)

2) 　　　가 운영하는 카페 정관에는
피해사항을 '6하원칙의 5줄 정리', '증거부족', 정관위배자 등은
관청피해자모임(다음카페)에서 퇴출된다 라고 되어 있습니다

3) ███는 기무사에서 사직서가 위조되어 퇴출이 되었어,
현재 복직소송 중인데 막강파워 기무사와 싸우다 보니 사피자들의
응원이 필수로 생각하여
사피자 9500명을 돕는 일을 하고 있습니다

4) 쌍방은 **관청피해자모임**(다음카페) 회원들입니다

2. 사건 발생 배경

카페 글로 서로 갈등이 발생하고
임찬용이가
먼저 2021.10.5.경 ███를 고소하고 무혐의됨
　　　　　　　(서부검찰 2022형제7553호)
2022.8.14.일, 2022.9.24.일 최근에 아래와 같이
███ 명예를 훼손하는 인터넷 글을 올렸음

3. '임찬용'의 범죄 행위 1 (글)

임찬용은 2022.9.24.22시39분에
███가 진정으로 존경하는 사피자 9500명이 모셔진
다음카페 관청피해자모임 자유게시판1- 42417번 글에서

<**이 카페지기이자 고도의 사기꾼** ███가 **구속되어야 할
신문기사**(███는 윤통의 탄핵 원인 제공자이자 검찰의
선택적 수사 수혜자) >
란 **제목**으로

```
http://www.ilpn.kr/
LPN로컬파워뉴스
인터넷 신문
```
　　https://cafe.daum.net/gusuhoi/3jlj/42417?svc=cafeapiURL

위와 같이 **게시**되어 있습니다

위 글의 **댓글로는**

임찬용
22.09.24 23:10
본 필자가 기자 신분으로 기고한 검찰 수사과장 출신의 구국심정을 위한 신문기사는 단 한점의 허위가 있다면 스스로 감옥에 들어갈 각오가 되어있다고 수차례 밝혀 왔다.
이는 2차례의 책자 발간을 통하여 필자가 주장한 내용은 모두 사실임을 입증해 왔다.

필자는 이순신 장군 및 김구 선생님처럼 구국 일념의 신념으로 사법정의 및 정의사회 구현을 위하여 사건조작이 없는 검찰 및 법원을 개혁하기에 최선을 다해 왔다고 자부하고 있다.

이에 터잡아, **고도의 사기꾼** 의 수사기관을 통한 사건 은폐 범죄사실에 대해서도 앞으로 윤석열 정부 탄핵 책자를 통하여 역사와 국민에게 엄중하게 고발할 것임을 분명하게 밝혀 둔다.

임찬용 22.09.24 23:24
와 동업자인 에 대해서도 현재 서울도봉경찰서에서 무고죄로 수사중에 있는 바, 이를 은폐할 경우 국민적 저항을 불러 일으키기에 충분하다고 사료됩니다. 그 이유는 필자가 제출한 고소장에 명백한 증거가 첨부되었기 때문입니다.
이 또한 추후 윤석열 대통령 탄핵을 위한 증거자료로 활용할 예정입니다.

,**판사장군7명날림,무죄5개** 2022.9.25.11:57
로컬파워뉴스에 가 유명인사로 떳네요. 오늘 처음 봅니다.
카페 감사 2022.9.25.10:15
로컬파워뉴스에 가 유명인사로 떳네요. 오늘 처음 봅니다.

저런 기사를 보고
가 구속된다는 소문이 있었군요 저도처음보고 자주방문을 안해 지켜보겠습니다.

4. '임찬용'의 범죄 행위 2 (글)

임찬용은
2022.9.24. 22시39분에 올린 위 3항 기사
즉, http://www.ilpn.kr/LPN로컬파워뉴스. **인터넷 신문**

내용을 찾아 들어가 보면

LPN로컬파워뉴스. 2022.08.14 11:47에

<검찰을 범죄조직으로 만들어 버린 윤석열 대통령은 탄핵밖에 답이 없다!! / LPN뉴스> **제목**으로
- 기자명 임찬용 전문기자
- **입력** 2022.08.14 11:47

위 **기사 내용**의 **일부**로

....필자는 사법경찰관   에게 .... 피의자   의 증거 인멸 발생 및 사건의 중대성 등을 이유로 **사전구속영장**을 신청해 달라고 요구하였다.

실제로 서대문경찰서에서는
피의자   에 대하여 단 한차례 소환조사 마저도 실시하지 않은 채 **허위**내용의 불송치결정서를 작성하는 수법으로 모든 범죄사실을 각하 처분해 버렸다.......
출처 : LPN로컬파워뉴스(http://www.ilpn.kr)

라고 적혀 있고

위 **기사**에 첨부된 **첨부물 1** (고소인 진술서) 3-4쪽을 보면

....피의자   는 ....(3쪽)
행정사의 탈을 쓰고 법무사 업무나 변호사 직무 영역을 광범위하고 **지속적**으로 침해해 왔고.......부당이익을 챙겨왔다...
....(4쪽)...2021.10.26. 고소인 임찬용

위 **기사**에 첨부된 **첨부물 2** (2차 고소인 진술서) 1쪽을 보면

> ....피고소인 ░░░ 는 ......
> ░░░░░ 와 공모하여 ....사법피해자라는 프레임을 씌워 회원들을 끌어 모은 다음, 그들을 상대로 돈을 받고..
> 고소장 및 소장을 작성..등.......영업활동을 불법적으로 해오고 있습니다......1쪽...
> ....2021.10.29. 고소인 임찬용

위 내용들은 **불송치 결정서**에 나타나 있듯이 모두 **거짓말**입니다

2022. 9. 26 고소인

서울서초경찰서 귀중

【첨부 11】 2023. 1. 5.자 임찬용 고소장

고소장

(고소장 기재사항 중 * 표시된 항목은 반드시 기재하여야 합니다.)

1. 고소인*

성 명 (상호·대표자)	임 찬 용	주민등록번호 (법인등록번호)	590410-0000000	
주 소 (주사무소 소재지)	경기도 성남시 수정구 복정로96번길 20, 000호 (복정동)			
직 업	LPN로컬파워뉴스 법조팀장 (前 검찰수사과장)	사 무 실 주 소	서울시 강남구 노현로94길 13(역삼동) 예일패트빌딩 4층	
전 화	(휴대폰) 010-5313-0000		(자택)	(사무실)
이메일				
대리인에 의한 고소	□ 법정대리인 (성명 : , 연락처) □ 고소대리인 (성명 : 변호사 , 연락처)			

※ 고소인이 법인 또는 단체인 경우에는 상호 또는 단체명, 대표자, 법인등록번호(또는 사업자등록번호), 주된 사무소의 소재지, 전화 등 연락처를 기재해야 하며, 법인의 경우에는 법인등기부 등본이 첨부되어야 합니다.

※ 미성년자의 친권자 등 법정대리인이 고소하는 경우 및 변호사에 의한 고소대리의 경우 법정대리인 관계, 변호사 선임을 증명할 수 있는 서류를 첨부하시기 바랍니다.

2. 피고소인* : 아래 참조

피고소인 명단 내역

순번	성명	주민번호	주소	직업	연락처	비고
1	구수회	불상	불상	행정사 겸 관청피해자모임 카페지기	-	
2	전상화	〃	〃	변호사 겸 관청피해자모임 공동대표	-	
3	이용일	〃	성남수정 경찰서	사법경찰관리(경사)	-	
4	성명 불상	〃	〃	사법경찰관(경위)	-	

※ 기타사항에는 고소인과의 관계 및 피고소인의 인적 사항과 연락처를 정확히 알 수 없을 경우 피고소인의 성별, 특징적 외모, 인상착의 등을 구체적으로 기재하시기 바랍니다.

3. 고소 취지*

(죄명 및 피고소인에 대한 처벌의사 기재)

고소인은 피고소인 구수회에 대해서는 무고죄 및 정보통신망법상 허위사실 적시에 의한 명예훼손죄로, 피고소인 전상화에 대해서는 정보통신망법상 허위사실 적시에 의한 명예훼손죄로, 피고소인 성명불상 및 피고소인 이용일에 대해서는 강요미수죄로 각각 고소하오니 엄히 처벌하여 주시기 바랍니다.*

4. 범죄 사실*

【관련 증거자료 제출】

가. 목적

이 사건 고소인 임찬용은 본인과 피고소인 구수회 및 전상화 사이에 벌어지고 있는 법적 다툼과 관련된 증거자료들, 이와 같은 법적 다툼 속에서 수도권 소재 사법경찰관 및 검사들이 피고소인 구수회 및 전상화에게 형사처벌을 면해 주기 위하여 은폐·조작 수사를 해온 사실과 관련된 증거자료들, 그리고 이를 인터넷 신문인 LPN로컬파워뉴스를 통하여 역사와 국민들에게 보도해 왔던 기사 내용들을 날짜순으로 발췌하여 이 사건 고소장 말미에 첨부해 놓음으로써 이 사건에 대한 실체적 진실관계를 더욱 더 명백하게 밝히고자 함에 있음.

나. 내역

가,(1). 2021. 10. 5.자 피고소인 구수회, 전상화에 대한 고소장 및 거기에 첨부된 각 증거자료 1부. (이하, '관피모사건' 고소장이라고도 함)
가,(2). 2021. 10. 26.자 고소인(임찬용) 진술서 1부.
가,(3). 2021. 10. 29.자 제2차 고소인(임찬용) 의견서 1부.

나,(1). 2022. 3. 22.자 피의자 구수회에 대한 불송치결정서 1부.
나,(2). 2022. 4. 4.자 피의자 구수회에 대한 불송치결정 이의신청서 1부.
나,(3). 2022. 5. 27.자 피의자 구수회에 대한 불기소결정서 1부.
나,(4). 2022. 6. 13.자 피의자 구수회에 대한 항고장 1부.

나,(5). 2022. 8. 1.자 피의자 구수회에 대한 항고기각 결정문 1부.

다,(1). 2022. 4. 27.자 피의자 전상화에 대한 불송치결정서 1부.
다,(2). 2022. 6. 3.자 피의자 전상화에 대한 불송치결정 이의신청서 1부.
다,(3). 2022. 6. 13.자 피의자 전상화에 대한 불기소결정서 1부.
다,(4). 2022. 6. 20.자 피의자 전상화에 대한 항고장 1부.
다,(5). 2022. 8. 2.자 피의자 전상화에 대한 항고기각 결정문 1부.

라,(1). 2022. 4. 20.자 '관피모사건'을 조작·은폐수사한 사법경찰관들에 대한 고소장 1부.
라,(2). 2022. 4. 20.자 무고 피의자 전상화에 대한 고소장 1부.
라,(3). 2022. 5. 23.자 사법경찰관 유정민 외 1인(사법경찰관)에 대한 고소장 1부.
라,(4). 2022. 7. 26.자 피의자 유정민 외 1인(사법경찰관)에 대한 불송치 결정서 1부.
라,(5). 2022. 8. 25.자 피의자 유정민 외 1인(사법경찰관)에 대한 불송치 결정 이의신청서 1부.
라,(6). 2022. 10. 13.자 피의자 유정민 외 1인(사법경찰관)에 대한 불기소 결정서 1부.
라,(7). 2022. 10. 24.자 피의자 유정민 외 1인(사법경찰관)에 대한 항고장 1부.
라,(8). 2022. 11. 18.자 피의자 유정민 외 1인(사법경찰관)에 대한 항고기각 결정문 1부.
라,(9). 2022. 11. 28.자 피의자 유정민 외 1인(사법경찰관)에 대한 재정신청서 1부.
라,(10). 2022. 9. 27.자 피의자 문경석 외 1인(사법경찰관)에 대한 불송치 결정서 1부.

라.(11). 2022. 9. 27.자 피의자 전상화(관피모사건 공범), 피의자 신미영 외 1인(사법경찰관)에 대한 불송치결정서 1부.

라.(12). 2022. 10. 10.자 피의자 문경석 외 1인(사법경찰관)에 대한 불송치 결정 이의신청서 1부.

라.(13). 2022. 10. 10.자 피의자 전상화(관피모사건 공범), 피의자 신미영 외 1인(사법경찰관)에 대한 불송치결정 이의신청서 1부.

마.(1). 2022. 6. 5.자 LPN로컬파워뉴스 "윤석열 정부의 검·경이 새 출발부터 뿌리째 썩어들어가고 있다!!" 제하의 신문기사 1부.

마.(2). 2022. 6. 17.자 LPN로컬파워뉴스 "범죄단체 조직으로 변해 버린 윤석열 정부의 검찰과 경찰!!" 제하의 신문기사 1부.

마.(3). 2022. 7. 12.자 LPN로컬파워뉴스 "현재 대통령 윤석열은 탄핵 일보 직전까지 내몰려 있다." 제하의 신문기사 1부.

마.(4). 2022. 8. 14.자 LPN로컬파워뉴스 "검찰을 범죄조직으로 만들어 버린 윤석열 대통령은 탄핵밖에 답이 없다!!" 제하의 신문기사 1부.

마.(5). 2022. 10. 10.자 LPN로컬파워뉴스 "현재 대한민국은 대통령과 사건브로커가 상생관계에 있다!! 탄핵밖에 답이 없다!!" 제하의 신문기사 1부.

마.(6). 2022. 12. 20.자 LPN로컬파워뉴스 "공정과 상식을 짓밟아 버린 대통령 윤석열을 탄핵한다!!" 제하의 신문기사 1부.

다. 위 '관련 증거자료'를 요약·정리함

(1) 【관련 증거자료 제출】 항목 중 가.(1).부터 가.(3).까지

고소인 임찬용은 2021. 10. 5.경 다음카페인 '관청피해자모임'(이하, '이 카페') 운영과 관련된 불법행위에 대한 고소장(이하 '관피모사건' 고소장)을 대검찰청에 제출하였던바 그 요지는 다음과 같다.[105]

피고소인 구수회, 피고소인 전상화는 2019. 12.경부터 이 카페를 실질적으로 공동 운영해 오면서,

① 이 카페 운영의 문제점과 앞으로 이 카페가 나아가야 할 방향을 제시한 고소인의 충정 어린 비판 글과 관련, 이 카페 게시판을 통하여 허위사실에 의한 고소인의 명예를 훼손하고, 오히려 고소인을 고소(고발)하겠다며 협박하였다.

② 약 만 명가량의 수많은 이 카페 회원들에게 사법피해를 구제해 준다는 미명 하에 검찰 및 법원에 대한 적대적 관계를 형성하도록 조장해 오면서 수년간 불법적인 법률 영업에 종사해 왔다.

특히, 2008년경 이 카페를 설립한 행정사 구수회는 2020. 4. 14. 11:06.경 이 카페 자유게시판에 게시해 놓은 '핵심입증자료'에 의하면, "변호사가 해야 할 일 90%는 행정사가 가능", "행정사 20년 하면서 행정심판 1,900건 수임 진행하였고, 행정사 수수료 1억을 5번 받았다.", "무혐의 된 고소를 행정심판으로 살린다. 재개발 조합장을 징역 보내는 방법, 대법원 패소된 사건을 행정사가 살린다."며 자신의 과거 행적에서 민·형사 사건브로커 역할을 해왔음을 그대로 드러내 보이고 있다.

또 변호사 신분인 전상화는 2019. 12. 25.경 이 카페 회원들에게 관사 호화 리모델링 혐의를 받고 있는 대법원장을 상대로 대규모 시위를 조장하면서, 자신의 연락처는 물론 계좌번호까지 기재된 명함을 제시하는 등 노골적인 사건 수임 호객행위를 하고 있다. 즉 자신의 돈벌이용 법률 영업을 위해서라면 사회적 불안 조성도 서슴지 않는 무서운 사람이었다. 〔'관피모사건' 고소장 첨부 자료 7〕

---

105) 위 "관련 증거자료 제출" 마,(1).항의 신문기사 기재 내용을 그대로 옮겨 놓았음.

이에, 고소인은 피고소인 구수회 및 전상화가 이 카페 변칙적 운영에 따른 법률영업 등 사건 수임의 규모를 파악하고, 그에 따른 변호사법 위반 및 사기죄 등의 죄책, 더 나아가 피해자의 구제를 위한 피해 규모를 확정 짓고자, 이 카페 설립 시점인 2008. 1. 29.경부터 현재에 이르기까지 피고소인 구수회 및 전상화의 계좌는 물론 구수회가 과거 변호사법 위반 범행 시 사용하였던 그의 처 노재숙의 계좌까지 추적해 줄 것을 경찰에 강력하게 요구하였다.

즉, 고소인은 피고소인 구수회 및 전상화에 대해 이 카페를 동전의 양면과 같이 실질적으로 공동 운영해 오고 있다는 점, 약 만 명에 가까운 대규모 회원들을 모조리 사법피해자로 둔갑시켜 검찰 및 법원에 적대감을 형성시키고, 이에 터 잡아 법률 영업을 함께 해오고 있다는 점, 특히 전상화는 '변호사법 제24조'에 규정된 품위유지 의무 등을 망각한 채 위 '핵심입증자료'에서 확인한 바와 같이 '교수'라는 자격을 사칭하면서 '사건브로커' 및 '사기꾼' 역할을 해오고 있던 구수회를 '교수님'이라고 호칭하면서 구수회의 변호사법위반 등의 범죄행위에는 눈을 감고, 그에 따른 이익을 공유하면서 자신도 이 카페 회원들을 상대로 법률 영업을 해오고 있다는 점 등을 근거로 삼아 공동정범에 의한 정보통신보호법상 명예훼손죄, 무고죄, 협박죄, 특정경제범죄법상 사기죄(또는 사기죄), 변호사법위반 등으로 대검찰청에 고소하였다.

(2) 【관련 증거자료 제출】 항목 중 나.(1).부터 나.(5).까지

서울서대문경찰서에서는 고소인이 '관피모사건' 중에서 구수회의 모든 범죄 사실에 대한 증거자료는 물론, 구수회의 증거인멸에 따른 구속 필요성 입증자료, 또 구수회의 수차례 변호사법위반 전력 및 그 변호사법 위반 범행 시 자신의 처 노재숙 명의의 차명 계좌를 사용해 왔다는 입증자료, 또 구수회와 전국 경찰간부들과의 밀착관계 입증자료들을 제출해

왔음에도 불구하고,

　피의자 구수회에 대한 형사처벌을 면해 주기 위하여 단 한 차례의 소환조사를 실시하지 아니한 채 사법경찰관 문경석 명의로 된 허위 내용의 불송치(각하) 결정서를 작성하는 수법을 통해 피의자 구수회의 모든 범죄 사실을 은폐해 버렸다.

　서울서부지방검찰청에서도 피의자 구수회에 대한 형사처벌을 면해 주기 위하여, 고소인이 제출한 구수회에 대한 불송치(각하) 결정 이의신청서가 첨부되어 있는 수사기록을 주임검사 캐비닛에 처박아놓았다가 적당한 시점에 이르러 사법경찰관 문경석 명의로 작성된 허위 내용의 불송치(각하) 결정서를 그대로 인용한 수법을 통해 구수회에 대한 허위 내용의 불기소 결정서를 작성함으로써 피의자 구수회의 모든 범죄 사실을 은폐해 버렸다.

　서울고등검찰청에서도 피의자 구수회에 대한 형사처벌을 면해 주기 위하여 고소인이 제출한 구수회에 대한 항고장이 첨부되어 있는 수사기록을 주임검사 캐비닛에 처박아놓았다가 적당한 시점에 이르러 판에 박힌 항고기각 결정문을 작성하는 수법을 통해 구수회에 대한 허위 내용의 항고기각 결정문을 작성함으로써 피의자 구수회의 모든 범죄 사실을 은폐해 버렸다.

(3) 【관련 증거자료 제출】 항목 중 다.(1).부터 다.(5).까지

　서울성북경찰서에서는 고소인이 '관피모사건' 중에서 전상화의 모든 범죄 사실에 대한 증거자료는 물론, 구수회와 공동정범의 관계에 있다는 입증자료를 제출해 왔음에도 불구하고,

피의자 전상화에 대한 형사처벌을 면해 주기 위하여 단 한 차례 면피용 소환조사만 실시한 다음 사법경찰관 신혜선 명의로 된 허위 내용의 불송치(혐의없음) 결정서를 작성하는 수법을 통해 피의자 전상화의 모든 범죄 사실을 은폐해 버렸다.

서울북부지방검찰청에서도 피의자 전상화에 대한 형사처벌을 면해 주기 위하여, 고소인이 제출한 전상화에 대한 불송치(혐의없음) 결정 이의신청서가 첨부되어 있는 수사기록을 주임검사 캐비닛에 처박아놓았다가 적당한 시점에 이르러 사법경찰관 신혜선 명의로 작성된 허위 내용의 불송치(혐의없음)결정서를 그대로 인용한 수법을 통해 전상화에 대한 허위 내용의 불기소 결정서를 작성함으로써 피의자 전상화의 모든 범죄 사실을 은폐해 버렸다.

서울고등검찰청에서도 피의자 전상화에 대한 형사처벌을 면해 주기 위하여 고소인이 제출한 전상화에 대한 항고장이 첨부되어 있는 수사 기록을 주임검사 캐비닛에 처박아놓았다가 적당한 시점에 이르러 판에 박힌 항고기각 결정문을 작성하는 수법을 통해 전상화에 대한 허위 내용의 항고기각 결정문을 작성함으로써 피의자 전상화의 모든 범죄 사실을 은폐해 버렸다.

(4) 【관련 증거자료 제출】 항목 중 라.(1).부터 라.(13).까지

고소인은 2022. 4. 20.경 '관피모사건'을 조작·은폐 수사한 사법경찰관들에 대한 고소장과 '관피모사건' 수사에 혼선을 주기 위해 허위사실로 고소인을 무고한 전상화에 대한 고소장을 대검찰청에 등기우편으로 제출하였다. 〔라.(1).~라.(2).〕

또 고소인은 2022. 5. 23.경 사법경찰관 유정민 외 1인에 대한 직권

남용 및 강요죄 고소장을 대검찰청에 등기우편으로 제출하였다. 〔라, (3).〕

서울서부경찰서에서는 위 '사법경찰관들에 대한 고소장' 중 서울서대문경찰서 소속 사법경찰관 문경석 외 1인에 대한 범죄 사실과 관련, 2022. 9. 27.경 전혀 수사를 진행하지 않은 채 사법경찰관 이민호 명의로 된 허위 내용의 불송치(각하)결정서를 작성하는 수법을 통해 모두 은폐해 버렸다. 〔라, (10).〕

이에, 고소인은 2022. 10. 10.경 사법경찰관 문경석 등에 대한 불송치(각하) 결정 이의신청서를 서울서부경찰서장에 제출하였고, 〔라, (12)〕 동 이의신청서가 첨부된 수사기록은 2022. 10. 17.경 서울서부지방검찰청 검사 홍등불에게 배당되었다. (2022형제24027호)

그러나 2022. 12. 8.경 검사 홍등불로부터 위 사건을 재배당받은 검사 유정현은 전혀 수사를 진행하지 않은 채 해당 수사기록을 자신의 캐비닛에 처박아놓았다가 적당한 시점에 이르러 서울서부경찰서 사법경찰관 이민호 명의로 작성된 허위 내용의 불송치결정서를 그대로 인용하는 수법을 통해 각하 처분할 것을 마음먹고 때를 기다리고 있는 중이다. 그 이유는 애당초 '관피모사건' 및 이를 은폐한 '경찰공무원의 범죄'에 대해서는 윤석열 정부 차원에서 이미 은폐하기로 결정하였기 때문이다. 〔마, (6).〕

서울도봉경찰서에서는 위 '사법경찰관들에 대한 고소장' 중 서울성북경찰서 소속 사법경찰관 신미영 외 1인에 대한 범죄 사실과 무고죄 피의자 전상화에 대한 범죄 사실과 관련, 2022. 9. 27.경 전혀 수사를 진행하지 않은 채 사법경찰관 배보성 명의로 된 허위 내용의 불송치(각하) 결정서를 작성하는 수법을 통해 모두 은폐해 버렸다. 〔라, (11).〕

이에, 고소인은 2022. 10. 10.경 무고죄 피의자 전상화 및 사법경찰관 신미영 등에 대한 불송치(각하) 결정 이의신청서를 서울도봉경찰서장에 제출하였고, 〔라,(13).〕 동 이의신청서가 첨부된 수사기록은 2022. 10. 20.경 서울북부지방검찰청 검사 정성현에게 배당되었다. (2022형제34887호)

그러나 검사 정성현은 위 사건에 대해 전혀 수사를 진행하지 않은 채 해당 수사기록을 자신의 캐비닛에 처박아 놓았다가 적당한 시점에 이르러 서울도봉경찰서 사법경찰관 배보성 명의로 작성된 허위 내용의 불송치 결정서를 그대로 인용하는 수법을 통해 각하 처분할 것을 마음먹고 때를 기다리고 있는 중이다. 그 이유는 애당초 '관피모사건' 및 이를 은폐한 '경찰공무원의 범죄'에 대해서는 윤석열 정부 차원에서 이미 은폐하기로 결정하였기 때문이다. 〔마,(6).〕

한편, 성남중원경찰서에서는 사법경찰관 유정민 외 1인에 대한 고소장에 기재된 범죄 사실과 관련, 2022. 7. 26.경 전혀 수사를 진행하지 않은 채 사법경찰관 이일래 명의로 된 허위 내용의 불송치(각하) 결정서를 작성하는 수법을 통해 모두 은폐해 버렸다. 〔라,(4).〕

이에, 고소인은 2022. 8. 25.경 사법경찰관 유정민 등에 대한 불송치(각하) 결정 이의신청서를 성남중원경찰서장에게 제출하였고, 〔라,(5).〕 동 이의신청서가 첨부된 수사기록을 송치받은 수원지방검찰청성남지청 검사 임연진은 전혀 수사를 진행하지 않은 채 해당 수사기록을 자신의 캐비닛에 처박아놓았다가, 2022. 10. 13.경 사법경찰관 이일래 명의로 작성된 허위 내용의 불송치 결정서를 그대로 인용한 수법을 통해 사법경찰관 유정민 등의 범죄 사실을 모두 은폐해 버렸다. 〔라,(6).〕

이에, 고소인은 또다시 사법경찰관 유정민 등에 대한 2022. 10. 24.자 항고장을 수원지방검찰청성남지청장에게 제출하였고,〔라,(7).〕이를 송부받은 수원고등검찰청 항고 검사 정용수는 전혀 수사를 진행하지 않은 채 해당 수사기록을 자신의 캐비닛에 처박아놓았다가 2022. 11. 18.경 허위 내용의 항고기각 결정문을 작성하는 수법을 통해 사법경찰관 유정민 등에 대한 범죄 사실을 모두 은폐해 버렸다.〔라,(8).〕

이에, 고소인은 또다시 수원고등검찰청 항고검사 정용수가 작성한 허위 내용의 항고기각 결정문에 불복하고, 2022. 11. 28.경 수원고등법원에 사법경찰관 유정민 등에 대한 재정신청서를 제출하였다.〔라,(9).〕

(5)【관련 증거자료 제출】항목 중 마,(1).부터 마,(6).까지

이곳에 기재된 기사 내용들은 '관피모사건' 고소장 및 이를 은폐·조작 수사한 '사법경찰관들에 대한 고소장'과 관련, 수도권 소재 경찰서 및 검찰청이 서로 짜고 각 사건을 뭉개버리거나 조작 수사한 실태 현장을 역사와 국민들에게 가감 없이 전달하고자 관련 수사 자료들을 제시하면서 팩트 그대로 작성되었다.

고소인은 위와 같이 검찰을 비롯한 수사기관 종사자들이 선택적 수사 기법에 의한 사건 조작을 못 하게끔 계속 투쟁해 나갈 생각이다.

【범죄 사실】

가. 피고소인 구수회, 피고소인 전상화의 공동범행[106]

〔적용법조 : 정보통신망법 제70조 제2항(허위사실 적시에 의한 명예훼손)〕

피고소인 구수회는 현재 회원수가 약 9,500여 명에 이르고 전국적인 조직을 갖춘 다음카페인 '관청피해자모임'(이하, '이 카페') 카페지기이자 행정사이고, 피고소인 전상화는 2019. 12.경 구수회에 의해 이 카페 공동대표 직책으로 영입된 후 구수회와 함께 이 카페를 실질적으로 이끌어 오고 있는 변호사이다.[107]

피고소인들은 고소인이 2021. 10. 5.자 '관피모사건' 고소장을 검찰에 제출하여 자신들이 경찰 수사를 받게 되었다는 이유로 악의적인 감정을 갖고 이 카페 자유게시판에서 고소인을 비방하기로 마음먹었다.

이에 따라 피고소인 구수회는 피고소인 전상화와 공모하여,

2022. 5. 10. 02:23:50.경 이 카페 자유게시판에서 "사피자가 사피자에게 죄를 짓는 놈은 모두 구속시켜라. 허위 고소도 반드시 무고로 처단하라.(구수회 글)" 제목의 글 중 '11. 나중에 추가 작성…'이라는 항목에서,

"어느 회원[108]이 구수회와 전상화 변호사님을 고소한 사건, 최근의

---

106) 이 사건 범죄 사실 입증자료로는 2022. 5. 10. 02:23:50.경 피고소인 구수회가 이 카페 자유게시판에 작성해 놓은 "사피자가 사피자에게 죄를 짓는 놈은 모두 구속시켜라. 허위 고소도 반드시 무고로 처단하라.(구수회 글)" 제목의 게시글(이 사건 고소장 '첨부 바')

107) 위 【관련 증거자료 제출】 항목 중 가,(1). 항목인 2021. 10. 5.자 '관피모사건' 고소장 제7쪽 '주석 5' 기재 부분을 그대로 옮겨왔음.

일(하) 저도 무혐의 받았으나, 무고 고소를 안 하고 있는데 변호사님은 무고로 고소를 하셨군요."라고 작성한 다음, 그 바로 아래에 전상화가 피고소인 구수회 핸드폰에 보낸 문자메시지를 게시해 놓았다.

그 문자메시지에는 "교수님(구수회)과 저의 명예를 훼손하고, 적반하장으로 교수님과 저를 (허위사실로) 먼저 고소한 임**(임찬용) 제가 무고로 고소했습니다. ㅎㅎ"라고 기재되어 있었다.

그러나 사실은 이 사건 고소인 임찬용은 피고소인 구수회 및 전상화에 대한 명예를 훼손한 사실이 전혀 없고109), 적반하장으로 피고소인 구수회 및 전상화를 먼저 (허위사실로) 고소한 사실 또한 전혀 없다.110)

---

108) 여기서는 2021. 10. 5.자 '관피모사건' 고소장을 제출한 이 사건 고소인 임찬용을 의미함.

109) 고소인이 제출한 2021. 10. 5.자 '관피모사건' 고소장 중 어떠한 기재 부분에 대해서도 피고소인 구수회 및 전상화에 대해 명예훼손을 한 사실이 전혀 없다. 특히, 피고소인 전상화는 위 '관피모사건' 고소장 기재 부분과 관련, 고소인을 특정하여 정보통신망법상 허위사실 적시에 의한 명예훼손과 무고죄로 고소하였으나, 그 고소 내용이 오히려 허위사실로 밝혀져 고소인으로부터 맞고소를 당하였다. 그 입증자료로는 위【관련 증거자료 제출】항목 중 〔라,(2).〕, 〔라,(3).〕, 〔라,(4).〕, 〔라,(5).〕, 〔라,(6).〕, 〔라,(7).〕, 〔라,(8).〕, 〔라,(9)〕, 〔라,(11).〕, 〔라,(13).〕 각 참조.

110) 2021. 10. 5.자 '관피모사건' 고소장에는 허위사실이 전혀 없다. 그 이유는 증거를 제시하면서 고소장을 작성해 놓았기 때문이다.

또 고소인과 피고소인들 중 누가 먼저 고소(고발)를 하였는지 그 진위를 따져 보면 다음과 같다.

2021. 10. 5.자 '관피모사건' 고소장 '첨부 4'인 2021. 9. 30. 20:10:52.경 작성된 구수회 명의의 "고소 단계에 제3의 불씨 등장, 관청피해자모임 임찬용, 이도원, 커피 3명 회원 활동 정지"라는 게시 글에 대한 댓글에서, 구수회는 2021. 10. 01. 15:10.경 "피해자가(구수회)가 아닌 제3자가 조금 전에 (임찬용에 대해) 고발장 접수했습니다."라고 분명하게 밝히고 있다.

그럼에도 불구하고 피고소인들은 고소인을 비방할 목적으로 정보통신망인 이 카페 게시판에서 공공연하게 전상화 핸드폰의 거짓 문자메시지를 드러낸 다음, 이를 "사피자[111]가 사피자[112]에게 죄를 짓는 놈은 모두 구속시켜라. 허위 고소도 반드시 무고로 처단하라."는 제목 게시 글에 근거자료로 제공함으로써 고소인의 명예를 훼손하였다.

나. 피고소인 구수회의 단독범행

(1) 2022. 5. 13. 범행[113]
〔적용법조 : 정보통신망법 제70조 제2항(허위사실 적시에 의한 명예훼손)〕

피고소인은 고소인이 검찰에 제출한 2021. 10. 5.자 '관피모사건' 중 자신의 범죄 사실에 대하여 2022. 3. 22.경 서울서대문경찰서 사법경찰관 문경석으로부터 모두 각하결정을 통보받게 되자,[114] 이를 자신의 실력

즉, 이 사건 고소인 임찬용이 2021. 10. 5.자 '관피모사건' 고소장을 제출한 이유는 구수회가 먼저 위와 같이 제3자로 하여금 이 사건 고소인 임찬용을 상대로 정보통신망법상 허위사실에 의한 명예훼손 등 혐의로 고발장을 접수토록 하였기 때문임. 이러한 사실은 위 【관련 증거자료 제출】 항목 중 〔나,(1).〕의 증거자료인 2022. 3. 22.자 피의자 구수회에 대한 불송치 결정서 기재 내용에서도 확인되고 있음. 그러나 구수회는 이 사건 고소인 임찬용에 대한 고발장을 제3자를 통하여 접수시켰다고 말해 왔으나, 이는 경찰수사 과정에서 거짓말로 확인되고 있음.

111) 여기서는 이 사건 고소인 임찬용을 의미함.

112) 여기서는 이 사건 피고소인들인 구수회, 전상화를 의미함.

113) 이 사건 범죄 사실 입증자료로는 피고소인 구수회가 2022. 5. 13. 10:22:57.경 다음카페인 "구수회 행정심판전문사무소" 자유게시판에 작성해 놓은 "前 검찰과장 출신 회원이 구수회와 변호사를 고소, 무혐의 받음" 제목의 게시 글 (이 사건 고소장 '첨부 사')

114) 이에 대한 입증자료로는 위 【관련 증거자료 제출】 항목 중 〔나,(1).〕 2022. 3. 22.자 피의자 구수회에 대한 불송치 결정서 참조.

으로 미화하면서 동시에 고소인을 비방하기로 마음먹었다.

이에 따라 피고소인은 2022. 5. 13. 10:22:57.경 자신이 직접 개설한 다음카페인 "구수회 행정심판선문사무소" 자유게시판115)에서, "前 검찰과장 출신 회원이 구수회와 변호사를 고소, 무혐의 받음"이라는 제목을 달고, 그 아래 "다른 사람도 아닌 검찰과장이 이렇게 법을 너무너무 모른다는 것을 발견했습니다.", "검찰수사과장 출신이 맞나요. 그렇게 법과 윤리를 모르시니 검찰조직에서 도태가 된 것 아닌가요."라는 허위사실을 적시하여 명예훼손에 해당하는 글을 작성하였다.

이로써 피고소인은 고소인을 비방할 목적으로 정보통신망인 "구수회 행정심판전문사무소"라는 자유게시판을 통하여 위와 같이 공공연하게 거짓의 사실을 드러내어 고소인의 명예를 훼손하였다.

그러나 이 불송치 결정서는 사법경찰관 문경석이 피의자 구수회에게 형사처벌을 면해 줄 목적으로 소환조사마저도 생략한 채 허위 내용의 불송치 결정서를 작성하는 수법을 통해 구수회의 모든 범죄 사실을 은폐해 버렸다. 이를 입증하는 자료로는 위【관련 증거자료 제출】항목 중〔나,(2),〕2022. 4. 4.자 피의자 구수회에 대한 불송치 결정 이의신청서 참조.

115) 이 게시판은 형법상 공연성이 확보된 장소로서 카페 회원은 물론 카페 회원에 가입하지 않더라도 누구든지 볼 수 있도록 개방되어 있었음.

(2) 2022. 9. 26. 범행[116]

〔적용법조 : 정보통신망법 제70조 제2항(허위사실 적시에 의한 명예훼손)〕

〔사건전개 및 검토배경〕

고소인은 2021. 10. 5.자 '관피모사건' 고소장을 대검찰청에 등기우편으로 제출해 놓은 다음 피고소인의 사기행각과 변호사법위반 등 범죄사실에 대하여 계좌 추적을 통한 철저한 수사를 경찰 및 검찰 등 수사기관에 요구하였으나, 경찰에서는 허위 내용의 불송치 결정서를 작성하는 수법을 통해, 또 검찰에서는 경찰에서 작성해 놓은 허위 내용의 불송치 결정서를 그대로 인용하는 수법을 통한 허위 내용의 불기소 결정서를 작성함으로써 피고소인의 모든 범죄 사실을 은폐해 왔다.[117]

이에, 고소인은 경찰 및 검찰 등 수사기관의 위와 같은 은폐·조작 수사를 국민과 역사 속에 기록으로 남기기 위하여 LPN로컬파워뉴스라는 인터넷신문을 통하여 보도해 왔다.[118]

한편, 피고소인은 자신의 뒤를 봐준 영향력 있는 배후세력에 의해 경찰 및 검찰 등 수사기관을 무력화시킬 수 있다고 인식하고, 수십 년간

---

[116] 이 사건 범죄 사실 입증자료로는 고소인 임찬용이 2022. 9. 24. 22:39:20.경 다음카페인 "관청피해자모임" 자유게시판에 작성해 놓은 "이 카페지기이자 고도의 사기꾼 구수회가 구속되어야 할 신문기사(구수회는 윤통의 탄핵 원인 제공자이자 검찰의 선택적 수사 수혜자)" 제목의 게시 글과 그 댓글(이 사건 고소장 '첨부 아')

[117] 이를 입증하는 증거자료로는 위【관련 증거자료 제출】항목〔가.(1).~가.(3).〕,〔나.(1).~나.(5).〕각 참조.

[118] 이를 입증하는 증거자료로는 위【관련 증거자료 제출】항목〔라.(1).〕~〔라.(13).〕및〔마.(1).~마.(6).〕각 참조.

해온 방식 그대로 전혀 흔들림 없이 이 카페 회원을 상대로 법률 영업을 계속해 왔다.119)

〔범죄 사실〕

고소인은 피고소인의 사기행각과 변호사법위반 등의 범행에 따른 제2, 제3의 피해자가 발생하지 않도록 하기 위해120) 2022. 9. 24. 22:39:20. 이 카페 자유게시판에 "이 카페지기이자 고도의 사기꾼 구수회가 구속되어야 할 신문기사 (구수회는 윤통의 탄핵 원인 제공자이자 검찰의 선택적 수사 수혜자)"라는 제목을 게시하고, 그 아래에 2022. 8. 14.자 "검찰을 범죄조직으로 만들어버린 윤석열 대통령은 탄핵밖에 답이 없다!!" 제하의 LPN로컬파워뉴스 신문기사를 링크해 놓았다.

그러나 피고소인은 고소인이 작성한 위 게시 글에 앙심을 품고 2022. 9. 26. 04:04.경 위 게시 글에 대한 댓글에서, "〈임찬용의 범죄행위〉"라고 제목을 달고, 그 아래에 "2. 타인을 고소할 때 범죄 내용을

---

119) 이를 입증하는 증거자료로는 피고소인 구수회가 2022. 9. 24. 17:19:37.경 이 카페 자유게시판에 작성해 놓은 "구수회가 구속되지 않는 이유 8개 + 12개(관청피해자모임)"이라는 게시 글 (이 사건 고소장 '첨부 자')

구수회가 자신의 핸드폰으로 위 게시 글 첫 페이지에 "검사가 1주에 1명의 위장 고객을 보낸다는 자세로 사무실 고객들에게 돈을 받고 있음"이라고 기재하고 있는바, 이는 구수회가 법률 영업을 하고 있다는 사실을 자인하고 있는 것임.

120) 고소인이 피고소인에게 '고도의 사기꾼'이라고 운운하면서 관련 신문기사를 링크해 놓은 이유에 대해서는 후술하는 이 사건 고소장 '첨부 차'의 댓글에서도 분명하게 나타난다. 즉, 고소인은 2022. 9. 26. 19:47.경 피고소인이 작성한 '첨부 차'의 댓글에서, "설사 저는 위 신문기사를 이 카페에 게시해 놓고, 구 교수님을 '고도의 사기꾼'이라고 운운한 이유는 구 교수님으로부터 제2, 제3의 사건처리와 관련된 피해자가 발생하지 않아야겠다는 공익 차원에서 얘기하였던 것이지, 구 교수님의 명예를 훼손할 의도는 전혀 없었습니다."라고 기재하고 있다.

6하 원칙으로 적어야 하는데, 전혀 6하원칙이 없음.", "6. 전직 검찰 수사과장이 고소장을 저렇게 작성하니 검찰 모두가 욕먹는 거죠."라는 허위사실을 적시하여 명예훼손에 해당하는 글을 작성하였다.

이로써 피고소인은 고소인을 비방할 목적으로 정보통신망인 이 카페 자유게시판을 통하여 위와 같이 공공연하게 거짓의 사실을 드러내어 고소인의 명예를 훼손하였다.

(3) 2022. 9. 26. 및 2022. 9. 27. 범행[121]

〔사건전개 및 검토배경〕

피고소인은 위 (2)항의 범행에서 살펴본 바와 같이 고소인이 이 카페 자유게시판에 "이 카페지기이자 고도의 사기꾼 구수회가 구속되어야 할 신문기사(구수회는 윤통의 탄핵 원인 제공자이자 검찰의 선택적 수사 수혜자)"라는 제목의 게시 글과 더불어 관련 신문기사를 링크해 놓자, 이로 인해 이 카페 회원들은 물론 자신이 운영하는 사무실 고객을 상대로 계속 법률 영업을 하는데 지장이 초래될 것이 염려되어[122] 이를 적극

---

[121] 이 사건 범죄 사실 입증자료로는 피고소인 구수회가 2022. 9. 26. 10:07:13.경 다음 카페인 "관청피해자모임" 자유게시판에 작성해 놓은 "댓글에서 재미나는 진실이 나옴 - 구수회가 사피자 2명(임찬용 검찰수사과장님, 정○○)을 고소함" 제목의 게시 글(여기에는 구수회가 2022. 9. 26.경 임찬용을 정보통신망법상 허위사실 적시에 의한 명예훼손죄로 서울서초경찰서에 고소한 고소장 사본이 포함되어 있음) 및 그 댓글 (이 사건 고소장 '첨부 차') 및 고소인이 2022. 12. 14.경 정보공개청구를 통하여 성남수정경찰서로부터 송부받은 2022. 9. 26.자 구수회의 임찬용에 대한 고소장 사본 1부(이 사건 고소장 '첨부 차-1')

[122] 이 사건 고소장 '첨부 차'의 댓글 중 구수회가 2022. 9. 26. 13:23.경 작성한 댓글 내용에는 "위 임찬용 과장의 행위는 형법 제313조 신용훼손죄도 된다고 봅니다.(구수회 사무실에는 불법행위를 자행하는 행정사, 구속될 행정사로 소문내면 고객들이 오다가 돌아서며, 업무신용훼손죄)"라고 기재되어 있음.

방어하기 위하여 고소인을 상대로 허위 내용의 고소장을 작성하여 경찰에 제출함과 동시에 그 내용을 이 카페 자유게시판에 공개하여 고소인의 명예를 훼손하기로 마음먹었다.

(가) 무고죄

피고소인은 2022. 9. 26. 시간 불상경 서울 서초구 법원로 2길 19에 있는 피고소인의 집에서, 고소인으로 하여금 형사처분을 받게 할 목적으로 컴퓨터 워드프로세서를 이용하여 고소인에 대한 허위 내용의 고소장을 작성하였다.

그 고소장에는 고소인 임찬용이 LPN로컬파워뉴스 전문기자 신분으로 2022. 8. 14.자 "검찰을 범죄조직으로 만들어버린 윤석열 대통령은 탄핵밖에 답이 없다!!"제하의 기사를 작성한 사실과 관련,

그 기사내용 중 ㉮ "… 필자는 사법경찰관 류중일에게 … 피의자 구수회의 증거인멸 발생 및 사건의 중대성 등을 이유로 **사전구속영장**을 신청해 달라고 요구하였다…

실제로 서대문경찰서에서는 피의자 구수회에 대하여 단 한 차례 소환조사마저도 실시하지 않은 채 **허위** 내용의 불송치결정서를 작성하는 수법으로 모든 범죄 사실을 각하 처분해 버렸고…"의 기재 부분과,

㉯ 위 기사에 첨부된 '첨부파일 1'(2021. 10. 26.자 고소인 진술서) 제3~4쪽에 기재된 내용 중 "… 피의자 구수회는 … 행정사의 탈을 쓰고 법무사 업무나 변호사 직무 영역을 광범위하고 **지속적**으로 침해해 왔고, … 부당이익을 챙겨왔다…"라는 기재 부분과,

㉰ 위 기사에 첨부된 '첨부파일 3'(2021. 10. 29.자 제2차 고소인 의견서) 제1쪽 기재 내용 중 "피고소인 구수회는 … 피고소인 전상화와 공모하여 … 사법 피해자라는 프레임을 씌워 회원들을 끌어모은 다음, 그들을 상대로 돈을 받고 … 고소장 및 소장 작성 등 … 영업활동을 불법적으로 해오고 있습니다."라는 기재 부분을 각각 허위로 작성한 후 이를 2022. 9. 24. 22:39:20.경 이 카페 자유게시판에 링크 방식으로 게시해 놓음으로써 피고소인의 명예가 훼손되었으니 고소인을 정보통신망법상 허위사실 적시에 의한 명예훼손죄로 처벌해 달라는 내용이었다.

그러나 사실은 피고소인이 허위 내용이라고 주장하고 있는 위 ㉮, ㉯, ㉰항의 기재 내용들은 고소인이 관련 증거자료를 토대로 작성해 놓았기 때문에 전혀 허위 내용이 없었다.[123]

그럼에도 불구하고 피고소인은 2022. 9. 26. 시간 불상경 서울 서초구 반포대로 179에 있는 서울서초경찰서 사이버 수사팀 성명 불상 경찰관에게 위 고소장을 제출하여 고소인을 무고하였다.

(나) 정보통신망 이용촉진 및 정보보호 등에 관한 법률 위반(제70조 제2항)

피고소인은 고소인이 2022. 9. 24. 22:39:20.경 이 카페 자유게시판에 "이 카페지기이자 고도의 사기꾼 구수회가 구속되어야 할 신문기사(구수회는 윤통의 탄핵 원인 제공자이자 검찰의 선택적 수사 수혜자)"라는 제목의 게시 글과 함께 관련 신문기사를 링크해 놓자, 앞으로는 이 카페

---

123) 이를 입증하는 증거자료로는 위 ㉮항에 대해서는 위【관련 증거자료 제출】 항목 중〔가.(1).〕,〔가.(3).〕,〔나.(1).〕,〔나.(2).〕각 참조, 위 ㉯항에 대해서는 위【관련 증거자료 제출】 항목 중〔가.(1).〕,〔가.(2).〕각 참조, 위 ㉰항에 대해서는 위【관련 증거자료 제출】 항목 중〔가.(1).〕,〔가.(3).〕각 참조.

회원들은 물론 자신이 운영하는 사무실 고객을 상대로 법률 영업을 계속할 수 없을 것으로 판단하고 이를 적극 방어하기 위해 허위사실을 적시하여 고소인을 비방하기로 마음먹었다.

이에 따라, 피고소인은,

- 2022. 9. 26. 10:07:13.경 이 카페 자유게시판에 "댓글에서 재미나는 진실이 나옴 - 구수회가 사피자 2명(임찬용 검찰수사과장님, 정○○)을 고소함"이라고 제목을 달고 그 뒷장에 허위로 작성된 위 (가)항 고소장을 그대로 게시하는 방법으로 허위사실을 적시하여 고소인의 명예를 훼손하고,

- 위 게시 글에 대한 댓글에서, 2022. 09. 26. 12:18.경 "(임찬용) 고소장이 얼마나 6하 원칙이 안 되면 경찰이 구수회를 조사도 안 했겠어요…"라고 허위사실을 적시하여 고소인의 명예를 훼손하고,

- 위 게시 글에 대한 댓글에서, 2022. 09. 27. 20:07.경 "(임찬용이 작성한 고소장은) '1. 증거도 없고', 2. '6하원칙도 없어요'.… '(임찬용은) 구수회가 저질러 온 변호사법위반 및 사기행각…이라고 고소했으면 성공을 시켜야 하는데'… '무혐의가 됐으면 그 다음은 너가 책임을 져야지'… '우리 카페 곳들은 너처럼 6하 원칙 없이 고소하는 놈은 1명도 없다'…" 라고 각각 허위사실을 적시하여 고소인의 명예를 훼손하였다.

다. 피고소인 이용일, 피고소인 성명불상 공동범행 (강요미수죄)

〔법리검토〕

《사건 외 구수회가 2022. 9. 26.경 서울서초경찰서에 제출한 고소장(이하, '구수회 고소장')에 대한 각하사유 관련 법령》 124)

(1) 관련 법령
검찰사건사무규칙 [법무부령 제204호, 2022. 7. 4., 타법개정] 제115조(불기소결정) 제3항 제5호에 규정된 각하 사유는 다음과 같다.

제5호 : 각하사유 : 지면상 생략

(2) '구수회 고소장'에 기재된 고소 내용이 위 '(1) 관련 법령'에서 살펴볼 때 각하사유에 해당하는지 검토

(가) '구수회 고소장' 기재 고소 내용 중 '1. 신분 관계' 및 '2. 사건 발생 배경' 항목은 각하사유 검토 대상이 아님.

(나) '구수회 고소장' 기재 고소 내용 중 '3. 임찬용의 범죄행위 1'의 항목 및 그 댓글 기재 내용과 관련, 이는 해당 신문기사 및 위【관련 증거자료 제출】항목에 기재된 증거자료를 근거로 사실대로 기재되었으며, 허위 내용은 전혀 없음. 따라서 이 기재 부분은 위 '1. 관련 법령' 제5호 가목 〔혐의없음(범죄인정 안 됨)〕에 명백하게 해당되므로 명백한 각하 대상임.

---

124) 이 사건 고소장 '첨부 차–1'을 의미함.

특히, 구수회는 이 항목 및 댓글 기재 부분과 관련 어떠한 부분이 허위사실로써 정보통신망법 제70조 제2항에 해당하는지 구체적인 적시가 전혀 없음.

(다) '구수회 고소장' 기재 고소 내용 중 '4. 임찬용의 범죄행위 2'의 항목 기재 내용과 관련, 이 또한 해당 신문기사 및 위 【관련 증거자료 제출】항목에 기재된 증거자료를 근거로 사실대로 기재되었으며, 허위 내용은 전혀 없음.

따라서 이 기재 부분 역시 위 '1. 관련 법령' 제5호 가목 〔혐의없음(범죄인정 안 됨)〕에 해당되므로 명백한 각하 대상임.

《'구수회 고소장'에 기재된 고소 내용과 관련, 피고소인들이 고소인을 정보통신망법 제70조 제2항으로 처벌할 수 있는 가능성을 가늠해 보기 위한 대법원 판례 소개》

(1) 대법원 2010. 11. 25. 선고 2009도12132 판결
[정보통신망이용촉진및정보보호등에관한법률위반(명예훼손)][공2011상,70]

【판시사항】

[1] 구 정보통신망 이용촉진 및 정보보호 등에 관한 법률 제70조 제2항의 허위사실 적시 정보통신망을 통한 명예훼손죄에서 '허위의 인식' 등에 관한 증명책임의 소재(=검사) 및 그 증명 여부의 판단 기준.

[2] 피고인이 인터넷 게시판에 허위사실을 적시하여 갑 유학원 및 그 대표 을의 명예를 훼손하였다는 구 정보통신망 이용촉진 및 정보보호

등에 관한 법률 위반의 공소사실에 대하여, 이를 유죄로 인정한 원심 판단에 증명책임에 관한 법리 오해 또는 채증법칙 위반의 위법이 있다고 한 사례.

[3] 구 정보통신망 이용촉진 및 정보보호 등에 관한 법률 제70조에서 정한 '사람을 비방할 목적'이 있는지 여부의 판단 기준 및 '공공의 이익'과의 관계.

【판결요지】

[1] 형사재판에서 공소가 제기된 범죄의 구성요건을 이루는 사실은 그것이 주관적 요건이든 객관적 요건이든 그 증명책임이 검사에게 있으므로, 구 정보통신망 이용촉진 및 정보보호 등에 관한 법률(2008. 6. 13. 법률 제9119호로 개정되기 전의 것) 제70조 제2항의 허위사실 적시 정보통신망을 통한 명예훼손죄로 기소된 사건에서 사람의 사회적 평가를 떨어뜨리는 사실이 적시되었다는 점, 그 적시된 사실이 객관적으로 진실에 부합하지 아니하여 허위일 뿐만 아니라 그 적시된 사실이 허위라는 것을 피고인이 인식하고서 이를 적시하였다는 점은 모두 검사가 증명하여야 한다. 그런데 위 증명책임을 다하였는지 여부를 결정할 때에는 어느 사실이 적극적으로 존재한다는 것의 증명은 물론, 그 사실의 부존재의 증명이라도 특정 기간과 특정 장소에서의 특정 행위의 부존재에 관한 것이라면 적극적 당사자인 검사가 이를 합리적 의심의 여지가 없이 증명하여야 할 것이지만, 특정되지 아니한 기간과 공간에서의 구체화되지 아니한 사실의 부존재를 증명한다는 것은 사회통념상 불가능한 반면 그 사실이 존재한다고 주장·증명하는 것이 보다 용이하므로 이러한 사정은 검사가 그 증명책임을 다하였는지를 판단할 때에 고려되면 된다.

[2] 피고인이 인터넷 게시판에 허위사실을 적시하여 갑 유학원 및 그 대표 을의 명예를 훼손하였다는 구 정보통신망 이용촉진 및 정보보호 등에 관한 법률(2008. 6. 13. 법률 제9119호로 개정되기 전의 것) 위반의 공소사실에 대하여, 원심이 유죄 인정의 근거로 들고 있는 증거들만으로는 위 사실들이 허위이고 피고인이 그와 같은 사실이 허위임을 인식하였다는 점이 합리적인 의심을 할 여지가 없을 정도로 증명되었다고 보기 어려운데도, 피고인이 진실이라는 점을 소명할 구체적이고 객관적인 자료를 전혀 제시하지 못하였다는 이유만으로 위 사실들이 허위이고, 피고인이 이러한 사실들이 허위라고 인식하고 있었다고 판단하여 이를 유죄로 인정한 원심 판단에 증명책임에 관한 법리 오해 또는 채증법칙 위반의 위법이 있다고 한 사례.

[3] 구 정보통신망 이용촉진 및 정보보호 등에 관한 법률(2008. 6. 13. 법률 제9119호로 개정되기 전의 것) 제70조 제1, 2항에서 정한 '사람을 비방할 목적'이란 가해의 의사 내지 목적을 요하는 것으로써, 사람을 비방할 목적이 있는지 여부는 당해 적시 사실의 내용과 성질, 당해 사실의 공표가 이루어진 상대방의 범위, 그 표현의 방법 등 그 표현 자체에 관한 제반 사정을 감안 함과 동시에 그 표현에 의하여 훼손되거나 훼손될 수 있는 명예의 침해 정도 등을 비교, 고려하여 결정하여야 하는데, 공공의 이익을 위한 것과는 행위자의 주관적 의도의 방향에 있어 서로 상반되는 관계에 있으므로, 적시한 사실이 공공의 이익에 관한 것인 경우에는 특별한 사정이 없는 한 비방할 목적은 부인된다고 보아야 하고, 공공의 이익에 관한 것에는 널리 국가·사회 기타 일반 다수인의 이익에 관한 것뿐만 아니라 특정한 사회집단이나 그 구성원 전체의 관심과 이익에 관한 것도 포함하는 것이고, 행위자의 주요한 동기 내지 목적이 공공의 이익을 위한 것이라면 부수적으로 다른 사익적 목적이나 동기가 내포되어 있더라도 비방할 목적이 있다고 보기는 어렵다.

(2) 위 대법원 판례 취지에 비추어볼 때 '구수회 고소장'에 기재된 고소 내용으로 '구수회 고소장' 피고소인 임찬용에 대한 처벌 가능성 존재 여부

(가) '구수회 고소장'에 기재된 고소 내용은 이미 살펴본 바와 같이 명백하게 허위사실로 기재되어 있다.

(나) 설사, 백번 양보하여 구수회의 주장대로 '구수회 고소장'에 기재된 고소 내용이 모두 사실대로 기재되었다고 하더라도(즉, '구수회 고소장' 피고소인 임찬용이 허위사실을 적시하여 이 카페 자유게시판에서 구수회의 명예를 훼손하였다고 하더라도)

이 카페 자유게시판에 구수회의 명예훼손에 해당하는 글을 게시하게 된 동기 내지 목적과 관련, 임찬용은 이 카페 회원들에게 구수회의 사기 행각과 변호사법위반 범행에 따른 제2, 제3의 피해자가 발생해서는 안 된다는 경각심을 불러일으키기 위한 공공의 이익이라고 주장하고 있는 사실이 분명한 이상 위 대법원 판례 취지에 비추어볼 때 이 사건 피고소인 신분에 있는 사법경찰관리 이용일 등은 '구수회 고소장'을 조작하지 않고서는 임찬용에게 정보통신망법 제70조 제2항의 죄책을 묻기에는 원천적으로 불가능하다.

〔범죄 사실〕[125]

피고소인 이용일은 성남수정경찰서 수사과 사이버수사팀 소속 경사 직급인 사법경찰관리의 직무를 수행하고 있는 자이고, 피고소인 성명

---

[125] 이 범죄 사실 입증자료로서 '구수회 고소장'에 대한 소환조사와 관련하여 2022. 12. 25.부터 2022. 12. 26.까지 피고소인 이용일과 고소인 임찬용 사이에 주고받은 핸드폰 문자메시지를 제출함. (이 사건 고소장 '첨부 카-1, 2, 3')

불상은 피고소인 이용일의 직속상관이자 사법경찰관의 직무를 수행하고 있는 자로서,126) 서울서초경찰서에서 이송한 2022. 9. 26.자 '구수회 고소장'을 배당받았다.

피고소인들은 '구수회 고소장'에 기재된 고소 내용이 명백하게 각하 사유에 해당될 뿐만 아니라, 더 나아가 허위 내용으로 기재되어 있었으므로 당연히 이를 각하 처분을 하여야 하고, 동시에 구수회에 대해서는 무고 혐의로 입건하여 형사처분을 하여야 할 업무상 의무가 있다.

그럼에도 불구하고, 피고소인들은 구수회가 허위 내용의 '구수회 고소장'을 서울서초경찰서에 제출하고 이를 이 카페 게시판에 게시함에 따라 형사적 부담을 입게 될 구수회의 무고죄 및 정보통신망법상 허위사실 적시에 의한 명예훼손죄를 물타기 할 의도를 가지고127), 고소인의 의사에 반하여 강제적으로 소환하기로 마음먹었다.

이에 따라, 피고소인들은 2022. 12. 25. 10:39.경 피고소인 이용일 명의의 핸드폰(010-5325-0000)을 사용하여 고소인 핸드폰(010-5313-

---

126) 이 사건은 피고소인 이용일의 단독범이 아니라 그의 상사와 공동범행으로 보는 것이 법리적으로 타당하다. 그 이유는 '구수회 고소장' 소환불응에 따른 체포영장 신청 권한은 사법경찰관리인 피고소인 이용일에게 있는 것이 아니라, 그의 직속 상관인 사법경찰관인 성명 불상자에게 있기 때문이다. 즉, 사법경찰관의 보조 역할에 불과한 피고소인 이용일은 소환조사에 불응하고 있는 고소인에게 체포영장을 신청하겠다며 으름장을 놓은 일조차도 최소한 자신의 상사이자 사법경찰관인 성명불상자의 암묵적 사전 승인이 필요하기 때문이다.

127) 이는 위 【관련 증거자료 제출】 항목 중 〔나,(2).〕 증거자료에서 확인되는 바이와 같이 고소인이 구수회와 전국 경찰관들과의 유착관계 증거자료를 제출하여 왔고, 또 구수회의 범죄 사실을 입증하는 증거자료를 제출하였음에도 불구하고, 서울서대문경찰서에서는 구수회에 대해 단 한 차례의 소환조사마저도 실시하지 않은 채 사법경찰관 문경석 명의로 된 허위 내용의 불송치(각하) 결정서를 작성하는 수법을 통해 구수회의 모든 범죄 사실을 은폐해 버렸다는 사실만으로도 넉넉하게 알 수 있다.

0000)에 "2022. 12. 27. 13시 30분까지 경찰서 출석 바랍니다."라는 문자 메시지를 남겼다.[128]

그러나 피고소인들은 그 무렵 고소인으로부터 "이미 각하 처분하기로 합의해 놓고, 왜 이제 와서 소환조사를 하려고 하느냐."는 강력한 항의를 받게 되자, 오히려 고소인에게 "체포영장을 발부받아 강제적으로 소환조사를 실시하겠다."며 협박하였다.

이로써 피고소인들은 명백하게 각하사유에 해당하는 '구수회 고소장'을 근거로 체포영장을 발부받아 강제적으로 소환하겠다고 협박하면서 고소인에게 소환조사를 받게 하는 등 의무 없는 일을 하게 하려고 하였으나, 고소인이 이를 강력하게 거부하는 바람에 그 뜻을 이루지 못하고 미수에 그쳤다.

※ 범죄 사실은 형법 등 처벌법규에 해당하는 사실에 대하여 일시, 장소, 범행방법, 결과 등을 구체적으로 특정하여 기재해야 하며, 고소인이 알고 있는 지식과 경험, 증거에 의해 사실로 인정되는 내용을 기재하여야 합니다.

---

[128] 피고소인 이용일이 자신의 핸드폰을 통하여 이 사건 고소인 임찬용에게 일방적으로 경찰서에 출석하라고 문자메시지를 보낸다는 것은 상식적으로 도저히 있을 수 없는 일이다. 그 이유는 임찬용이 피고소인 이용일으로부터 위 문자메시지를 받기 이전부터 수차례 전화 통화를 통하여, 임찬용과 피고소인 이용일 사이에 '구수회 고소장'은 명백한 각하 사안이니만큼 임찬용이 피의자 신문조서를 받지 아니하고, 그 대신에 '구수회 고소장' 사건 피고소인 의견서로 대체하기로 이미 합의가 된 상태였기 때문이다.

5. 고소 이유

이 사건 피고소인 구수회 및 전상화는 '관피모사건'과 관련하여 자신들의 범죄행위를 인정히고 빈성하기는거녕 오히려 고소인 임찬용을 무고하고 있고, 이 사건 피고소인 성명 불상자 및 이용일은 각각 사법경찰관 및 사법경찰관리로서 이 나라 사법정의를 실현해야 할 막중한 업무가 있음에도 불구하고, 이를 망각한 채 스스로 구수회를 비호하는 길을 걷고 있습니다.

이들의 위와 같은 범죄행위는 믿음과 신뢰를 바탕으로 한 공동사회 규범을 근본적으로 해치고 공정과 상식에 바탕을 둔 사회생활을 유지해 나가는 데 있어 가장 위험한 공공의 적이라고 할 수 있습니다.

이의 척결을 통하여 공정과 정의가 도도히 흐르는 살맛 나는 세상을 조금이라도 앞당기기 위해서는 이들 전원에 대하여 반드시 구속수사가 필요하다는 확신과 신념을 가지고 이 사건 고소에 이르게 되었습니다.

※ 고소 이유에는 피고소인의 범행 경위 및 정황, 고소를 하게 된 동기와 사유 등 범죄사실을 뒷받침하는 내용을 간략, 명료하게 기재해야 합니다.

6. 증거자료

(✓ 해당란에 체크하여 주시기 바랍니다)

☐ 고소인은 고소인의 진술 외에 제출할 증거가 없습니다.
☐ 고소인은 고소인의 진술 외에 제출할 증거가 있습니다.
☞ 제출할 증거의 세부내역은 별지를 작성하여 첨부합니다.

7. 관련사건의 수사 및 재판 여부*

(✓ 해당란에 체크하여 주시기 바랍니다)

① 중복 고소 여부	본 고소장과 같은 내용의 고소장을 다른 검찰청 또는 경찰서에 제출하거나 제출하였던 사실이 있습니다 ☐ / 없습니다 ☐
② 관련 형사사건 수사유무	본 고소장에 기재된 범죄 사실과 관련된 사건 또는 공범에 대하여 검찰청이나 경찰서에서 수사 중에 있습니다 ☐ / 수사 중에 있지 않습니다 ☐
③ 관련 민사소송 유무	본 고소장에 기재된 범죄 사실과 관련된 사건에 대하여 법원에서 민사소송 중에 있습니다 ☐ / 민사소송 중에 있지 않습니다 ☐

기타사항

※ ①, ②항은 반드시 표시하여야 하며, 만일 본 고소 내용과 동일한 사건 또는 관련 형사사건이 수사재판 중이라면 어느 검찰청, 경찰서에서 수사 중인지, 어느 법원에서 재판 중인지 아는 범위에서 기타사항 난에 기재하여야 합니다.

8. 기타

(고소 내용에 대한 진실확약)

본 고소장에 기재한 내용은 고소인이 알고 있는 지식과 경험을 바탕으로 모두 사실대로 작성하였으며, 만일 허위사실을 고소하였을 때에는 형법 제156조 무고죄로 처벌받을 것임을 서약합니다.

2023년 1월 5일*

고소인 ___임 찬 용___ (인)*

제출인 _____ (인)

※ 고소장 제출일을 기재하여야 하며, 고소인 난에는 고소인이 직접 자필로 서명 날(무)인 해야 합니다. 또한 법정대리인이나 변호사에 의한 고소대리의 경우에는 제출인을 기재 하여야 합니다.

첨부(증거)서류

1. 가.(1). 2021. 10. 5.자 피고소인 구수회, 전상화에 대한 고소장 ('관피모사건' 고소장) 및 거기에 첨부된 각 증거자료 1부.
2. 가.(2). 2021. 10. 26.자 고소인(임찬용) 진술서 1부.
3. 가.(3). 2021. 10. 29.자 제2차 고소인(임찬용) 의견서 1부.
4. 나.(1). 2022. 3. 22.자 피의자 구수회에 대한 불송치결정서 1부.
5. 나.(2). 2022. 4. 4.자 피의자 구수회에 대한 불송치결정 이의신청서 1부.
6. 나.(3). 2022. 5. 27.자 피의자 구수회에 대한 불기소결정서 1부.
7. 나.(4). 2022. 6. 13.자 피의자 구수회에 대한 항고장 1부.
8. 나.(5). 2022. 8. 1.자 피의자 구수회에 대한 항고기각 결정문 1부.

9. 다.(1). 2022. 4. 27.자 피의자 전상화에 대한 불송치결정서 1부.
10. 다.(2). 2022. 6. 3.자 피의자 전상화에 대한 불송치결정 이의신청서 1부.
11. 다.(3). 2022. 6. 13.자 피의자 전상화에 대한 불기소결정서 1부.
12. 다.(4). 2022. 6. 20.자 피의자 전상화에 대한 항고장 1부.
13. 다.(5). 2022. 8. 2.자 피의자 전상화에 대한 항고기각 결정문 1부.
14. 라.(1). 2022. 4. 20.자 '관피모사건'을 조작·은폐수사한 사법경찰관들에 대한 고소장 1부.
15. 라.(2). 2022. 4. 20.자 무고 피의자 전상화에 대한 고소장 1부.
16. 라.(3). 2022. 5. 23.자 사법경찰관 유정민 외 1인(사법경찰관)에 대한 고소장 1부.
17. 라.(4). 2022. 7. 26.자 피의자 유정민 외 1인(사법경찰관)에 대한 불송치결정서 1부.
18. 라.(5). 2022. 8. 25.자 피의자 유정민 외 1인(사법경찰관)에 대한 불송치결정 이의신청서 1부.
19. 라.(6). 2022. 10. 13.자 피의자 유정민 외 1인(사법경찰관)에 대한 불기소결정서 1부.
20. 라.(7). 2022. 10. 24.자 피의자 유정민 외 1인(사법경찰관)에 대한 항고장 1부.
21. 라.(8). 2022. 11. 18.자 피의자 유정민 외 1인(사법경찰관)에 대한 항고기각 결정문 1부.
22. 라.(9). 2022. 11. 28.자 피의자 유정민 외 1인(사법경찰관)에 대한 재정신청서 1부.
23. 라.(10). 2022. 9. 27.자 피의자 문경석 외 1인(사법경찰관)에 대한 불송치결정서 1부.
24. 라.(11). 2022. 9. 27.자 피의자 전상화(관피모사건 공범), 피의자 신미영 외 1인(사법경찰관)에 대한 불송치결정서 1부.

25. 라,(12). 2022. 10. 10.자 피의자 문경석 외 1인(사법경찰관)에 대한 불송치결정 이의신청서 1부.

26. 라,(13). 2022. 10. 10.자 피의자 전상화(관피모사건 공범), 피의자 신미영 외 1인(사법경찰관)에 대한 불송치결정 이의신청서 1부.

27. 마,(1). 2022. 6. 5.자 LPN로컬파워뉴스 "윤석열 정부의 검·경이 새 출발부터 뿌리째 썩어들어가고 있다!!" 제하의 신문기사 1부.

28. 마,(2). 2022. 6. 17.자 LPN로컬파워뉴스 "범죄단체 조직으로 변해 버린 윤석열 정부의 검찰과 경찰!!" 제하의 신문기사 1부.

29. 마,(3). 2022. 7. 12.자 LPN로컬파워뉴스 "현재 대통령 윤석열은 탄핵 일보 직전까지 내몰려 있다." 제하의 신문기사 1부.

30. 마,(4). 2022. 8. 14.자 LPN로컬파워뉴스 "검찰을 범죄조직으로 만들어버린 윤석열 대통령은 탄핵밖에 답이 없다!!" 제하의 신문기사 1부.

31. 마,(5). 2022. 10. 10.자 LPN로컬파워뉴스 "현재 대한민국은 대통령과 사건브로커가 상생관계에 있다!! 탄핵밖에 답이 없다!!" 제하의 신문기사 1부.

32. 마,(6). 2022. 12. 20.자 LPN로컬파워뉴스 "공정과 상식을 짓밟아 버린 대통령 윤석열을 탄핵한다!!" 제하의 신문기사 1부.

33. 바. 2022. 5. 10. 02:23:50.경 피고소인 구수회가 이 카페 자유게시판에 작성해 놓은 "사피자가 사피자에게 죄를 짓는 놈은 모두 구속시켜라. 허위 고소도 반드시 무고로 처단하라.(구수회 글)" 제목의 게시 글.

34. 사. 피고소인 구수회가 2022. 5. 13. 10:22:57.경 다음카페인 "구수회 행정심판전문사무소" 자유게시판에 작성해 놓은 "前 검찰 과장 출신 회원이 구수회와 변호사를 고소, 무혐의 받음" 제목의 게시 글.

35. 아. 고소인 임찬용이 2022. 9. 24. 22:39:20.경 다음카페인 "관청피해자모임" 자유게시판에 작성해 놓은 "이 카페지기이자 고도의 사기꾼 구수회가 구속되어야 할 신문기사(구수회는 윤통의 탄핵 원인 제공자이자 검찰의 선택적 수사 수혜자)" 제목의 게시 글과 그 댓글.

36. 자. 피고소인 구수회가 2022. 9. 24. 17:19:37.경 이 카페 자유게시판에 작성해 놓은 "구수회가 구속되지 않는 이유 8개 + 12개(관청피해자모임)"이라는 게시 글.

37. 차. 피고소인 구수회가 2022. 9. 26. 10:07:13.경 다음카페인 "관청피해자모임" 자유게시판에 작성해 놓은 "댓글에서 재미나는 진실이 나옴- 구수회가 사피자 2명(임찬용 검찰수사과장님, 정ㅇㅇ)을 고소함" 제목의 게시 글과 그 댓글.

38. 차-1. 2022. 9. 26.자 구수회의 임찬용에 대한 고소장 사본 1부.

39. 카-1, 2, 3. '구수회 고소장'에 대한 소환조사와 관련하여 2022. 12. 25.부터 2022. 12. 26. 사이에 이 사건 피고소인 이용일과 고소인 임찬용 사이에 주고받은 핸드폰 문자메시지 1부. 끝.

대검찰청 귀중

【첨부 12】 2013. 5. 1.자 정보공개청구신청서 및 비공개 결정 통지서

■ 공공기관의 정보공개에 관한 법률 시행규칙 [별지 제7호서식] <개정 2021. 6. 23.>

성 남 수 정 경 찰 서

수신자 임찬용 귀하 (우 13112 경기도 성남시 수정구 복정로96번길 20 203호)
(경유)

제 목 정보 ([ ]공개   [ ]부분 공개   [V]비공개)결정 통지서

※ 뒤쪽의 유의사항을 확인하시기 바랍니다.   (앞 쪽)

접수번호	10701740	접수일	2023. 05. 01.
청구 내용	신청 외 구수회는 2022. 9. 26.경 본건 신청인을 피고소인으로 하는 정보통신망법상 허위사실 적시에 의한 명예훼손죄로 서울서초경찰서에 고소하였습니다.(입증 자료 : 첨부 1) 위 고소장은 본건 신청인 임찬용을 처벌하기 위한 범죄구성요건을 전혀 갖추지 못하고 있는 데다, 거의 모든 기재 내용이 허위내용으로 채워져 있었으므로 명백한 각하 사유에 해당함은 물론, 더 나아가 위 고소장을 제출한 구수회에 대해서는 무고죄로 입건하여 형사처벌을 해야 할 상황에 놓여 있었습니다. (입증 자료 : 첨부 2) 그럼에도 불구하고 성남수정경찰서 경사 이용일은 위 '첨부 1'의 고소장을 각하처분하고 구수회를 무고죄로 형사처벌하기는커녕 오히려 위 '첨부 1' 고소장이 각하사유에 해당된다는 이유로 소환조사를 거부하고 있는 임찬용에 대해 소환조사에 응하지 않을 경우 체포영장을 발부받겠다는 등 협박으로 인해 2023. 1. 5.경 위 '첨부 2' 기재내용과 같이 강요 미수죄로 피소 되었고, 하는 수 없이 2023. 1. 6.경 위 '첨부 1' 고소장을 불송치 결정을 하였습니다. 문제는 수원지검성남지청 검사 김한나가 2023. 4. 26.경 불순한 의도를 가지고 위 '첨부 1'의 고소장과 관련된 경찰의 불송치 결정에 대해 '보완수사요구권'을 발동했다는 것입니다. 경찰과 검찰은 그동안 위 '첨부 2' 고소장에 첨부된 증거자료에서 확인한 바와 같이, 구수회의 수많은 변호사법 위반 및 사기죄 등에 대한 중대한 범죄사실을 은폐하기 위해 전혀 수사를 진행하지 않은 채 허위내용의 불송치 결정서(경찰) 및 허위내용의 불기소 결정서(검찰)을 작성해 옴으로써 각각 범죄집단으로 확인되고 있습니다. 이와 같은 시정에 비추어 보면, 검사 김한나의 경찰에 대한 '보완수사요구권'은 그동안 검찰이 은폐해 왔던 구수회의 중대 범죄사실을 물타기 하기 위해 불순한 의도를 갖고 발동하였다고 보기에 충분하고도 넉넉한 개연성을 내포하고 있습니다.

인쇄일자 : 2023. 05. 03. 10:55:30   210mm×297mm[백상지(80g/㎡)]
인쇄자 : 임찬용   1/4

여기에 한 술 더 떠 검사 김한나는 허위내용의 고소장을 제출한 구수회에 대해서는 무고죄로 처벌되지 않도록 하기 위해 오히려 본건 신청인 임찬용을 상대로 의무없이 경찰의 소환조사에 응하도록 강요하고 있습니다.

이에, 본건 신청인 임찬용은 검사 김한나의 경찰에 대한 '보완수사요구권'이 어떤 의도로 발동되었는지, 그리고 그 발동내용이 정당한 것인지 파악함과 동시에, 위 '첨부 1' 고소장에 대한 피의자로서의 방어권을 확보하기 위하여 본건 정보공개청구를 신청하게 되었습니다.

공개 내용					
공개 일시			공개 장소		

* 수수료를 추가납부 하여야 할 경우「공공기관의 정보공개에 관한 법률 시행령」제12조에 따라 부득이하게 공개일이 변경될 수 있습니다.

공개 방법	[ ] 열람·시청	[ ] 사본·출력물	[V] 전자파일	[ ] 복제·인화물	[ ] 기타
수령 방법	[ ] 직접 방문	[ ] 우편	[ ] 팩스 전송	[V] 정보통신망	[ ] 전자우편 등

납부 금액	① 수수료 0원	② 우송료 0원	③ 수수료 감면액 0원	계(①+②-③) 0원
	납부일 .	수수료 산정 명세	수수료 납입계좌(입금 시) [ ]	

* 귀하의 청구에 따른 정보공개 내용을 확인한 결과 상기와 같이 수수료를 산정하였으나, 사본제작 후 수수료 금액이 상이하여 사후 정산을 할 수도 있습니다.

비공개의 (전부 또는 일부) 근거 조항	재판관련 정보 등

비공개 (전부 또는 일부) 내용 및 사유	비공개 근거 조항·진행 중인 재판에 관련된 정보와 범죄의 예방·수사, 공소의 제기 및 유지, 형의 집행, 교정(矯正), 보안처분에 관한 사항으로서 공개될 경우 그 직무수행을 현저히 곤란하게 하거나 형사피고인의 공정한 재판을 받을 권리를 침해한다고 인정할 만한 상당한 이유가 있는 정보 보완수사 요구서(수사관련 서류이므로 비공개) 귀하가 청구한 보완수사 요구서는 다음과 같은 사유에 해당하여 비공개합니다. 공공기관의 정보공개에 관한 법률 제9조(비공개 대상정보) ①공공기관이 보유, 관리하는 정보는 공개대상이 된다. 다만 다음 각 호의 어느 하나에 해당하는 정보는 공개하지 아니할 수 있다. 4. 진행 중인 재판에 관련된 정보와 범죄의 예방, 수사, 공소의 제기 및 유지, 형의 집행, 교정, 보안처분에 관한 사항으로서 공개될 경우 그 직무수행을 현저히 곤란하게 하거나 형사피고인의 공정한 재판을 받을 권리를 침해한다고 인정할 만한 상당한 이유가 있는 정보

귀하의 정보공개 청구에 대한 결정 내용을 「공공기관의 정보공개에 관한 법률」 제13조 제1항 및 제5항에 따라 위와 같이 통지합니다.

성남수정경찰서장

행정서기	손도은		경정	허영행

협조자
시행 수사과-2843(2023. 05. 03.)
우 13110 경기도 성남시 수정구 성남대로 1259
전화번호 031-750-4127   팩스번호 031-750-4404   / sde6944@police.go.kr   / 공개 구분

인쇄일자 : 2023. 05. 03. 10:55:30
인쇄자 : 임찬음

[칼럼시리즈(제3판) ⑧]　　[2023. 8. 13.]

제78주년 광복절, 민주공화제에서 절대군주제로 변질되어 버린 절체절명의 대한민국!!

- 대한민국 사법부마저도 허위 내용의 재정신청 기각결정문을 통해 윤 대통령을 절대군주로 옹립하였다.
- 윤 대통령 탄핵만이 썩은 검찰을 개혁하고 법조카르텔을 깨부술 수 있다.

지식백과 사전에 의하면, 절대군주란 "법률이나 합법적인 반대 세력의 의견에 상관없이 국가와 국민을 제약 없이 통치하는 권력을 행사하는 군주"라고 정의하고 있다. 또 절대군주제는 절대군주가 지배하는 체제일 수밖에 없다.

그렇다면, 민주공화제를 채택하고 있는 대한민국이 왜 윤석열 정부가 들어서고 난 다음 절대군주제로 변해 버렸을까?

필자는 본지 2022. 12. 20.자 "공정과 상식을 짓밟아버린 대통령 윤석열을 탄핵한다!!" 제하의 기사에서, 그 탄핵 사유로써 ㉮ 금 150억 원 검사비리사건을 은폐한 중대 범죄자 ㉯ 제20대 대통령 당선은 원천 무효 ㉰ 전 검찰총장 김진태에 대한 대통령 인사권남용 ㉱ 수도권 검찰 및 경찰에 대한 범죄조직화 ㉲ 수도권 경찰 범죄조직화를 통한 '이태원 참사' 야기 ㉳ 탄핵의 필요성·시급성·정당성 충족 등 총 6가지를 들었다.

이와 같은 탄핵 사유들은 현재 우리나라가 처한 현실을 그대로 반영하고 있고, 나아가 역사 왜곡은 물론 대한민국이 조만간 소멸될지도 모른다는 절박감과 두려움이 동시에 묻어나 있다.

또 그 이면에는 필자가 약 28년 동안 정치(비리)검사들과 부대끼며 검찰공무원 생활을 해오면서 직접 보고 겪었던 '금 150억 원 검사비리 사건' 및 '관피모사건'에 대한 심층적 수사 과정 및 그 내용을 밝혀낸 결과물로써,

윤 대통령 자신이 정치(비리)검사의 수괴이자 중대범죄자, 거의 평생을 선택적 수사 및 선택적 정의실현만을 추구해 온 검찰개혁의 반역자이자 법 기술자, 정치 입문 이전은 물론 그 이후에도 변절과 배신의 아이콘이자, 공정과 상식을 뿌리째 뽑아버린 정의사회 파괴자였음을 확정적으로 입증해 왔던 사실에 터 잡고 있다.

한편, 필자는 본지 2023. 5. 7.자 "정치(비리)검사 수괴이자 검찰개혁의 반항아 윤석열을 대통령직에서 재차 파면한다!!"라는 제하의 기사에서, 정치(비리)검사들로부터 암묵적 지시를 받고 '관피모사건'을 은폐·조작 수사해 온 사법경찰관들에 대한 재정신청과 관련,

"현재 서울고등법원에서 심리 중에 있는 위 2건의 재정신청 사건 〔2023 초재 598재정신청(접수 통지일자 : 2023. 3. 3.), 2023 초재 779 재정신청(접수 통지일자 : 2023. 3. 17.)〕과 관련하여, 이미 앞에서 살펴본 사법경찰관 유정민 등에 대한 재정신청 사건의 경우처럼 판에 박힌 허위 내용 기각결정문의 작성을 통해 기각결정으로 결론이 난다면, 이는 뿌리 깊은 '법조카르텔'이 작용함과 동시에 윤석열 정부의 사법부에 대한 압력까지 작용했음을 의미한다.

그 이유는 필자가 본지를 통해 수많은 입증자료를 제시하면서 '관피모사건'에 대한 실체적 진실 및 이를 은폐한 사법경찰관들의 범죄 사실을 명명백백하게 밝혀왔음에도 불구하고, 한동훈 법무부 장관은 윤석열

정부 차원에서 '관피모사건' 및 '사법경찰관 범죄 사실'을 은폐·조작하기 위해 수도권 검찰 및 경찰조직을 총동원하였기 때문이다.

윤석열 정부는 '관피모사건'에 대한 실체적 진실 및 (이를 은폐·조작 수사한) '사법경찰관 범죄 사실'에 대한 입증자료가 겹겹이 확인되고 있음에도 불구하고, 사법부에게 이 사건들을 기각하도록 압력을 가한 행위는 민주주의 기본 원리인 '3권 분립제도' 자체가 뿌리째 뽑혀나감은 물론, 대한민국이라는 나라가 온통 부정부패가 난무하는 특권층 사회로 변해 버릴 것이며, 나아가 '금 150억 원 검사비리사건'을 은폐해 버린 중대 범죄자 윤석열은 대한민국 대통령보다는 국왕으로서 행세하며 이미 군주국가로 완성되었음을 의미한다."라고 보도한 바 있다.

그런데 위 2023초재598 재정신청 (이하, '이 사건 재정신청')과 관련, 담당 재판부인 서울고등법원 제31형사부 (재판장 판사 강민구, 판사 최현종, 판사 최다은)에서는 2023. 8. 7. 허위 내용의 기각결정문을 작성하는 방식을 통하여 이를 기각해 버렸다.

위 기각결정문상 기각 이유를 살펴보면,

"신청인은 피의자들을 무고 등 혐의로 고소하였고, 이에 대하여 검사는 각하의 불기소처분을 하였다.

기록을 살펴보면, 검사의 위 불기소처분은 정당한 것으로 수긍할 수 있고, 신청인이 제출한 자료들만으로는 불기소처분이 부당하다고 인정하기 어렵다.

따라서 이 사건 재정신청은 이유 없으므로, 형사소송법 제262조 제2항 제1호에 의하여 이를 기각하기로 하여 주문과 같이 결정한다."라고 기재

되어 있다.(이 신문기사 '첨부 1' : 2023. 8. 7.자 이 사건 재정신청 기각 결정문 1부)

결론적으로 말하면,

이 사건 재정신청 담당재판부는 '관피모사건'을 은폐·조작 수사한 이 사건 피의자이자 사법경찰관인 신미영 및 성명 불상자 그리고 '관피모사건'의 실체적 진실을 숨기기 위하여 이 사건 재정신청인(임찬용)을 무고한 이 사건 피의자이자 변호사 신분에 있는 전상화 등을 처벌할 경우 애당초 '관피모사건'을 은폐하도록 암묵적으로 지시한 한동훈 법무부장관은 물론 '관피모사건'을 은폐 수사하도록 경찰에 지시한 수많은 정치(비리)검사들이 예외 없이 처벌될 것이 우려된 나머지 동문서답, 유체이탈 화법을 동원한 판에 박힌 허위 내용의 기각결정문을 작성하는 수법을 통해 이 사건 재정신청을 기각해 버렸다.

필자는 이 사건 재정신청 기각결정문이 허위 내용으로 작성되었다는 사실을 입증하기 위해, 이 사건 재정신청 담당 재판부가 정당하다고 인정하고 있는 피의자 전상화, 신미영, 성명불상자에 대한 2022. 12. 29.자 서울북부지검 검사 정성현 명의의 불기소 결정서(이 신문기사 '첨부 2') 및 이를 정면으로 반박하고 있는 2023. 1. 10.자 피의자 전상화, 신미영, 성명불상자에 대한 고소인 명의의 항고장(이 신문기사 '첨부 3')를 각각 제출한다.

위 불기소 결정서 및 항고장은 본지 2023. 5. 7.자 "정치(비리)검사 수괴이자 검찰개혁의 반항아 윤석열을 대통령직에서 재차 파면한다!!"라는 제하의 기사에서 '첨부 6' 및 '첨부 7' 자료로 이미 제출된 바 있다.

살펴보건대,

이 사건 고소인인 필자는 위 항고장에서 이 사건 핵심 쟁점과 관련, 피의자 전상화의 무고 피의사실을 입증하기 위해 (즉, 전상화가 관청 피해자모임 카페에서 상피의자 구수회와 공동으로 영업활동을 하였다는 사실을 명백하게 입증하도록 하기 위해) 2021. 10. 5.자 '임찬용 고소장 (관피모사건 고소장)'에 첨부되어 있는 '첨부 7' 및 '첨부 8'의 각 증거자료까지 특정해 놓고 있다.

그럼에도 불구하고, 이 사건 재정신청 담당 재판부는 이 사건 재정신청 기각결정문에서 "(이 사건 주임검사 정성현) 검사의 위 불기소처분은 정당한 것으로 수긍할 수 있고, 신청인이 제출한 자료들만으로는 불기소처분이 부당하다고 인정하기 어렵다."라고 허위 내용을 기재해 놓고 있다.

그렇다면, 이 사건 재정신청 담당 재판부는 신청인(고소인)이 피의자 전상화의 무고 피의사실을 입증하고 있는 증거자료 2개를 명확히 특정하여 제출하고 있음에도 불구하고, 왜 "신청인이 제출한 자료들만으로는 (검사의) 불기소처분이 부당하다고 인정하기 어렵다."는 취지로 동문서답, 유체이탈 화법을 동원한 판에 박은 허위 내용의 기각결정문을 작성한 걸까?

그 이유는 다음 셋 중 하나다.

첫째, 이 사건 재정신청 담당재판부의 판사들이 수사기록 및 거기에 첨부된 증거자료를 해독하지 못할 수 있기 때문이다. 그러나 이는 전혀 설득력이 없다. 이 사건 재정신청이 대법원까지 올라가지 않고 서울고등법원에서 단심으로 끝나버리는 데다 이를 심리한 판사는 3명의 합의부

형식으로 구성되어 있기 때문이다. 더군다나 담당 재판부가 수사기록이나 증거자료들에 대한 해석에 어려움이 있을 경우 이 사건 당사자들에게 석명을 요구하거나 직접 조사할 수도 있다.

둘째, 이 사건이 정치적 사건과 달리 우리나라 법조인들의 기득권을 지키기 위한 법조카르텔의 영향 아래에 놓여 있기 때문이다. 이는 전관예우와 더불어 모든 민·형사사건 처리 과정에서 변호사와 판사, 변호사와 검사, 검사와 판사 사이에 각각 흑역사가 이루어져 왔음은 주지의 사실이고, 지금도 그 진행은 계속 중에 있다. 이를 혁파하지 않고서는 모든 국민들 사이에 팽배해 있는 사법 불신을 해소할 길이 없을 뿐만 아니라, 공정과 정의에 바탕을 둔 우리나라 미래는 단연코 없다.

이 사건 재정신청 기각 역시 판사와 검사 사이에 더러운 흑막이 있음은 당연하다. 그 이유는 더러운 흑막이 없었다면 검사는 전혀 수사를 진행하지 않은 채 허위 내용으로 작성된 경찰의 불송치 결정서를 그대로 인용한 수법을 통해 눈에 뻔히 보이는 허위 내용의 불기소 결정서를 작성할 하등의 이유가 없었고, 판사 역시 허위 내용으로 작성된 검사의 불기소 결정서를 그대로 인용한 수법을 통해 눈에 뻔히 보이는 허위 내용의 재정신청 기각결정문을 작성할 하등의 이유가 없었기 때문이다.

셋째, 윤석열 정부가 이 사건 재정신청 담당 재판부에게 무언의 압력을 가하였기 때문이다. 이는 사법부가 대통령 권력에 예속되었음을 의미하며, 동시에 대통령이 대법원장 및 일정 부분의 대법원 판사에 대한 임명 등 인사권과 법원 조직에 대한 예산 편성권, 검찰 권력을 앞세워 정당한 사법부의 판단을 무력화시킬 수 있다는 것을 의미한다.

특히, 이 사건 핵심인 '관피모사건' 배후에는 정부 실세가 존재하고 있어 한동훈 법무부장관의 묵인·비호하에 수도권 검찰이 경찰을 동원하여 '관피모사건'에 대해 은폐·조작 수사를 해왔다.

또 '관피모사건'은 판·검사들이 옷을 벗고 변호사로 나갈 경우 변호사 밥그릇을 놓고 싸워야 하는 변호사법위반과 관련된 범죄라는 점에서 검사나 판사의 입장에서 살펴볼 때 미래 밥그릇을 보장받기 위해서라도 '관피모사건' 피의자들을 반드시 처벌하고 싶었음에도 불구하고, 그 배후세력까지 들통이 날까 봐 제대로 된 수사나 재판이 이루어질 수 없었다.

이와 같은 상황에 비추어볼 때, 이 사건 재정신청 담당 재판부는 앞서 살펴본 2023초재598 재정신청 사건뿐만 아니라, 현재 심리 중에 있는 2023초재 779 재정신청 사건(피의자 사법경찰관 문경석, 이승민)에 대해서도 피의자들의 범죄 사실을 입증하고 있는 명백한 증거자료가 존재하고 있음에도 불구하고 2023초재598 재정신청 사건과 동일한 방법으로 조만간 기각할 예정에 있다.

필자가 이를 단정적으로 확정해 버린 이유는 앞서 언급한 바와 같이 2023초재779 재정신청 사건이 이 사건 재정신청 담당 재판부에 의해 받아들일 경우 피의자로 특정된 해당 사법경찰관들뿐만 아니라, 이를 감싸왔던 수많은 정치(비리)검사 및 한동훈 법무부장관의 형사처벌은 물론 '관피모사건' 뒤를 봐주는 정부 실세 배후세력까지 밝혀질 수밖에 없기 때문이다.

결국 이 사건 재정신청은 위 두 번째 이유뿐만 아니라, 세 번째 이유가 결정적으로 작용하여 이 사건 재정신청 담당 재판부가 작성한 허위 내용의 재정신청 기각결정문에 의해 기각되고 말았다.

이는 윤 대통령이 마음만 먹으면 사법부까지 장악할 수 있다는 것을 의미함과 동시에 대한민국 사법부 소속 판사들은 법조카르텔은 물론 정부 압력에 굴복하여 허위 내용의 결정문이나 판결문을 거리낌 없이 써대는 범죄 집단으로 전락하고 말았다.

당장 윤 대통령 처갓집 사건들이 명백한 증거가 존재함에도 불구하고 검찰은 물론 법원에 가서도 은폐·축소되는 판결이 속출하고 있지 않는가?

더군다나 윤 대통령이 조만간 2023. 9. 24. 임기가 끝나는 김명수 대법원장 후임까지 임명한다면 사법부의 행정부 예속 상태가 급진전이 이루어질 것임은 불을 보듯 뻔해 보인다.

다른 한편으로 윤 대통령이 국회를 대하는 태도를 살펴보면, 대화와 타협이라는 의회 정치는 이미 사라진 지 오래되었고, 마음에 들지 않는 정치인들에 대해서는 검찰의 선택적 수사를 통한 보복 수사로 일관하고 있으며, 마음에 내키지 않는 법안들에 대해서는 거부권 행사로 대응하면서 편법적으로 시행령 통치가 일반화되어 버렸다.

더 나아가 윤 대통령은 지난 정부 검찰총장 재직 당시 수백억 원의 특활비를 횡령하고도 모자라 대통령에 당선되자마자 자신의 처갓집 땅이 소재한 서울양평고속도로 종점까지 변경해 버리는 그야말로 전대미문의 사익 추구 끝판 왕에 오르고 있었으면서도, 국민들을 제대로 섬길 줄 모르는 무관심과 무능력의 정치 탓에 눈만 뜨면 터져 나오는 '이태원 참사', '오송 지하차도 참사', '새만금 잼버리대회 참사'와 같은 인재들에 대해서는 어떠한 민·형사적 책임은 고사하고 정치적 책임마저도 지지 않으려고 그 모든 책임을 하부기관이나 현장에서 고생하고 있는 직업 공무원에게 떠넘겨버린다.

국민의 고귀한 생명이 수십 명, 수백 명 죽어 나가는 재난사고가 발생하였음에도 의례적인 사과 한마디 하지 않고 오로지 내 탓이 아닌 네 탓뿐이다.

한마디로 윤 대통령에게는 검찰, 경찰, 국세청, 감사원 등 권력기관을 통하여 국민 위에 군림하고 지시하는 지도자 이미지만 있을 뿐 주권자인 국민들에게 봉사하고 책임정치·책임행정을 실현하려는 의지는 단 한 군데도 발견할 수 없다.

이를 두고 어찌 대통령 윤석열을 절대군주라고 아니할 수 있겠는가?

정말 큰일이다!!

검찰총장 출신 윤석열이 집권한 이래 검찰의 선택적 수사는 더욱더 활개를 치고 있는 현실에서 공정과 상식은 뿌리째 뽑혀나가 버리고, 여든 야든 진영논리만을 앞세운 정치에 함몰되어 가고 있으며, 오로지 권력을 사유화한 범죄자들이 득세하고 날뛰는 세상이 되고 말았다.

여·야 정치권이 힘을 합쳐 2014년경 발생한 금 150억 원 검사비리 사건 주동자였던 당시 검찰총장 김진태 일당들이 제대로 처벌만 되었더라면 우리나라 검찰은 집권자가 아닌 국민을 위한 검찰로 이미 개혁이 완성되었고, 입만 열면 선택적 수사 및 선택적 정의실현이 최고인 양 외쳐대 온 중대범죄자 윤석열이 대통령은커녕 이미 구속되어 감방에서 지내고 있었을 것이며, 이로 인해 공정과 정의가 도도히 흐르는 살맛 나는 세상이 도래하였음은 주지의 사실이다.

도대체 이를 누구에게 원망하고 누구에게 탓할 수 있을까?

주권자인 국민들의 그릇이 그 정도밖에 되지 않았다는 것을 한탄만 하고 말 것인가?

약 78년 전 일본 제국주의로부터 온몸을 바쳐 나라를 되찾는 광복절을 맞이하고 있는 지금 이 순간, 국민들이여 제발 깨어나십시오!!

이번에는 정말로 대오각성하여 2024. 4. 10.경 치러지는 제22대 국회의원 선거에서는 반드시 윤 대통령 탄핵에 동조하는 후보들을 국회에 대거 입성시켜 윤 대통령이 절대군주에 더 이상 머무르지 못하게끔 제대로 된 투표권을 행사해 주시기를 간절히 바랄 뿐이다.

【첨부 1】 2023. 8. 7.자 피의자 전상화 및 신미영 등에 대한 재정신청 기각결정문

203호 (복정동)
임찬용

2096974-659990
제31형사부

13112

서 울 고 등 법 원
제 31 형 사 부

정 본 입 니 다
2023. 8. 7.
서울고등법원
법원주사보 윤진의

결 정

사 건	2023초재598 재정신청	
신 청 인	임찬용	
피 의 자	1. 신미영	
	2. 전상화	
	3. 성명불상자	
불기소처분	서울북부지방검찰청 2022. 12. 29.자 2022형제34887호 결정	

주 문

이 사건 재정신청을 기각한다.

이 유

신청인은 피의자들을 무고 등 혐의로 고소하였고, 이에 대하여 검사는 각하의 불기소처분을 하였다.

기록을 살펴보면, 검사의 위 불기소처분은 정당한 것으로 수긍할 수 있고, 신청인이 제출한 자료들만으로는 불기소처분이 부당하다고 인정하기 어렵다.

따라서 이 사건 재정신청은 이유 없으므로, 형사소송법 제262조 제2항 제1호에 의하

여 이를 기각하기로 하여 주문과 같이 결정한다.

2023. 8. 7.

재판장　판사　　강민구

판사　　최현종

판사　　최다은

* 결정에 대하여 즉시항고를 할 수 있는 경우, 그 기간은 법률에 다른 규정이 있는 경우 외에는 결정문을 송달받은 날부터 7일입니다.
* 항고장은 원심법원에 제출하여야 합니다.

【첨부 2】 2022. 12. 29.자 피의자 전상화 및 신미영 등에 대한 불기소 결정서 (생략) : 2023. 5. 7.자 "정치(비리)검사 수괴이자 검찰개혁의 반항아 윤석열을 대통령직에서 재차 파면한다!!" 제하의 신문기사 '첨부 6'와 동일함.

【첨부 3】 2023. 1. 10.자 피의자 전상화 및 신미영 등에 대한 항고장 (생략) : 위 신문기사 '첨부 7'과 동일함.

〔칼럼시리즈(제3판) ⑨〕 〔2023. 9. 17.〕

대한민국 사법부는 대통령 윤석열을 절대군주로 옹립하였다는 사실을 재차 확인시켜 주었다!!

- 사건을 조작하는 정치(비리) 판·검사들을 축출하기 위해서는 윤 대통령 탄핵밖에 답이 없다.

- 공수처장 김진욱은 정치(비리) 판·검사들을 두려워하는 졸보이자 공수처법도 이해하지 못한 무지·무능의 중대범죄자

- 윤석열 정부는 중대 재범자에까지 치외법권을 인정해 주는 윤로남불의 부패 정권

【단독 보도 Ⅰ】

정치(비리)검사 출신으로 대통령 자리까지 오른 윤석열과 정치(비리)검사 시다바리 출신으로 정치(비리)검사들로부터 검찰조직에서 강제퇴출당한 후 소시민에 불과한 필자 중에서 누가 더 검찰조직을 사랑하고 누가 더 국가 장래를 걱정하고 있는 애국자인가?

필자는 1987. 11. 2.경 일반직으로 검찰에 입문하여 약 28년 동안 윤 대통령과 검찰조직 안에서 같은 밥을 먹으면서 생사고락을 함께 나눈 적이 있고, 특히 1997년부터 1999년까지 수원지방검찰청성남지청 형사부에서 함께 근무한 사실이 있다.

그러나 필자는 2012. 7. 2.경 서울동부지방검찰청 수사과 제1호 수사사무관 재직 당시 금 54억 원 소송사기 등 피의사건(이하, '주관용사건')을 직접 수사하게 됨을 계기로 이를 무마하려는 김진태 검찰총장 등 정치(비리)검사들(이하, '김진태 일당')로부터 자살에 이르게 할 정도로 모질게

불법적인 감찰수사를 받은 후 그 여파로 2014. 7. 30.경 검찰조직에서 강제적으로 퇴출되었다.

당시 필자에게 불법 감찰수사를 실시한 김진태 일당들의 면면을 살펴보면, 검찰총장 김진태, 차장검사 임정혁, 감찰본부장 이준호, 태평양 법무법인 고문변호사이자 검사장 출신 전관 변호사 성영훈과 그의 부하 직원으로 근무한 적이 있는 대검 감찰1과장 안병익, 서울고검 감찰검사 김훈, 서울고검 감찰검사 백방준 등이 있다.

현직 검찰총장을 포함한 김진태 일당들은 필자가 수사중에 있었던 위 주관용사건을 무마한 후 이에 터 잡아 대법원에 계류 중에 있던 관련 민사소송에서 최종 승소판결을 받은 다음 그 승소 금액 150억 원의 소송 사기 범죄수익금을 공동으로 착복하기 위하여, 당시 검찰총장 업무지침에 따라 열심히 수사업무에 충실하고 있는 수사사무관인 필자는 물론 필자의 수사에 협조하고 있던 위 주관용사건 고소인, 참고인, 심지어 상피의자(피고인)까지 어느 누구도 가릴 것 없이 증거까지 조작해 가면서 통화 추적, 위치 추적, 계좌 추적 등 형사소송법상 검사에게 부여된 모든 강제 처분을 2차례에 걸쳐 약 1년 7개월간 장기적이고도 불법적으로 실시하여 왔다. (이하, '검사비리사건')

위 검사비리사건 경찰 수사와 관련, 검찰총장 김진태, 대검차장 임정혁, 감찰본부장 이준호는 2014. 10. 23.경 실시된 대검찰청 국정감사에서 당시 야당인 민주당 소속 감사위원 전해철 의원의 질의에서 자신들의 위 검사비리사건 연루 사실이 발각될 처지에 놓이자 전해철 감사위원에게 무형의 뇌물을 제공하고, 위 검사비리사건에 대한 경찰 수사를 무마해 버렸다.

특히, 김진태 일당 중 전관 변호사 성영훈과 그의 부하직원으로 근무한 사실이 있는 안병익, 김훈, 백방준은 2017. 8.경부터 2019. 9.경까지 사이에 경찰 수사를 받는 과정에서 경찰 소환조사에는 불응하면서 달랑 진술서 1장 분량반을 각각 제출하였다.

그런데 허위 내용으로 작성되어 있는 경찰 송치의견서상 위 진술서 요지를 살펴보면, 피의자 백방준을 제외한 나머지 피의자들은 모두 자신의 혐의사실을 극구 부인하면서 고소인인 필자에 대해서는 피해망상증에 사로잡힌 정신병자로 몰아가고 있었다.

그러나 유독 피의자 백방준은 필자에게 위 주관용사건을 열심히 수사하였다는 사실을 인정해 주면서 필자에 대한 미안한 감정을 여과 없이 표출하고 있었다.

위 검사비리사건의 피해자로서 죽을 고비까지 넘긴 필자로서는 오히려 중대 범죄자 백방준에게 고마운 마음이 드는 이유는 뭘까? 정치(비리)검사들 중 그나마 일말의 반성과 양심이 조금이나마 살아 있다는 자체에 그저 감사하고 눈물이 날 지경이다.

또 김진태 일당들의 악랄하고도 잔인한 범행 수법은 이루 말할 수 없다.

그들은 150억 원 상당 범죄수익금을 착복하기 위해 (이를 일시에 변제할 수 없는 피해회사인 주식회사 에스코넥을 통째로 먹기 위해) 검사장 출신 전관 변호사 성영훈이 소속된 태평양 법무법인 변호사들과 미리 짜고 위 주관용사건 관련 민사소송 제2심에서 승소한 54억 원의 승소판결 금액을 근거로, 필자가 위 주관용사건을 수사하는 기간은 물론 필자의 성공적인 수사로 인해 주관용이 법원에서 징역 4년이라는 실형이 선고되는 날까지 연매출 3,000억 원이 넘는 에스코넥 채권 및 재산에 가압류를 하는 방법으로 부도를 발생시키려 하였으며, 그로 인한 회사 가치를 떨어뜨려 이를 헐값에 인수하려는 치밀함까지 보여왔다.

에스코넥을 통째로 먹기 위한 김진태 일당들의 위와 같은 만행은 3,000명이 넘는 에스코넥 임직원 및 하청업체 직원들이 직장을 잃고 길거리로 나가떨어지든 말든, 코스닥 상장 폐지로 인한 수천억 원의 투자자금이 휴지조각이 되어 수천 명에 달하는 개미 투자자들이 깡통계좌로 남아 있든 말든 눈 깜짝도 하지 않는 대담성까지 보여주었다.

즉, 과거 박정희, 전두환 군사독재 시절에는 정치군인들이 총칼로 기업을 강탈해 갔다면, 1987년 대통령 직선제를 통한 민주화가 이루어지고 박근혜 정부가 들어섰음에도 김진태 검찰총장을 비롯한 정치(비리) 검사들은 검찰권력을 남용하여 연매출 3,000억 원이 넘는 알짜배기 국민기업 에스코넥을 강탈해 가려고 필사적인 시도를 계속해 왔다.

그러나 김진태 일당들의 필사적인 에스코넥 강탈 시도는 필자의 위 주관용사건에 대한 성공적인 수사와 더불어 김진태 일당들의 불법 감찰 수사에 맞서 목숨을 건 투쟁으로 막아냈다는 사실은 이미 본지를 통하여 살펴본 바와 같다.

특히, 위 검사비리사건에 가담한 검찰총장 김진태 및 그의 부하 검사들에 대해서는 범죄수익금 150억 원에 눈이 어두워 사법 정의를 실현해야 할 성스러운 검사 직책을 내팽개친 채 전관 변호사 성영훈은 물론 소송사기 범죄 혐의자 주관용과 공모하여 증거까지 조작해 가면서 당시 검찰총장 업무지침에 따라 열심히 수사업무에 전념하고 있던 수사사무관인 필자는 물론 필자의 수사에 적극 협조해 온 민간인들을 상대로 수년간 등 뒤에서 총질을 가했다는 점에서 이들을 모두 여적죄를 적용해서라도 총살시켜야 함이 상당하다.

김진태 일당들의 위와 같은 범죄행위가 국기문란 사건이 아니면, 도대체 어떠한 사건이 국기문란 사건이라는 말인가?

전제군주로 등극한 윤 대통령에게 묻는다.

김진태 일당들을 전원 총살시켜야만, 현재 공정과 상식이 뿌리째 뽑혀져 나가버린 데다 전제군주국가로까지 변질해 버린 대한민국에서 정치(비리)검사들의 선택적 수사 및 선택적 정의실현을 통한 사건 은폐·조작수사만큼은 영원히 사라지지 않겠는가?

또한 김진태 일당에 대한 총살형은 검찰개혁의 출발점이자 종착역임이 분명하다. 아무리 정치(비리)검사들의 사건 조작을 방지하기 위한 법제화를 마련한다고 한들 이를 위반하는 정치(비리)검사들에 대한 처벌이 없으면 그 무슨 소용이 있겠는가?

형사법상 검사의 직무 범죄는 가중처벌 하게끔 되어 있으나 그 규정이 사문화된 지 이미 오래되어 버렸다. 필자는 이에 대한 실효성을 확보하고 사건 은폐·조작에 가담한 판·검사들에 대한 책임을 묻기 위해서는 사정기관 총수인 검찰총장만큼은 국민들에 의해 직접 선출되어야 한다고 주장해 오고 있는 이유가 바로 여기에 있다.

그리고 매일 일어나고 있는 판·검사들의 사건조작 범죄행위에 대해 단 한 건도 처벌하지 못하는 공수처는 하루빨리 해체시키는 것만이 국민

혈세를 방지하는 지금길이다.

첨부된 증거자료만도 수천 페이지에 이르는 위 검사비리사건 고소장은 물론 이를 은폐 수사한 범죄행위에 대한 고소장까지도 직접 처리하지 못하고, 검찰 및 경찰로 각각 내려보내 쓰레기통에 던져버리도록 조치한 수사기관장이 다름 아닌 공수처장 김진욱이었다.

즉, 공수처장 김진욱은 공수처법 자체도 제대로 알지 못하는 무지·무능력자인 데다 검사들의 비리를 수사하기는커녕 오히려 그들을 두려워하는 졸보였음이 확인되었다. (2021. 9. 30. LPN로컬파워뉴스 발행 '정권교체' 책자 제298~313쪽, 2021. 6. 21.자 공수처장 김진욱, 공수처 검사 김수정에 대한 고소장 참조)

한편, 필자는 김진태 일당으로부터 장기간에 걸쳐 불법 감찰수사를 받아오면서 우울증을 앓게 되었고, 2014. 1. 5.경 검찰 이프러스에 '검찰 총장님, 제 죽음으로 검찰조직을 지키렵니다'라는 제목의 게시 글을 남기고 자살을 시도하였으나, 이에 실패한 후 신상 문제를 상의하기 위해 2014. 4.경부터 같은 해 7.경까지 두 차례에 걸쳐 국정원 댓글 수사와 관련하여 김진태 검찰총장이 이끈 대검 감찰부로부터 징계를 받고 대구고검으로 좌천되어 근무 중인 윤 대통령을 찾아가게 되었다.

필자와 윤 대통령과의 두 차례 만남의 장소에서,

필자는 윤 대통령에게 "부장님(당시 호칭)! 제가 대검 감찰부로부터 제1차 감찰을 받는 사유는 위 주관용사건 수사와 관련, '㉮ 고소인을 위해 소송사기부분 추가 고소장을 대신 작성해 주고, ㉯ 압수한 주관용 회사 회계장부를 서울동부검찰청 수사자문위원인 공인회계사에게 송부하여 분석케 한 후 그 비용을 고소인에게 부담시켰으며, ㉰ 주관용 회사 경리부장을 참고인 신분으로 불러 강압수사를 하였다.'는 것인데, 이는 대검 감찰부의 지시로 서울동부지방검찰청 감찰담당 김종근 검사의 조사 결과 모두 사실이 아닌 것으로 밝혀졌을 뿐만 아니라, 위 ㉮항 및 ㉯항은 오히려 수사공무원에게 권장사항입니다.

더군다나, 대검 감찰부는 저에 대한 제1차 감찰수사 결과 '혐의없음'으로 종결되고, 저의 성공적인 수사로 인해 주관용이 기소되자, 어떻게 해서든지 주관용에 대해 무죄로 이끌기 위해 증거까지 조작하면서 저를 상대로 제2차 감찰수사를 실시하였고, 그로 인해 저는 서기관 승진에 탈락하고 자살까지 시도했다가 실패하였습니다. 당장 사표를 내고 불법 감찰수사를 실시한 검사들을 경찰에 고소를 할까 합니다."라는 취지로 얘기했더니,

윤 대통령은 필자에게 "임 사무관님! 제가 보기에도 감찰 사유가 되지 않는 것 같습니다. 특히, 대검 감찰부는 임 사무관님 말씀대로 증거를 조작하여 없는 죄도 있게 만드는 아주 나쁜 놈들입니다. 제가 데리고 있는 직원 중에도 별 것 아닌 것을 가지고 대검 감찰부에서 어떻게 설쳐 대는지 제가 나서서 빼줬습니다. 임 사무관님이 옷을 벗고 나가 대검 감찰부 검사들을 경찰에 고소해 본들 경찰조사가 이루어지지도 않을 뿐만 아니라, 검찰에서는 송치기록을 쳐다보지도 않고 캐비넷에 처박아 놓았다가 일정한 시점에 이르러 각하 처분해 버립니다. 그리 아시고 힘드시겠지만, 모든 억울함을 꾹 참고 근무하시길 바랍니다."라는 취지로 답변하였다.

그 이후 필자는 당장 처·자식과 먹고 살아야 하는 절박감 때문에 사표를 내지 않고 윤 대통령의 권유대로 계속 근무를 하여 오던 중

2014. 7. 초경 두 번째로 서기관 승진에서 탈락한 경위를 파악하고자 직접 상사로 모시고 있던 서울동부지검 이영호 사무국장을 찾아갔다.

이영호 사무국장은 그 자리에서 "임 사무관님은 서기관 승진 명부상 서열이 아무리 빨라도 대검 감찰부에 한번 낙인이 찍혔기 때문에 앞으로는 절대 승진할 수 없습니다. 법무부에서는 대검 사무국에서 추천한 서기관 이상 승진 대상자를 상대로 승진 발령을 내기 이전에 대검 감찰부의 의견을 반드시 참작하게끔 되어 있습니다. 더욱이 임 사무관님은 대검 감찰부의 지시에 의해 조만간 다른 청으로 보복 인사까지 단행될 예정입니다."라는 취지로 설명해 주었다.

이에 필자는 하는 수 없이 사표를 제출한 후 범죄수익금 150억 원을 착복하기 위해 필자에게 불법적인 감찰수사를 실시한 김진태 일당들에 대한 고소장을 경찰에 제출할 것을 마음먹고, 그 사실을 대구고검에서 근무하고 있는 윤 대통령에게 검찰 이프러스를 통하여 마지막 퇴직 인사를 하게 되었다.

그랬더니, 윤 대통령은 필자에게 다음과 같은 답변 서신을 보내왔다.

(답변 서신)

존경하는 임 사무관님!!

오랜 세월 몸담으며 열정을 받쳐온 조직을 이렇게 아픈 마음으로 떠나시는 것을 보니 슬프고 답답합니다.

그러나 힘을 내십시오. 무수히 많은 사나이들이 검찰조직에 입문해서 입신을 하고 떠났지만 아무런 의미를 남기지 못한 경우가 허다합니다.

임 사무관님은 이번 사건 말고도 수사와 행정 업무에서 의미 있는 성과를 많이 남기셨지만 **특히 조직을 떠나는 계기가 된 이 사건에서 큰 의미를 남기셨습니다.** 임 사무관님의 정의감과 열정 아니었더라면 우리 사회에서 많은 사람들이 법과 정의를 조롱하였을 테니까요.

임 사무관님의 거취는 검찰이라는 좁은 테두리에서 보면 슬프고 답답한 일이지만 인간과 사회라는 거대한 테두리에서 보면 아름답고 빛나는 일이니만큼 자신감과 용기를 가지십시오.

어렵고 힘든 상황에서 오래전 함께 근무했던 저를 찾아주셔서 기쁘고 영광스럽게 생각합니다. 제일 중요한 것은 건강이니 건강에 깊은 관심을 가지고 사모님과 행복한 제2막을 전개해 나가시길 기원합니다.

존경합니다!!

2014. 7. 8.

윤석열 배상

필자가 위 답변 서신 원문 전체를 게재한 이유는 후술하는 바와 같이 윤 대통령이 그때그때 상황에 따라 겉과 속이 다른 이중적 태도를 보여 왔고, 변절과 배신의 아이콘으로 살아왔다는 사실을 확인코자 함에 있다.

실제로 윤 대통령은 2016. 12.경 박영수 특별검사로부터 '박근혜 정부 적폐청산' 수사팀장을 임명받고 박근혜 전 대통령을 구속수사 하는 등 그 공로를 인정받아 문재인 대통령에게 발탁되어 2017. 5.경 일약 검찰 제2인자인 서울중앙지검장에 취임하게 되자, 그로부터 약 1년 후쯤인 2018. 4. 11.경 위 검사비리사건을 일으킨 김진태 일당들을 처벌하기는 커녕 오히려 경찰로 하여금 피해자인 필자를 가해자로 뒤바꾸기 위한 보복수사를 실시하도록 하였다.

또 윤 대통령은 2019. 7.경 문재인 대통령으로부터 검찰개혁의 최적임자라는 명분으로 검찰총장에 임명되자, 당초 약속한 검찰개혁에 역행한 채 2020. 2. 27.경 서울중앙지검 검사 나하나 명의로 허위 내용의 불기소 결정서를 작성하는 수법을 통해 위 검사비리사건을 각하 처분해 버렸다.

돌이켜보건대,

윤 대통령 자신이 박근혜 정부 김진태 검찰로부터 국정원 댓글 수사 관련 감찰을 받고 대구고검으로 좌천된 시점에서 필자를 만나, "김진태 검찰총장 직속 대검 감찰부는 사건조작을 일삼는다."며 대검 감찰부의 필자에 대한 불법적인 감찰에 분노하고, 이를 필자의 퇴직 인사에 대한 답변 서신에서도 안타깝고 미안한 심정이라는 의견까지 보내왔으나, 이는 완전 새빨간 거짓말로 확인되었다.

윤 대통령이 위 검사비리사건을 대하는 태도와 관련, 대구고검으로 좌천되어 근무할 때와 불과 몇 년 사이 벼락출세를 한 서울중앙지검장과 검찰총장으로 근무할 때와는 왜 180도로 바꿔져 버렸을까?

그 이유는 윤 대통령 자신이 태생부터 정치(비리)검사 출신이기 때문에 검사들이 아무리 큰 범죄를 저질렀어도 '검찰 제 식구 감싸기' 차원에서 절대로 검사들을 처벌해서는 안 된다는 '검찰주의'가 뼛속까지 스며들었기 때문이며, 경쟁자에게 지고는 못 버티는 출세 지상주의 성격상 자신의 유불리에 따라 배신과 변신을 밥 먹듯 해왔기 때문이 아닐까 생각한다.

특히, 윤 대통령이 대검 감찰부로부터 징계를 받고 대구고검에 좌천된 기간 동안 필자와 만날 당시, 필자에 대한 불법 감찰은 물론 윤 대통령 자신에게도 감찰을 실시하여 징계까지 내린 김진태 검찰총장에 대하여 당초 혹독한 비판 태도와는 달리 대통령에 당선된 이후에는 그를 자신의 정부 초대 검찰총장을 추천할 수 있는 '검찰총장 추천위원회 위원장'으로 위촉까지 하였다니, 도대체 이를 어떻게 설명하여야 할까?

윤 대통령은 위와 같은 변절과 배신의 반복된 행태, '검찰주의'가 뼛속까지 배어 있는 사상으로 인해 이전 문재인 정부 서울중앙지검장 및 검찰총장을 거쳐 국가원수인 대통령 자리까지 오른 현 시점에 있어서도 자신의 휘하에 있는 정치(비리)검사들에게 선택적 수사기법에 의한 사건 조작 및 은폐 수사는 물론 윤로남불식 편파수사 및 강압수사를 조장하거나 이를 묵인·방조하고 있다.

이는 본지에서 수십 차례에 걸쳐 다뤄왔던 위 검사비리사건 및 '관피모 사건' 수사 과정에서 여지없이 증명되고 있다.

그동안 필자는 2014. 7. 30.경 검찰 퇴출 이후 오늘에 이르기까지 위 검사비리사건 및 '관피모사건'에 대한 법적 투쟁을 통하여 윤 대통령을 비롯한 정치(비리)검사들의 사건 은폐 및 조작수사를 파헤쳐왔고, 이를 본지를 통하여 보도하고 책자 발간을 통하여 국민과 역사 앞에 보고하여 왔으며, 그러한 보도자료 및 책자 등을 국회로 하여금 검찰개혁에 참고하도록 피나는 노력을 다하여 왔다.

이에 반해, 윤 대통령은 선택적 수사 및 선택적 정의실현의 근본적인 문제점을 개선하지 아니한 채 전혀 견제받지 않는 검찰을 더 강화하여 윤로남불식 검찰권을 행사토록 함으로써 일반 국민들에게는 그에 상응하는 사법 피해를 안겨주고 있다.

그러나 필자는 어느 누구로부터 견제받지 않는 무소불위 검찰조직을 창조적으로 해체한 후 공정과 정의가 담보될 수 있는 검찰조직으로 재탄생시킴으로써, 절제되고 공정한 검찰권 행사가 모든 국민들에게 공평하게 행사되어야 하고, 그 과정에서 선택적 수사기법을 통한 사건조작에 관여한 정치(비리)검사들에 대해서는 예외 없이 일벌백계를 주장하고 있다.

그렇다면, 윤 대통령과 필자 중 어느 누가 더 검찰조직을 사랑하고 어느 누가 더 애국자인가?

이는 독자 여러분의 판단에 맡긴다.

【단독 보도 Ⅱ】

대한민국 사법부가 대통령 윤석열을 절대 군주로 옹립하였다는 사실이 재차 확인되었다.

그 내막은 다음과 같다.

필자는 2023. 8. 13.자 본지 "제78주년 광복절, 민주공화제에서 절대 군주제로 변질되어 버린 절체절명의 대한민국!!"이라는 제하의 기사에서, "이 사건 재정신청(서울고법 2023초재598 재정신청) 담당 재판부는 앞서 살펴본 이 사건 재정신청 사건뿐만 아니라, 현재 심리 중에 있는 2023초재779 재정신청 사건(피의자 사법경찰관 문경석, 이승민)에 대해서도 피의자들의 범죄 사실을 입증하고 있는 명백한 증거자료가 존재하고 있음에도 불구하고 2023초재598 재정신청 사건과 동일한 방법으로 조만간 기각할 예정에 있다.

필자가 이를 단정적으로 확정해 버린 이유는 앞서 언급한 바와 같이 2023초재779 재정신청 사건이 이 사건 재정신청 담당 재판부에 의해 받아들일 경우 피의자로 특정된 해당 사법경찰관들뿐만 아니라, 이를 감싸왔던 수많은 정치(비리)검사 및 한동훈 법무부장관의 형사처벌은 물론 '관피모사건' 뒤를 봐주는 정부 실세 배후세력까지 밝혀질 수밖에 없기 때문이다."라고 주장한 바 있다.

그런데 필자의 위와 같은 주장은 100% 적중하였다. 즉, 이미 허위 내용으로 확인된 2023. 8. 7.자 이 사건 재정신청(서울고법 2023초재598 재정신청) 기각결정문과 필자가 "2023초재598 재정신청 사건과 동일한 방법으로 조만간 기각할 예정에 있다."라고 단정적으로 확정해 버린 2023. 9. 7.자 '서울고법 2023초재779 재정신청' 기각결정문을 비교 검토한 결과, 재정신청 사건번호, 각 사건 피의자 및 죄명, 각 사건 해당 검찰청 사건번호만 다를 뿐 그 나머지 부분인 사건의 실체적 진실 부분을 밝혀줄 '주문 및 이유'란의 기재 부분은 이 사건 재정신청 담당 재판부(재판장 판사 강민구, 판사 최현종, 판사 최다은) 판사들의 컴퓨터에 이미 저장된 판에 박힌 허위 기재 부분을 그대로 출력하여 사용한 사실을 확인할 수 있다.

이에 대한 입증자료로써, 2023. 8. 7.자 '서울고법 2023초재598 재정신청' 사건 기각결정문〔이 신문기사 '첨부 1'(이미 제출한 2023. 8. 13.자 본지 "제78주년 광복절, 민주공화제에서 절대군주제로 변질되어 버린 절체절명의 대한민국!!" 제하의 신문기사 '첨부 1'과 같음)〕 및 2023. 9. 7.자 '서울고법 2023초재779 재정신청' 사건 기각결정문(이 신문기사 '첨부 2')을 각각 제출한다.

이 사건 재정신청 담당 재판부는 2023. 3. 3.자 접수된 '2023초재598 재정신청 사건'(피의자 신미영, 전상화, 성명불상)과 2023. 3. 17.자 접수된 '2023초재779 재정신청 사건'(피의자 문경석, 이승민)에 대한 수사기록을 함께 검토하고 있었던 바,

위 사건들은 법무부장관 한동훈의 묵인·방조와 수많은 정치(비리) 검사들의 암묵적 지시하에 '관피모사건'을 은폐·조작 수사한 사법경찰관들인 피의자 신미영, 성명불상, 문경석, 이승민과 '관피모사건' 수사를 방해하기 위하여 필자(고소인)를 무고한 피의자 전상화에 대한 범행으로써 각 피의자들의 범죄 사실을 입증할 수 있는 명백한 증거가 차고 넘침에도 불구하고,

'관피모사건' 및 그 배후세력까지 밝혀질 경우 윤석열 정부에게 돌아오는 엄청난 정치적 타격이 두려웠던 나머지 윤석열 정부의 압력을 받는 이 사건 재정신청 담당 재판부가 판에 박힌 허위 내용의 기각결정문을 작성하는 수법을 통해 '2023초재598 재정신청 사건'은 2023. 8. 7. 기각하였고, '2023초재779 재정신청 사건'은 2023. 9. 7. 기각하였다.

더군다나, 위 두 개의 재정신청 사건은 당초 한 개의 고소장에 작성되어 있었고, (경찰에서 은폐·조작 수사하기 위해 각 피의자별로 사건을 쪼개 버림) 각 고소 내용 역시 각 피의자들만 다를 뿐, '관피모사건'을 은폐·조작 수사하거나, '관피모사건'의 수사를 방해하는 내용들이기 때문에 이를 병합하여 심의·결정함이 상당함에도, 이 사건 재정신청 담당 재판부는 위 두 개의 재정신청 사건 수사기록을 함께 검토했으면서도 자신들의 허위 기각 결정 내용을 조금이라도 숨기려고 싶었던 탓인지 의도적으로 한 달간의 시차를 두고 따로 결정해 버리는 비열함까지 보였다.

필자는 이 사건 재정신청 담당재판부가 사법부를 대신하여 윤석열 대통령을 절대군주로 옹립하였다는 사실을 재차 확인시켜 준 2023. 9. 7.자 '2023초재779 재정신청(피의자 문경석, 이승민)' 기각결정문이 허위 내용으로 작성되었다는 사실을 입증하기 위해, 이 사건 재정신청 담당 재판부에 의해 정당하다고 인정받고 있는 2023. 1. 18.자 피의자 문경석, 이승민에 대한 서울서부지검 검사 유정현 명의의 불기소 결정서 (이 신문기사 '첨부 3') 및 이를 정면으로 반박하고 있는 2023. 1. 30.자 피의자 문경석, 이승민에 대한 고소인 명의의 항고장(이 신문기사 '첨부 4')을 각각 제출한다.

위 불기소 결정서 및 항고장은 본지 2023. 5. 7.자 "정치(비리)검사 수괴이자 검찰개혁의 반항아 윤석열을 대통령직에서 재차 파면한다!!"
라는 제하의 기사에서 '첨부 2' 및 '첨부 3' 자료로 이미 제출된 바 있다.

살펴보건대,

고소인인 필자는 위 항고장에서 서울서부지방검찰청 검사 유정현이 전혀 수사를 진행하지 아니하고 허위 내용으로 작성된 서울서부경찰서 사법경찰관 이민호 명의의 '불송치(각하) 결정서'를 그대로 인용한 수법을 통해 피의자 문경석, 이승민에 대한 피의사실을 은폐해 버렸다는 사실, 나아가 검사 유정현이 사법경찰관 명의의 위 '불송치(각하) 결정서'에 기재된 내용에 덧붙여 자신의 '불기소 결정서' 중 '불기소 이유'에 기재해 놓은 내용 역시 이 사건과는 전혀 들어맞지 않는 대법원 판례를 억지로 끌고 와 궤변을 늘어놓고 있다는 사실을 입증하였다.

특히, 필자는 위 항고장에서 검사 유정현에게 "이 사건을 은폐·조작하기 위해 이 사건과 전혀 들어맞지 않는 대법원 판례까지 동원하는 추악한 모습을 보일 것이 아니라, 이 사건에 대한 실체적 진실을 조금이라도 밝히고자 하는 검사로서의 사명감이 눈곱만큼이라도 있었다면, 이 사건 피의자인 문경석 외 1인을 소환하여 고소인이 이미 제출해 놓은 구수회의 계좌 및 구수회의 처 노재숙 명의 계좌, 공범 전상화 명의 계좌까지 추적해야 할 필요성과 증거자료가 있었음에도 불구하고, 왜 '고소(고발)이 고소인의 추측만을 근거로 수사를 개시할 만한 구체적인 사유나 정황이 충분하지 않아 각하한다.'는 허위 내용의 불송치 결정서를 작성하였는지 그 이유를 한번쯤 물어보았어야 했었다."라고 의도적인 사건 은폐 사실까지 지적하고 있다.

피의자 문경석, 이승민의 피의사실을 인정하고 있는 위와 같은 증거자료들이 차고 넘침에도 불구하고, 이 사건 재정신청 담당 재판부는 '2023초재779 재정신청' 기각결정문에서 "(유정현)검사의 위 불기소 처분은 정당한 것으로 수긍할 수 있고, 신청인이 제출한 자료들만으로는 불기소처분이 부당하다고 인정하기 어렵다."라는 허위 내용을 기재하고 있다.

결국 이 사건 재정신청 담당재판부는 이미 허위 내용으로 기각 결정한 '서울고법 2023초재598 재정신청 사건'은 물론 금번 '2023초재779 재정신청 사건'에 있어서도 검사와 판사 간 이루어져 왔던 '법조카르텔'이라는 흑역사의 기조하에 윤석열 정부의 강력한 압박에 못 이겨 허위 내용의 재정신청 기각결정문을 작성함으로써 대한민국 사법부가 윤석열 정부의 시녀 역할을 자초하였다.

즉, 법원에 의한 '관피모사건' 은폐·조작 행위는 대놓고 썩은 검찰권력을 정당화시켜 주는 야합행위일 뿐이며, 사법부를 대신한 이 사건 재정신청 담당 재판부 스스로가 검찰권력을 한 손에 쥐고 있는 윤 대통령을 절대군주로 옹립하였음을 재차 확인시켜 주고 있음을 의미한다.

【단독 보도 Ⅲ】

현재 윤석열 정부는 윤로남불 검찰권 행사를 통하여 중대범죄자에게도 치외법권까지 인정하고 있다. 이는 국가통치권을 행사하고 있는 윤 대통령에게 조만간 파면될 징조가 아닌가 싶다.

그 내막은 다음과 같다.

필자는 고소(고발)인 자격으로 2021. 10. 5.자 '관피모사건' 고소장을 대검찰청에 제출하였다. 〔이 신문기사 '첨부 5' (이미 제출한 본지 2022. 8. 14.자 "검찰을 범죄조직으로 만들어버린 윤석열 대통령은 탄핵 밖에 답이 없다!!" 제하의 신문기사 '첨부 4'와 같음)〕

위 '관피모사건' 주요 요지를 살펴보면,

관청피해자모임(관피모) 카페를 수십 년간 운영해 오고 있던 행정사 구수회 및 그의 동업자인 변호사 전상화는 약 만 명에 이르는 회원들을 전원 사법 피해자로 둔갑시켜 법원에 적대감을 고취시킨 후 '대법원 패소된 사건을 행정사가 살린다. 변호사가 해야 할 일 90% 행정사가 가능하다.', '행정사 수수료 1억 원을 5번 받았다.'라는 불법 광고를 해오면서 법률 영업활동에 따른 수십 억 원 상당의 부당이득을 취득하고, 이의 개선을 지적하는 필자에 대해서는 '검찰 수사과장까지 지낸 사람이 전혀 법을 모른다.'라는 취지로 이 카페 자유게시판에 허위사실을 적시하는 방법으로 명예훼손죄는 물론 무고죄로 경찰에 고소까지 하였다.

그런데 '관피모사건'은 수사 초기부터 피의자 구수회 및 전상화의 뒤를 봐주는 성명 불상 정부 실세가 자리 잡고 있었고, 이에 터 잡아 한동훈 법무부장관의 암묵적인 은폐 지시에 따라 수도권 검찰 및 경찰이 총동원되어 '관피모사건'에 대한 은폐·조작 수사가 이루어져 왔으며, 결국 사법부마저도 윤석열 정부 압력에 못 이겨 허위 내용의 재정신청 기각 설성분을 삭성함으로써 '관피모사건'과 관련된 모든 범죄 내용이 은폐·조작되고 말았다.

문제는 여기에서 그치지 않고 '관피모사건'이 소멸되기는커녕 확대 재생산되고 있다는 데 있다.

즉, '관피모사건' 피의자들은 자신들의 뒤를 봐주는 윤석열 정부 실세 도움으로 검·경의 선택적 수사기법을 통하여 자신들의 모든 범죄 사실이 은폐되어 버리자, 이 틈을 이용하여 자신들이 운영하는 '관피모 카페' 및 "구수회 행정심판전문사무소" 자유게시판에 "검찰 수사과장 출신이 맞나요. 그렇게 법과 윤리를 모르시니 검찰조직에서 도태가 된 것 아닌가요."라는 등 필자에 대한 허위사실을 적시하여 제2차 명예훼손 범행을 저지르면서 이를 자신들의 우상화를 통한 각종 민·형사 사건 호객행위를 해오고 있었다.

더 기막힌 현실은 필자가 '관피모사건' 피의자들의 제2차, 제3차 범행에 대한 고소장을 제출하여도, 검찰의 은폐 지시를 받은 경찰은 당초 '관피모사건' 수사 때와 마찬가지로 전혀 수사를 진행하지 않은 채 허위 내용의 불송치(각하) 결정서를 작성하는 수법을 통해 계속 은폐해 버린다.

이를 입증하는 자료로써, 2022. 9. 26.자 '구수회 고소장'〔이 신문기사 '첨부 6' (이미 제출한 본지 2023. 5. 7.자 "정치(비리)검사 수괴이자 검찰개혁의 반항아 윤석열을 대통령직에서 재차 파면한다!!" 제하의 신문기사 '첨부 10'와 같음)〕, 2023. 1. 5.자 '임찬용 고소장'〔이 신문기사 '첨부 7'(이미 제출한 본지 2023. 5. 7.자 "정치(비리)검사 수괴이자 검찰개혁의 반항아 윤석열을 대통령직에서 재차 파면한다!!" 제하의 신문기사 '첨부 11'와 같음)], **2023. 7. 19.자 '임찬용 고소장'에 대한 '불송치(각하) 결정서'**〔이 신문기사 '첨부 8'(경찰에서는 의도적으로 '불송치 결정서'를 고소인인 필자에게 통보해 주지 아니하여 현재 정보공개청구를 신청 중에 있는 바, 이를 '불송치 결정서'를 대신하여 제출함)〕를 각각 제출한다.

생각해 보라!

성남수정경찰서 수사과 사이버수사팀 소속 경사 김경환(이하, '수사관')은 위 '임찬용 고소장'에 대하여 고소인 조사까지 마친 상태에서 피의자인 구수회, 전상화에 대해 전혀 소환조사를 실시하지 아니하고, 사건을 은폐하기 위해 2023. 7. 19.경 허위 내용의 불송치(각하) 결정서를 작성한 것으로 확인되고 있다.

그러나 위 김경환 수사관은 2023. 6.경 위 '임찬용 고소장'에 대하여 필자를 고소인 자격으로 소환 조사할 당시 본지 2022. 8. 14.자 "검찰을 범죄조직으로 만들어버린 윤석열 대통령은 탄핵밖에 답이 없다!!" 제하의 신문기사를 직접 출력하여 필자에게 보여주면서, "이 신문기사를 잘 읽어보았다. 신문기사 내용대로 경찰은 힘이 없다. 검찰이 시키는 대로 수사할 뿐이다. 오늘 조사가 진행될 '임찬용 고소장'에 대하여도 각 범죄 사실에 대응하는 증거자료들이 모두 첨부되어 있기 때문에 이를 요약·정리하는 수준에서 조사를 끝마치도록 하겠다."라는 취지로 얘기한 후, 실제 그 얘기대로 고소인 보충조사를 신속하게 마무리를 한 바 있다.

그랬던 위 김경환 수사관이 위 '임찬용 고소장'에 대하여 당초 수사태도와 180도 달리 피의자들에 대한 소환조사를 전혀 실시하지 아니하고, 허위 내용의 불송치 결정서를 작성하는 수법을 통해 사건을 은폐해 버렸나. 이는 피의자 소환조사 단계에서 성남검찰의 사건 은폐 지시 없이는 도저히 불가능한 일이다.

성남검찰은 이전에도 위 2022. 9. 26.자 '구수회 고소장' 수사와 관련, 명백하게 각하 사안임에도 불구하고 김한나 검사의 보완수사요구권을 남용하여 당시 피의자인 필자에게 보복 수사를 시도한 적이 있다. (본지 2023. 5. 7.자 "정치(비리)검사 수괴이자 검찰개혁의 반항아 윤석열을 대통령직에서 재차 파면한다!!" 기사 참조)

결국, '관피모사건' 피의자들은 불법적인 법률영업(변호사법위반 또는 특정법상 사기)에 터 잡아 이와 관련된 제2차, 제3차 범죄를 저질러도 이를 뒤에서 봐주는 윤석열 정부 실세가 존재하기 때문에 검·경의 수사는 사건 은폐 수단에 불과하다. 즉, '관피모사건' 피의자들에게는 윤석열 정부에서 외교관처럼 '치외법권'이라는 특권을 인정받고 있다.

다시금 절대군주로 등극해 버린 윤석열 대통령에게 묻는다.

윤 대통령 자신이 현재 금 150억 원 검사비리사건을 은폐한 중대 범죄자 신분에 있기 때문인지 모르겠으나, 윤 대통령 스스로 즐겨 사용해 왔던 선택적 수사방식 그대로 윤로남불의 검찰권 행사를 통하여 '관피모사건' 피의자들처럼 제2, 제3의 범죄를 저지르는 중대 재범자들마저도 거리낌 없이 거리를 활보하고 득세하는 세상이 되어버렸다.

이는 공정과 정의가 도도히 흐르는 나라는 결코 아니지 않는가?

선조들이 피땀 흘려 일궈낸 대한민국이라는 나라가 어쩌다가 이 지경까지 이르렀는지 절대군주로 등극한 윤 대통령은 탄핵에 앞서 반드시 이를 성찰하기 바란다.

＊【첨부 1】부터【첨부 7】까지 전회 신문기사 첨부 자료로 이미 제출함.

【첨부 8】 2023. 9. 10.자 피의자 구수회, 전상화 불송치결정 관련 정보공개 청구서

■ 공공기관의 정보공개에 관한 법률 시행규칙 [별지 제1호의2서식] <개정 2021. 6. 23.>

인쇄일시: 2023. 09. 16. 14:31:22
정보공개시스템(www.open.go.kr)
에서도 청구할 수 있습니다.

정보공개 청구서

※ 색상이 어두운 칸은 신청인(대리인)이 작성하지 않습니다.

접수번호	11228444	접수일	2023. 09. 10.	처리기간	10일(2023. 09. 25.)

청구인	성명(법인·단체명 및 대표자 성명) 임찬용	생년월일(성별) 1959. 04. 10 (남)
	여권·외국인등록번호(외국인의 경우 작성)	사업자(법인·단체)등록번호
	주소(소재지) 경기도 성남시 수정구 복정로96번길 20 203호	전화번호(또는 휴대전화번호) 010-5313-7538
	전자우편주소 yimcy2@naver.com	팩스번호 (--)

청구 내용	[2023. 7. 18.자 수사결과통지서(고소인등 불송치) 교부요청] 본인은 피고소인 구수회 및 전상화, 이용일을 고소한 고소인으로서, 약 3개월 전 경기성남수정경찰서 (접수번호 2023-1297, 사건번호 2023-935) 수사과 소속 경사 김경환으로부터 고소인보충진술조서를 받은 바 있습니다. 그런데, 그 이후 담당 수사관으로부터 아무런 연락이 없어 금일(2023. 9. 10) 형사사법포털에 들어가 위 사건을 조회해 보니, 피고소인들에 대한 소환조사를 전혀 실시하지 않은 채 2023. 7. 19. 불송치 결정을 내려 버렸고, 그 결과를 고소인에게 통보조차 해주지 않았습니다. 이에, 고소인은 위 사건 불송치 결정에 따른 법적 후속 절차를 취하고자 하오니, 위 사건 불송치 결정에 따른 수사결과통지서(고소인등 불송치)의 '피의사실 요지와 불송치 이유'를 교부하여 주시기 바랍니다.

공개 방법	[ ]열람·시청 [ ]사본·출력물 [∨]전자파일 [ ]복제·인화물 [ ]기타 ( )
수령 방법	[ ]직접방문 [ ]우편 [ ]팩스전송 [∨]정보통신망 [ ]전자우편 등 ( )

수수료	[ ]감면 대상임 [∨]감면 대상 아님
	감면 사유
	※「공공기관의 정보공개에 관한 법률 시행령」제17조제3항에 따라 수수료 감면 대상에 해당하는 경우에만 적으며, 감면 사유를 증명할 수 있는 서류를 첨부하시기 바랍니다.

「공공기관의 정보공개에 관한 법률」제10조제1항 및 같은 법 시행령 제6조제1항에 따라 위와 같이 정보의 공개를 청구합니다.

2023년 09월 10일

청구인   임찬용   (서명 또는 인)

(경찰청장) 귀하

인쇄자: 임찬용